中国近代对外公债票券图鉴

Foreign Public Bonds of Modern China Illustrated Handbook

齐剑辉 ◇ 著

中国财经出版传媒集团

经济科学出版社
Economic Science Press

·北 京·

图书在版编目（CIP）数据

中国近代对外公债票券图鉴/齐剑辉著. -- 北京：
经济科学出版社，2023. 11
ISBN 978 - 7 - 5218 - 4763 - 5

Ⅰ. ①中…　Ⅱ. ①齐…　Ⅲ. ①国库券 - 中国 - 1877 -
1940 - 图集　Ⅳ. ①F832. 95 - 64

中国国家版本馆 CIP 数据核字（2023）第 083017 号

责任编辑：杨　洋　卢玥丞
责任校对：齐　杰
责任印制：范　艳

中国近代对外公债票券图鉴

齐剑辉　著

经济科学出版社出版、发行　新华书店经销
社址：北京市海淀区阜成路甲 28 号　邮编：100142
总编部电话：010 - 88191217　发行部电话：010 - 88191522
网址：www. esp. com. cn
电子邮箱：esp@ esp. com. cn
天猫网店：经济科学出版社旗舰店
网址：http：//jjkxcbs. tmall. com
北京时捷印刷有限公司印装
880 × 1230　16 开　33. 5 印张　836000 字
2023 年 11 月第 1 版　2023 年 11 月第 1 次印刷
ISBN 978 - 7 - 5218 - 4763 - 5　定价：1800. 00 元
（图书出现印装问题，本社负责调换。电话：010 - 88191545）
（版权所有　侵权必究　打击盗版　举报热线：010 - 88191661
QQ：2242791300　营销中心电话：010 - 88191537
电子邮箱：dbts@ esp. com. cn）

曾国藩次子、袭封一等毅勇侯曾纪泽在日记里提及胡雪岩："葛德立来，谈极久，言及胡雪岩之代借洋款，洋人得息八厘，而胡道开报公项则一分五厘，奸商明目张胆以牟公私之利如此其厚也。垄断而登，病民蠹国，虽籍没其资财，科以汉奸之罪，殆不为枉。"①郭嵩焘说曾纪泽有少爷脾气。少爷固不知带兵筹饷之难，也不知国内钱庄三分的借款利率远远高于胡雪岩一分五厘的外债利率，但他不会不清楚没有胡雪岩所借洋款，左宗棠收复新疆势成空谈，他也就绝难企及个人毕生事业的顶峰——签订《中俄伊犁条约》，从沙俄手中要回两万多平方公里的国土。就在胡雪岩去世的 1885 年，毅勇曾侯爷作为驻英公使，毫不犹豫地在汇丰银行为中法战争借款发行的债券右下角签上最引以为豪的"毅勇"花押。

从此，深陷内忧外患却又困于"永不加赋"祖训的清末朝廷抓住了外债这一救命稻草。19 世纪 80 年代，外债本息支出仅占国家财政总支出的 3.1%~6%，到民国初年峰值接近财政支出的四成。但国民对外债的态度也分裂到"汝之蜜糖、吾之砒霜"的程度。以"蜜糖"视之，自左宗棠西征至庚子事变，若无外债，轻则国土沦丧、重则举国遭瓜分。此外，国家之近代化，尤其津浦、京汉等骨干铁路网的修建，也皆依仗外债。而以"砒霜"视之，外债实为列强侵略中国之工具，举借外债以关税、盐税担保造成中国财政主权丧失，以路权为担保则使列强势力范围蔓延全国。两种观点水火不容，最终酿成抵制盛宣怀所借湖广铁路外债的保路运动，并诱发武昌起义。但民国政府国库空虚尤胜清廷，肇基之初便大举借债。民国二年善后大借款金额高达 2500 万英镑，远远超过保路运动抵制的湖广铁路借款的 600 万英镑。外债问题的复杂，远非革命所能解决。

中国外债直接显见的影响固然在军政实业领域，但间接更深远的影响却是向一个尚处于中世纪治理水准的国家全面引入整套的近代财政、金融和法律体系。近代中国的海关、银行、证券市场或由外债催生，或与之交织共生。民国之后，国人逐渐意识到国之强弱不在债之多寡，而在有无处置债务之自由。在外债的发行和重整中，逐步做到权在我手，债为我用。

---

① 中华典藏网曾纪泽《出使英法俄国日记》光绪五年十月初二日，https://www.zhonghuadiancang.com/lishizhuanji/14029/275103.html。

研究中国外债的专著汗牛充栋，而本书的研究领域聚焦在中国对外发行的公债债券实物。

首先，需要界定外债的范围。理论上，只要债务人是中国实体或个人、债权人是外国实体或个人的债务均应视为外债。但在 19 世纪末和 20 世纪初金本位的年代，资本跨国自由流动，很难准确判定债权人和债务人的国籍。为简单起见，本书将发行主体或承销机构为外资机构，而还款来源或最终担保为中国资产的债务均视为外债。反之，承销机构为国内金融机构，在国外出售的债券则被视作内债。例如，抗战期间的救国公债曾大量在东南亚销售，但因承销主体为中国银行，则被视为内债，本书并未收纳。这种分类标准固然有"一刀切"之嫌，无奈才具所限，希冀后来之人能有更加科学的分类标准。

其次，还需要界定公债的范围。公债通常的发行主体为中央政府或地方政府。但在特殊情况下，发行主体为企业但还款资金为国家财政资金的债务也可视为公债。例如，天津海河工程总局借款的主体虽为企业，但还款资金为海关附加费，可以视为一种特殊的公债。此外，近代中国还存在一种特殊形式的地方政府——租界。租界管理权虽然在外国政府之手，但主权始终属于中国，而且中国政府在抗战之后的债务重整也明确包括租界当局战前发行的债务。因此，本书将租界公债也视为中国地方政府的公债。但伪满等各类汉奸傀儡政权发行的公债（主要为对日债务），本书一律视为非法债务，不予承认。

最后，还需要厘清外债与债券的关系。鸦片战争以后，中国政府共举借外债约 949 笔，多数均为银行或机构贷款，只有少数借款通过中介向公众募集资金才需要发行债券。长期以来，国内对外债的研究集中在借款合同及其关联的函电档案，而对债券实物研究甚少。这主要是因为债券实物多数在海外投资人手上，国内甚至没有一套完整的债券实物档案。研究债券实物一方面可以解决现存档案无法解决的分歧。例如，1905 年庚子赔款镑亏借款银行一直存在两种说法：一种是单独向汇丰银行借款 100 万英镑；另一种是向汇丰银行和德华银行共同借款 100 万英镑。直到近年"镑亏"借款债券实物浮出水面，发现票面上标明的借款机构为汇丰银行和德华银行，这一问题才有定论。另一方面，中国很多外债都经历了多次重整，重整协议安排都需要在债券上注明，因此债券实物本身就是一部珍贵的金融档案，可以与合同等其他档案交叉验证。

本书则更进一步展示近代中国对外公债债券的收藏价值。在晚清和民国，实物债券是一种价值高昂的有价证券。以常见的 20 英镑面值债券为例，当时的 1 英镑可以固定兑换 7.32 克黄金，以每克黄金 400 元人民币的价格，20 英镑相当于人民币 5.86 万元，价值远远超过纸币。而实物债券多数均为不记名证券，遵循持券即可兑付的原则，这要求债券具备很高的防伪标准。因此，多数中国外债债券都在英国、德国、法国、美国的印钞厂印制，采用了当时最先进的印刷防伪技术。为了吸引更多的外国民众购买中国债券，债券设计极富美感，并采纳了大量中国元素，本身就是一件精美的印刷艺术品，1913 年善后大借款债券就是国际证券收藏界公认的精品。

随着世界各国反洗钱法律对不记名证券的限制及电子化证券交易的普及，实物债券日益稀少，文物价值日渐凸显。基于近代中国对外公债债券深厚的历史底蕴和精美的艺术价值，国外从 20 世纪 70 年代以来逐渐形成中国外债债券的收藏群体。1983 年，德国的高文先生撰写了《中国对外债券（1865－1982）》一书，成为近代中国对外债券收藏者不可或缺的工具书之一。高文在书中使用的标准化债券编码简便易懂，普及迅速，沿用至今。但高文的著作至今尚未译成中文，且多数中国外债债券票面也少有中文，外债收藏在国内反而罕有问津。直至 2016 年，戴学文先生出版了《算旧账：历数早期中国对外债券》，是第一本系统论述近代中国对外公债债券实物的中文专著，此时距离高文的专著出版已经 30 余年，实是令人唏嘘。

笔者 2012 年在西藏期间苦于高原反应，遂浏览国外拍卖网站以排遣，偶然发现数张善后大借款债券，为其精美而震撼，从此踏入外债收藏，倥偬十载。痴迷愈深，困惑愈多，幸赖结识海光、张明两位沪上资深外债领域专家，释疑解惑自不必说，每言及国内外债收藏圈之萧条，皆盼早日有一本中文外债收藏工具书。高文之书虽精，毕竟时过境迁 30 余载，诸多新发现的外债债券均未载录。而且外债发行后多有重组，并衍生出众多不同券种，不谙英文者阅读高文之书读到重组之处实是难以理解。

2014 年，笔者不禁动起撰写一本中文外债债券工具书的想法，旨在介绍外债发行历史背景的同时，尽量收录各个不同券种的实物图片，并提供翔实的数据作为评估各个券种收藏价值的参考依据。动笔之初，暗怀争胜之心，总以史上最全自勉。每闻新的债券面世，搜寻图片，查找档案，以"上穷碧落下黄泉"形容不为过。写到后来，又起了慵懒之心，每遇杂务缠身之际，常常数月不动一笔。幸有海光、张明二友不离不弃，时而协助，时而鞭策。书竟之日，方觉写书的历程也是一次心灵探索的人性之旅。

近代中国外债的档案散布全球，而尤以汇丰银行所藏最丰。幸蒙海光兄介绍，结识汇丰银行中国区的张桦行长和周玉潇小姐，从汇丰银行英国伦敦和中国香港的档案馆觅得多张存档的珍贵债券图片。其中，中法战争福建海防债券多年只有一张模糊的胶片照片示人，此次能将高清扫描图片收录，颇让我有孤图盖全书的自信。西欧也是中国外债债券收藏的另一重镇。本书写作得到了英国 Spink 拍卖行的迈克·维西德（Mike Veissid）先生、德国 HWPH 拍卖行的马蒂亚斯·施密特（Matthias Schmitt）先生和比利时 Booneshares 拍卖行的马里奥·布恩（Mario Boone）先生鼎力支持。尽管国内外债收藏多年萧索，上海阳明拍卖公司蔡小军先生尽其所能，十年来为国内外债收藏爱好者建设守护一片交流园地，感佩之至！同时，国内多位金融收藏领域的名家和前辈于捷、孔杰、王洁、王斌、王娟娟、方世龙、厉勇、孙芙蓉、冯旭光、余庆生、吴非、吴福明、张林、张庭炜、周丕溥、林振荣、姚松、郭萌、高芳芳、顾耀德、韩万银、雷晴波、蔡黎也为本书的写作提供了素材和意见，在此一并诚挚致谢。

目　录
CONTENTS

第二部分
铁路借款外债

第二部分
铁路借款外债

第三部分

实业借款外债

第四部分
地方政府借款外债

Foreign Public Bonds of Modern China Illustrated Handbook

Part Ⅰ: Military and Governmental Loan

Part Ⅱ: Railway Loan

Part Ⅲ: Industrial Loan

Part Ⅳ: Local Governmental Loan

Appendix

Reference

Postscript Ⅰ

Postscript Ⅱ

第一部分

军政借款外债

第
一
章

Chapter 1

1877 年左宗棠西征第四次借款债券

1865 年，中亚浩罕汗国军官阿古柏入侵新疆，不久占领新疆大部，成立"哲德沙尔汗国"，自立为汗。1871 年，沙俄侵占伊犁。1875 年，左宗棠被任命为钦差大臣，督办新疆军务。1876 年，清军开始向阿古柏发动进攻。1878 年，清军基本肃清阿古柏余部，收复新疆之战取得胜利。1880 年，左宗棠调集军队准备收复伊犁。在军事压力下，沙俄与清政府签署《中俄伊犁条约》，中国收回伊犁。1884 年，新疆建省。①

在长达近 20 年的军事行动中，左宗棠耗费了 1.2 亿两白银的军费，其中大部分军费来自各省的协饷。但太平天国起义之后，清政府中央财政旁落，地方财政自主权增大，各省协饷拖欠金额巨大。② 左宗棠不得不另辟蹊径，在 1867～1881 年间 6 次举借外债，借款金额为库平银 1595 万两，保障了西征军事行动的顺利推进，也成为中国近代第一次举借外债的高潮（见表 1-1）。

---

① 资料来源：笔者综合多本中国近代史教科书有关左宗棠收复新疆的史实系列记载整理得出。
② 马陵合：《试析左宗棠西征借款与协饷的关系》，载于《历史档案》1997 年第 1 期。

表 1 – 1　　　　　　　　　　　　左宗棠西征借款一览

借款时间	金额（万两）	借款机构	利率（%）	借款期限
1867 年 4 月	120	上海洋商	18	6 个月
1868 年 1 月	100	上海洋商	18	10 个月
1875 年 4 月	300	丽如银行、怡和银行	10.5	3 年
1877 年 6 月	500	汇丰银行	15	7 年
1878 年 9 月	175	汇丰银行	15	6 年
1881 年 5 月	400	汇丰银行	9.75	6 年

资料来源：沈其新：《左宗棠"西征借款"试析》，载于《兰州学刊》1986 年第 6 期。

　　左宗棠对外借款基本由著名商人胡雪岩经办。由于外债以金本位英镑计价，而中国的货币体系为银本位，考虑白银贬值、货币汇兑等多项因素，中国借款的利率要大大高于西方各国本国国债发行利率。以第四次西征借款为例，中国借款利率是 15%，其中付给汇丰银行是 12%，付给德商泰来洋行（Telge & Company）的白银汇兑成本是 3%。而汇丰银行发行债券的利率仅为 8%[1]。中间的利差固然有胡雪岩等经办人员的回扣，也有银行为对冲白银贬值所需的额外风险补偿。但最后胡雪岩垮台之际，外债发行的巨幅利差也成了他中饱私囊的重要罪状之一[2]。

　　以上 6 次借款本息已全部结清。目前能够确认汇丰银行在第四次借款时曾对外公开发行债券。汇丰银行将借款本金 500 万两关平银折合成 1604276 英镑 10 便士，于 1877 年 10 月 8 日分别在伦敦和上海发行债券，年息 8 厘，借款期限 7 年，每年 2 月 28 日和 8 月 31 日各付息一次，自 1878 年 8 月 31 日开始每半年抽签还本。[3]

二、主要券种

　　西征第四次借款债券面值分为两种，其中面值 100 英镑（见图 1 – 1）债券 16042 张，面值 76 英镑又 10 便士的畸零券 1 张。目前，仅发现面值 100 英镑注销券（KUL 12 CN）1 张。这是目前已知存世最早的中国对外公债券。

　　债券的具体发行情况如表 1 – 2 所示。

表 1 – 2　　　　　　　　　　　　左宗棠第四次西征借款债券

发行机构	高文编号	面值（英镑）	发行数量（张）	编号范围	理论未兑付量（张）
汇丰银行	12	100	16042	00001 ~ 16042	0
汇丰银行	13	76 英镑又 10 便士	1	未知	0

注：本书表格若未作标注，资料来源均出自德国高文所著《中国对外债券》1983 年版。

---

[1]　中国人民银行总行参事室编：《中国清代外债史资料（1853 – 1911）》，中国金融出版社 1991 年版，第 55 页。
[2]　中国人民银行总行参事室编：《中国清代外债史资料（1853 – 1911）》，中国金融出版社 1991 年版，第 70 页。
[3]　资料来源：根据本章债券票面记载。

图 1-1　1877 年汇丰银行左宗棠西征第四次借款债券 100 英镑注销券（KUL 12 CN）

第二章

1885 年中法战争借款债券

一、历史背景[1]

1883 年，中法战争爆发，位于前线的两广和闽浙台地区防务压力骤升，军费开支剧增。因此，两广总督张树声及接任的张之洞于 1883 年和 1884 年分三次向汇丰银行借款白银 100 万两[2]、100 万两[3]和 114 万 3400 两[4]。

1885 年 2 月，两江总督左宗棠会同闽浙总督杨昌浚提出向汇丰银行借款上海规平银 400 万两，巩固闽台海防。汇丰银行坚持使用英镑借款，最后双方达成借款金额为 100 万英镑，合上海规平银 393 万 4426 两，年息 9 厘，期限 10 年，史称"福建海防借款"。

几乎同时，两广总督张之洞也以"粤饷不继"为由，向汇丰银行借款 50.5 万英镑，年息 9 厘，期限 10 年。史称"广东海防第四次借款"。

汇丰银行随即将两笔借款打包，于 1885 年 5 月发行债券公开募资。其中福建海防借款债券为 A 系列（Series A），前 3 年只付息，后 7 年每年抽签还本。广东海防第四次借款债券为 B 系列

---

[1] 中国人民银行总行参事室编：《中国清代外债史资料（1853－1911）》，中国金融出版社 1991 年版，第 71～95 页。
[2] 广东海防第一次借款。
[3] 广东海防第二次借款。
[4] 广东海防第三次借款。

（Series B），前 5 年只付息，后 5 年每年抽签还本。两种债券年息均为 7 厘①，发行折扣为 98 折，付息日期均为每年 2 月 16 日和 8 月 16 日。

1895 年，两种债券均全部清偿完毕。

1885 年 3 月，两广总督张之洞为了向台湾和驻越清军提供军饷，再次向汇丰银行借款 75 万英镑，年息 9 厘②，期限 10 年。史称"规越援台借款"③。随后，汇丰银行于 1885 年 6 月发行债券公开募资。债券年息 6 厘，发行折扣为 98 折，前 5 年只付息，后 5 年每年抽签还本。付息日期为每年 3 月 24 日和 9 月 24 日。

1895 年，该项债券全部清偿完毕。

二、主要券种

根据记载，福建海防借款债券、广东海防第四次借款债券和规越援台借款债券的面值都只有 100 英镑一种。目前只在汇丰银行档案馆中发现福建海防借款债券（KUL 30 CN）和规越援台借款债券（KUL 40 CN）的注销票。债券正票大小都为 45×40 厘米，由英国 Barclay & Fry 公司印刷。债券右下方均有驻英大臣曾纪泽的英文签名和"毅勇④"签名（见图 2 - 1）。

债券的具体发行情况如表 2 - 1 所示。

表 2 - 1　　　　　　　　　　　　1885 年中法战争借款债券

名称	发行机构	高文编号	面值（英镑）	发行数量（张）	编号范围	理论未兑付量（张）
福建海防借款债券	汇丰银行	30	100	10000	1 ~ 10000	0
广东海防第四次借款债券	汇丰银行	31	100	5050	10001 ~ 15050	0
援台规越借款债券	汇丰银行	40	100	7500	1 ~ 7500	0

---

① 早期中国外债，借款利率与债券票面利率存在利差似是惯例，除银行收益外，还包含汇差等其他成本支出。由于利差的存在，早期中国外债发行折扣则较后期低。

② 《中国清代外债史资料（1853 - 1911）》第 94 页关于规越援台借款还本情况明确记载"按月七厘五毫行息"，折合年息 9%。《中国近代外债史统计》将此笔借款利率记成年息 8.5%，似有误。

③ 又称广东海防第五次借款。

④ 曾纪泽承袭其父曾国藩一等毅勇侯的封爵。

图 2－1　1885 年汇丰银行福建海防借款债券 100 英镑注销券（KUL 30 CN）

资料来源：本图由汇丰银行档案馆提供。

Chapter 3

第三章

1894 年汇丰银行白银借款债券

一、历史背景①

1894 年，中日甲午战争爆发后，清政府军费面临紧缺。总理衙门于 1894 年 10 月 24 日向汇丰银行商借上海规平银（Shanghai Taels）1090 万两，合库平银 1000 万两，期限 10 年，年息 7 厘，以关税为担保。1895 年 1 月 26 日，双方签订借款合同，将借款期限延长至 20 年，每年 5 月 1 日和 11 月 1 日各付息一次，自 1904 年 11 月 1 日开始每年抽签还本。1895 年 3 月 25 日，汇丰银行正式向外发行债券，发行折扣 98 折。由于债券采用上海规平银计价，故全称"1894 年中华帝国 7 厘白银借款（Chinese Imperial Government 7% Silver Loan 1894）②"。

1914 年，该项债券全部清偿完毕。

二、主要券种

1894 年汇丰银行白银借款债券面值仅有一种，即上海规平银 500 两，按当时汇率折合 75 英镑。发行量 21800 张。目前未见实用票，仅发现数张已剪脚注销的票样（KUL 45SP CN）。债券正票大小为 49×30 厘米，由英国 Barclay & Fry 公司印刷（见图 3 - 1 和见图 3 - 2）。

---

① 资料来源：根据本章债券票面记载。
② 清政府同时还向汇丰银行借款 300 万英镑，期限 20 年，年息 6 厘，发行折扣 96.5 折。该笔借款通常被称为"汇丰银行金款公债"或"汇丰银行镑款公债"。

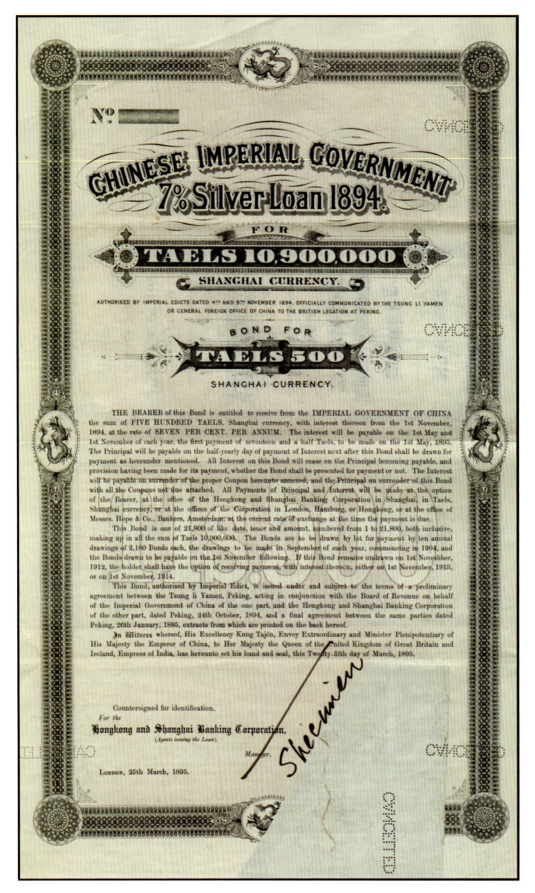

图 3－1　1894 年汇丰银行白银借款债券上海规平银 500 两票样注销券（KUL 45SP CN）

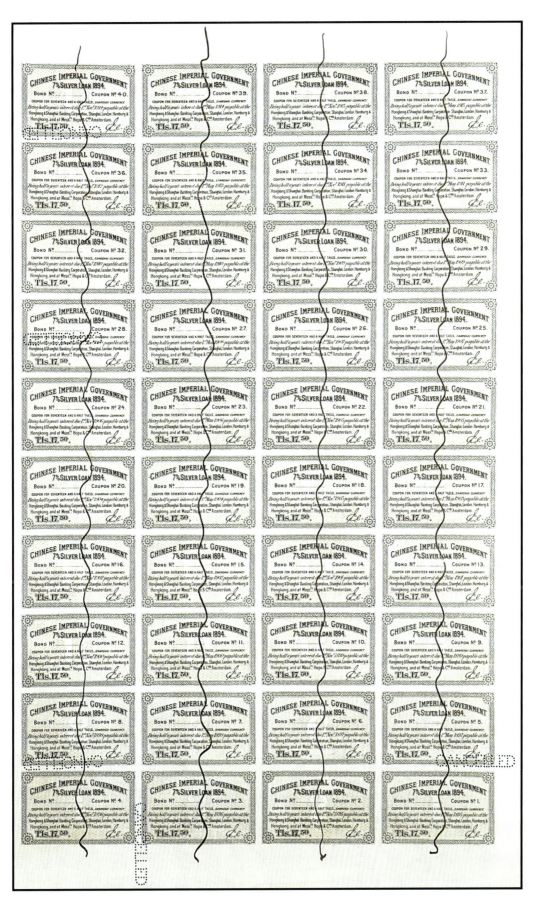

图 3−2　1894 年汇丰银行白银借款债券上海规平银 500 两票样注销券息票

债券的具体发行情况如表 3 – 1 所示。

表 3 – 1 1894 年汇丰银行白银借款债券

发行机构	高文编号	面值 （上海规平银）	发行数量 （张）	编号范围	理论未兑付量 （张）
汇丰银行	45	500	21800	00001 ~ 21800	0

第四章

Chapter 4

1895 年瑞记洋行甲午战争借款债券

▼ 一、历史背景①

  1894 年，中日开战。为筹措军饷，两江总督张之洞委托上海道台刘麒祥向各洋行商借。德商瑞记洋行（Arnhold，Karberg & Co.）同意借款 150 万英镑。后因甲午战争结束，张之洞奏报户部两江防务仅需 100 万英镑。1895 年 6 月 20 日，瑞记洋行代表与上海道台签订借款协议，借款金额 100 万英镑，期限 20 年，年息 6 厘，每年 1 月 2 日和 7 月 1 日各付息一次，从 1901 年开始每年还本，发行折扣为 96 折。

  本项借款的实际出借方是德国国民银行（Nationalbank für Deutschland），正式的债券直到 1895 年 9 月才在柏林和汉堡对外发行。

  此项债券本息于 1915 年全部结清。

▼ 二、主要券种

  1895 年瑞记洋行甲午战争借款债券在高文的《中国对外债券》中被称为南京借款债券②

---

① 中国人民银行总行参事室编：《中国清代外债史资料（1853 – 1911）》，中国金融出版社 1991 年版，第 165 ~ 168 页。
② 由于此笔借款由两江总督张之洞操办，两江总督衙门位于南京，故又称南京借款。

（KUL 48）。实用票自兑付完成后从未面世，直到近年在德国央行金库当中才发现一张 50 英镑面值的瑞记洋行借款债券。据该票面记载，债券面值分为 50 英镑、100 英镑和 500 英镑三种[①]，由德国柏林 Giesecke & Devrient 公司印制。债券左下方为德国国民银行经办人签名，右下方盖有驻德公使许景澄的关防和英文签名（见图 4 – 1）。

债券的具体发行情况如表 4 – 1 所示。

表 4 – 1　　　　　　　　　　　　　　　　1895 年瑞记洋行借款债券

发行机构	高文编号	面值（英镑）	发行数量（张）	编号范围	理论未兑付量（张）
德国国民银行	48	50	5000	00001 ~ 05000	0
德国国民银行	48	100	5000	05001 ~ 10000	0
德国国民银行	48	500	500	10001 ~ 10500	0

---

①　高文的《中国对外债券》中未注明不同面值，故本书并未按面值相应编号。

图 4 – 1　1895 年瑞记洋行甲午战争借款债券 50 英镑（KUL 48）

第五章

1895 年俄法借款债券

▼ 一、历史背景

1895 年 3 月，《马关条约》签订，清政府须在当年 9 月支付首笔赔款白银 5000 万两，在财政捉襟见肘的情况下，不得不议借外债。英德两国与俄法两国遂展开激烈争夺。为赢得借款合同，俄法银团报出了年息 4 厘的最低利率，并且俄国政府承诺一旦出现本息延迟支付的情况，由其先行垫付。1895 年 7 月 6 日，驻俄公使许景澄与俄法银团（以万国商务银行为代表）签订了借款合同，借款金额 4 亿法郎，借款期限 36 年，年息 4 厘，每年 1 月 1 日和 7 月 1 日各付息一次，自 1896 年 3 月开始每年抽签还本。折扣为 94.125 折。前 15 年不得提前偿还。[①]

此项债券以中国关税担保，还款记录尚属良好，仅在 1911 年 12 月因辛亥革命之故未正常支付本息，由俄国政府代付，并于 1912 年 2 月即由中国政府归还。

第一次世界大战爆发后，由于法郎大幅贬值，出现了持票人要求弥补汇率亏损的纠纷。万国商务银行以汇率损失为由，扣留备付本息款 650 万法郎。中国政府提起诉讼，最后该行赔偿 400 万法郎，剩余 250 万法郎由中国关税支付。[②]

---

① 中国人民银行总行参事室编：《中国清代外债史资料（1853－1911）》，中国金融出版社 1991 年版，第 184～189 页。
② 财政科学研究所、中国第二历史档案馆编：《民国外债档案史料》，中国档案出版社 1989 年版，第 65～66 页。

1917 年俄国十月革命后，又发生了圣彼得堡的万国商务银行库存备用票被苏维埃政府没收事件。市场上出现备用票填假号码兑取事件。中国政府不得不在 1922 年宣布换发新息票。

1931 年，此项债券本息全部结清。

二、主要券种

（一）实用票

俄法借款债券分为 500 法郎、2500 法郎和 12500 法郎三种面值[1]。债券分为正票页和息票页，正票页大小为 40×30 厘米，采用水印防伪。

由于债券的期限长达 36 年，借款合同第七条规定凡是没有抽中还本的债券一旦息票用完，应由圣彼得堡万国商务银行向债券持有人提供新的息票页，因此该债券的原始息票页仅包含至 1913 年 1 月 1 日的息票。同时附有一张息票根（Talon），规定凭此息票根可以领取 1913 年 7 月 1 日到 1915 年 1 月 1 日的利息，并换领一张 1915 年 7 月 1 日之后的新息票页。1922 年，为防范以盗取之债券备用票冒领资金，中国政府又再次换发息票页，包含 1923 年 1 月 1 日以后的全部息票。因此，此项债券的息票页应有三种，但目前未发现最后一种息票页实物。[2]

债券的正面为法文，中间和正上方均有中国团龙图案，右下角有中国驻俄公使许景澄的关防，并同时印有俄国沙皇亚历山大三世向财政大臣维特下的谕旨，保证俄国政府为债券本息支付提供补充担保。背面同时用俄文和英文印刷债券章程（见图 5 - 1 ~ 图 5 - 3）。

由于此项债券已经全部兑付，目前存世的多数为打孔的注销票，未注销的实用票非常罕见。

债券具体发行情况如表 5 - 1 所示。

表 5 - 1　　　　　　　　　　　1895 年俄法借款债券

发行机构	高文编号		面值（法郎）	发行数量（张）	编号范围	理论未兑付量（张）
俄法银团	55	原息票	500	500000	000001 ~ 500000	0
		新息票				
		换发息票				
俄法银团	56	原息票	2500	55000	500001 ~ 775000	0
		新息票				
		换发息票				
俄法银团	57	原息票	12500	1000	775001 ~ 800000	0
		新息票				
		换发息票				

---

[1]　500 法郎面值有 1 个编号，2500 法郎面值有 5 个连续编号，12500 法郎有 25 个连续编号。
[2]　财政科学研究所、中国第二历史档案馆编：《民国外债档案史料》（第三卷），中国档案出版社 1989 年版，第 55 ~ 60 页。

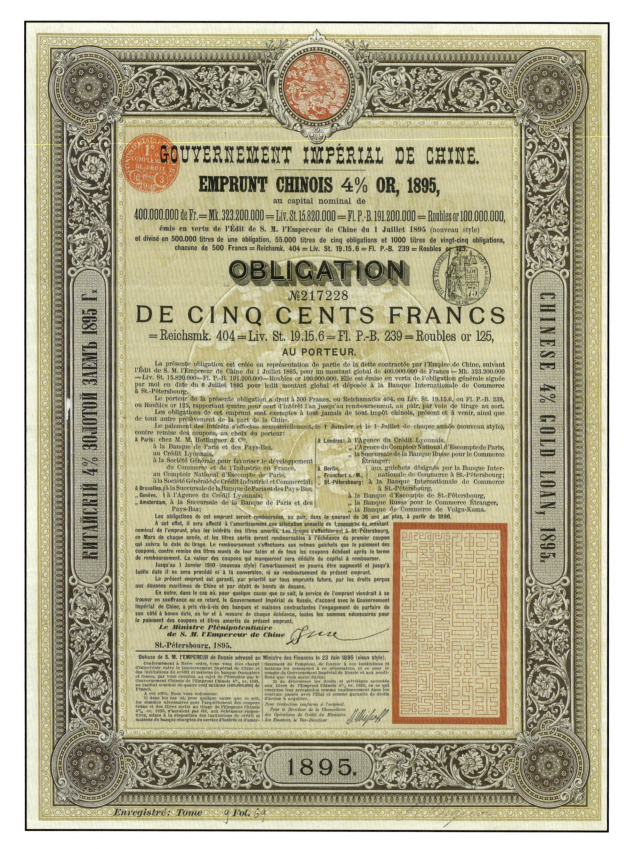

图 5 – 1　1895 年俄法借款债券 500 法郎（KUL 55）

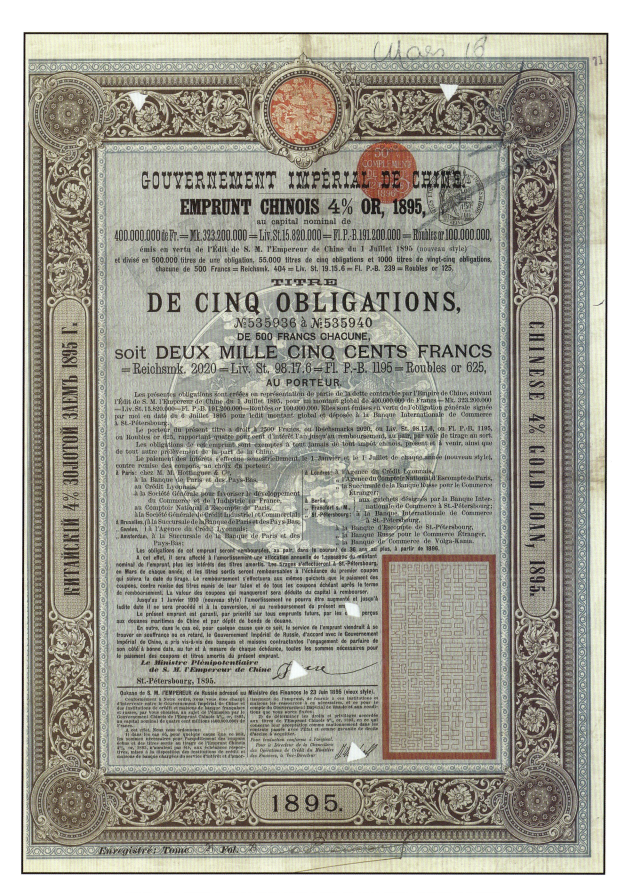

图 5-2　1895 年俄法借款债券 2500 法郎注销券（KUL 56 CN）

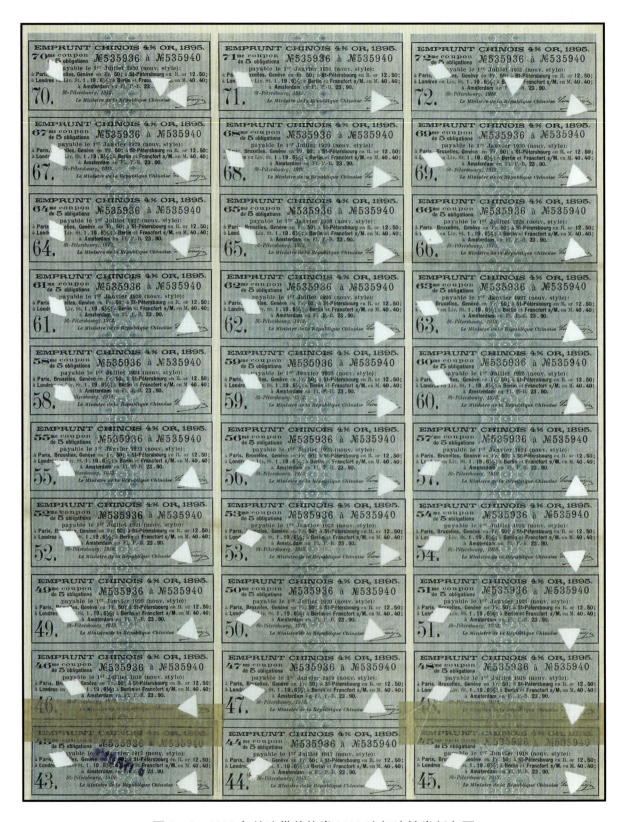

图 5 – 3　1895 年俄法借款债券 2500 法郎注销券新息票

（二）其他券种

目前还发现俄法借款债券 500 法郎补换票（见图 5 - 4），加盖"DUPLICATE"红戳。

图 5 - 4　1895 年俄法借款债券 500 法郎补换票（KUL 55DP）

第六章

Chapter 6

1896 年英德借款债券

一、历史背景

　　根据《马关条约》，1896 年 3 月，清政府须支付第二笔赔款白银 5000 万两。在内债募集失利的情况下，考虑外债来源的平衡，清政府于 1896 年 3 月 23 日与汇丰银行和德华银行组成的英德银团签订借款合同。借款金额 1600 万英镑（合白银 1 亿两），1896 年 4 月 1 日开始募集首批 1000 万英镑，剩余 600 万英镑须于 1896 年 10 月 1 日前募集完成，汇丰银行和德华银行各发行债券，分别负责募集 800 万英镑。借款期限 36 年，年息 5 厘，每年 4 月 1 日和 10 月 1 日各付息一次。折扣为 94 折。与其他债券不同，此项债券本息自 1896 年 4 月 1 日后按月摊销，清政府每月将 80579 英镑 6 先令 8 便士平均存入汇丰银行和德华银行各自的上海分行，由两家银行各自与债券持有人商定本息支付方式。[①] 该债券不得提前偿还。

　　此项债券以中国关税为担保，还款记录一直良好。1917 年 8 月中国加入协约国对德宣战后，原来每月正常拨付德华银行的偿债基金，改由海关总税务司汇往伦敦汇丰银行的特别账户，向非敌对国家的德华银行债券持有人支付本息，而各敌对国家债权人持有的德华银行债券偿付工作则暂停。1924 年，中德达成协议，中国恢复对全部德华银行债券持有人的偿付，并补发了之前暂停支付的债券本息。

---

　　① 财政科学研究所、中国第二历史档案馆编：《民国外债档案史料》（第三卷），中国档案出版社 1989 年版，第 69～73 页。

1932 年，此项债券本息全部结清。

二、主要券种

（一）实用票

英德借款债券分为汇丰银行和德华银行两种版式，共有 25 英镑、50 英镑、100 英镑和 500 英镑四种面值。债券分为正票页和息票页，正票页大小为 50×38 厘米，采用水印防伪。由德国柏林的 Reichsdruckerei 公司印制。

债券的正面为英文和德文，汇丰银行版正下方为驻英公使龚照瑗的关防，右下角为龚照瑗的私章和签名，左下角为汇丰银行经办人签名。德华银行版正下方为驻德公使许景澄的关防，右下角为许景澄的私章和签名，左下角为德华银行经办人签名（见图 6 -1～图 6 -7）。

由于此项债券已经全部兑付，目前存世的德华银行版债券多数为打孔的注销票，未注销的实用票非常罕见。汇丰银行版债券则可能全部销毁，仅见零星的未兑付票[①]。

债券具体发行情况如表 6 -1 所示。

表 6 -1   1896 年英德借款债券

发行机构	高文编号	面值（英镑）	发行数量（张）	编号范围	理论未兑付量（张）
汇丰银行	60	25	10000	（00001～06260，第一批；25061～28800，第二批）	0
德华银行	61	25	30000	（06261～25060，第一批；28801～40000，第二批）	0
汇丰银行	62	50	20000	（00001～12500，第一批；50001～57500，第二批）	0
德华银行	63	50	60000	（12501～50000，第一批；57501～80000，第二批）	0
汇丰银行	64	100	60000	（00001～37500，第一批；62501～85000，第二批）	0
德华银行	65	100	40000	（37501～62500，第一批；85001～100000，第二批）	0
汇丰银行	66	500	1500	（00001～00937，第一批；01248～01810，第二批）	0
德华银行	67	500	500	（00938～01247，第一批；01811～02000，第二批）	0

注：债券分两批发行，故两批号码不连续。

（二）其他券种

1. 备用票

英德借款债券的备用票一直鲜见。近年来，一位原汇丰银行员工的后人发现了数张汇丰银行版债券的备用票，其中有 2 张 25 英镑（KUL 60RS）、1 张 50 英镑（KUL 62RS）和 2 张 100 英镑（KUL 64RS）。这些备用票均附有完整息票页，但未盖驻英公使的关防（见图 6 -8～图 6 -10）。

[①] 当时对已偿付债券通常是回收 6 年后焚毁，由此可以解释汇丰银行版债券的消失。但德华银行因为牵涉中德宣战后与中国政府的财务纠纷，中国政府财政部因此希望保留德华银行版已偿付的债券以核查号码。但汇丰银行伦敦分行已经难以存放众多的德华银行注销债券。为此，中国财政部请海关总税务司要求汇丰银行将德华银行注销债券运回国内。故现在有众多的德华银行注销债券存世。参见财政科学研究所、中国第二历史档案馆编：《民国外债档案史料》（第三卷），中国档案出版社 1989 年版，第 83 页。

图 6-1　1896 年德华银行英德借款债券 25 英镑（KUL 61）

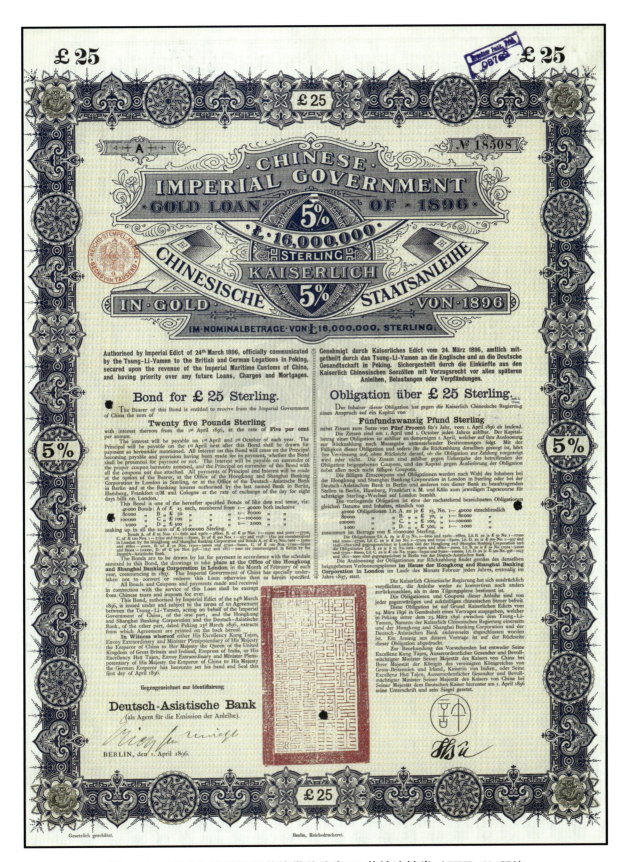

图 6 – 2　1896 年德华银行英德借款债券 25 英镑注销券（KUL 61 CN）

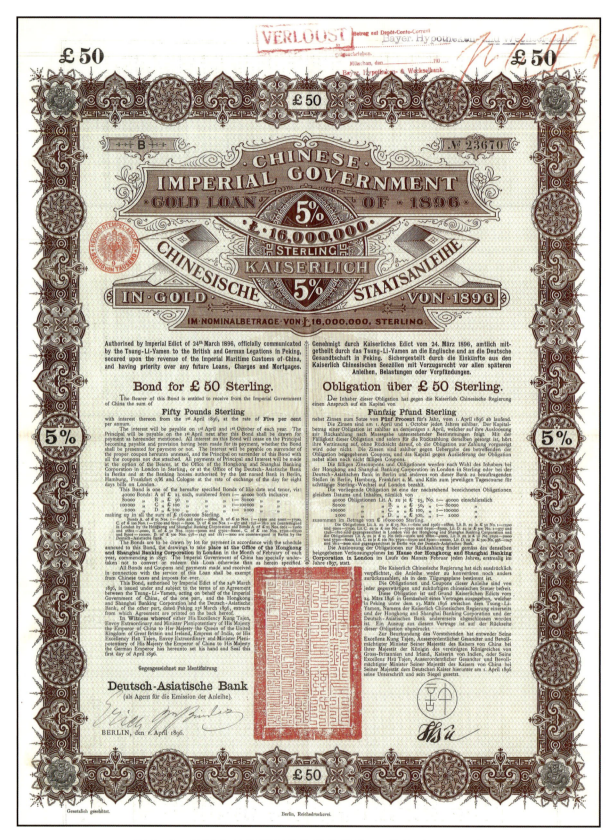

图 6−3　1896 年德华银行英德借款债券 50 英镑（KUL 63）

图 6－4　1896 年德华银行英德借款债券 50 英镑注销券（KUL 63 CN）

图 6 - 5　1896 年德华银行英德借款债券 100 英镑注销券（KUL 65 CN）

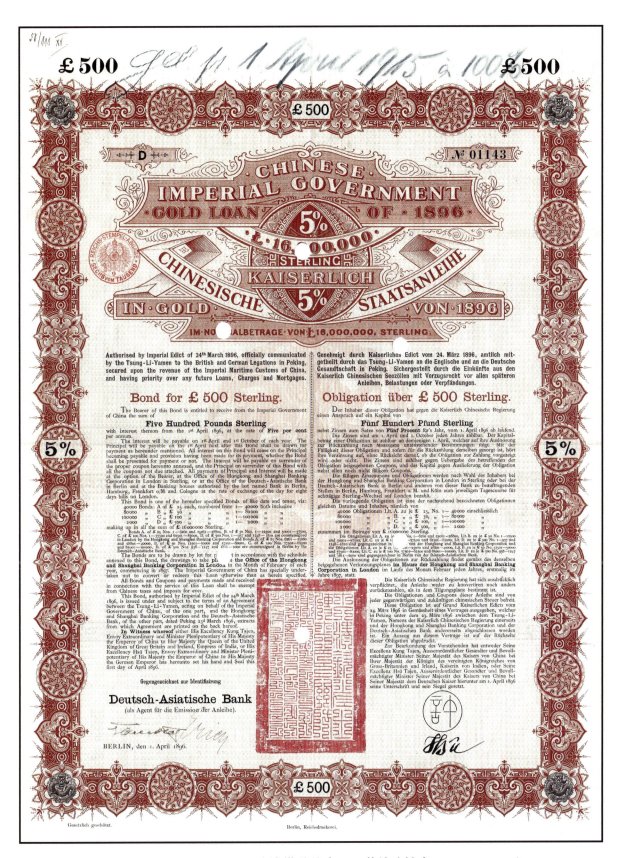

图 6－6　1896 年德华银行英德借款债券 500 英镑注销券（KUL 67 CN）

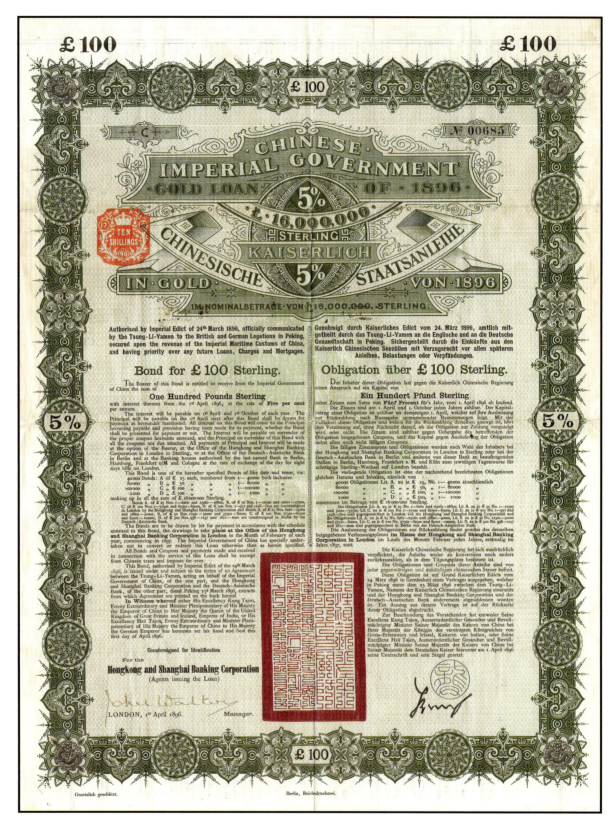

图 6 – 7　1896 年汇丰银行英德借款债券 100 英镑（KUL 64）

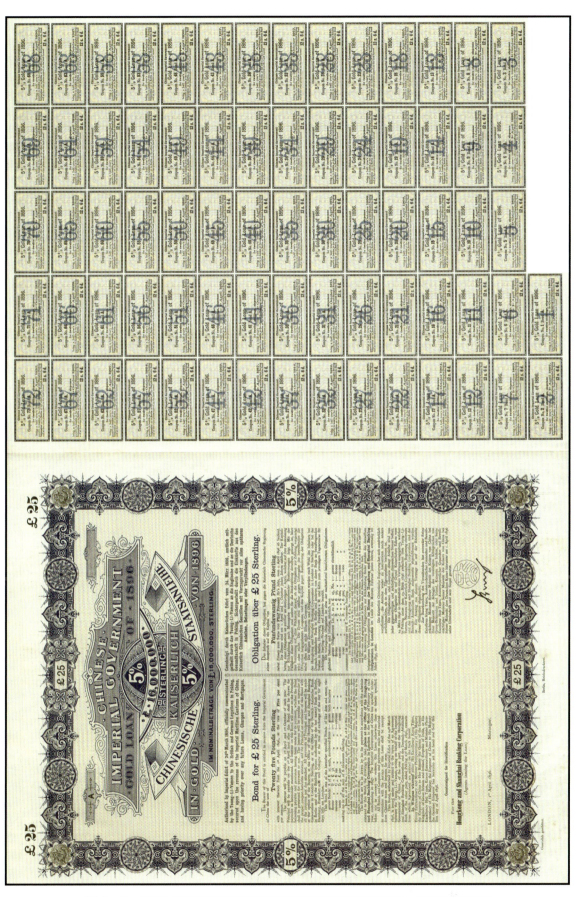

图 6−8　1896 年汇丰银行英德借款债券 25 英镑备用票（KUL 60RS）

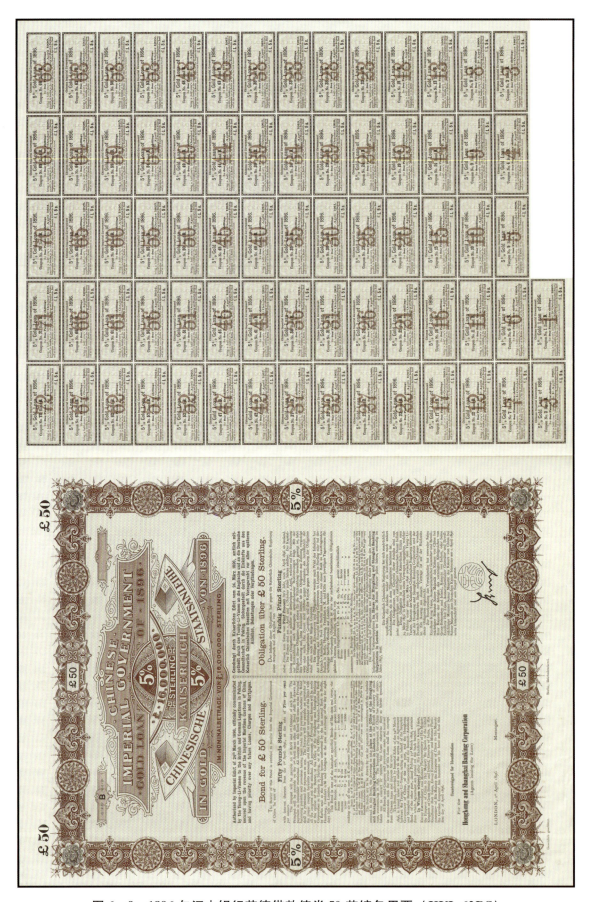

图 6-9　1896 年汇丰银行英德借款债券 50 英镑备用票（KUL 62RS）

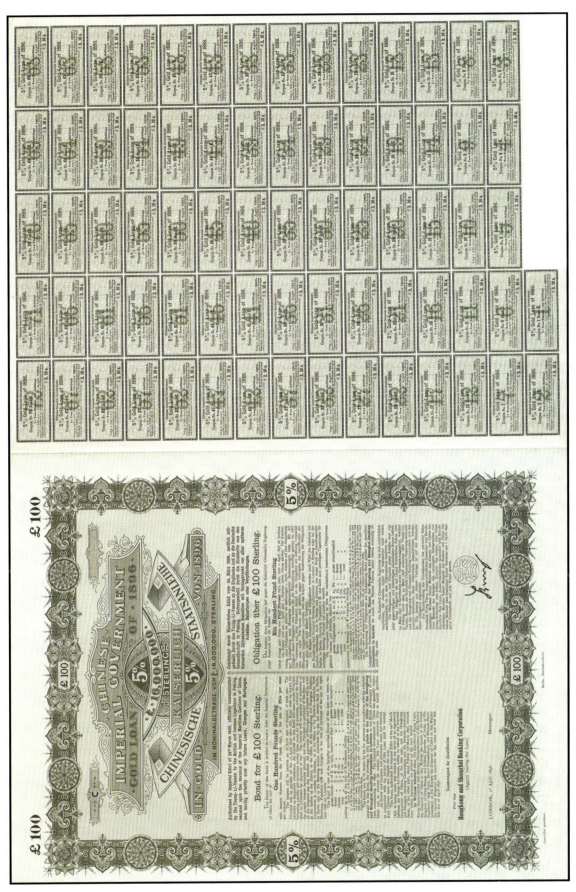

图 6 – 10　1896 年汇丰银行英德借款债券 100 英镑备用票（KUL 64RS）

此外，德国央行在其金库中发现了一批德华银行版 25 英镑（见图 6–11）、50 英镑（见图 6–12）、100 英镑面值（见图 6–13）和 500 英镑面值债券（见图 6–14）的备用票。其中 25 英镑、50 英镑和 100 英镑都打了注销孔并被裁去息票，500 英镑仅裁去息票，未打注销孔。与汇丰银行备用票不同，德华银行的备用票上都盖上了驻德公使的关防。

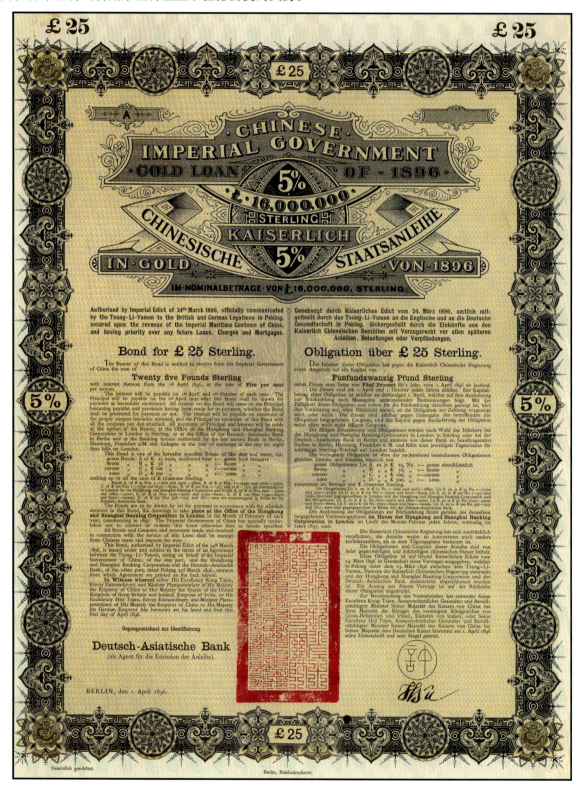

图 6–11　1896 年德华银行英德借款债券 25 英镑备用票注销券（KUL 61RS CN）

图 6 – 12　1896 年德华银行英德借款债券 50 英镑备用票注销券（KUL 63RS CN）

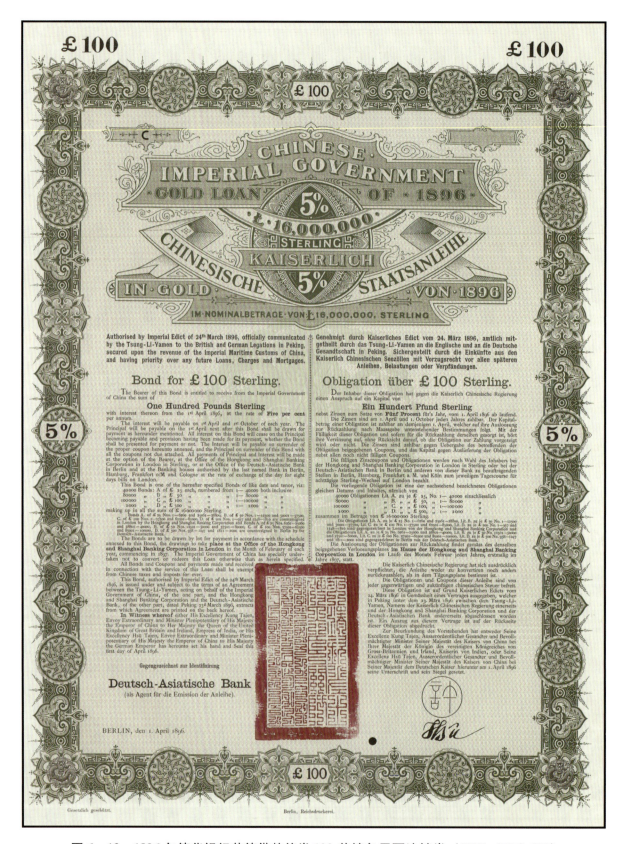

图 6-13 1896 年德华银行英德借款债券 100 英镑备用票注销券（KUL 65RS CN）

图 6 – 14　1896 年德华银行英德借款债券 500 英镑备用票（KUL 67RS）

2. 分期缴款凭证

据记载[①]：由于1895年法俄借款由俄罗斯提供国家担保，汇丰银行在此次借款前一直坚持债券必须在英格兰银行登记，否则发行价无法做到94折。英国政府直到1896年3月11日借款草案签署后方做出让步，同意债券在英格兰银行登记。后来发现的一批德华银行档案显示，英格兰银行为此专门做出声明（见图6－15），允许债券或分期缴款凭证可以托管在英格兰银行，并可以通过标准表格进行转让。同时，档案中还发现了汇丰银行债券分期缴款凭证的票样，票样分为25英镑、50英镑、100英镑（见图6－16）和500英镑（见图6－17）。分期缴款凭证显示在首期1000万英镑募资时，允许投资人先支付票面价值的35%，然后分别在1896年4月15日支付票面价值的30%，5月1日支付票面价值的15%，6月24日支付发行价折扣后的尾款。

Chinese Imperial Government 5% Gold Loan of 1896.

For £16,000,000.

(Present Issue £10,000,000.)

INSCRIPTION of SCRIP and BONDS.

Holders of Fully-paid Scrip have the privilege of exchanging the same for Stock free of all expense.

Transfers of the Stock will be exempt from Stamp Duty, and the Dividends thereon will be paid through the post, or as otherwise directed.

Transfers will be by Deed, and ordinary forms will be accepted.

Holders of Bonds may at any time exchange their Bonds for Stock on payment of the commutation Stamp Duty—12/6 per cent.

Holders of Stock may at any time exchange the same for the relative Bonds, but such holders will be liable for any Stamp Duty which may be payable in respect of the Bonds.

When the Bonds are ready, the Bank of England will surrender to the Hongkong and Shanghai Banking Corporation the Scrip which has been inscribed, and will receive in exchange the Bonds which have been allocated by the Hongkong and Shanghai Banking Corporation to such Scrip.

When this has been done the Stockholders will be informed of the numbers and denominations of the Bonds which their Stock represents, and they will be so placed in possession of information which will enable them to fill up, or cause to be filled up, the transfer deeds necessary for sale or transfer.

They will also be in a position to examine lists of drawings and to demand at the hands of the Bank of England the capital amount of Stock representing drawn Bonds.

It will be seen from what goes before that each transfer of Stock must recite the numbers and denominations of the Bonds (or Scrip pending the issue of Bonds) which such Stock represents.

Transfers must be accompanied by the relative certificates.

BANK OF ENGLAND,
27th March, 1896.

图6－15　英格兰银行关于英德借款临时凭证和债券的声明

① 张志勇：《赫德与晚清外交》，中华书局2021年版。

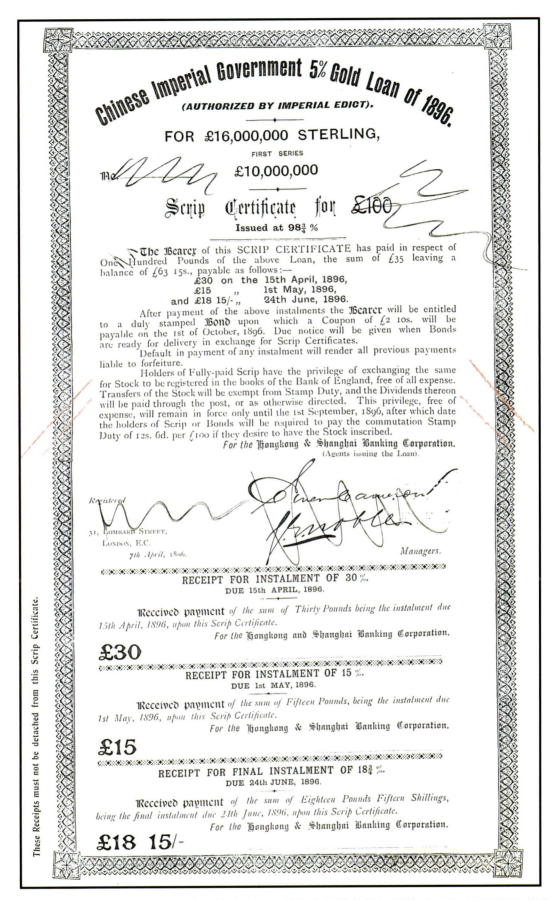

Chinese Imperial Government 5% Gold Loan of 1896.

(AUTHORIZED BY IMPERIAL EDICT).

FOR £16,000,000 STERLING,

FIRST SERIES

£10,000,000

No.

Scrip Certificate for £100

Issued at 98¾ %

The Bearer of this SCRIP CERTIFICATE has paid in respect of One Hundred Pounds of the above Loan, the sum of £35 leaving a balance of £63 15s., payable as follows:—

£30 on the 15th April, 1896,
£15 ,, 1st May, 1896,
and £18 15/- ,, 24th June, 1896.

After payment of the above instalments the Bearer will be entitled to a duly stamped Bond upon which a Coupon of £2 10s. will be payable on the 1st of October, 1896. Due notice will be given when Bonds are ready for delivery in exchange for Scrip Certificates.

Default in payment of any instalment will render all previous payments liable to forfeiture.

Holders of Fully-paid Scrip have the privilege of exchanging the same for Stock to be registered in the books of the Bank of England, free of all expense. Transfers of the Stock will be exempt from Stamp Duty, and the Dividends thereon will be paid through the post, or as otherwise directed. This privilege, free of expense, will remain in force only until the 1st September, 1896, after which date the holders of Scrip or Bonds will be required to pay the commutation Stamp Duty of 12s. 6d. per £100 if they desire to have the Stock inscribed.

For the Hongkong & Shanghai Banking Corporation.
(Agents issuing the Loan).

Registered

31, Lombard Street,
London, E.C.
7th April, 1896.

Managers.

RECEIPT FOR INSTALMENT OF 30 %.
DUE 15th APRIL, 1896.

Received payment of the sum of Thirty Pounds being the instalment due 15th April, 1896, upon this Scrip Certificate.

For the Hongkong and Shanghai Banking Corporation.

£30

RECEIPT FOR INSTALMENT OF 15 %.
DUE 1st MAY, 1896.

Received payment of the sum of Fifteen Pounds, being the instalment due 1st May, 1896, upon this Scrip Certificate.

For the Hongkong & Shanghai Banking Corporation.

£15

RECEIPT FOR FINAL INSTALMENT OF 18¾ %.
DUE 24th JUNE, 1896.

Received payment of the sum of Eighteen Pounds Fifteen Shillings, being the final instalment due 24th June, 1896, upon this Scrip Certificate.

For the Hongkong & Shanghai Banking Corporation.

£18 15/-

These Receipts must not be detached from this Scrip Certificate.

图 6 – 16　1898 年汇丰银行英德借款债券 100 英镑分期缴款凭证票样（KUL 64 SCRIP SP）

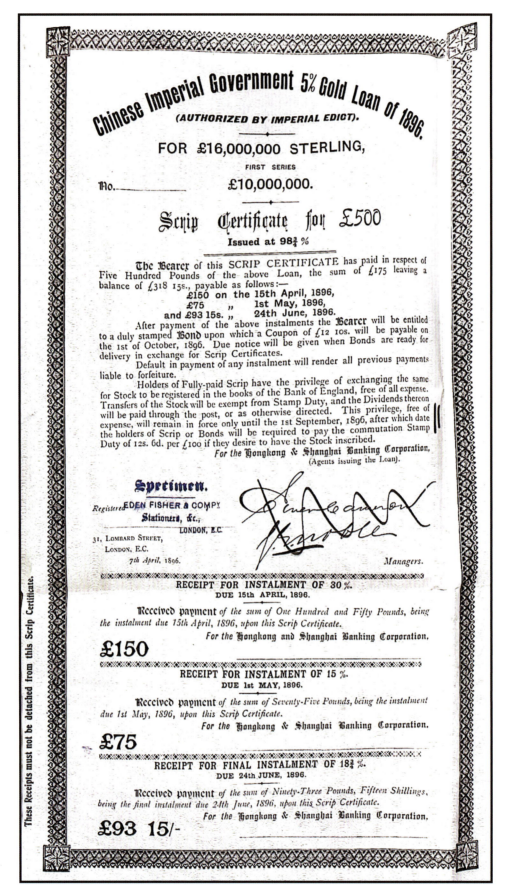

图 6 – 17　1898 年汇丰银行英德借款债券 500 英镑分期缴款凭证票样（KUL 66 SCRIP SP）

第七章

Chapter 7 ●

1898 年英德续借款债券

一、历史背景

　　根据《马关条约》第四款规定，清政府如果能在 1898 年 4 月前将剩余赔款一次付清，日本政府将豁免利息。为此，清政府于 1898 年 3 月 1 日与汇丰银行和德华银行组成的英德银团再次签订借款合同，史称"1898 年英德续借款"。借款金额 1600 万英镑，汇丰银行和德华银行各发行债券，分别负责一半资金的募集。借款期限 45 年，年息 4.5 厘，每年 3 月 1 日和 9 月 1 日各付息一次。与 1896 年英德借款相同，此项债券本息自 1898 年 3 月 1 日起按月摊销，清政府每月将 69602 英镑 13 先令 4 便士平均存入汇丰银行和德华银行各自的上海分行，由两家银行各自与债券持有人商定本息支付方式。该债券不得提前偿还。由于清政府此前多次借款基本已将关税抵押殆尽，尽管此次借款还追加了抵押苏州等多地货物厘金，但发行折扣仍只有 83 折，创下了清政府举借外债的最低折扣记录。[①]

　　此项债券还款记录一直良好。1917 年 8 月中国加入协约国对德宣战后，原来每月正常拨付德华银行的偿债基金，改由海关总税务司汇往伦敦汇丰银行的特别账户，向非敌对国家的德华银行债券

---

① 财政科学研究所、中国第二历史档案馆编：《民国外债档案史料》（第三卷），中国档案出版社 1989 年版，第 92～99 页。

持有人支付本息，而各敌对国家的德华银行债券偿付工作则暂停。1924 年，中德达成协议，中国恢复对全部德华银行债券持有人的偿付，并补发了之前暂停支付的债券本息。1939 年 9 月，因关税被日本劫持，此项债券停付本息。

二、主要券种

（一）实用票

英德续借款债券分为汇丰银行和德华银行两种版式，共有 25 英镑、50 英镑、100 英镑和 500 英镑四种面值。债券分为正票页和息票页，正票页大小为 50×40 厘米，采用水印防伪。由德国柏林的 Reichsdruckerei 公司印制。有趣的是，德国印刷公司在德华银行版 500 英镑债券的印制上采用了更厚的夹层纸印刷，相较于汇丰银行版 500 英镑债券防损和防伪性能更佳。

债券的正面为英文和德文，汇丰银行版正下方为驻英公使罗丰禄的关防，右下角为罗丰禄的私章和英文签名，左下角为汇丰银行经办人签名。德华银行版正下方为驻德公使吕海寰的关防，右下角为吕海寰的私章和英文签名，左下角为德华银行经办人签名（见图 7 – 1～图 7 – 8）。

由于到 1939 年仅剩 2996425 英镑的本金没有偿付[①]，存世的英德续借款债券以打孔的注销票居多，但未兑付的实用票也有一定的数量。

债券具体发行情况如表 7 – 1 所示。

表 7 – 1   1898 年英德续借款债券

发行机构	高文编号	面值（英镑）	发行数量（张）	编号范围	理论未兑付量（张）
汇丰银行	80	25	1500	000001～001500	280
德华银行	81	25	28500	001501～030000	5337
汇丰银行	82	50	1500	000001～001500	282
德华银行	83	50	58500	001501～060000	10956
汇丰银行	84	100	66875	000001～066875	12526
德华银行	85	100	43125	066876～110000	8075
汇丰银行	86	500	2400	000001～002400	449
德华银行	87	500	100	002401～002500	19

---

① 财政科学研究所、中国第二历史档案馆编：《民国外债档案史料》（第三卷），中国档案出版社 1989 年版，第 99 页。

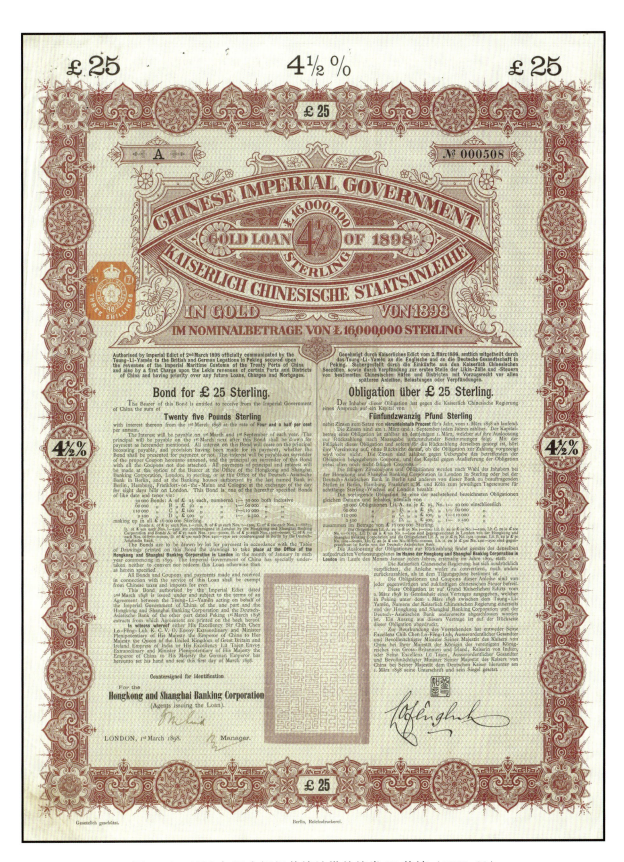

图 7-1　1898 年汇丰银行英德续借款债券 25 英镑（KUL 80）

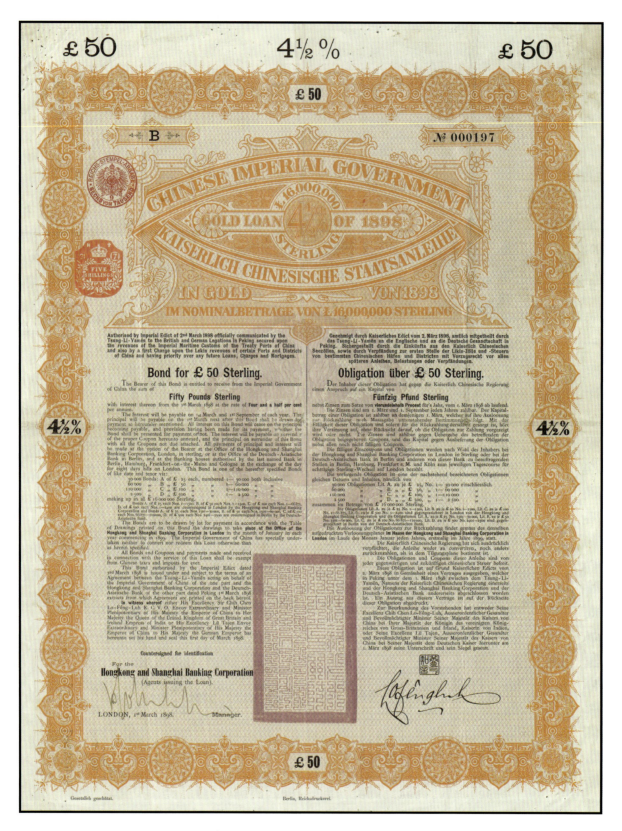

图 7-2　1898 年汇丰银行英德续借款债券 50 英镑（KUL 82）

图 7 – 3　1898 年汇丰银行英德续借款债券 100 英镑（KUL 84）

图 7-4　1898 年汇丰银行英德续借款债券 500 英镑（KUL 86）

图 7－5　1898 年德华银行英德续借款债券 25 英镑（KUL 81）

图 7 − 6　1898 年德华银行英德续借款债券 50 英镑（KUL 83）

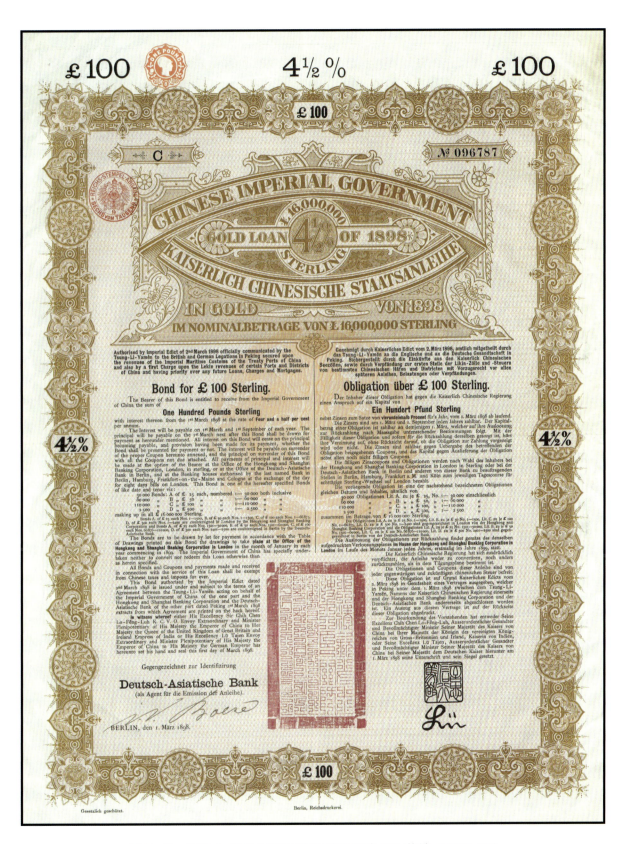

图 7 - 7　1898 年德华银行英德续借款债券 100 英镑（KUL 85）

图 7 – 8　1898 年德华银行英德续借款债券 500 英镑（KUL 87）

（二）其他券种

1. 备用票

德华银行版债券备用票中的 25 英镑和 50 英镑面值较为常见，100 英镑和 500 英镑面值则极为罕见。多数备用票为打孔注销且裁去息票，也有少量未打孔且保留完整息票。

汇丰银行版债券的备用票一直鲜见。近年，一位原汇丰银行员工的后人发现了数张汇丰银行版债券的备用票，其中有 2 张 25 英镑（KUL 80RS）、2 张 50 英镑（KUL 82RS）和 1 张 500 英镑（KUL 86RS）。

与 1896 年英德借款不同，所有英德续借款的备用票都未加盖驻英或驻德大臣关防（见图 7 – 9 ~ 图 7 – 15）。

图 7 – 9　1898 年汇丰银行英德续借款债券 25 英镑备用票（KUL 80RS）

图 7-10 1898 年汇丰银行英德续借款债券 50 英镑备用票（KUL 82RS）

图 7 – 11　1898 年汇丰银行英德续借款债券 500 英镑备用票（KUL 86RS）

图 7-12　1898 年德华银行英德续借款债券 25 英镑备用票（KUL 81RS）

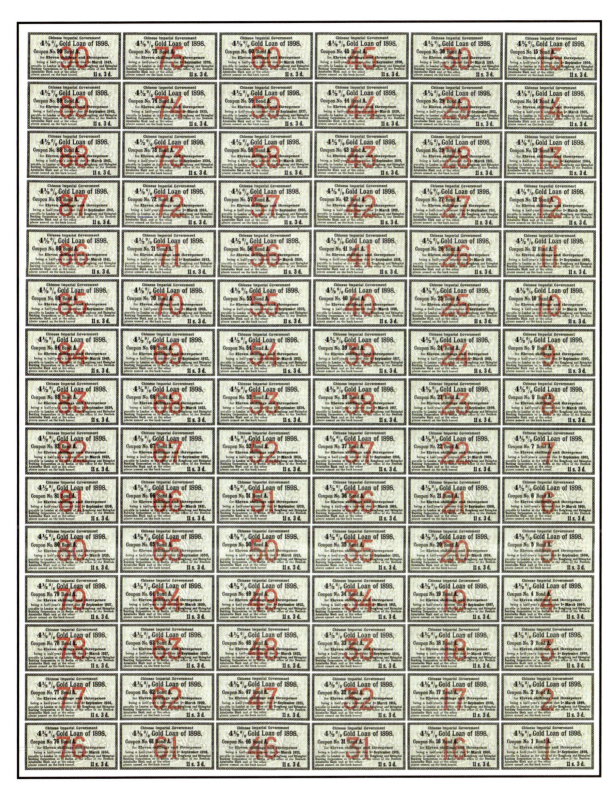

图 7-13　1898 年德华银行英德续借款债券 25 英镑备用票息票

图 7-14　1898 年德华银行英德续借款债券 50 英镑备用票（KUL 83RS）

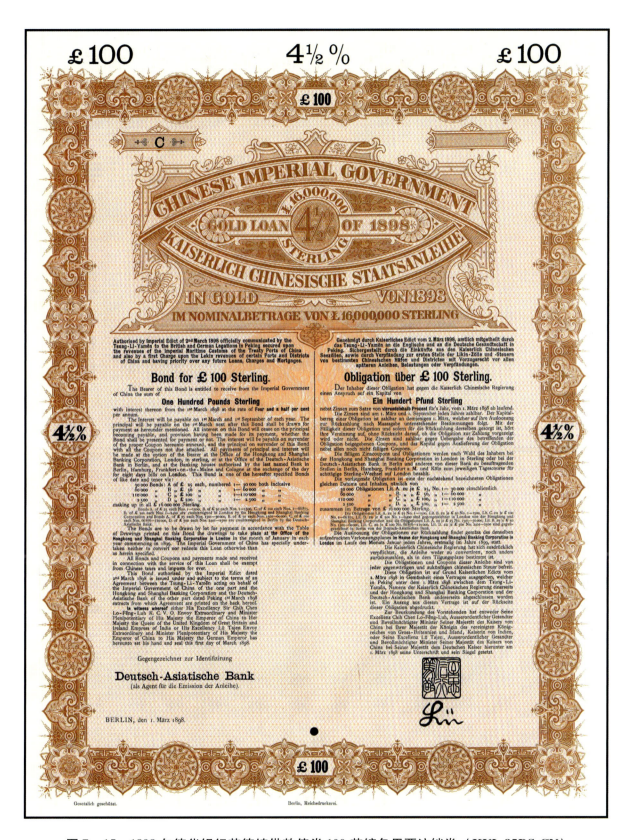

图 7 – 15　1898 年德华银行英德续借款债券 100 英镑备用票注销券（KUL 85RS CN）

2. 补换票

高文《中国对外债券》记载了在民国时期因遗失更换的汇丰银行版 100 英镑面值债券补换票，正下方盖上了"中华民国驻英吉利国大使馆印"（KUL 84DP1）或者"中华民国驻英代表印"（KUL 84DP2）[①]（见图 7 – 16 ~ 图 7 – 17）。

[①] ［德国］高文：《中国对外债券 1865 – 1982》，Freiberg Druck, Hannover, West Germany 1983 年版，第 30 页。

图 7 - 16　1898 年汇丰银行英德续借款债券 100 英镑补换票（中华民国驻英吉利国大使馆印）（KUL 84DP1）

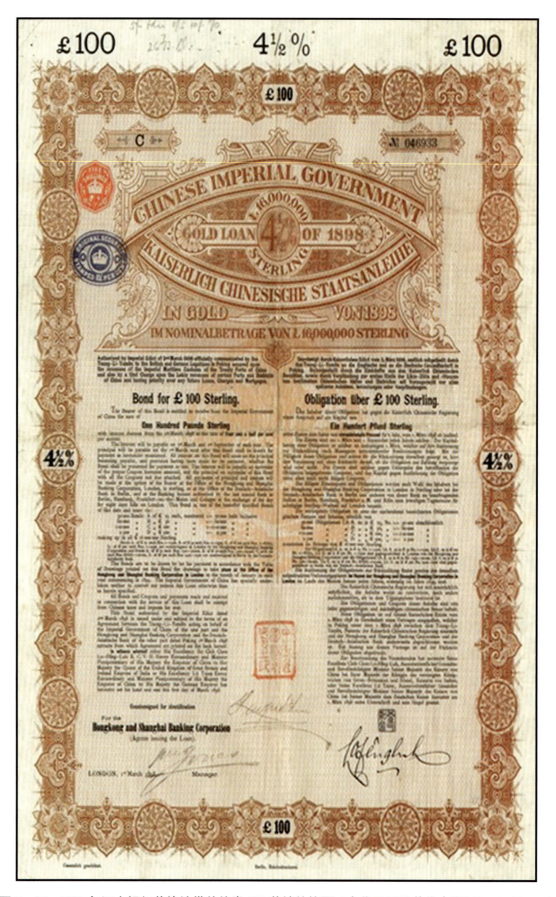

图 7 – 17　1898 年汇丰银行英德续借款债券 100 英镑补换票（中华民国驻英代表印）（KUL 84DP2）

第八章

Chapter 8

1902 年俄国庚款抵押借款债券

▼ 一、历史背景

　　根据《辛丑条约》，俄国所获赔款份额本息合计 401809663.675 卢布，占总赔款金额的 28.7%，成为庚子赔款最大的债权国。1902 年，即庚子赔款的次年，沙皇便命令俄国财政部以中国庚子赔款为偿债基金，发行总额 181959000 卢布的国债，占了俄国庚子赔款 2.84 亿卢布本金的 64%。为了便于国债在西欧流通，债券以德国马克计价，合计 393000000 德国马克。[①]

　　债券于 1902 年 6 月 1 日发行，借款期限 39 年，年息 4 厘，每年 1 月 1 日和 7 月 1 日付息一次[②]。从 1902 年开始，每年 9 月抽签还本。该项债券的还款安排基本与中国庚子赔款还款安排保持一致，不会出现期限和金额的错配导致的还款风险。由于债券发行金额超出俄国国内金融市场的融资能力，所以债券同时在俄国、德国、荷兰和英国上市，并以当地货币偿付。1917 年俄国爆发十月革命后，苏维埃政府拒绝偿还沙俄政府的债务，该项债券与其他沙俄政府债务共同违约，估计赎回本金仅占全部发行金额的 10% 左右。[③]

---

　　①③　［德国］高文：《中国对外债券 1865 - 1982》，Freiberg Druck，Hannover，West Germany 1983 年版，第 130 页。
　　②　资料来源：根据本章债券票面记载。

该项债券官方名称为"1902年俄国国家4厘借款",并不直接构成中国政府的债务,法律意义上不构成中国外债。但考虑到该项债券与庚子赔款密切相关,可以作为中国外债的研究范畴,因此,高文在《中国对外债券》一书虽未给该债券编号,但将其放在附录中。

从金融创新的角度,这也是早期担保债务凭证(Collateralized Debt Obligation,CDO)的尝试。

二、主要券种

(一) 实用票

俄国庚款抵押借款债券有4种,面值分别为500马克、1000马克、2000马克和5000马克。版式完全相同。债券分为正票页和息票页,正票页大小为35×25厘米。债券采用水印防伪印刷。债券正面为俄文、背面为德文和英文。为了体现该债券与庚子赔款的关系,左上角印有沙俄双头鹰徽记,右上角印有中国腾龙图案(见图8–1~图8–5)。

债券具体发行情况如表8–1所示。

表8–1 1902年俄国庚款抵押借款债券

发行机构	高文编号	面值 (德国马克)	发行数量 (张)	编号范围	理论未兑付量 (张)
俄国政府	无	500	46000	207001~253000	不详
俄国政府	无	1000	110000	97001~207000	不详
俄国政府	无	2000	75000	22001~97000	不详
俄国政府	无	5000	22000	1~22000	不详

(二) 其他券种

该套债券有少量票样存世。正票盖上了俄文"票样"红印,编号为000000,无息票(见图8–6~图8–9)。

图 8 – 1　1902 年俄国庚款抵押借款债券 500 马克

图 8 – 2　1902 年俄国庚款抵押借款债券 1000 马克

图 8 – 3　1902 年俄国庚款抵押借款债券 2000 马克

图 8 − 4　1902 年俄国庚款抵押借款债券 5000 马克

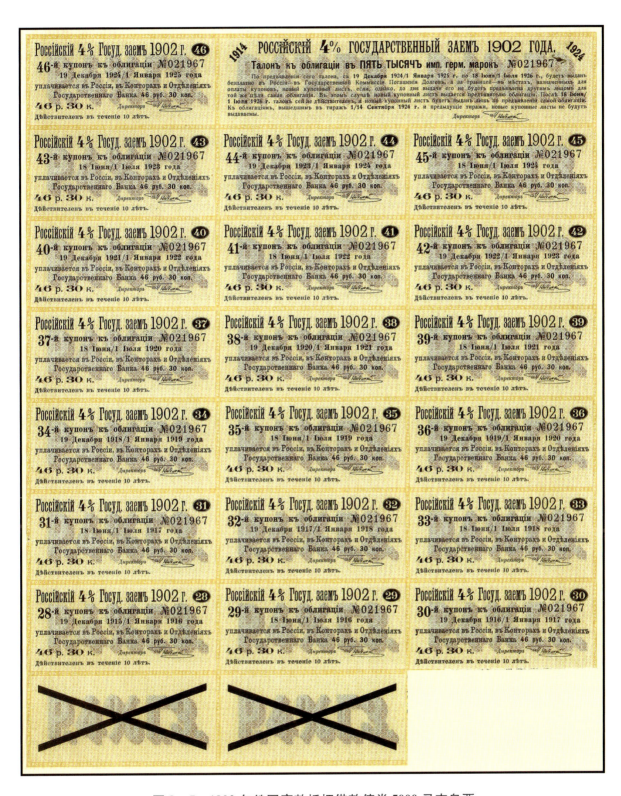

图 8−5　1902 年俄国庚款抵押借款债券 5000 马克息票

图 8 - 6　1902 年俄国庚款抵押借款债券 500 马克票样

图 8 – 7　1902 年俄国庚款抵押借款债券 1000 马克票样

图 8 – 8　1902 年俄国庚款抵押借款债券 2000 马克票样

图 8 - 9　1902 年俄国庚款抵押借款债券 5000 马克票样

第九章

Chapter 9

1905 年庚子赔款"镑亏"借款债券

　　1901 年,《辛丑条约》签订。条约第六款规定中国应付之赔款白银 4.5 亿两为海关两,同时规定"本息用金付给,或按应还日期之市价易金付给"。西方国家当时都实行金本位制,中国实行银本位制,金银比价始终处于浮动中。1901 年《辛丑条约》签订之时,1 英镑值关平银 6 两 6 钱 6 分,到 1903 年开始还款时,1 英镑已经涨到关平银 7 两 5 钱,这种因白银贬值造成的实际支付黄金数量上升的现象称为"镑亏"。清政府还款压力遽然骤增,因此坚持采用白银支付赔款,但被列强拒绝。至 1905 年,已付赔款的"镑亏"金额就达到白银 1040 万两。经海关总税务司赫德的调解,清政府同意按金价支付赔款,但提出了一系列调整条件,最终将"镑亏"金额锁定在白银 800 余万两,并于 1905 年 2 月决定举借外债 100 万英镑支付"镑亏"。①

　　关于"镑亏借款"的资金来源,刘秉麟的《近代中国外债史稿》分列了两种不同说法。一种是单独向汇丰银行借款 100 万英镑;另一种是向汇丰银行和德华银行共同借款 100 万英镑②。随着

---

　　① 刘秉麟:《近代中国外债史稿》,武汉大学出版社 2007 年版,第 32 ~ 35 页。
　　② 刘秉麟:《近代中国外债史稿》,武汉大学出版社 2007 年版,第 35 页。

"镑亏借款"债券实物被发现，基本可以肯定后说①。该笔借款期限 20 年，年息 5 厘，每年 3 月 1 日和 9 月 1 日各付息一次，发行折扣为 97 折。②

此项债券本息于 1913 年提前全部结清。

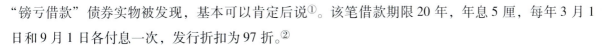

二、主要券种

1905 年庚子赔款"镑亏"借款债券实用票至今未发现。近年才发现少量德华银行版的备用票（KUL 132RS）。根据债券票面记载，债券分 A 系列（汇丰银行版）和 B 系列（德华银行版），面值均为 100 英镑。正票页大小为 58.5×41.5 厘米。正面分别为英文和德文，右下方印有驻德公使荫昌的签名（见图 9－1）。

债券的具体发行情况如表 9－1 所示。

表 9－1　　　　　　　　　　1905 年庚子赔款"镑亏"借款债券

发行机构	高文编号	面值（英镑）	发行数量（张）	编号范围	理论未兑付量（张）
汇丰银行	131	100	5000	（A0001～A5000）	0
德华银行	132	100	5000	（B5001～B10000）	0

---

① 不过至今未发现任何与德华银行相关的还款记录，也有可能德华银行中途退出，由汇丰银行最终全面接手。
② 资料来源：根据本章债券票面记载。

图 9-1　1905 年德华银行庚子赔款"镑亏"借款债券 100 英镑备用票（KUL 132RS）

第十章

Chapter 10

1912 年克利斯浦公司借款债券

一、历史背景

1912 年 3 月，袁世凯在北京就任中华民国临时大总统，财政形势十分严峻。民国政府与六国银行团①开展借款谈判，但谈判进展缓慢，于是财政总长熊希龄与英国姜克生万国财政社（the Jackson International Financial Syndicate）的代表白启禄（E. F. Birchal）开始商洽，1912 年 7 月 12 日订立 1000 万英镑借款草合同。不久，经中国政府同意，姜克生万国财政社将借款权利转与英国克利斯浦公司（C. Burch，Crisp & Co.）。1912 年 8 月 30 日，驻英公使刘玉麟与克利斯浦公司在伦敦签订《中国政府克利斯浦五厘金镑借款合同》。借款总额为 1000 万英镑，借款期限 40 年，年息 5 厘，每年 3 月 30 日和 9 月 30 日各付息一次。发行价为票面 89 折。第 11 年后抽签还本。第 15 年后可以提前还本，但须支付提前归还本金金额 2.5% 的额外费用，第 25 年后提前还本无须支付额外费用。克利斯浦公司缴款期约定 5 次，分别为 1912 年 9 月 30 日（50 万英镑）、10 月 30 日（150 万英镑）、11 月 30 日（100 万英镑）、1913 年 2 月 15 日（200 万英镑）和 9 月 30 日（500 万英镑）。②

---

① 六国银行团包括英国、美国、法国、德国、俄罗斯、日本六国，后来美国退出成为五国银行团。
② 财政科学研究所、中国第二历史档案馆编：《民国外债档案史料》（第四卷），中国档案出版社 1989 年版，第 203 ~ 208 页。

由于克利斯浦公司借款条件较六国银行团优惠，六国银行团联合向民国政府施压反对。袁世凯本意也是利用克利斯浦公司借款增加与六国银行团谈判的筹码，而非抛弃六国银行团。于是，民国政府向克利斯浦公司提出续借1000万英镑，该公司表示无力募集，民国政府便以此为由提出向其他银团借款，取消克利斯浦公司最后一期500万英镑的借款。[1]

1928年以前，克利斯浦公司借款债券还款付息基本正常。此后开始出现拖欠延期。至1938年，财政部仅拨付1935年本金，1938年9月后，债券本息均停止兑付。[2]

二、主要券种

虽然实际发行量只有500万英镑，克利斯浦公司借款债券票面仍按原合同标明借款金额为1000万英镑[3]。债券分为4种，面值为20英镑、100英镑、500英镑和1000英镑。各种面值的债券除颜色不同外，版式完全相同。债券分为正票页和息票页，正票页大小为45.5×30.5厘米。债券由英国Roberts & Leete公司印制（见图10-1~图10-5）。

债券左下侧盖有"财政部印"和财政总长周学熙签名，同时有克利斯浦公司的债券发行代理英国国际投资信托公司（the British & International Investment Trust Ltd.）经办人之副署签名。右下侧则有"中华民国驻英公使之印"及刘玉麟英文签名。债券采取水印防伪，内有多处"Chinese Government 5% Gold Loan of 1912"的水印字样。

债券具体发行情况如表10-1所示。

表10-1 1912年克利斯浦公司借款债券

发行机构	高文编号	面值（英镑）	发行数量（张）	编号范围	理论未兑付量（张）
克利斯浦公司	270	20	32500	00001~32500	23384
克利斯浦公司	271	100	26000	00001~26000	19068
克利斯浦公司	272	500	2000	0001~2000	1467
克利斯浦公司	273	1000	750	001~750	550

---

[1] 财政科学研究所、中国第二历史档案馆编：《民国外债档案史料》（第四卷），中国档案出版社1989年版，第209页。
[2] 财政科学研究所、中国第二历史档案馆编：《民国外债档案史料》（第四卷），中国档案出版社1989年版，第210页。
[3] 正式英文名称为"Chinese Government 5 Percent Gold Loan of 1912 for £ 10000000"。

图 10−1　1912 年克利斯浦公司借款债券 20 英镑（KUL 270）（第 00001 号）

图 10 – 2　1912 年克利斯浦公司借款债券 100 英镑（KUL 271）

图 10−3　1912 年克利斯浦公司借款债券 500 英镑（KUL 272）

图 10－4　1912 年克利斯浦公司借款债券 1000 英镑（KUL 273）

图 10 – 5　1912 年克利斯浦公司借款债券 20 英镑息票

第十一章

Chapter 11

瑞记洋行、奥匈帝国借款
和史可达公司借款系列债券

奥匈帝国虽为传统的欧洲强国，但在华势力较弱，故被排除在六国银行团之外。借助长期在华深耕的德商瑞记洋行（Arnhold & Karberg & Co.），奥匈帝国终于在中国政府借款市场分得一杯羹。

一、瑞记洋行三次借款债券（1912～1913 年）

（一）历史背景

辛亥革命发生后，清政府为购买军械，于 1912 年 1 月 29 日通过瑞记洋行向奥匈帝国史高德公司[1]借款 30 万英镑，折扣为 95 折，期限 5 年，年息 6 厘，每年 6 月 30 日和 12 月 31 日各付息一次。从 1913 年 1 月 1 日开始每年还本，此为瑞记洋行第一次借款[2]。同日，清政府又通过瑞记洋行向奥匈帝国银行借款 45 万英镑，折扣为 95 折，期限 10 年，年息 6 厘，每年 6 月 30 日和 12 月 31 日各付息一次。从 1916 年 1 月 1 日开始每年还本。此为瑞记洋行第二次借款[3]。

---

① Skoda，又译称史可达公司、斯柯达公司。
② 财政科学研究所、中国第二历史档案馆编：《民国外债档案史料》（第四卷），中国档案出版社 1989 年版，第 28～30 页。
③ 财政科学研究所、中国第二历史档案馆编：《民国外债档案史料》（第四卷），中国档案出版社 1989 年版，第 45～46 页。

1913 年初，民国政府与六国银行团关于善后大借款的谈判陷入停顿，急需小额借款周转。3 月 1 日，财政总长周学熙与奥匈帝国坡尔第候德厂（瑞记洋行为其代表）达成借款协议，借款金额 30 万英镑，折扣为 92 折，期限 5 年，年息 6 厘，每年 6 月 30 日和 12 月 31 日各付息一次。从 1915 年 12 月 31 日开始每年还本。此为瑞记洋行第三次借款。[1]

截至 1922 年 12 月，瑞记三项借款尚欠本金 56 万英镑没有归还[2]。

（二）主要券种

1. 实用票

瑞记洋行第一次借款债券于 1912 年 4 月 15 日发行，面值 1000 英镑，发行量 300 张，在高文的《中国对外债券》中编号为第 247 号。但目前没有发现实物（见表 11 – 1）。

表 11 – 1 　　　　　　　　　　　　1912 年瑞记洋行第一次借款债券

发行机构	高文编号	面值（英镑）	发行数量（张）	编号范围	理论未兑付量（张）
瑞记洋行	247	1000	300	001～300	不详

瑞记洋行第二次借款债券于 1912 年 4 月 15 日发行，面值 1000 英镑，发行量 450 张，左下方有清政府内阁度支部副大臣周自齐的英文签名，右下角盖有度支部的关防（见图 11 – 1）。由北洋德华日报（Tageblatt für Nord – China）印制（见表 11 – 2）。

瑞记洋行第二次借款债券的具体发行情况如表 11 – 2 所示。

表 11 – 2 　　　　　　　　　　　　1912 年瑞记洋行第二次借款债券

发行机构	高文编号	面值（英镑）	发行数量（张）	编号范围	理论未兑付量（张）
瑞记洋行	248	1000	450	001～450	不详

瑞记洋行第三次借款公债于 1913 年 3 月 3 日发行，面值 1000 英镑，发行量 300 张，债券正票页大小为 43×29.5 厘米，正中央盖"财政部印"，下方有财政总长周学熙的签名和"财政总长"印（见图 11 – 2）。

瑞记洋行第三次借款债券的具体发行情况如表 11 – 3 所示。

表 11 – 3 　　　　　　　　　　　　1913 年瑞记洋行第三次借款债券

发行机构	高文编号	面值（英镑）	发行数量（张）	编号范围	理论未兑付量（张）
瑞记洋行	285	1000	300	001～300	不详

① 　财政科学研究所、中国第二历史档案馆编：《民国外债档案史料》（第四卷），中国档案出版社 1989 年版，第 343～344 页。
② 　财政科学研究所、中国第二历史档案馆编：《民国外债档案史料》（第八卷），中国档案出版社 1989 年版，第 482 页。

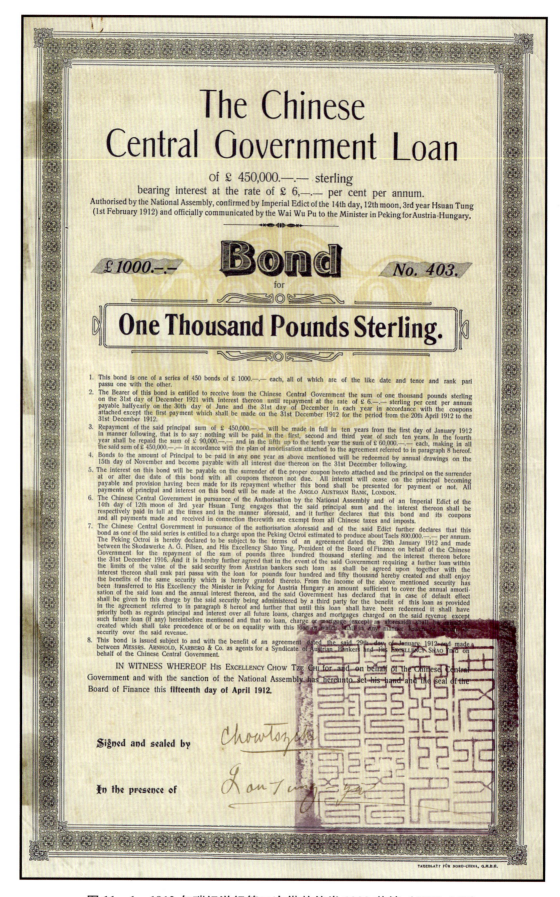

The Chinese Central Government Loan

of £ 450,000.—.— sterling
bearing interest at the rate of £ 6,—.— per cent per annum.
Authorised by the National Assembly, confirmed by Imperial Edict of the 14th day, 12th moon, 3rd year Hsuan Tung (1st February 1912) and officially communicated by the Wai Wu Pu to the Minister in Peking for Austria-Hungary.

£ 1000.—.— **Bond** No. 403.

for

One Thousand Pounds Sterling.

1. This bond is one of a series of 450 bonds of £ 1000.—.— each, all of which are of the like date and tenor and rank pari passu one with the other.

2. The Bearer of this bond is entitled to receive from the Chinese Central Government the sum of one thousand pounds sterling on the 31st day of December 1921 with interest thereon until repayment at the rate of £ 6.—.— sterling per cent per annum payable halfyearly on the 30th day of June and the 31st day of December in each year in accordance with the coupons attached except the first payment which shall be made on the 31st December 1912 for the period from the 20th April 1912 to the 31st December 1912.

3. Repayment of the said principal sum of £ 450,000.—.— will be made in full in ten years from the first day of January 1912 in manner following, that is to say: nothing will be paid in the first, second and third year of such ten years. In the fourth year shall be repaid the sum of £ 90,000.—.— and in the fifth up to the tenth year the sum of £ 60,000.—.— each, making in all the said sum of £ 450,000.—.— in accordance with the plan of amortisation attached to the agreement referred to in paragraph 8 hereof.

4. Bonds to the amount of Principal to be paid in any one year as above mentioned will be redeemed by annual drawings on the 15th day of November and become payable with all interest due thereon on the 31st December following.

5. The interest on this bond will be payable on the surrender of the proper coupon hereto attached and the principal on the surrender at or after due date of this bond with all coupons thereon not due. All interest will cease on the principal becoming payable and provision having been made for its repayment whether this bond shall be presented for payment or not. All payments of principal and interest on this bond will be made at the ANGLO AUSTRIAN BANK, LONDON.

6. The Chinese Central Government in pursuance of the Authorisation by the National Assembly and of an Imperial Edict of the 14th day of 12th moon of 3rd year Hsuan Tung engages that the said principal sum and the interest thereon shall be respectively paid in full at the times and in the manner aforesaid, and it further declares that this bond and its coupons and all payments made and received in connection therewith are exempt from all Chinese taxes and imposts.

7. The Chinese Central Government in pursuance of the authorisation aforesaid and of the said Edict further declares that this bond as one of the said series is entitled to a charge upon the Peking Octroi estimated to produce about Taels 800.000.—.— per annum. The Peking Octroi is hereby declared to be subject to the terms of an agreement dated the 29th January 1912 and made between the Skodawerke A. G. Pilsen, and His Excellency Shao Ying, President of the Board of Finance on behalf of the Chinese Government for the repayment of the sum of pounds three hundred thousand sterling and the interest thereon before the 31st December 1916. And it is hereby further agreed that in the event of the said Government requiring a further loan within the limits of the value of the said security from Austrian bankers such loan as shall be agreed upon together with the interest thereon shall rank pari passu with the loan for pounds four hundred and fifty thousand hereby created and shall enjoy the benefits of the same security which is hereby granted thereto. From the income of the above mentioned security has been transferred to His Excellency the Minister in Peking for Austria Hungary an amount sufficient to cover the annual amortisation of the said loan and the annual interest thereon, and the said Government has declared that in case of default effect shall be given to this charge by the said security being administered by a third party for the benefit of this loan as provided in the agreement referred to in paragraph 8 hereof and further that until this loan shall have been redeemed it shall have priority both as regards principal and interest over all future loans, charges and mortgages charged on the said revenue except such future loan (if any) hereinbefore mentioned and that no loan, charge or mortgage (except as aforesaid) shall hereafter be created which shall take precedence of or be on equality with this loan or which shall in any manner lessen the value of the security over the said revenue.

8. This bond is issued subject to and with the benefit of an agreement dated the said 29th day of January 1912 and made between MESSRS. ARNHOLD, KARBERG & Co. as agents for a Syndicate of Austrian Bankers and His EXCELLENCY SHAO YING on behalf of the Chinese Central Government.

IN WITNESS WHEREOF His EXCELLENCY CHOW TZE CHI for and on behalf of the Chinese Central Government and with the sanction of the National Assembly has hereunto set his hand and the seal of the Board of Finance this **fifteenth day of April 1912.**

Signed and sealed by

In the presence of

TAGEBLATT FÜR NORD-CHINA, G.M.B.H.

图 11－1　1912 年瑞记洋行第二次借款债券 1000 英镑（KUL 248）

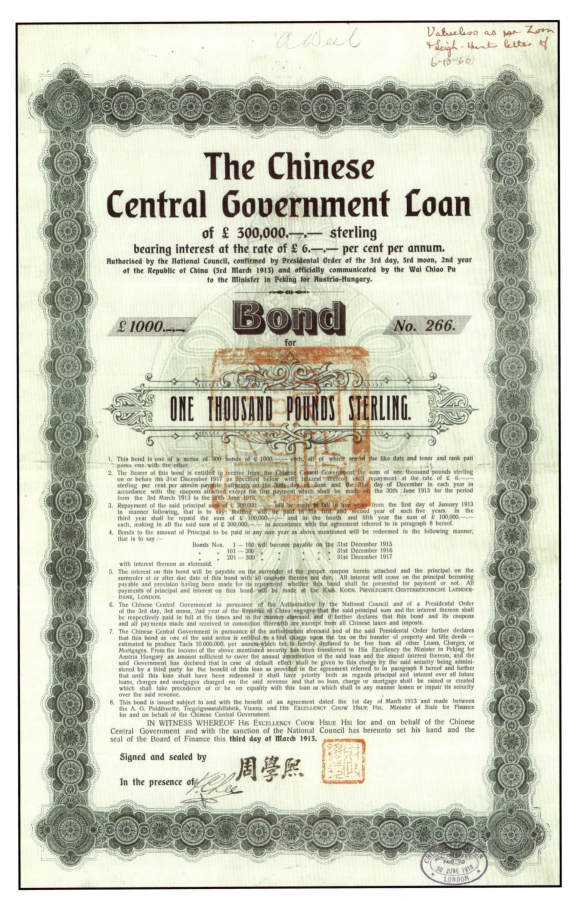

图11－2　1913年瑞记洋行第三次借款债券1000英镑（KUL 285）

2. 其他券种

目前未发现与瑞记洋行三次借款债券有关的其他券种。

二、奥匈帝国三次借款债券（1913～1914年）

（一）历史背景

1913年4月10日，民国政府财政总长周学熙通过瑞记洋行与奥匈帝国资本团签订借款合同，金额120万英镑，折扣为92折，期限5年，年息6厘，每年6月30日和12月31日各付息一次。从1915年12月31日开始每年还本，主要用于采购奥匈帝国军舰，此为奥匈帝国第一次借款。[①] 同日，民国政府财政总长周学熙又通过瑞记洋行与奥匈帝国资本团签订借款合同，金额200万英镑，折扣为92折，期限5年，年息6厘，每年6月30日和12月31日各付息一次。从1915年12月31日开始每年还本。主要用于采购奥匈帝国鱼雷舰和枪炮。此为奥匈帝国第二次借款。[②]

1914年4月27日，民国政府财政总长周自齐通过瑞记洋行与奥匈帝国资本团签订借款合同，金额50万英镑，折扣为92折，年息6厘，期限5年，每年6月30日和12月31日各付息一次。从1915年12月31日开始每年还本。主要用于采购奥匈帝国军械。此为奥匈帝国第三次借款。[③]

截至1922年12月，奥匈帝国三次借款债券本金370万英镑完全未归还[④]。

（二）主要券种

1. 实用票

奥匈帝国第一次借款债券于1913年9月11日由奥匈帝国皇家特许土地银行（K. K. Priv. Österreichische Länder Bank）在伦敦发行，面值分为50英镑、100英镑、500英镑和1000英镑（见图11-3～图11-6）。不同面值的债票除颜色差异外，版式完全相同。债券的正票页大小为43×29厘米。正中央盖"财政部印"，左下方有财政总长熊希龄的签名和"财政总长"印。不同于其他债券采取抽签还本，奥匈帝国借款公债采取按照固定编号在固定年份还本。为此，奥匈帝国借款每种面值的债券都印了3种，所附息票分别为5张、7张、9张，对应还本日期分别为1915年、1916年和1917年的12月31日。

---

① 财政科学研究所、中国第二历史档案馆编：《民国外债档案史料》（第四卷），中国档案出版社1989年版，第367～368页。
② 财政科学研究所、中国第二历史档案馆编：《民国外债档案史料》（第四卷），中国档案出版社1989年版，第208～378页。
③ 财政科学研究所、中国第二历史档案馆编：《民国外债档案史料》（第五卷），中国档案出版社1989年版，第105～107页。
④ 财政科学研究所、中国第二历史档案馆编：《民国外债档案史料》（第八卷），中国档案出版社1989年版，第482页。高文在《中国对外债券》中关于奥匈帝国三次借款是用来重整瑞记洋行三次借款的论断是错误的。

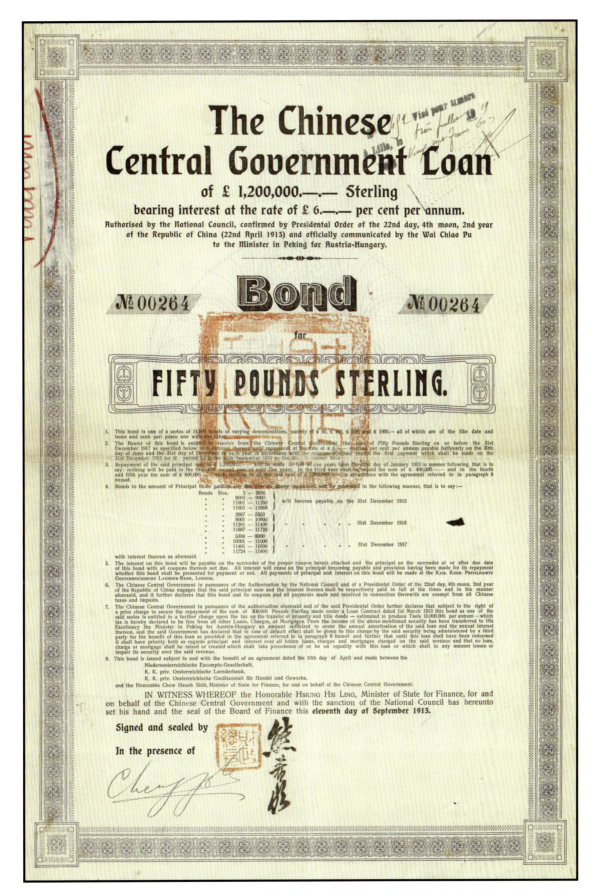

图 11 - 3　1913 年奥匈帝国皇家特许土地银行奥匈帝国第一次借款债券 50 英镑（KUL 310）

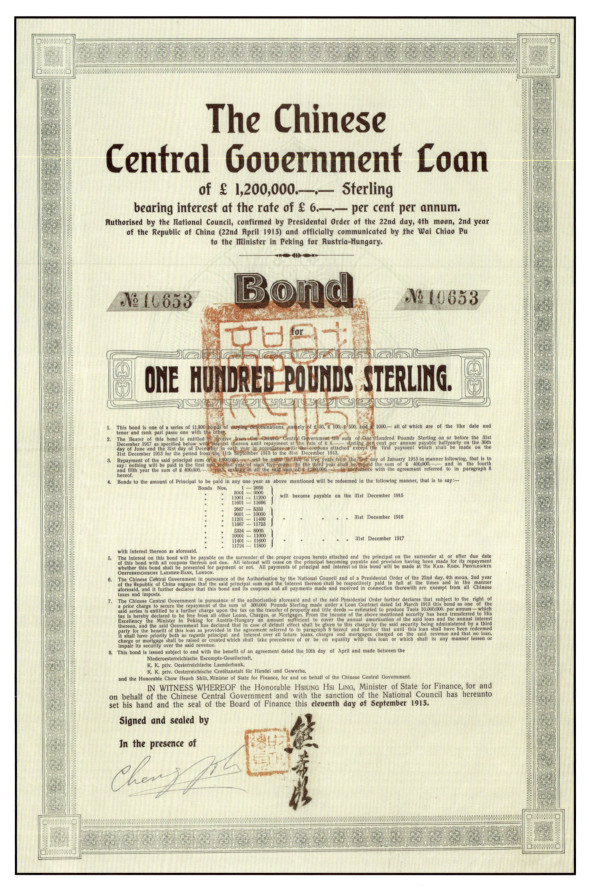

图 11-4　1913 年奥匈帝国皇家特许土地银行奥匈帝国第一次借款债券 100 英镑（KUL 311B）

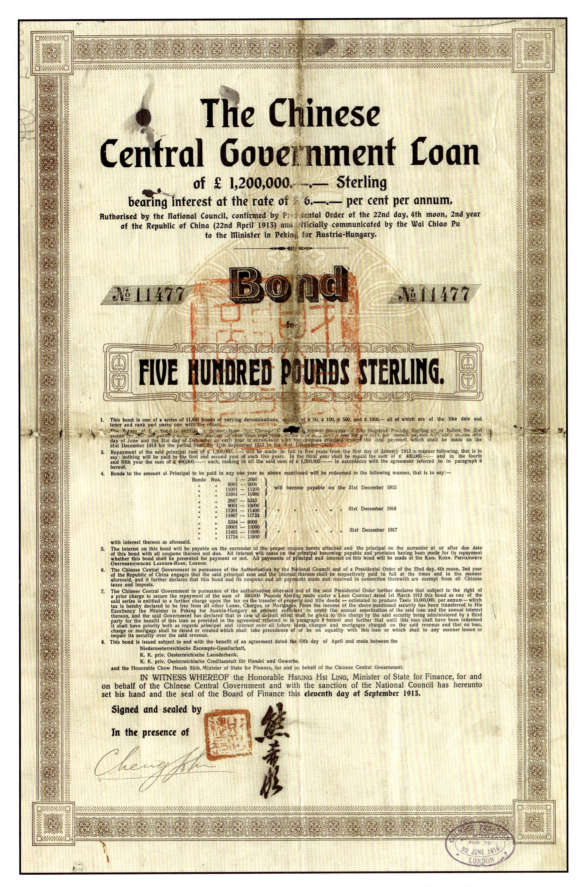

图 11 – 5　1913 年奥匈帝国皇家特许土地银行奥匈帝国第一次借款债券 500 英镑（KUL 312B）

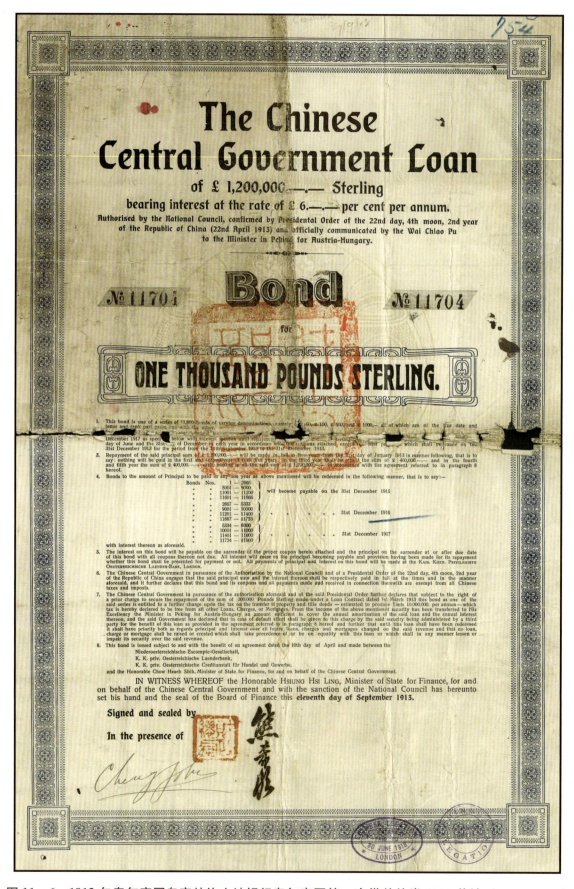

图 11－6　1913 年奥匈帝国皇家特许土地银行奥匈帝国第一次借款债券 1000 英镑（KUL 313A）

奥匈帝国第一次借款债券具体发行情况如表 11 - 4 所示。

表 11 - 4 　　　　　　　　　　1913 年奥匈帝国第一次借款债券

发行机构	高文编号	面值（英镑）	发行数量（张）	编号范围	理论未兑付量（张）
奥匈帝国皇家特许土地银行	310（附 5 张息票）	50	2666	00001 ~ 02666	不详
奥匈帝国皇家特许土地银行	310A（附 7 张息票）	50	2667	02667 ~ 05333	不详
奥匈帝国皇家特许土地银行	310B（附 9 张息票）	50	2667①	05334 ~ 08000	不详
奥匈帝国皇家特许土地银行	311（附 5 张息票）	100	1000	08001 ~ 09000	不详
奥匈帝国皇家特许土地银行	311A（附 7 张息票）	100	1000	09001 ~ 10000	不详
奥匈帝国皇家特许土地银行	311B（附 9 张息票）	100	1000	10001 ~ 11000	不详
奥匈帝国皇家特许土地银行	312（附 5 张息票）	500	200	11001 ~ 11200	不详
奥匈帝国皇家特许土地银行	312A（附 7 张息票）	500	200	11201 ~ 11400	不详
奥匈帝国皇家特许土地银行	312B（附 9 张息票）	500	200	11401 ~ 11600	不详
奥匈帝国皇家特许土地银行	313（附 5 张息票）	1000	66	11601 ~ 11666	不详
奥匈帝国皇家特许土地银行	313A（附 7 张息票）	1000	57	11667 ~ 11723	不详
奥匈帝国皇家特许土地银行	313B（附 9 张息票）	1000	77	11724 ~ 11800	不详

奥匈帝国第二次借款债券于 1913 年 10 月 24 日由奥匈帝国皇家特许土地银行（K. K. Priv. Österreichische Länder Bank）在伦敦发行，面值分为 50 英镑、100 英镑、500 英镑和 1000 英镑。不同面值的债票除颜色差异外，版式完全相同（见图 11 - 7 和图 11 - 8）。债券的正票页大小为 43 × 29 厘米。正中央盖"财政部印"，右下方有财政总长熊希龄的签名和"财政总长"印。与奥匈帝国第一次借款债券相同，奥匈帝国第二次借款债券也采取按照固定编号在固定年份还本。为此，奥匈帝国第二次借款每种面值的债券同样都印了 3 种，所附息票分别为 5 张、7 张、9 张，对应还本日期分别为 1915 年、1916 年和 1917 年的 12 月 31 日。

---

① 高文的《中国对外债券》中记载为 2666，笔者认为计算错误。

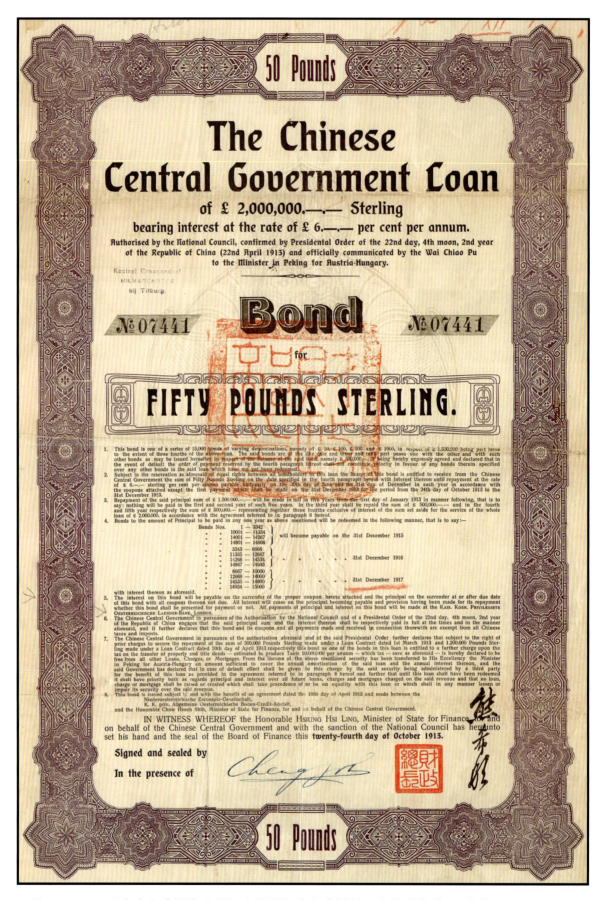

图 11 – 7　1913 年奥匈帝国皇家特许土地银行奥匈帝国第二次借款债券 50 英镑（KUL 314A）

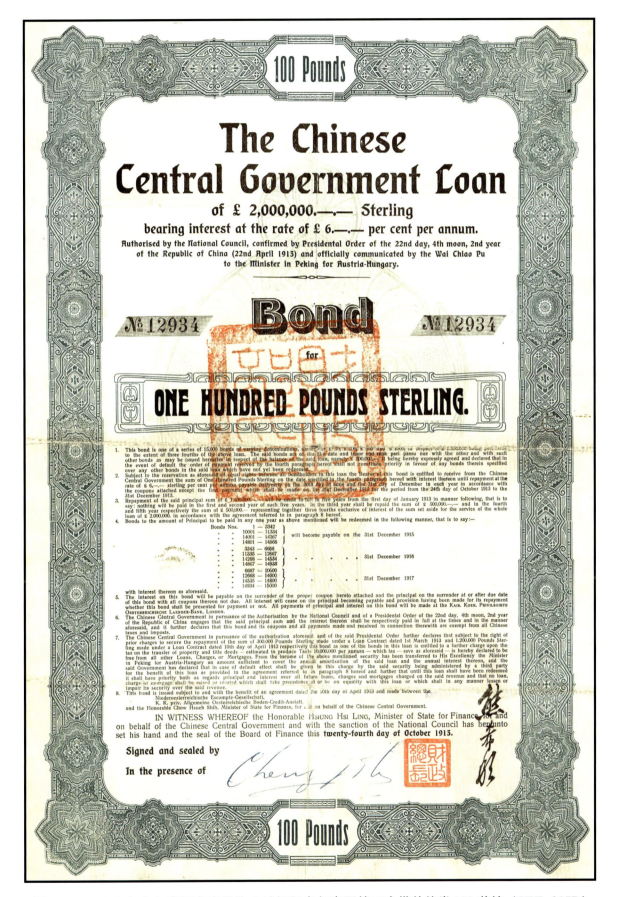

图 11-8　1913 年奥匈帝国皇家特许土地银行奥匈帝国第二次借款债券 100 英镑（KUL 315B）

奥匈帝国第二次借款债券的具体发行情况如表 11 - 5 所示。

表 11 - 5   **1913 年奥匈帝国第二次借款债券**

发行机构	高文编号	面值（英镑）	发行数量（张）	编号范围	理论未兑付量（张）
奥匈帝国皇家特许土地银行	314（附 5 张息票）	50	3342	00001～03342	不详
奥匈帝国皇家特许土地银行	314A（附 7 张息票）	50	3324	03343～06666	不详
奥匈帝国皇家特许土地银行	314B（附 9 张息票）	50	3334	06667～10000	不详
奥匈帝国皇家特许土地银行	315（附 5 张息票）	100	1334	10001～11334	不详
奥匈帝国皇家特许土地银行	315A（附 7 张息票）	100	1333	11335～12667	不详
奥匈帝国皇家特许土地银行	315B（附 9 张息票）	100	1333	12668～14000	不详
奥匈帝国皇家特许土地银行	316（附 5 张息票）	500	267	14001～14267	不详
奥匈帝国皇家特许土地银行	316A（附 7 张息票）	500	267	14268～14534	不详
奥匈帝国皇家特许土地银行	316B（附 9 张息票）	500	266	14535～14800	不详
奥匈帝国皇家特许土地银行	317（附 5 张息票）	1000	66	14801～14866	不详
奥匈帝国皇家特许土地银行	317A（附 7 张息票）	1000	67	14867～14933	不详
奥匈帝国皇家特许土地银行	317B（附 9 张息票）	1000	67	14934～15000	不详

奥匈帝国第三次借款债券目前未发现实物，按照文献记载，面值也分为 50 英镑、100 英镑、500 英镑和 1000 英镑[1]。

2. 其他券种

目前未发现与奥匈帝国三次借款债券有关的其他券种。

---

[1] 财政科学研究所、中国第二历史档案馆编：《民国外债档案史料》（第五卷），中国档案出版社 1989 年版，第 109 页。

三、奥匈帝国借款展期借款债券（1916 年）

（一）历史背景

1915 年 12 月 31 日，奥匈帝国三次借款首次还本到期，需要支付 123.3 万英镑。民国政府无力偿还。1916 年 6 月 9 日，财政总长周自齐通过瑞记洋行与奥匈帝国银行团签订展期借款合同，金额 123.3 万英镑，折扣为 92 折，期限 5 年，年息 8 厘，每年 6 月 30 日和 12 月 31 日各付息一次。从 1916 年 12 月 31 日开始每年还本。至 1916 年 12 月 31 日，民国政府连展期借款首批到期 25 万英镑本金仍无力支付。1917 年，民国政府对德奥宣战，停止还本付息。[①]

（二）主要券种

1. 实用票

据记载，奥匈帝国借款展期借款债券由瑞记洋行发行，由民国政府盖章签字后全部移交奥匈帝国公使，至今未见实物。

奥匈帝国借款展期借款债券具体发行情况如表 11－6 所示。

表 11－6 　　　　　　　　　1916 年奥匈帝国借款展期借款债券

债权机构	高文编号	面值（英镑）	发行数量（张）	编号范围	理论未兑付量（张）
瑞记洋行	371	50	4660	00001～04660	不详
瑞记洋行	371	100	3750	04661～08410	不详
瑞记洋行	无	500	750	08411～09160	不详
瑞记洋行	无	1000	250	09161～09410	不详

注：财政科学研究所、中国第二历史档案馆编：《民国外债档案史料》（第五卷），中国档案出版社 1989 年版，第 449 页。

2. 其他券种

目前未发现与奥匈帝国借款展期借款债券有关的其他券种。

四、史可达公司第二次借款债券（1925 年）

（一）历史背景

瑞记洋行三次借款、奥匈帝国三次借款和奥匈帝国借款展期借款合称"奥匈帝国七次借款"，

---

① 财政科学研究所、中国第二历史档案馆编：《民国外债档案史料》（第五卷），中国档案出版社 1989 年版，第 446～454 页。

发行总额 5983000 英镑①。1917 年，民国政府对德奥宣战后，便以此为借口停止兑付。然而债权人分布在英、法、意等协约国，不断向中国驻外使馆索偿。"一战"结束后，意大利取得奥匈帝国部分领土，继承了奥匈帝国承建中国军舰的造船厂，遂代表"奥匈帝国七次借款"债权人向民国政府声索。1922 年 11 月 14 日，财政总长罗文干与华义银行（Sino-Italian Bank）代表签订奥款新展期合同，但 1923 年 1 月，该合同被国务会议宣告无效。意大利政府则以停止交还意国庚子赔款谈判威胁，逼迫民国政府还款。

1925 年 9 月 30 日，财政总长李思浩与华义银行代表签署展期合同，将"奥匈帝国七次借款"旧债本息折合成 6866046 英镑 10 先令 10 便士，发行新债，折扣 95 折，期限 10 年，年息 8 厘，每年 6 月 30 日和 12 月 31 日各付息一次。② 从 1925 年 12 月 31 日每年开始还本。由于此前"奥匈帝国七次借款"主要用于购买史可达公司（Skoda）军火，而史可达公司隶属于主要债权人——奥匈帝国银行团，因此此次借款通常被称为史可达公司第二次借款③。

在换发期限内，华义银行以新债票从原债权人手中兑回"奥匈帝国七次借款"旧债票 5850700 英镑，交回民国政府财政部注销。遗留在外的"奥匈帝国七次借款"旧债票只剩下 132300 英镑尚未兑付，不到发行总量的 3%，这也是"奥匈帝国七次借款"债券存世量稀少的原因。华义银行将未兑付的"奥匈帝国七次借款"旧债票折合成新债票 191237 英镑 9 先令 4 便士，退还民国政府财政部。④

史可达公司第二次借款债券发行后，民国政府从未还本付息。1933 年，意大利政府和民国政府达成协议，从意大利庚子赔款退款中提取 1471700 英镑，赎回相应金额的史可达公司第二次借款债券，但有关债票至 1937 年尚未交还民国政府财政部注销⑤。

（二）主要券种

1. 实用票

史可达公司第二次借款债券于 1925 年 9 月 30 日在伦敦发行，面值分为 5 英镑、10 英镑、50 英镑、100 英镑、500 英镑和 1000 英镑 6 种。不同面值的债票除颜色差异外，版式完全相同。债券的正票页大小为 38×26.5 厘米。正中央盖"财政部印"，右下方有财政总长李思浩的签名和"财政总长"印（见图 11-9～图 11-14）。与此前的"奥匈帝国七次借款"债券相同，史可达公司第二次借款公债采取按照固定编号在固定年份还本。为此，史可达公司第二次借款公债每种面值的债券都印了 10 种，所附息票分别为 1 张、3 张、5 张、7 张、9 张、11 张、13 张、15 张、17 张、19 张，对应还本日期分别为 1925 年、1926 年，直到 1934 年的 12 月 31 日（见图 11-15～图 11-18）。全套的史可达第二次借款公债共计 60 种，堪称中国近代外债之最。债券由北京财政部印刷局⑥印制，成为极少数由中国印刷厂印制的外债。

---

① 财政科学研究所、中国第二历史档案馆编：《民国外债档案史料》（第八卷），中国档案出版社 1989 年版，第 442 页。
② 资料来源：根据本节债券票面记载。
③ 1911 年，清政府曾向史可达公司借款 75 万英镑，用于购买军火，此笔借款被称为"史可达公司第一次借款"。
④ 财政科学研究所、中国第二历史档案馆编：《民国外债档案史料》（第八卷），中国档案出版社 1989 年版，第 483 页。
⑤ 财政科学研究所、中国第二历史档案馆编：《民国外债档案史料》（第八卷），中国档案出版社 1989 年版，第 484 页。
⑥ 位于我国北京市西城区白纸坊街 23 号，现为北京印钞厂。

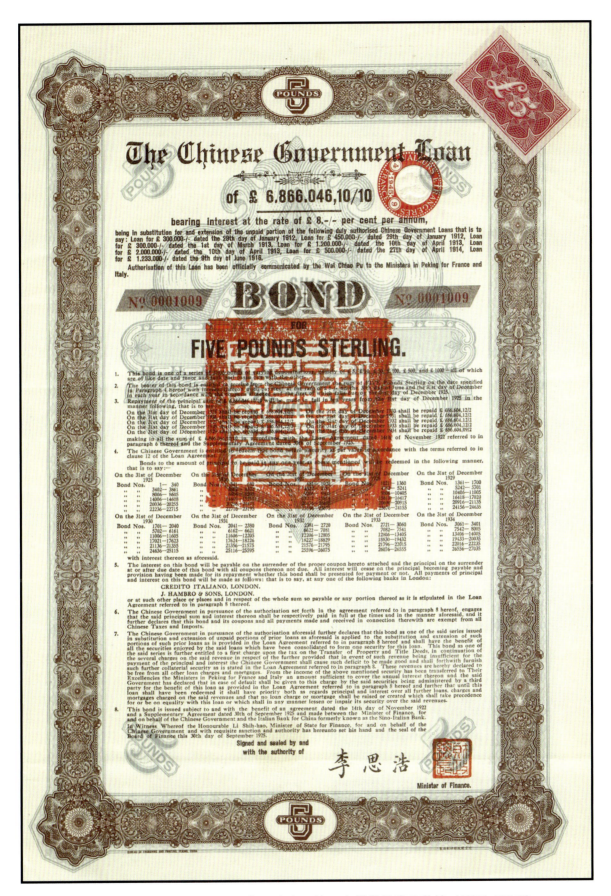

图 11-9　1925 年华义银行史可达公司第二次借款债券 5 英镑（KUL 700C）

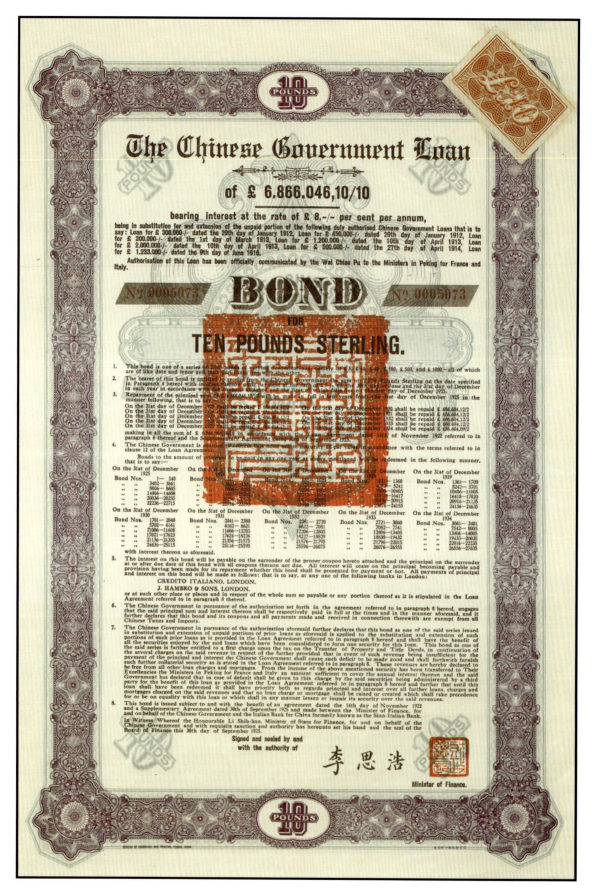

图 11－10　1925 年华义银行史可达公司第二次借款债券 10 英镑（KUL 701D）

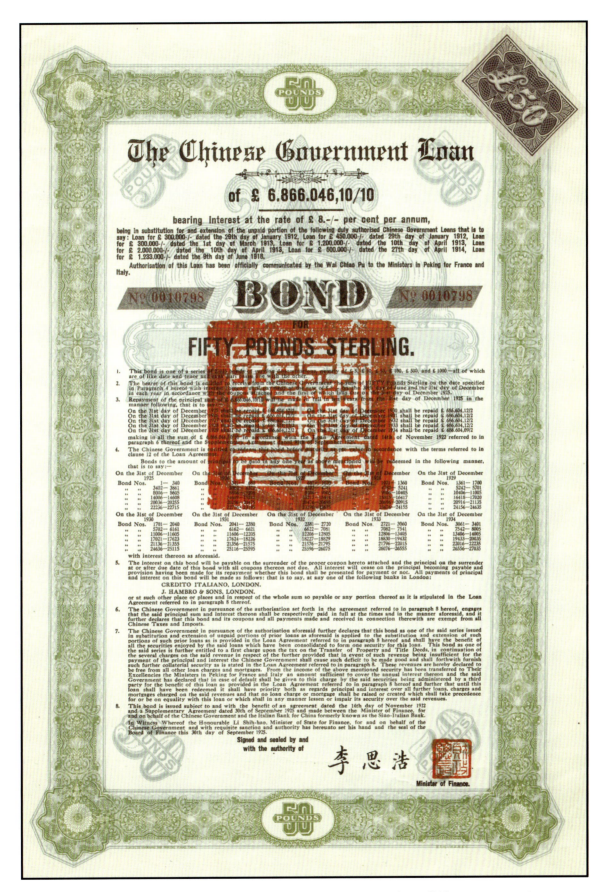

图 11－11　1925 年华义银行史可达公司第二次借款债券 50 英镑（KUL 702E）

图 11 - 12　1925 年华义银行史可达公司第二次借款债券 100 英镑（KUL 703C）

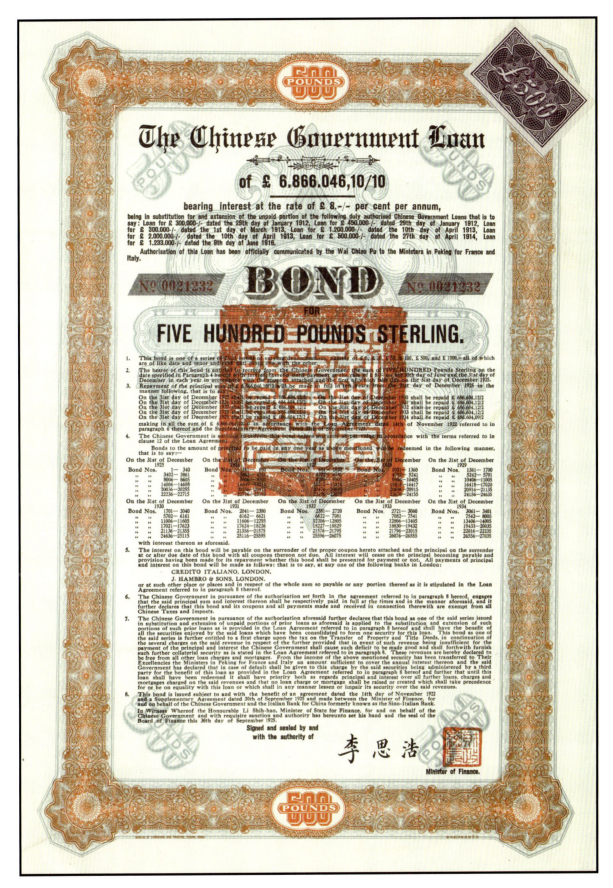

图 11-13　1925 年华义银行史可达公司第二次借款债券 500 英镑（KUL 704F）

图 11 –14　1925 年华义银行史可达公司第二次借款债券 1000 英镑（KUL 705J）

图 11 – 15　1925 年华义银行史可达公司第二次借款债券 5 英镑（KUL 700A）息票

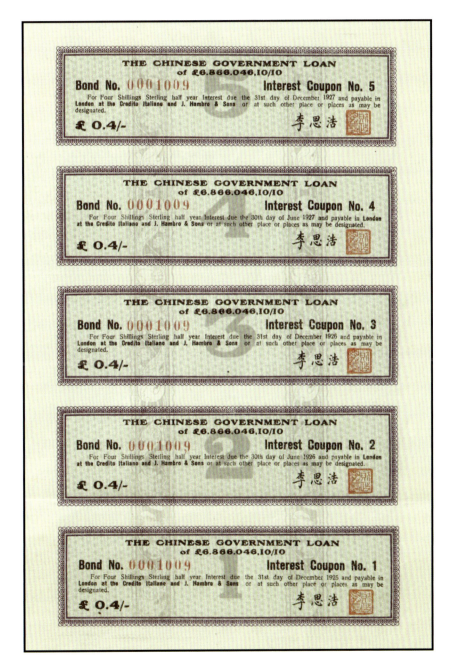

图 11 – 16　1925 年华义银行史可达公司第二次借款债券 5 英镑（KUL 700C）息票

图 11－17　1925 年华义银行史可达公司第二次借款债券 5 英镑（KUL 700H）息票

图 11–18　1925 年华义银行史可达公司第二次借款债券 5 英镑（KUL 700I）息票

史可达公司第二次借款债券具体发行情况如表 11 - 7 所示。

表 11 - 7   1925 年史可达公司第二次借款债券

发行机构	高文编号	面值（英镑）	发行数量（张）	编号范围	理论未兑付量（张）
华义银行	700A（附 1 张息票）	5	340	0000001 ~ 0000340	不详
华义银行	700B（附 3 张息票）	5	340	0000341 ~ 0000680	不详
华义银行	700C（附 5 张息票）	5	340	0000681 ~ 0001020	不详
华义银行	700D（附 7 张息票）	5	340	0001021 ~ 0001360	不详
华义银行	700E（附 9 张息票）	5	340	0001361 ~ 0001700	不详
华义银行	700F（附 11 张息票）	5	340	0001701 ~ 0002040	不详
华义银行	700G（附 13 张息票）	5	340	0002041 ~ 0002080	不详
华义银行	700H MP（附 15 张息票）	5	340	0002381 ~ 0002720	不详
华义银行	700I（附 17 张息票）	5	340	0002721 ~ 0003061	不详
华义银行	700J（附 19 张息票）	5	341	0003061 ~ 0003401	不详
华义银行	701A ~ I（附 1，3，…，17 张息票）	10	460/种	0003402 ~ 0007541	不详
华义银行	701J（附 19 张息票）	10	464	0007542 ~ 0008005	不详
华义银行	702A ~ J（附 1，3，…，19 张息票）	50	600/种	0008006 ~ 0014005	不详
华义银行	703A ~ J（附 1，3，…，19 张息票）	100	603/种	0014006 ~ 0020035	不详
华义银行	704A ~ J（附 1，3，…，19 张息票）	500	220/种	0020036 ~ 0022235	不详
华义银行	705A ~ J（附 1，3，…，19 张息票）	1000	480/种	0022236 ~ 0027035	不详

值得一提的是，附 15 张息票的 5 英镑面值债券（KUL 700H）的右侧编号英文 Nᵒ. 被错印成 òN，成为罕见的错版债券，高文的《中国对外债券》特意标注 MP（Misprint，错印）（见图 11 - 19）。

2. 其他券种

目前仅发现史可达公司第二次借款 1000 英镑债券的补换票（见图 11 - 20）（KUL 705I DP）。

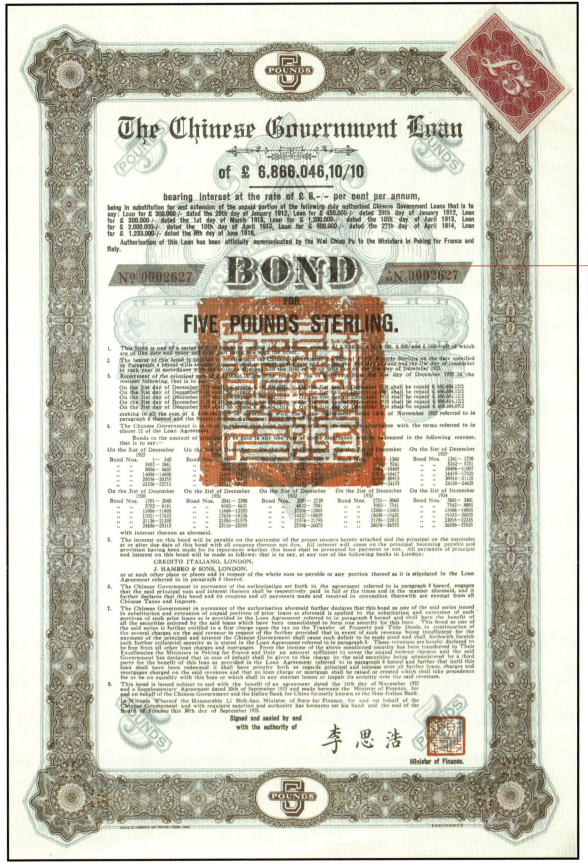

错印部分

图 11 – 19　1925 年华义银行史可达公司第二次借款债券 5 英镑错印版（KUL 700H MP）

图 11－20　1925 年华义银行史可达公司第二次借款债券 1000 英镑补换票（KUL 705I DP）

第十二章

Chapter 12

1913 年善后大借款债券

1912 年 2 月，袁世凯就任中华民国政府临时大总统，面临严重的财政危机。民国初建，袁世凯要处理的善后事宜主要包括四个方面：（1）整顿北京的统治机构，加强政治、军事等各方面的统治力量；（2）结束南京临时政府，遣散南方军队；（3）偿还积欠的外债和赔款；（4）履行对逊清皇室的优待条件。为此，袁世凯着手与英国、法国、德国、美国讨论借款事宜。谈判期间，俄国、日本两国先后加入，而美国威尔逊总统则以借款条件侵犯中国的行政独立为由，退出借款谈判。英国、法国、德国、俄国、日本共同构成善后借款五国银行团。

1913 年 4 月 27 日凌晨，国务总理赵秉钧、外交总长陆征祥、财政总长周学熙等在北京东交民巷汇丰银行大楼与五国银行团签署《中国政府善后借款合同》，借款总额 2500 万英镑，换算各国货币分别是：德国 51125 万马克，法国 63125 万法郎，俄国 23675 万卢布，日本 24490 万日元。1 英镑约合白银 8 两，2500 万英镑相当于白银 2 亿两，善后大借款自此成为中国自鸦片战争以来借款金额最大一笔外债。借款期限 47 年，年息 5 厘，每年 1 月 1 日和 7 月 1 日各付息一次，第 11 年开始抽签还本。如在第 32 年前提前还本，须支付提前还本本金金额 2.5% 的费用。32 年期满后提前还本无须支付额外费用。承销价为票面 9 折，银行团承销费用 6%，扣除汇兑等费用，实收金额不过 2072 万英镑。再扣除业已到期的赔款拖欠、各项借款及垫款 600 万英镑，已到期的各省借款 280 万英镑，另还有各国辛亥革命中的损失 200 万英镑，袁世凯实得不过 998 万英镑，不到借款总额的 40%。[1]

债券由英国汇丰银行、法国东方汇理银行、德国德华银行、俄国华俄道胜银行和日本横滨正金银行 5 家银行平均分配，分别承销。但横滨正金银行所分债券不久都转与英国、法国、德国各国银行，并未独立销售债券。华俄道胜银行所承销的债券只在本国发行了一部分，其余分到比利时及英国、法国、德国各国发行。其中在俄国和比利时发行的债券用的是华俄道胜银行债券，在英国、法国、德国发行的债券采用所在国银行发行的债券。具体分配情况如表 12 - 1 所示。

表 12 - 1　　　　　　　　　　　　　1913 年善后大借款债券分配情况

债权国	发行国	发行金额（英镑）	20 英镑券		100 英镑券	
			张数	号码	张数	号码
英国	英国	5000000			50000	800001 ~ 850000
德国	德国	5000000	70000	145835 ~ 215834	36000	850001 ~ 886000
法国	法国	5000000	250000	215835 ~ 465834		
俄国	俄国	2777780	138889	586668 ~ 725556		
	比利时	1388880	69444	725557 ~ 795000		
	英国	345240	17262	1 ~ 17262		
	法国	345240	17262	465835 ~ 483096		
	德国	142860	7143	138692 ~ 145834		
日本	英国	2071440	78572	17263 ~ 95834	5000	795001 ~ 800000
	法国	2071420	103571	483097 ~ 586667		
	德国	857140	42857	95835 ~ 138691		
共计		25000000	795000		91000	

注：财政科学研究所、中国第二历史档案馆编：《民国外债档案史料》（第四卷），中国档案出版社 1989 年版，第 438 页。

由于借款条件苛刻，善后借款协议未获得国会批准，围绕善后大借款的争议加剧了民国初年中国政局的分裂。袁世凯坚决向五国银行团借款，并于当年镇压了国民党在南方发起的"二次革命"。来自善后大借款的资金巩固了袁世凯的政治地位，他于 1914 年解散国会，紧接于 1915 年称帝。

1917 年中德宣战，德发债券暂停支付。"一战"后，中德复交，德发债券于 1924 年恢复偿付。在俄发债券部分，1917 年俄国十月革命爆发，苏维埃政府没收了华俄道胜银行金库中已付款但尚未交付的债券，并重新在市场中出售，造成市场混乱。中国政府被迫在 1922 年印发新的绿色债券兑换原俄发黄色债券。1926 年，华俄道胜银行破产，其伦敦分行约有 64 万英镑善后借款付息基金失踪，中国政府宣布中止兑换俄发债券，此时绿色债券还有 56509 张没有兑换[2]。1930 年 2 月，法亚银行（Banque Franco - Asiatique）接手兑换工作，但很快于 1930 年 5 月 3 日终止兑换。

1939 年 1 月，因日本劫持关税，还款资金来源中断，民国政府宣布暂停善后大借款还款。

中华人民共和国成立后，拒绝承认善后大借款的合法性。2005 年 5 月，美国公民莫里斯持 9 张

---

[1]　刘秉麟：《近代中国外债史稿》，武汉大学出版社 2007 年版，第 89 ~ 92 页。

[2]　财政科学研究所、中国第二历史档案馆编：《民国外债档案史料》（第四卷），中国档案出版社 1989 年版，第 460 页。

善后大借款公债（6 张 20 英镑，3 张 100 英镑）向纽约南区联邦地区法院提出民事诉讼，要求中国政府赔偿本息合计 1.8315 亿美元。2007 年 3 月 21 日，纽约南区联邦地区法院以主权豁免和诉讼时效届满为由驳回此案。[1]

二、主要券种

（一）实用票

1. 正式票

善后大借款债券正式票有英国、法国、德国、俄国 4 种版别，分 20 英镑和 100 英镑两种面值，共 8 种。

英版分为 20 英镑和 100 英镑两种面值。20 英镑为黄色，100 英镑为蓝色（见图 12 – 1 和图 12 – 2）。

法版只有 20 英镑一种面值，为黄色，并以 505 法郎（等值 20 英镑）作为首要计价货币（见图 12 – 3）。

德版分为 20 英镑和 100 英镑两种面值。20 英镑为黄色，以 409 马克（等值 20 英镑）为首要计价货币。100 英镑为蓝色，以 2045 马克（等值 100 英镑）作为首要计价货币（见图 12 – 4 和图 12 – 5）。

俄版只有 20 英镑一种面值，以 189.40 卢布（等值 20 英镑）为首要计价货币。俄版分为三种，为俄国原发版（黄色）（见图 12 – 6）、俄国换发版（绿色）（见图 12 – 7）和比利时流通版（黄色）（见图 12 – 8）。俄国原发版和比利时流通版版式和颜色完全相同，区别主要有两点：一是俄国原发版加盖的印花戳为方形，比利时流通版加盖的印花戳为圆形。二是俄国原发版通常从第 19 期息票（1923 年 1 月 1 日）即停止兑付，比利时流通版通常从第 52 期息票（1939 年 7 月 1 日）停止兑付。

各版债券具体情况如表 12 – 2 所示。

表 12 – 2　　　　　　　　　　　1913 年善后大借款债券

发行机构	高文编号	面值	发行量（张）	编号范围	理论未兑付量（张）
汇丰银行	300	20 英镑	95834	1 ~ 95834	75486
汇丰银行	301	100 英镑	55000	795001 ~ 850000	43323
东方汇理银行	302	505 法郎	370833	215835 ~ 586667	292095
德华银行	303	409 马克	120000	95835 ~ 215834	108605
德华银行	304	2045 马克	36000	850001 ~ 886000	32581
华俄道胜银行（俄国原发版）	305	189.4 卢布	138889	586668 ~ 725556	小于 2000
华俄道胜银行（俄国换发版）	306	189.4 卢布	138889	586668 ~ 725556	109397
华俄道胜银行（比利时流通版）	307	189.4 卢布	69444	725557 ~ 795000	54699

注：高文在《中国对外债券》中第 86 页估计未兑换成换发版的俄国原发版债券大概在 1000 ~ 2000 张。

---

[1]　Marvin L. Morris, Jr. Plaintiff v. The People's Republic of China.

图 12 –1 1913 年汇丰银行善后大借款债券 20 英镑（KUL 300）

图 12 – 2　1913 年汇丰银行善后大借款债券 100 英镑（KUL 301）

图 12-3　1913 年东方汇理银行善后大借款债券 505 法郎（KUL 302）

图 12−4　1913 年德华银行善后大借款债券 409 马克（KUL 303）

图 12－5　1913 年德华银行善后大借款债券 2045 马克（KUL 304）

俄国原发版印花

图 12 - 6　1913 年华俄道胜银行善后大借款债券（俄国原发版）189.40 卢布（KUL 305）

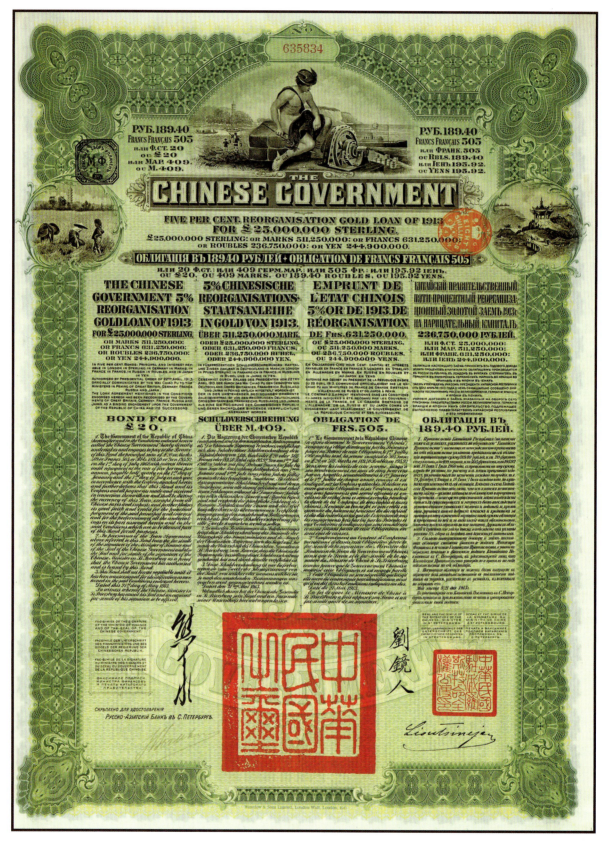

图 12－7　1913 年华俄道胜银行善后大借款债券（俄国换发版）189.40 卢布（KUL 306）

比利时流通版印花

图 12 – 8　1913 年华俄道胜银行善后大借款债券（比利时流通版）
189.40 卢布（KUL 307）

俄国换发版债券分为非 1930 版（KUL 306）和 1930 版（KUL 306A）两个版别。1926 年 9 月，华俄道胜银行破产。由于其伦敦分行的善后借款付息基金失踪，中国政府于当年 10 月中止了俄国原发版债券的换发工作，但对已换发债券的还本付息基本正常。1930 年，中国政府短暂恢复俄国原发债券的换发工作，但对这批换发版债券明确暂不兑付第 19 期（1923 年 1 月）至第 27 期（1927 年 1 月）利息，并在 1930 年换发版债券上加盖了蓝印①。1930 年 5 月 3 日，换发工作再次停止，前后不到 3 个月，1930 年换发版债券的数量要远远少于 1922～1926 年的换发版债券（见图 12－9）。

善后大借款债券由英国伦敦华德路（Waterlow & Sons）印钞厂印刷，分三页，第一页是正票，后两页是息票，正票和息票上方以布带连接。正票页尺寸为 45.5×33 厘米。债券正上方的人像为罗马神话中的商业之神墨丘利（Mercury），两侧数字为面值，将发行国货币置于最上方，再列上银行团其他国家货币的等值面值。中间由左向右分别用英国、德国、法国、俄国四国文字列出债券条款。正下方加盖"中华民国之玺"，成为唯二印盖国玺的债券②。左下方印有国务总理兼财政总长熊希龄的中外文签名和承销银行的名称。右下方印有驻外使节的印章和英文签名。英版和德版为驻英公使刘玉麟，法版为驻法公使胡惟德，俄版为驻俄公使刘镜人。

善后大借款债券设计精美、印制考究，高文的《中国对外债券》对债券纸张质量进行评分，该套债券是唯一评为 5 分的债券。因此，善后大借款债券是实物债券印制史上的巅峰之作。

2. 临时凭证

善后借款协议于 1913 年 4 月 27 日签署，1913 年 5 月 21～23 日即在法国巴黎、英国伦敦、比利时布鲁塞尔、德国柏林和俄国圣彼得堡发行销售债券。在正式债票无法及时印制交付的情况下，银行团约定印制临时凭证，并在临时凭证上附上两期息票③，计划在 1915 年 1 月 1 日第 3 期息票兑付前将临时凭证全部换成正式债票。目前，发现的善后大借款公债临时凭证有东方汇理银行 505 法郎（KUL 302TE）（仅发现注销的备用票）、德华银行 409 马克（KUL 303TE）和 2045 马克（KUL 304TE）、华俄道胜银行 189.4 卢布（KUL 305TE A）、947 卢布（KUL 305TE B）和 1894 卢布（KUL 305TE C）④⑤（见图 12－10～图 12－15）。

---

① 蓝印是由南京国民政府加盖的，因此又称为"南京印戳（Nanking Stamp）"。原文如下：Owing to provisions for payments of coupons 19 to 27 having been tied up through the liquidation of the Russo-Asiatic Bank, coupons 19 to 27 inclusive of this bond are temporarily not cashable. Coupons from 28 onwards are cashable as usual. Arrangements for settlement of coupons 19 to 27 will be made later, when bond-holders will be duly informed.

MINISTRY OF FINANCE
NANKING, March 15th 1930

译文：鉴于第 19～27 期息票兑付规定与华俄道胜银行清盘相关联，因此本债券第 19～27 期息票暂不予兑付。第 28 期及其以后息票兑付照常。今后第 19～27 期息票的清偿安排一经达成，必会及时通知债券持有人。

财政部
南京，1930 年 3 月 15 日

② 另一套加盖"中华民国之玺"的债券为 1912 年呼兰制糖公司借款国库券。

③ 财政科学研究所、中国第二历史档案馆编：《民国外债档案史料》（第四卷），中国档案出版社 1989 年版，第 449 页。

④ 俄罗斯有把多张股票和债券印在一张凭证的传统，面值 947 卢布的凭证可以兑换 5 张正式债票，面值 1894 卢布的凭证可以兑换 10 张正式债票。

⑤ 汇丰银行临时凭证尚未发现。但汇丰银行善后大借款债券备用票无第一期和第二期息票，以此推断应有临时凭证。

图 12 − 9　1913 年华俄道胜银行善后大借款债券（1930 年俄国换发版）
189.40 卢布（KUL 306A）

图 12 −10　1913 年德华银行善后大借款债券 409 马克临时凭证注销券（KUL 303TE CN）

图 12 - 11　1913 年德华银行善后大借款债券 2045 马克临时凭证（KUL 304TE）

图 12 – 12　1913 年华俄道胜银行善后大借款债券（俄国原发版）
189. 40 卢布临时凭证（KUL 305TE A）

图 12 – 13　1913 年华俄道胜银行善后大借款债券（俄国原发版）
189. 40 卢布临时凭证息票

图 12 – 14　1913 年华俄道胜银行善后大借款债券（俄国原发版）
947 卢布临时凭证（KUL 305TE B）

图 12 – 15　1913 年华俄道胜银行善后大借款债券（俄国原发版）
1894 卢布临时凭证（KUL 305TE C）

1914 年 7 月，第一次世界大战爆发，俄英两国交通隔断，华德路公司印制的正式债票直到 1915 年 6 月才运到圣彼得堡，俄国为此印制了特种收据，用作支付第 3 期息票之用[①]。特种收据至今尚未发现。

3. 欠息凭条

1922 年 11 月，中国政府在对俄国原发版债券进行换发时，部分原发版债券的第 4 期息票（1915 年 1 月 1 日）到第 18 期息票（1922 年 7 月 1 日）尚未兑付。中国政府对这部分利息暂不支付，而是另发了 27060 张欠息凭条（KUL 305 SCRIP）给予债权人，作为将来领息之凭证[②]。欠息凭条盖有"中华民国驻法兰西特命全权公使印"和驻法公使陈箓签名（见图 12 – 16）。

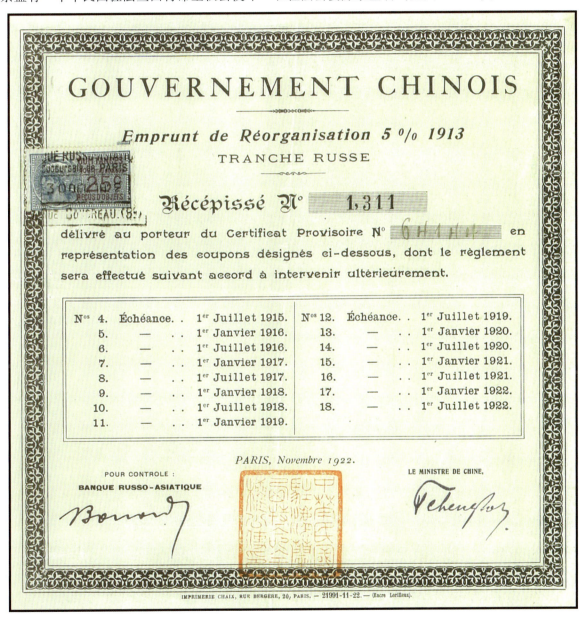

图 12 – 16　1913 年华俄道胜银行善后大借款债券欠息凭条（**KUL 305SCRIP**）

---

① 财政科学研究所、中国第二历史档案馆编：《民国外债档案史料》（第四卷），中国档案出版社 1989 年版，第 449 页。
② 财政科学研究所、中国第二历史档案馆编：《民国外债档案史料》（第四卷），中国档案出版社 1989 年版，第 461 页。

（二）其他券种

1. 补换票

目前，发现的善后大借款公债补换票有俄罗斯换发版（KUL 306DP）和比利时流通版（KUL 307DP）两种（见图 12 - 17 和图 12 - 18）。由于各家银行发行的债券可以在不同国家交易和兑付，善后借款合同规定由汇丰银行担任总经理处，处理跨国债券清算业务[①]。华俄道胜银行破产后，汇丰银行接管了华俄道胜银行善后大借款债券的兑付工作。因此，这两种补换票不仅在债券左上角和右上角加盖两个红色的副本（DUPLICATE）印戳，还在左下方划去华俄道胜银行名称，打印了"Countersigned for Identification on behalf of The Hongkong & Shanghai Banking Corporation"[②]，同时在左侧底部打印了"The Hongkong & Shanghai Banking Corporation has been authorized by the Chinese Government to countersign this Bond in place of the Russo-Asiatic Bank which closed in 1926"[③]。

2. 备用票

目前，发现的善后大借款公债备用票有汇丰银行 20 英镑（KUL 300RS）、汇丰银行 100 英镑（KUL 301RS）和德华银行 2045 马克（KUL 304RS）。备用票背后附有两页完整的息票，从第 3 期息票（1915 年 1 月 1 日）开始，至第 84 期息票（1960 年 7 月 1 日）终止（见图 12 - 19 ~ 图 12 - 25）。

发现的临时凭证备用票均为注销票。有东方汇理银行 505 法郎（KUL 302TE RS CN）和德华银行 2045 马克（KUL 304TE RS CN）。临时凭证备用票有第 1 期息票（1914 年 1 月 1 日）和第 2 期息票（1914 年 7 月 1 日）（见图 12 - 26 和图 12 - 27）。

---

① 财政科学研究所、中国第二历史档案馆编：《民国外债档案史料》（第四卷），中国档案出版社 1989 年版，第 485 页。
② 代表汇丰银行鉴定副署。
③ 经中国政府授权，汇丰银行在已于 1926 年关闭之华俄道胜银行签名处副署。

图 12 – 17　1913 年华俄道胜银行善后大借款债券（俄国换发版）
189.40 卢布补换票（KUL 306DP）

图 12 - 18　1913 年华俄道胜银行善后大借款债券（比利时流通版）
189.40 卢布补换票（KUL 307DP）

图 12 – 19　1913 年汇丰银行善后大借款债券 20 英镑备用票（KUL 300RS）

图 12-20　1913 年汇丰银行善后大借款债券 100 英镑备用票（KUL 301RS）

图 12 – 21　1913 年汇丰银行善后大借款债券 100 英镑备用票第一页息票

图 12－22　1913 年汇丰银行善后大借款债券 100 英镑备用票第二页息票

图 12-23　1913 年德华银行善后大借款债券 2045 马克备用票（KUL 304RS）

图 12 – 24　1913 年德华银行善后大借款债券 2045 马克备用票第一页息票

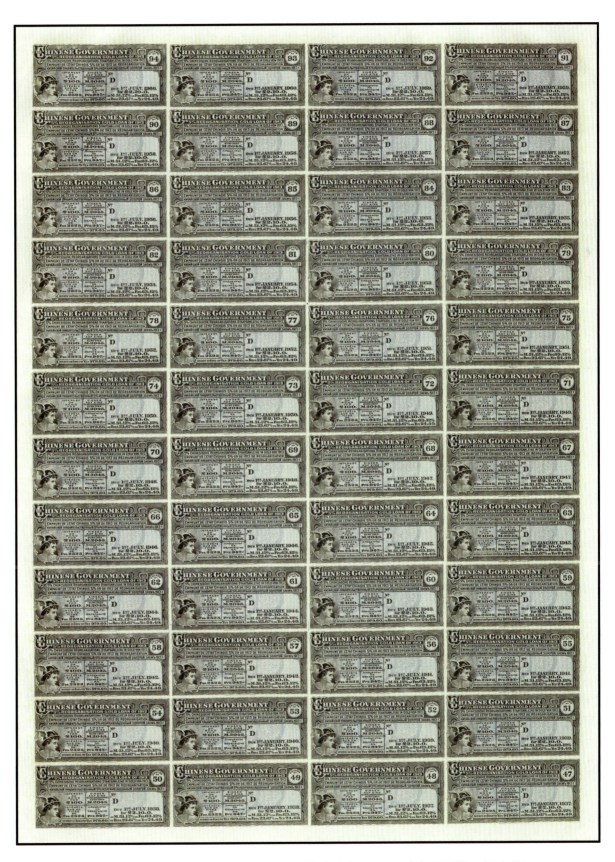

图 12 – 25　1913 年德华银行善后大借款债券 2045 马克备用票第二页息票

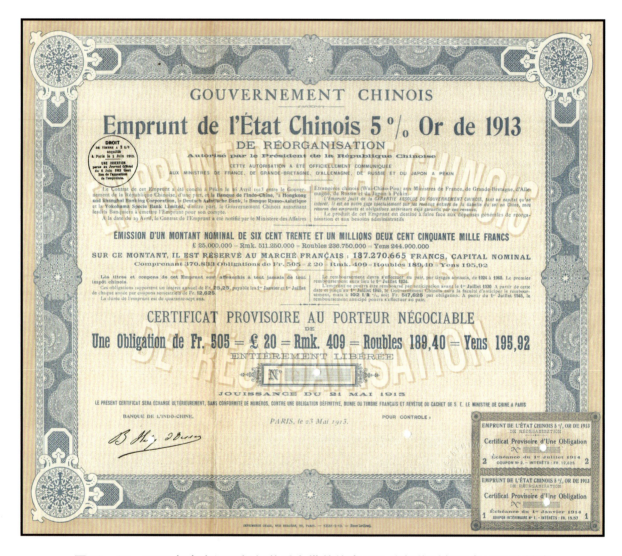

图 12－26　1913 年东方汇理银行善后大借款债券 505 法郎临时凭证备用票注销券
（KUL 302TE RS CN）

图 12 – 27　1913 年德华银行善后大借款债券 2045 马克临时凭证备用票注销券
(KUL 304TE RS CN)

第十三章

Chapter 13

1914 年民国元年军需公债
外发特种国库券

一、历史背景

　　1912 年 1 月，南京临时政府参议院决定发行中华民国军需公债，总额 1 亿元，年息 8 厘，期限 6 年，史称民国元年军需公债。但南京临时政府未获得主要列强承认，且仅控制南方省份，因此仅募得资金 463 万余元①。

　　1912 年 2 月，袁世凯就任中华民国临时大总统，承认并继续销售军需公债。1913 年，热河遭到外蒙古叛军进攻。为筹措军费，时任热河都统熊希龄于当年 7 月和福德洋行经理贺尔飞（Hans Von Hellfeld）达成协议，借款 1000 万马克（约 49 万英镑），借款折扣 95 折。熊希龄为此向中央政府申请军需公债百元券 55556 张，按照 100 元合 9 英镑的汇率，总金额 500004 英镑，由贺尔飞代售。② 贺尔飞遂与中国政府协商，由比利时雷泡银行（Banque de Reports，de Fonds Publics et de Dépôts）③ 非公开销售军需公债。

---

① 刘晓泉：《近代中国内国公债发行研究 1894 – 1926》，经济科学出版社 2019 年版，第 68 页。
② 宋钻友：《熊希龄与热河蒙防》，载于《史林》1993 年第 3 期。
③ 也称安华士银行、迪思银行或狄思银行。

1913 年 12 月 30 日，驻英公使刘玉麟与雷泡银行代表签署协议，借款 625000 英镑，折扣为 95 折，年息 8 厘，每年 2 月 2 日和 8 月 2 日各付息一次，本金分成 5 等份，自 1914 年 2 月 2 日起，每年还本 125000 英镑，至 1918 年 2 月 2 日分 5 次还清。为了保证这部分军需公债债票具有独特的可辨识度，民国政府财政部承诺在原军需公债债票上加印红色字体。在特制军需公债债票送达之前，雷泡银行可以印制临时凭证开展债券预售[1]。由于第一期还本日期为 1914 年 2 月 2 日，距协议签署日期仅 1 月有余，因此民国政府实际借款金额也仅为 500000 英镑，与贺尔飞代售的 500004 英镑十分接近。按照 100 元合 9 英镑的汇率，雷泡银行印制了 55556 张临时凭证[2]。

协议签署后，雷泡银行却在法国、比利时、荷兰等国公开销售临时凭证。此举引来五国银行团的强烈反对，指责中国政府违反善后大借款协议向其他国家借款。迫于国际压力，民国政府决定不向雷泡银行提供特制军需公债债票。但雷泡银行此时已售出临时凭证 31111 张，募款 279999 英镑，遂以民国政府违约为由提出巨额索赔[3]。

由于雷泡银行借款协议系刘玉麟一手促成，熊希龄便指责刘玉麟借款协议存在漏洞。无奈之下，刘玉麟与贺尔飞商议，为与善后大借款的 5 厘利率保持一致，拟用 36000 张面值 9 镑的 5 厘特种借款国库券（总价 324000 英镑），换回已经发行在外的 31111 张面值 9 镑的 8 厘军需公债临时凭证（总价 279999 英镑）。1914 年 6 月 2 日，5 厘特种借款国库券发行，但多数债权人认为对价不合理，最终只交回 100 张临时凭证[4]。

民国政府只能继续让步。1914 年 8 月 7 日，民国政府与雷泡银行签署和解协议。民国政府向雷泡银行定向发行 4 万张面值 10 英镑的 5 厘国库券，按照 1∶1 的比例交换雷泡银行已出售的面值 9 英镑的 8 厘临时凭证。兑换后多出的 5 厘国库券，雷泡银行自行处理，但不得公开发售。1918 年，定向发行的总额 40 万英镑 5 厘国库券全部兑付完毕[5]。

二、主要券种

（一）实用票

1. 1912 年民国元年军需公债

民国元年军需公债本属内债，但后续外债都与其密切关联，故录之。该债券面值有 5 元、10 元、100 元和 1000 元四种，发行总额 1 亿元（见图 13–1～图 13–4）。至 1916 年共发行 737 余万元。原拟在民国元年军需公债加印特殊字体在海外发售的特制版军需公债最终没有印制。

---

[1] 财政科学研究所、中国第二历史档案馆编：《民国外债档案史料》（第四卷），中国档案出版社 1989 年版，第 741 页。

[2] 资料来源：根据本章债券票面记载。

[3][4] 财政科学研究所、中国第二历史档案馆编：《民国外债档案史料》（第四卷），中国档案出版社 1989 年版，第 752 页。

[5] 财政科学研究所、中国第二历史档案馆编：《民国外债档案史料》（第五卷），中国档案出版社 1989 年版，第 148～149 页。

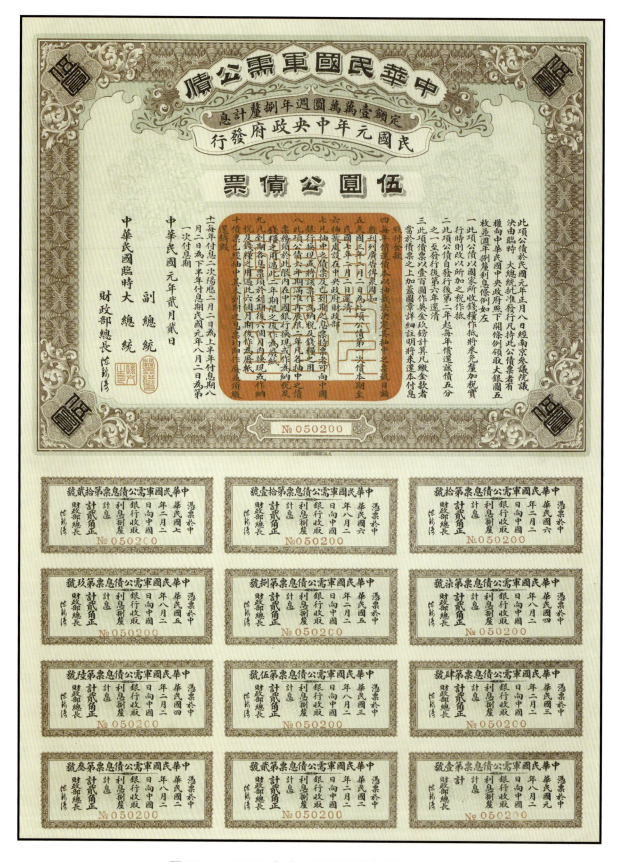

图 13－1　民国元年中华民国军需公债债券 5 元

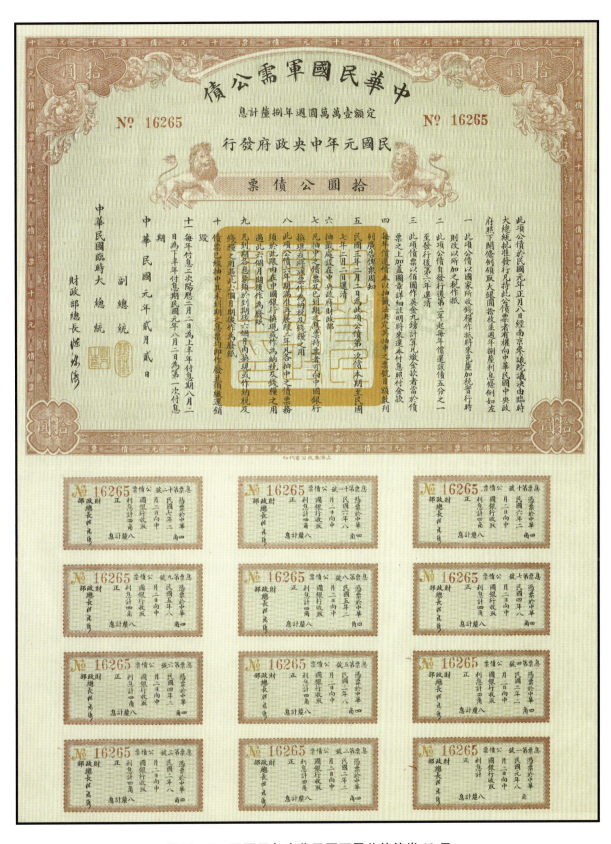

图 13－2　民国元年中华民国军需公债债券 10 元

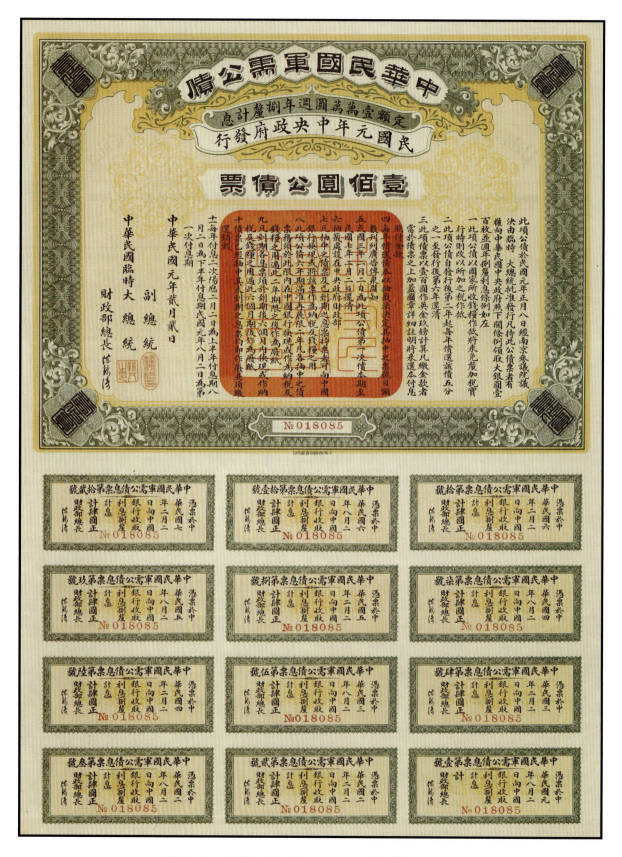

图 13 - 3　民国元年中华民国军需公债债券 100 元

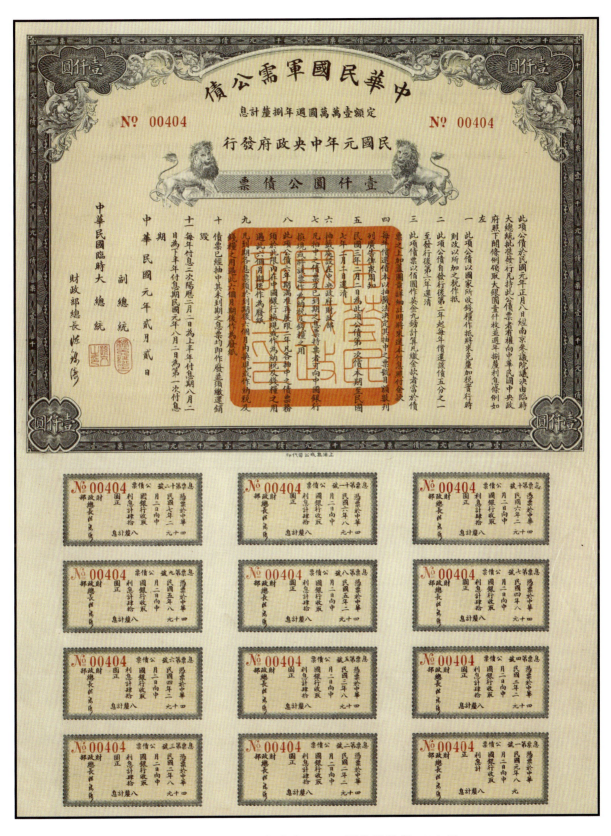

图 13 - 4　民国元年中华民国军需公债债券 1000 元

民国元年军需公债所余未出售部分被袁世凯下令销毁，已出售部分于 1925 年全部偿清①。

2. 1914 年民国元年军需公债外发 9 镑 8 厘特种国库券临时凭证

1914 年民国元年军需公债外发 9 镑 8 厘特种国库券临时凭证（KUL 260TE）面值为 9 英镑，大小为 27×34 厘米。债券由荷兰安特卫普 J. Verschueren 公司印制。票面用法文书写（见图 13 – 5）。

图 13 – 5　1914 年雷泡银行民国元年军需公债外发特种国库券 9 英镑临时凭证（KUL 260TE）

临时凭证理论发行量为 55556 张。由于绝大多数临时凭证已经兑换成定向发行的特种借款国库券，因此现在的存世量很少且难以估计。

临时凭证具体发行情况如表 13 – 1 所示。

表 13 – 1　　　　　1914 年民国元年军需公债外发 9 镑 8 厘特种国库券临时凭证

发行机构	高文编号	面值（英镑）	发行数量（张）	编号范围
雷泡银行	260 TE	9	55556	1～55556

---

① 刘晓泉：《近代中国内国公债发行研究 1894 – 1926》，经济科学出版社 2019 年版，第 66、第 69、第 70 页。

3. 1914 年民国元年军需公债外发 9 镑 5 厘特种国库券

5 厘特种国库券面值为 9 英镑，票面用英法两种文字书写，右下方有驻英公使刘玉麟的英文签名，并盖有"中华民国驻英吉利特命全权公使之印"。由于雷泡银行不同意债务重组协议，没有金融机构愿意代销此项国库券，故票面上无金融机构代表签名（见图 13 –6）。

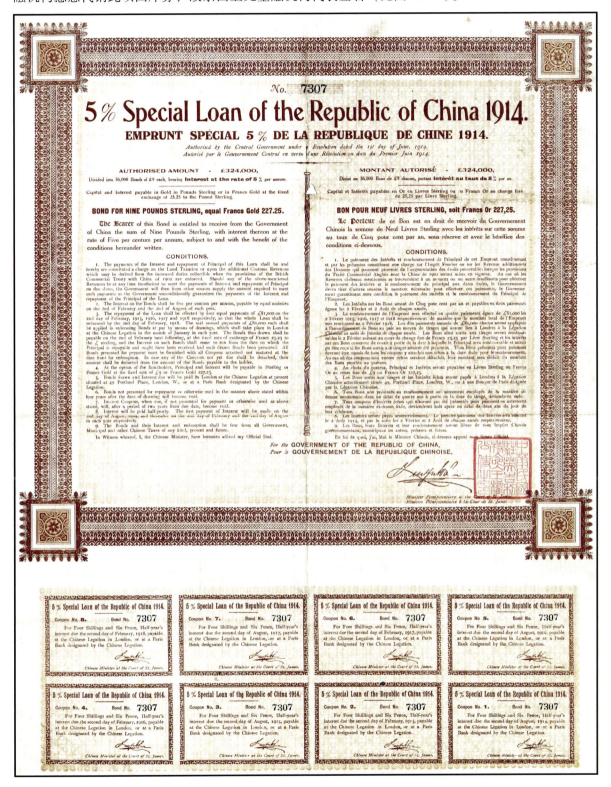

图 13 –6 1914 年民国元年军需公债外发 9 镑 5 厘特种借款国库券注销券

5 厘特种借款国库券虽然印制了 36000 张，但一共只发行了 115 张，换回 100 张军需公债特种临时凭证[①]。高文的《中国对外债券》无记载（见表 13 – 2）。

表 13 – 2 　　　　　　　　1914 年民国元年军需公债外发 9 镑 5 厘特种借款国库券

发行机构	高文编号	面值（英镑）	发行数量（张）	编号范围
中国政府	无	9	36000	1 ~ 36000

4. 1914 年民国元年军需公债外发 10 镑 5 厘特种国库券

目前未发现实物。此国库券用于替换民国元年军需公债外发 9 镑 8 厘特种国库券临时凭证。因为票面利率降到 5 厘，故将面值涨到 10 英镑作为对债权人的补偿（见表 13 – 3）。

表 13 – 3 　　　　　　　　1914 年民国元年军需公债外发 10 镑 5 厘特种借款国库券

发行机构	高文编号	面值（英镑）	发行数量（张）	编号范围
雷泡银行	无	10	40000	40000

（二）其他券种

未发现其他券种。

[①] 财政科学研究所、中国第二历史档案馆编：《民国外债档案史料》（第四卷），中国档案出版社 1989 年版，第 752 页。

第十四章

芝加哥大陆商业银行借款系列国库券

一、1916 年芝加哥大陆商业银行借款国库券

（一）历史背景

1916 年 11 月，民国政府以兴办实业、充实中国银行和交通银行资本金为由，委托驻美公使顾维钧与芝加哥大陆商业银行（Continental and Commercial Trust and Savings Bank of Chicago，Illinois）代表在华盛顿签署借款合同。借款金额 500 万美元①，期限 3 年，年息 6 厘，每年 11 月 1 日和 5 月 1 日各付息一次，折扣为 91 折，1917 年 11 月 1 日前提前赎回，需多支付 1 厘，此后提前赎回，仅须多支付 0.5 厘。民国政府通过芝加哥大陆商业银行发行"一千九百十六年中华民国担保三年六厘金币借款国库券"。②

1919 年，借款到期，民国政府无力偿还本金和最后一期利息共计 515 万美元，不得不向芝加哥大陆商业银行申请借款展期③，并发行新国库券筹资偿还本次借款。

（二）主要券种

按照借款合同规定，国库券的面值为 1000 美元。在正式国库券印制之前，允许中国政府印制临时凭证先行募资（临时凭证是否印制未知）。具体发行情况如表 14 - 1 所示。

---

① 高文在《中国对外债券》中第 94 页关于借款金额为 550 万美元的记载有误。
② 财政科学研究所、中国第二历史档案馆编：《民国外债档案史料》（第五卷），中国档案出版社 1989 年版，第 654～659 页。
③ 财政科学研究所、中国第二历史档案馆编：《民国外债档案史料》（第五卷），中国档案出版社 1989 年版，第 664 页。

表 14 – 1   1916 年芝加哥大陆商业银行借款国库券

发行机构	高文编号	面值（美元）	发行数量（张）	编号范围	理论未兑付量（张）
芝加哥大陆商业银行	366	1000	5000	不详	0

本笔国库券理论上已完全偿清，目前未发现 1916 年芝加哥大陆商业银行借款国库券实用票。

近年发现数张票样注销券（KUL 366SP CN）（见图 14 – 1），由美国钞票公司（American Bank Note Company）印刷。

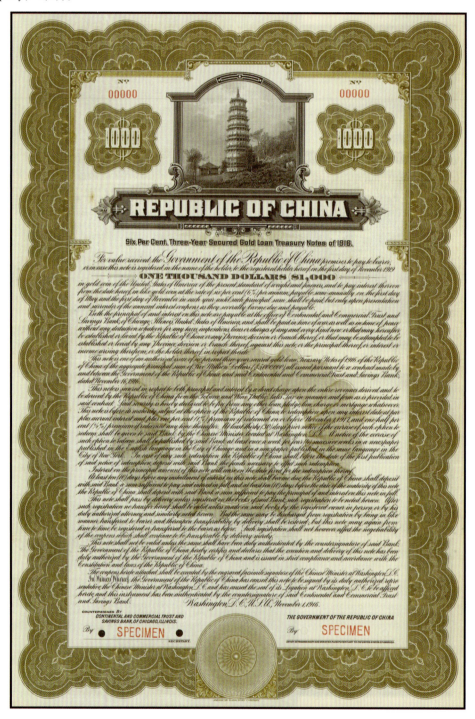

图 14 – 1　1916 年芝加哥大陆商业银行借款国库券 1000 美元票样注销券（KUL 366SP CN）

二、1919 年芝加哥大陆商业银行续展借款国库券

（一）历史背景

1916 年芝加哥大陆商业银行借款国库券接近到期，民国政府无力偿还，便与芝加哥大陆商业银行开展债务延期谈判。1919 年 10 月 11 日，民国政府驻美代办容揆和政府特约代表徐恩元与芝加哥大陆商业银行代表签署借款合同。借款金额 550 万美元，期限 2 年，年息 6 厘，折扣为 93 折。1920年 11 月 1 日前提前赎回，须支付 0.5 厘费用，此后提前赎回，则须支付 0.25 厘的费用。[①] 芝加哥大陆商业银行根据借款合同，发行"一九一九年中华民国担保二年六厘金币借款国库券"。民国政府在支付了 3 期利息后，再次宣布无力偿还。

1937 年 4 月，民国政府与债权人达成债务重组协议，将偿还期限延长至 1954 年 11 月 1 日。并规定如下[②]：

（1）每年 5 月 1 日和 11 月 1 日各付息一次。1936 年 11 月 1 日～1939 年 11 月 1 日，年息为 2.5厘，此后年息为 5 厘。

（2）此前积欠利息按原合同利率单利计算，其 1/5 的金额共计 1023000 美元。1936 年 11 月1 日～1939 年 11 月 1 日三年利息与此后应付利息差为 2.5 厘，此项息差累计金额的 1/5 为 82500 美元。两项合计金额 1105500 美元，发给无息凭证（Scrip Certificate）。从 1942 年 11 月 1 日开始，每年按照以下比例偿还：5%（1942 年、1943 年）、6%（1944 年、1945 年）、7%（1946 年、1947年）、8%（1948 年、1949 年）、9%（1950 年、1951 年）、10%（1952 年、1953 年、1954 年）。

（3）国库券本金的偿还比例和时间与无息凭证相同，每年抽签还本。

1939 年 5 月 1 日，民国政府付完 4 期利息后，再次中止付息。本金和无息凭证则从未兑付。

（二）主要券种

1. 实用票

根据借款合同规定，国库券的面值为 1000 美元。国库券的正票页大小为 37.5 × 25 厘米。由美国钞票公司（American Bank Note Company）印刷。上方是武汉洪山宝塔图案，左下角是芝加哥大陆商业银行经办人的签名，右下角是中国驻美代办容揆的英文签名。

目前发现的芝加哥大陆商业银行均已换成新息票。新息票和同时印制的总面值为 201 美元的无息凭证均有时任财政部部长孔祥熙的签名和盖章，两者均由 Western Bank Note & Eng. Co. Chicago 印制。

国库券和无息凭证具体发行情况如表 14 - 2、图 14 - 2 和图 14 - 3 所示。

---

① 财政科学研究所、中国第二历史档案馆编：《民国外债档案史料》（第五卷），中国档案出版社 1989 年版，第 652、第 664 页。
② 财政科学研究所、中国第二历史档案馆编：《民国外债档案史料》（第五卷），中国档案出版社 1989 年版，第 675 - 676 页。

表 14 – 2　　　　　　1919 年芝加哥大陆商业银行续展借款国库券和无息凭证

发行机构	高文编号	面值（美元）	发行数量（张）	编号范围	未兑付量（张）
芝加哥大陆商业银行	530	1000	5500	0001～5500	5500
芝加哥大陆商业银行	530 Scrip	201	5500	0001～5500	5500

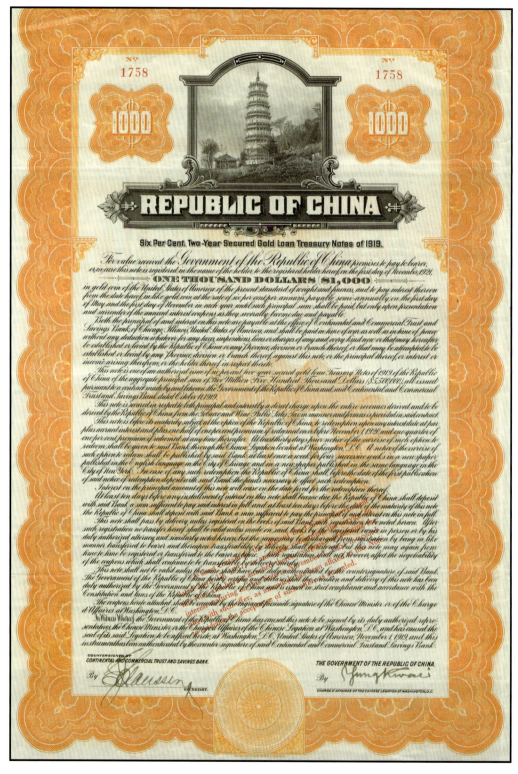

图 14 – 2　1919 年芝加哥大陆商业银行续展借款国库券 1000 美元（KUL 530）

图 14 – 3　1919 年芝加哥大陆商业银行续展借款国库券 201 美元无息凭证（KUL 530 SCRIP）

2. 其他券种

目前未发现与 1919 年芝加哥大陆商业银行续展借款国库券有关的其他券种。

第十五章

Chapter 15 ●

1918 年马可尼公司借款国库券

1918 年 8 月 27 日，民国政府陆军部与英国马可尼无线电报公司（Marconi Wireless Telegraph Company Ltd.）签订协议，商定借款 60 万英镑，以中国政府国库券抵押。其中 30 万英镑用于购买马可尼最新式行军无线电话机 200 部，另外 30 万英镑由民国政府自由支配。借款期限 10 年，年息 8 厘，每年 2 月 28 日和 8 月 28 日付息一次。第 6 年后分 5 年抽签还本。由于利息较高，发行价为票面价的 105%。[①]

1920 年 8 月，民国政府仅支付了 4 期利息即停止支付。1921 年 2 月，第 5 期利息由英国国外贸易银行（British Bank for Foreign Trade Ltd.）代垫。1936 年，民国政府与债权人达成协议，将马可尼公司借款与 1919 年费克斯公司借款合并整理[②]。国库券持有人需要去代理银行将国库券的旧息票换成新息票，同时还要在票面上盖上整理办法内容的印戳。

按照新的整理办法支付 5 期利息后，自 1939 年 6 月起，民国政府再未支付任何本息[③]。

---

① 财政科学研究所、中国第二历史档案馆编：《民国外债档案史料》（第六卷），中国档案出版社 1989 年版，第 455 ~ 457 页。

② 主要内容为 1936 年 6 月 30 日以前积欠利息一概免除。1936 年 7 月 1 日起，第一年年息为 1.5%，以后每年增加 0.25 厘，至 1943 年增至 3 厘后不再增加。从 1941 年 6 月 30 日开始还本，前三年各还 1%，次四年各还 2%，又次八年各还 2.5%，再次十一年各还 3%，最后九年各还 4%，至 1975 年还清。

③ 财政科学研究所、中国第二历史档案馆编：《民国外债档案史料》（第六卷），中国档案出版社 1989 年版，第 454 ~ 455 页。

二、主要券种

（一）实用票

马可尼借款国库券分为 3 种，面值分为 100 英镑、500 英镑和 1000 英镑。各种面值的国库券颜色、版式完全相同。国库券分为正票页和息票页，正票页大小为 27 × 38.5 厘米（见图 15 – 1 ～图 15 – 4）。

国库券双面印刷，分别为英文和中文。中文版正中盖有"财政部印"，左方盖有财政总长龚心湛的签名印戳。英文版右下侧有"财政总长"印戳和龚心湛的英文签名。

1936 年债务重整后，国库券的两面分别用中文和英文盖上整理办法内容的红色印戳，签名人为时任财政部部长孔祥熙。同时，新息票也替换原息票，贴在国库券上。债券新息票由英国 Bradbury & Wilkinson 公司印制，新息票也采用中文和英文双面印刷，不同面值的国库券配有不同颜色的新息票（见图 15 – 5）。尽管如此，仍有极少量的国库券未被提交给代理银行，故保留原息票。国库券自发行之日起，民国政府未归还任何本金，因此全部流通在外。

债券具体发行情况如表 15 – 1 和图 15 – 6 所示。

表 15 – 1 　　　　　　　　　　　　　1918 年马可尼公司借款国库券

发行机构	高文编号	面值（英镑）	发行数量（张）	编号范围
马可尼公司	430（新息票）	100	1500	000001 ~ 001500
马可尼公司	430OC（原息票）			
马可尼公司	431（新息票）	500	500	001501 ~ 002000
马可尼公司	431OC（原息票）			
马可尼公司	432（新息票）	1000	200	002000 ~ 002200
马可尼公司	432OC（原息票）			

（二）其他券种

目前，没有发现与马可尼公司借款国库券相关的其他券种。

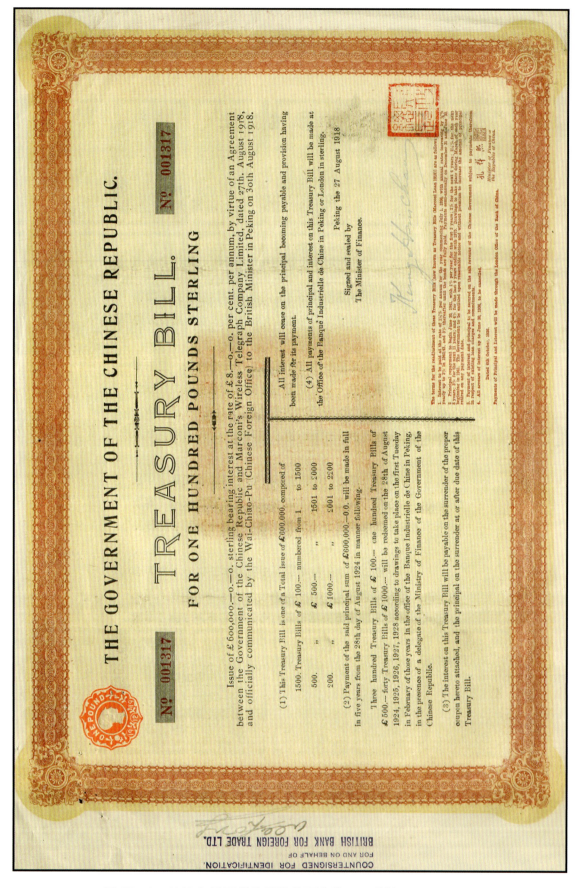

图 15 - 1　1918 年马可尼公司借款国库券 100 英镑（KUL 430）

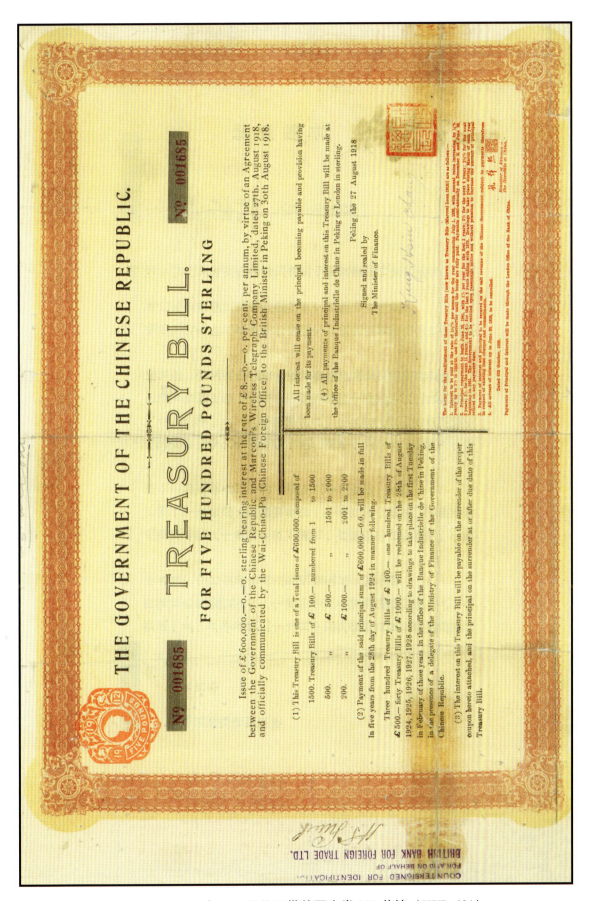

图 15－2　1918 年马可尼公司借款国库券 500 英镑（KUL 431）

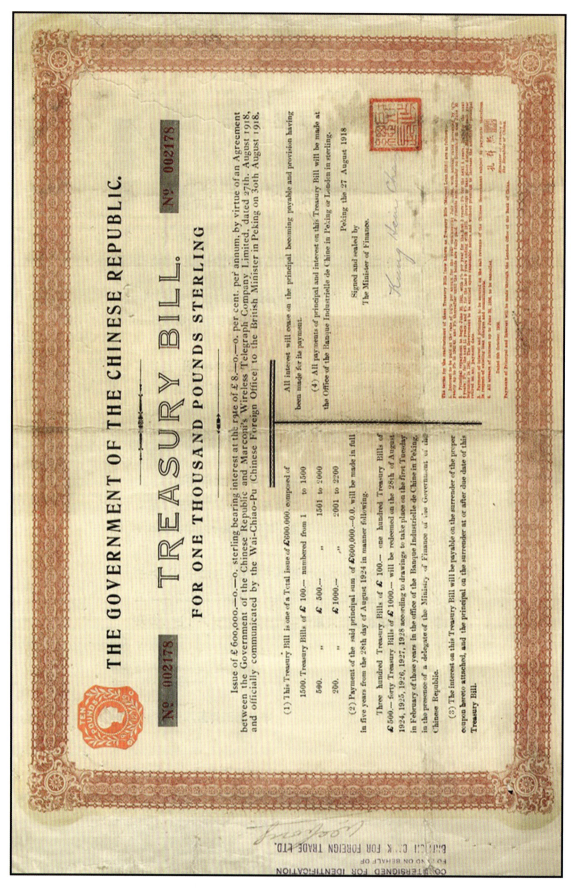

图 15 - 3　1918 年马可尼公司借款国库券 1000 英镑（KUL 432）

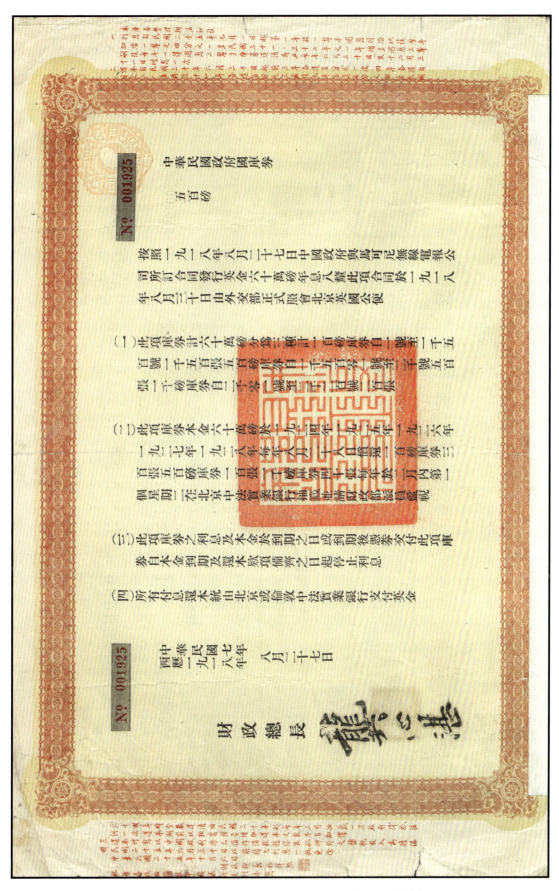

图 15 - 4　1918 年马可尼公司借款国库券 500 英镑背面

图 15 -5　1918 年马可尼公司借款国库券 100 英镑新息票

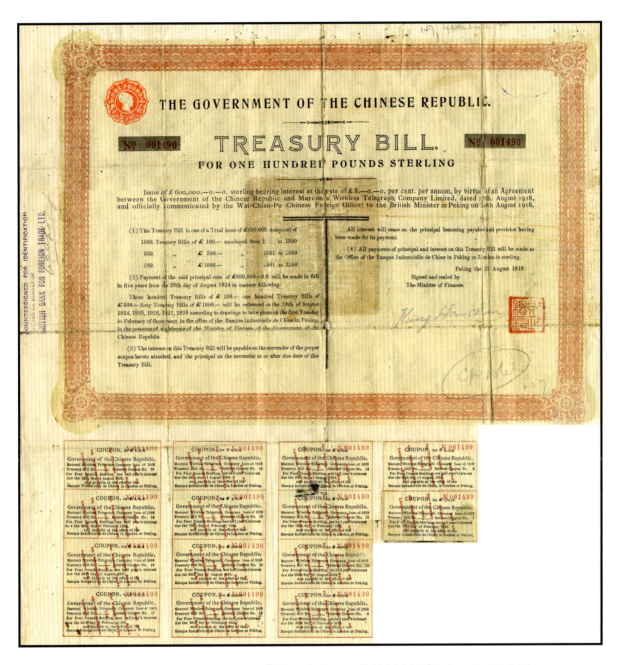

图 15 – 6　1918 年马可尼公司借款国库券 100 英镑原息票版（KUL 430OC）

第十六章

Chapter 16 •

1919 年费克斯公司借款国库券

▼ 一、历史背景①

　　1919 年 8 月，民国政府陆军部长靳云鹏上书总统，拟请购置飞机，建立空军。1919 年 10 月 1 日，民国政府陆军部与英国费克斯公司（Vickers Ltd.）签订协议，商定借款 1803200 英镑，购买维梅式飞机 100 架及相关地面设施。其中还有 50 万英镑存入伦敦的中国航空署特别存款账户，用于购买土地设备和支付薪金等事项。借款以中国政府国库券为抵押，允许费克斯公司将国库券出售。借款期限 10 年，年息 8 厘，每年 4 月 1 日和 10 月 1 日付息一次。第 6 年后分 5 年抽签还本。发行价为票面价的 9.8 折。

　　1920 年 4 月 1 日第 1 期付息时，民国政府即开始拖欠，费克斯公司不得不垫付利息。此后，又挪用航空署特别存款账户款项支付了 4 期利息，从此即停止支付。1936 年，民国政府与债权人达成协议，将费克斯公司借款与 1918 年马可尼公司借款合并整理②。国库券持有人需要去代理银行将国库券的旧息票换成新息票，同时还要在票面上盖上整理办法内容的印戳。

　　按照新的整理办法支付 5 期利息后，自 1939 年 6 月起，民国政府再未支付任何本息。

▼ 二、主要券种

（一）实用票

　　费克斯公司借款国库券分为 3 种，面值分为 100 英镑、500 英镑和 1000 英镑。各种面值的国库

---

　　①　财政科学研究所、中国第二历史档案馆编：《民国外债档案史料》（第七卷），中国档案出版社 1989 年版，第 175～176 页。
　　②　整理条件与 1918 年马可尼公司借款相同。

券除颜色不同外，版式完全相同。国库券分为正票页和息票页，正票页大小为 19.5×31 厘米。

国库券双面印刷，分别为英文和中文。英文版左下角有驻英公使施肇基签名，正下方有劳埃德（Lloyd's Bank Ltd.）代表签名，右下角有"财政总长"印戳和时任财政总长李思浩的中文签名。由于借款协议规定民国政府从 1925 年至 1929 年分 5 年归还本金，因此国库券的正式名称为"中华民国八厘十年期金库券一千九百二十五年至一千九百二十九年（Chinese Government 8 Per Cent 10 Year Sterling Treasury Notes 1925/1929）"（见图 16 – 1 ~ 图 16 – 3）。①

1936 年债务重整后，国库券的两面分别用中文和英文盖上整理办法内容的红色印戳，签名人为时任财政部部长孔祥熙。同时，新息票也替换原息票，贴在国库券上。债券新息票由英国 Bradbury & Wilkinson 公司印制，新息票也采用中文和英文双面印刷，不同面值的国库券配有不同颜色的新息票（见图 16 – 4）。尽管如此，仍有极少量的国库券未被提交给代理银行，故保留原息票（见图 16 – 5 和图 16 – 7）。国库券自发行之日起，民国政府未归还任何本金，因此全部流通在外。

债券具体发行情况如表 16 – 1 所示。

表 16 – 1 1919 年费克斯公司借款国库券

发行机构	高文编号	面值（英镑）	发行数量（张）	编号范围
费克斯公司	500（新息票）	100	9082	1 ~ 9082
费克斯公司	500OC（原息票）			
费克斯公司	501（新息票）	500	750	9083 ~ 9832
费克斯公司	501OC（原息票）			
费克斯公司	502（新息票）	1000	520	9833 ~ 10352
费克斯公司	502OC（原息票）			

图 16 – 1 1919 年费克斯公司借款国库券 100 英镑新息票版（KUL 500）

① 资料来源：根据本章债券票面记载。

图 16 – 2　1919 年费克斯公司借款国库券 500 英镑新息票版（KUL 501）

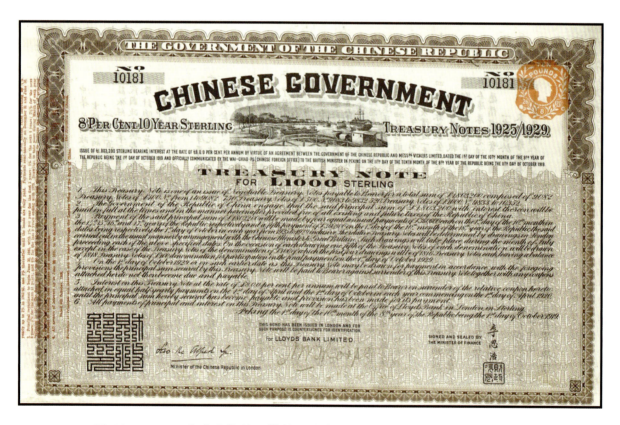

图 16 – 3　1919 年费克斯公司借款国库券 1000 英镑新息票版（KUL 502）

图 16 - 4　1919 年费克斯公司借款国库券 100 英镑新息票

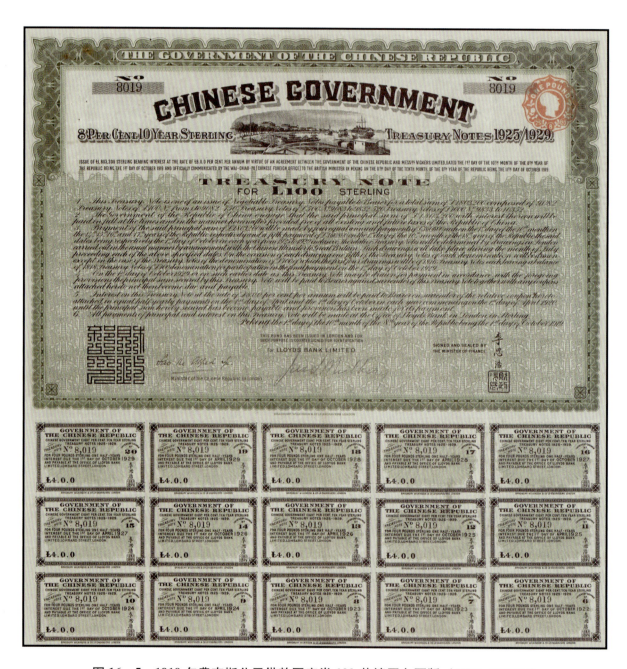

图 16-5　1919 年费克斯公司借款国库券 100 英镑原息票版（KUL 500OC）

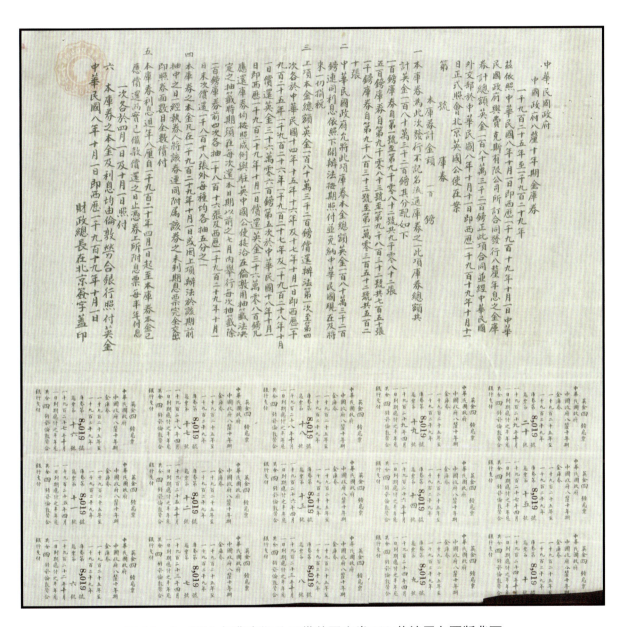

图 16-6　1919 年费克斯公司借款国库券 100 英镑原息票版背面

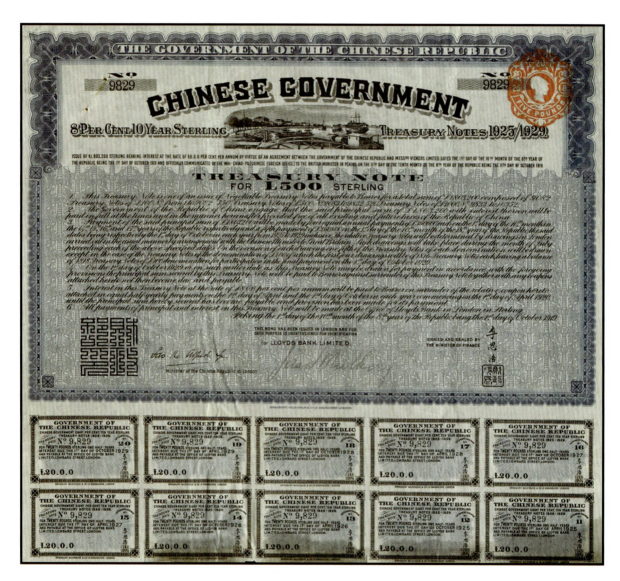

图 16 – 7　1919 年费克斯公司借款国库券 500 英镑原息票版（KUL 501OC）

（二）其他券种

目前，发现了少量费克斯公司借款国库券 500 英镑票样注销券（KUL 501SP CN）（见图 16 – 8）和 1000 英镑票样注销券（KUL 502SP CN）（见图 16 – 9）。

图 16 - 8　1919 年费克斯公司借款国库券 500 英镑票样注销券（KUL 501SP CN）

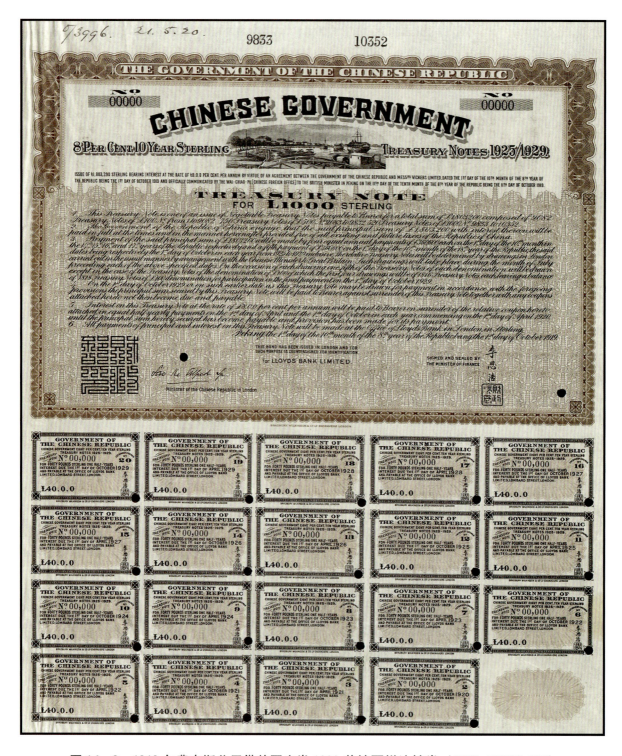

图 16 – 9 1919 年费克斯公司借款国库券 1000 英镑票样注销券（KUL 502SP CN）

第十七章

Chapter 17 ●

1925 年法国庚款借款美元公债债券

根据《辛丑条约》，法国所获庚子赔款份额本息合计 580160935.584 法郎。1917 年 12 月 1 日，法国参加协约国协议，将庚子赔款支付暂停 5 年。1921 年，中法实业银行遭遇挤兑危机，在该行总裁且为法国参议院议员的安德烈·白德洛（Andre Berthelot）的游说下，法国政府提议中国政府支付对法庚子赔款之未偿余额充作重组中法实业银行及办理中法间教育经费之用，1922 年 7 月，中法就此达成协定。[①]

但法方随即提出中国应继续以"一战"前的金法郎支付未偿余额，拒绝接受中国以"一战"后的纸法郎支付，并拉上比利时、意大利、西班牙等国一起施压。由于纸法郎的币值不足金法郎的 1/3，法方要求遭到中国激烈反对。经过多次磋商，中法双方于 1925 年达成协议：中方同意以美元还款。由于美元与黄金的比价基本固定，事实上还是以金法郎支付。法方同意将 1924 年 12 月之后所余赔款 391581529 法郎退还中国，但中国政府须将上述退款全额折成美金 43893900 元，逐年垫借于中法实业管理公司（SOCIÉTÉ FRANÇAISE DE GÉRANCE DE LA BANQUE INDUSTRIELLE DE

[①] 财政科学研究所、中国第二历史档案馆编：《民国外债档案史料》（第十二卷），中国档案出版社 1989 年版，第 232 页。

CHINE），作为该公司发行美金公债之基金。中法实业管理公司以此项美金公债，换回远东债权人所持之中法实业银行无利证券；办理中法间教育及慈善事业；代缴中国政府未缴清之中法实业银行股本余额；拨还中国政府所欠中法实业银行各项债务。[①]

债券于 1925 年 5 月 27 日发行，借款期限 23 年，年息 5 厘，每年 1 月 15 日和 7 月 15 日各付息一次。从 1925 年 12 月 1 日开始每年抽签还本。[②]

由于本债券的还款资金来源于关税，因此一直按期还本付息至 1939 年 7 月才因关税被日本劫持而违约，此时尚欠本金 22136200 美元。1946 年 2 月 28 日，中法两国签订《中法平等新约》，法国放弃中国未支付的庚子赔款。[③]

二、主要券种

（一）实用票

法国庚款借款美元公债债券仅 1 种，面值为 50 美元。债券分为正票页和息票页，正票页大小为 32.5×24 厘米。由法国巴黎 Vieillemard 公司印制。

债券双面印刷。正面为法文和英文，背面为中文，均由担任中国海关总税务司的英国人安格联（Francis Aglen）签名盖章，成为唯一由中国海关总税务司具名的外债（图 17-1~图 17-3）。同时，债券发行量高达 877878 张，也成为中国发行数量最大的对外债券。

债券具体发行情况如表 17-1 所示。

表 17-1　　　　　　　　　　　　　1925 年法国庚款借款美元公债债券

发行公司	高文编号	面值（美元）	发行数量（张）	编号范围	理论未兑付量（张）
中法实业管理公司	670	50	877878	000001~877878	442724

在用法国庚款借款美元公债债券更换远东债权人所持中法实业银行无利证券时，出现了多张无利证券集合后余数不足 50 美元的情况，为此中法实业管理公司专门发行了畸零券（KUL 670 Scrip）进行兑换（见图 17-4）。畸零券面值根据实际余数金额采用针孔打眼在票面上，无息票。畸零券持票人可将多张畸零券集合兑换 50 美元的正式债票。

畸零券大小为 27×27 厘米。由法国巴黎 Vieillemard 公司印制。畸零券的具体发行数量不详，但考虑到每个远东债权人无论持有多少中法实业银行无利证券，最多只会有一张畸零券，因此畸零券的数量一定会大大少于法国庚款借款美元公债债券数量。

---

① 财政科学研究所、中国第二历史档案馆编：《民国外债档案史料》（第十二卷），中国档案出版社 1989 年版，第 353~368 页。

② 资料来源：根据本章债券票面记载。

③ 财政科学研究所、中国第二历史档案馆编：《民国外债档案史料》（第十二卷），中国档案出版社 1989 年版，第 245 页。

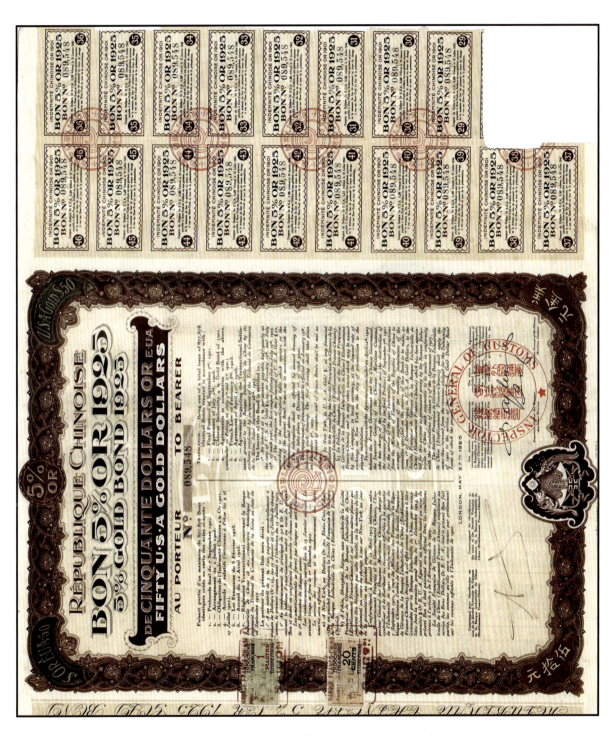

图 17 – 1　1925 年中法实业管理公司法国庚款借款美元公债债券 50 美元（KUL 670）

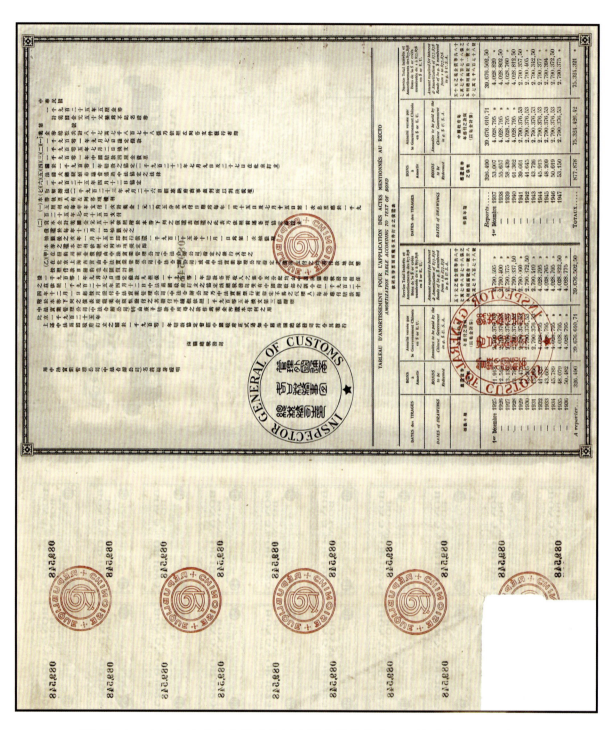

图 17 - 2　1925 年中法实业管理公司法国庚款借款美元公债债券 50 美元背面

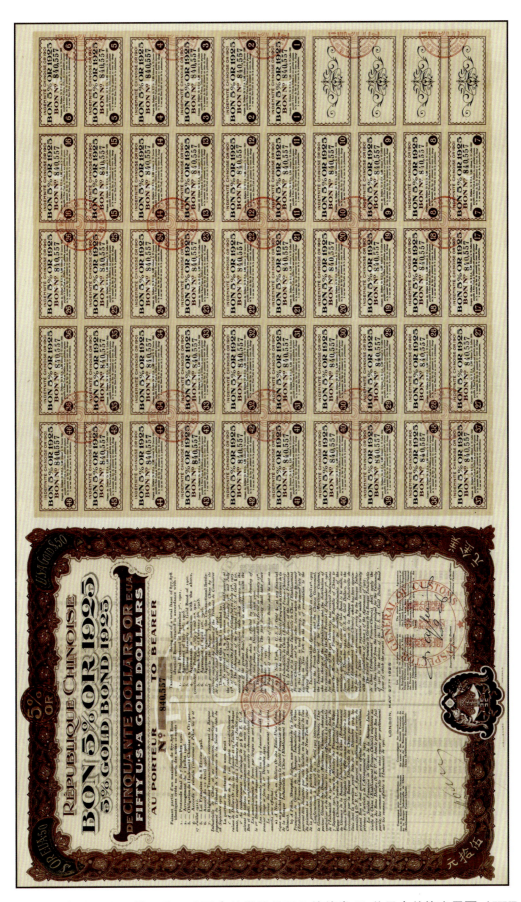

图 17 - 3　1925 年中法实业管理公司法国庚款借款美元公债债券 50 美元未兑换实用票（KUL 670）

图 17 - 4　1925 年中法实业管理公司法国庚款借款美元公债债券畸零券（KUL 670 Scrip）

（二）其他券种

目前，发现少量法国庚款借款美元公债债券的备用票（KUL 670RS）和票样（KUL 670SP）存世（见图 17 - 5 和图 17 - 6）。

图 17 - 5　1925 年中法实业管理公司法国庚款借款美元公债债券 50 美元备用票（KUL 670RS）

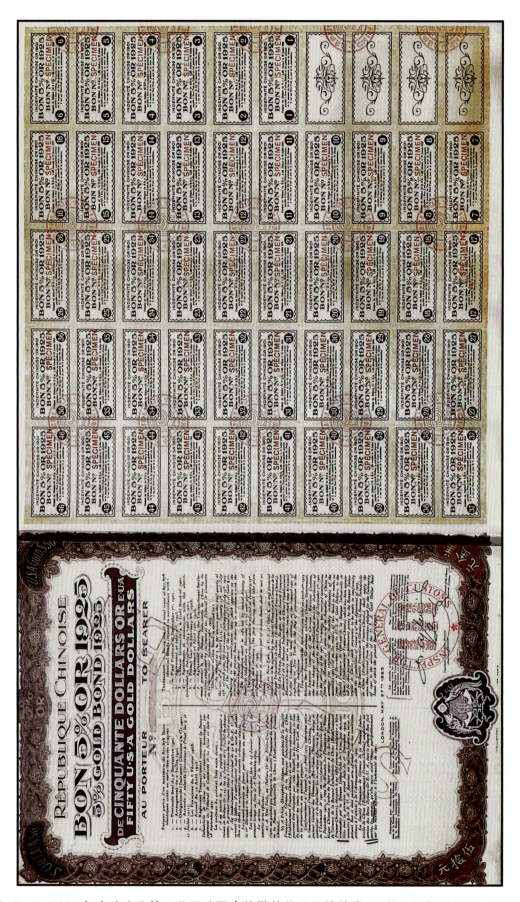

图 17 - 6　1925 年中法实业管理公司法国庚款借款美元公债债券 50 美元票样（KUL 670SP）

第十八章

1928 年比利时庚款借款美元公债债券

一、历史背景

根据《辛丑条约》，比利时所获赔款份额本息合计 69447061.148 法郎。1917 年 12 月 1 日，比利时参加协约国协议，将中国赔款支付暂停 5 年。1922 年，比利时和法国一道，拒绝中国政府以"一战"后的纸法郎支付赔款，坚持以"一战"前的金法郎赔款。[1]

1925 年，中比两国达成协议，规定将中国 1925 年 9 月 1 日~1930 年 12 月底应付之庚款，按照 1905 年的汇率折合成美元，由华比银行（Banque Sino – Belge）一次垫付给比利时政府。中国政府则通知海关总税务司自 1925 年 9 月 1 日起，按月偿还华比银行垫款。垫款归还完毕后，总税务司按月将款项付给中比庚款委员会，作为中比教育公益事业之用。[2]

1927 年，中比签署第二项协定，约定将中国 1928 年 4 月 1 日~1940 年 12 月底应付之庚款作为担保，通过华比银行代理发行 500 万美元外债。债券于 1928 年 1 月 1 日发行，借款期限 13 年，年息 6 厘，每年 1 月 1 日和 7 月 1 日各付息一次。从 1928 年 6 月 1 日开始每半年抽签还本。发行外债

---

[1] 财政科学研究所、中国第二历史档案馆编：《民国外债档案史料》（第十二卷），中国档案出版社 1989 年版，第 413 页。

[2] 财政科学研究所、中国第二历史档案馆编：《民国外债档案史料》（第十二卷），中国档案出版社 1989 年版，第 430 ~ 431 页。

所得资金40%用于陇海铁路向比利时购买材料，35%用于中国其他国有铁路向比利时购买材料，25%用于中比教育慈善事业。这也是北洋政府发行的最后一次外债。[①]

由于本债券的还款资金来源于关税，因此一直按期还本付息至1939年7月才因关税被日本劫持而中止，此时尚欠本金828900美元，利息60828美元。1943年10月20日，中比两国签订新约，取消《辛丑条约》，比利时放弃未支付的庚子赔款。[②]

二、主要券种

（一）实用票

比利时庚款借款美元公债债券仅1种，面值为100美元。债券分为正票页和息票页，正票页大小为36×24厘米。由位于北京的法国出版商那世宝印字馆（Imprimerie A. Nachbaur – Pekin）印制。

债券双面印刷。正面为法文和英文，下方有时任财政总长阎泽溥和华比银行代表外文签名。背面为中文，盖有"财政部印"，并有阎泽溥中文签名和"财政总长"印章（见图18-1和图18-2）。

债券具体发行情况如表18-1所示。

表18-1　　　　　　　　　　1928年比利时庚款借款美元公债债券

发行机构	高文编号	面值（美元）	发行数量（张）	编号范围	理论未兑付量（张）
华比银行	750	100	50000	000001~050000	8289

（二）其他券种

目前，没有发现与比利时庚款借款美元公债债券相关的其他券种。

---

① 财政科学研究所、中国第二历史档案馆编：《民国外债档案史料》（第十二卷），中国档案出版社1989年版，第450~453页。

② 财政科学研究所、中国第二历史档案馆编：《民国外债档案史料》（第十二卷），中国档案出版社1989年版，第425~426页。

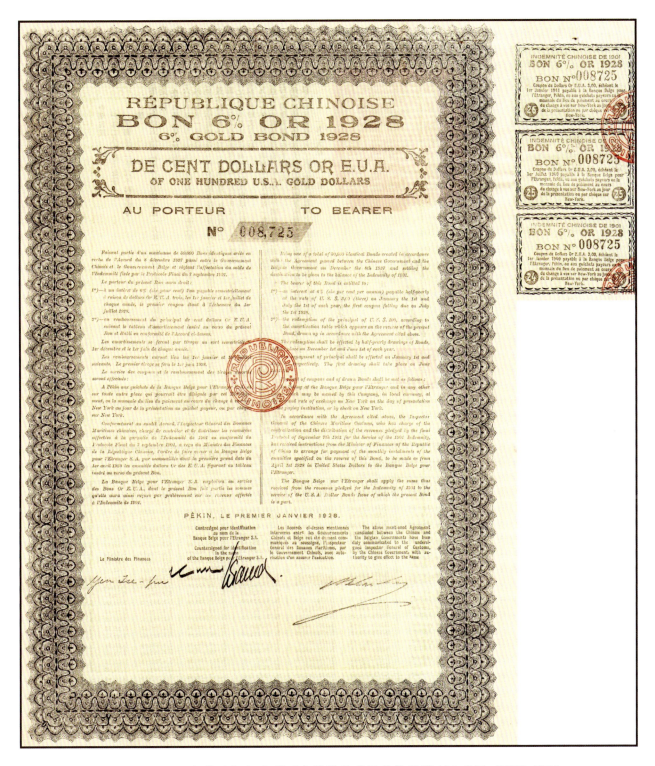

图 18－1　1928 年华比银行比利时庚款借款美元公债债券 100 美元（KUL 750）

图 18－2　1928 年华比银行比利时庚款借款美元公债债券 100 美元背面

第十九章

Chapter 19

1934 年英国六厘英金庚款公债债券

一、历史背景

根据《辛丑条约》，英国所获赔款份额本息合计 16573810.174 英镑。1917 年 12 月 1 日，英国参加协约国协议，将中国赔款支付暂停 5 年。1922 年 12 月，英国政府发布声明，将中国自该年逐期付出之庚款不再划归英国国库，均存入汇丰银行用于两国互惠之事业。1930 年，中英两国政府正式换文，设立中英庚款董事会，将全部退还庚款设置基金投资铁路和其他生产事业，再以投资所得兴办教育文化事业。并另设伦敦购料委员会，凡铁路及其他生产事业借用基金购买外国材料时，必须交由上述购料委员会在英办理。①

1934 年，为完成粤汉铁路工程，铁道部自中英庚款董事会借得英国退还庚款为偿债基金，对外发行 150 万英镑公债。债券于 1934 年 6 月 1 日发行，借款期限 12.5 年，年息 6 厘，每年 1 月 1 日和 7 月 1 日各付息一次。从 1935 年 1 月 1 日开始每半年抽签还本。发行价为票面金额的 96 折。还本付息具体事宜由中央银行、中国银行、交通银行和汇丰银行承办。②

由于本债券的还款资金来源于关税，因此一直按期还本付息至 1939 年 7 月才因日本劫持关税

---

① 财政科学研究所、中国第二历史档案馆编：《民国外债档案史料》（第十二卷），中国档案出版社 1989 年版，第 563～565 页。
② 资料来源：根据本章债券票面记载。

而违约，此时尚欠本息 1567839 英镑。1943 年 5 月 20 日，中英两国签订《中英平等新约》，英国放弃未支付的庚子赔款。①

二、主要券种

（一）实用票

英国六厘英金庚款公债债券有 3 种，面值分别为 50 英镑、100 英镑和 1000 英镑。除颜色外，版式完全相同。债券分为正票页和息票页，正票页大小为 36×25.5 厘米。

债券双面印刷。正面为中文和英文，右下方有时任财政部部长孔祥熙和铁道部部长顾梦余的外文签名。左下方有中央银行国库署代表副署（见图 19 – 1 ~ 图 19 – 4）。

债券具体发行情况如表 19 – 1 所示。

表 19 – 1   1934 年英国六厘英金庚款公债债券

发行机构	高文编号	面值（英镑）	发行数量（张）	编号范围	理论未兑付量（张）
中央银行、中国银行、交通银行和汇丰银行	850	50	2000	0001 ~ 2000	1298
中央银行、中国银行、交通银行和汇丰银行	851	100	4000	2001 ~ 6000	2581
中央银行、中国银行、交通银行和汇丰银行	852	1000	1000	6001 ~ 7000	649

（二）其他券种

近期，发现了少量英国六厘英金庚款公债债券票样注销券，面值分别是 50 英镑、100 英镑和 1000 英镑，附带完整息票，正票盖有"样张作废"和"SAMPLE CANCELLED"的红戳（见图 19 – 5 ~ 图 19 – 7）。

---

① 财政科学研究所、中国第二历史档案馆编：《民国外债档案史料》（第十二卷），中国档案出版社 1989 年版，第 567 页。

图 19－1　1934 年英国六厘英金庚款公债债券 50 英镑（KUL 850）

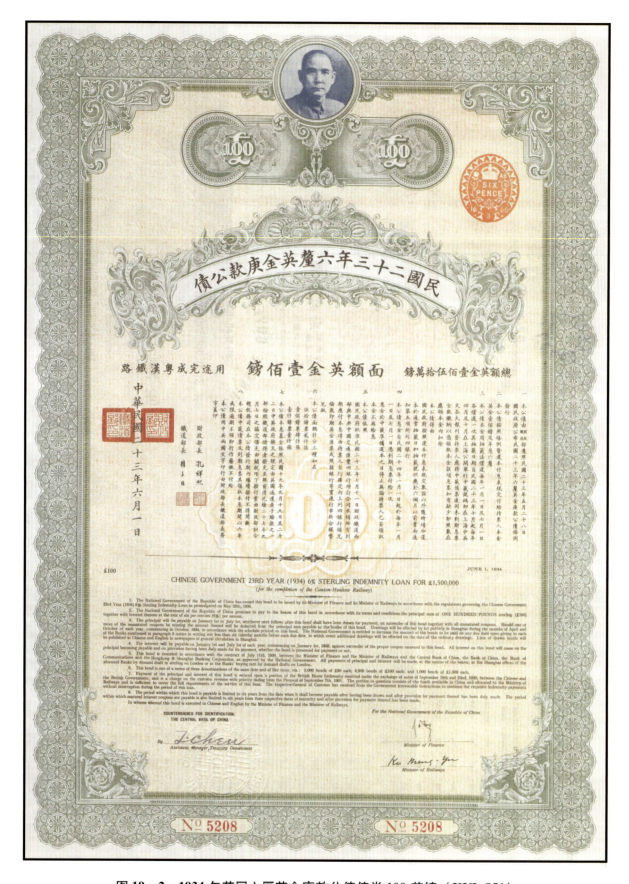

图 19－2　1934 年英国六厘英金庚款公债债券 100 英镑（KUL 851）

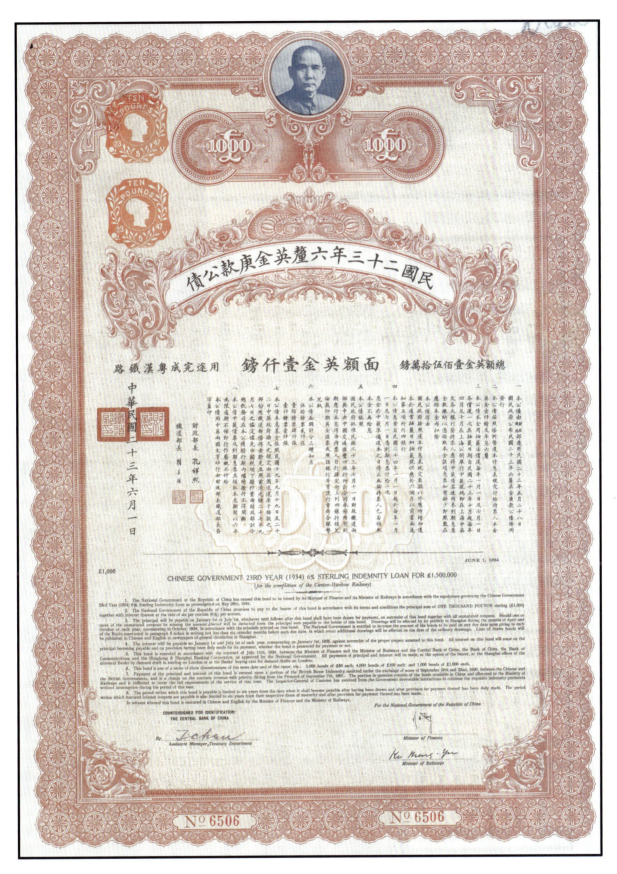

图 19 - 3 1934 年英国六厘英金庚款公债债券 1000 英镑（KUL 852）

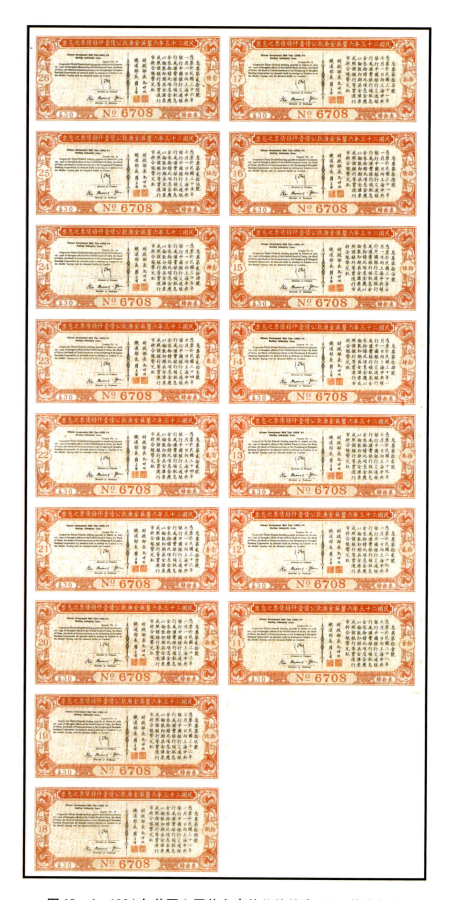

图 19－4　1934 年英国六厘英金庚款公债债券 1000 英镑息票

图 19－5　1934 年英国六厘英金庚款公债债券 50 英镑票样注销券（KUL 850SP CN）

图 19－6　1934 年英国六厘英金庚款公债债券 100 英镑票样注销券（KUL 851SP CN）

图 19 – 7　1934 年英国六厘英金庚款公债债券 1000 英镑票样注销券（KUL 852SP CN）

第
二
十
章

Chapter 20

1937 年太平洋拓业公司借款重整债券

一、历史背景

　　1919 年下半年，民国政府为编遣军队和偿还债款，与美国太平洋拓业公司（Pacific Development Corp.）洽谈借款。同年 11 月 26 日，时任国务总理靳云鹏、财政总长李思浩与公司代表在北京签署借款合同。借款金额 550 万美元，期限 2 年，年息 6 厘，每年 12 月 1 日和 6 月 1 日各付息一次。折扣为 91 折。1919 年 12 月 1 日，太平洋拓业公司根据借款合同，发行"一九一九年中华民国两年六厘金币借款国库券"。[①]

　　1921 年 11 月底，借款到期，民国政府无力偿还本金，不得不两次展期至 1922 年 4 月 1 日，并将展期利息提高到 8 厘，但到期后均未兑付。此后，太平洋拓业公司破产，但该公司早已将国库券抵押给 28 家银行，借款 490 万美元。1937 年，孔祥熙访美，与美国债权人达成债务重组协议。债权人同意免除全部积欠利息，并将借款总额缩减至 490 万美元，由民国政府发行新债券兑换 1919 年太平洋拓业公司借款国库券。债券由纽约 J. P 摩根银行代理发行，定于 1954 年 7 月还清，每年 1 月和 7 月各付息一次。利率第一年为 2%，第二年为 2.5%，第三年为 3%，第四年为 3.5%，从第

[①]　财政科学研究所、中国第二历史档案馆编：《民国外债档案史料》（第七卷），中国档案出版社 1989 年版，第 243 页。

五年开始每年固定为 4%。本金则从 1942 年开始，每年 7 月 1 日抽签偿还一次。每年还本比例安排为：5%（1942 年、1943 年）、6%（1944 年、1945 年）、7%（1946 年、1947 年）、8%（1948 年、1949 年）、9%（1950 年、1951 年）、10%（1952 年、1953 年、1954 年）。此前积欠利息全部免除。截至 1947 年，花旗银行仍拒绝接受债务重组协议，其持有的旧太平洋拓业公司借款国库券可以兑换新债券 283100 元。[①]

仅仅支付了 3 期利息后，付息于 1939 年 7 月宣告停止。本金则从未支付。

二、主要券种

（一）实用票

1919 年太平洋拓业公司借款国库券虽未完全兑换，但至今未见实物。

1937 年太平洋拓业公司借款重整债券的面值分为 100 美元、500 美元和 1000 美元三种，三者除颜色不同外，样式完全一致。债券的正票页大小为 37.5×25 厘米。由美国钞票公司（American Bank Note Company）印刷。上方是武汉洪山宝塔图案，右下角是中国驻美大使王正廷的英文签名。目前发现的该项公债主要为 1000 美元面值，其他两种面值非常罕见（见图 20-1 ~ 图 20-4）。

公债具体发行情况如表 20-1 所示。

表 20-1　　　　　　　　1937 年太平洋拓业公司借款重整债券

发行机构	高文编号	面值（美元）	发行数量（张）	编号范围	理论未兑付量（张）
J.P 摩根银行	950	100	不详	不详	不详
J.P 摩根银行	951	500	不详	不详	不详
J.P 摩根银行	952	1000	不详	不详	不详

（二）其他券种

近年，曾有零星 500 美元面值的 1937 年太平洋拓业公司借款重整债券票样注销券（KUL 951SP CN）出现（见图 20-5）。

[①] 财政科学研究所、中国第二历史档案馆编：《民国外债档案史料》（第七卷），中国档案出版社 1989 年版，第 244 页。

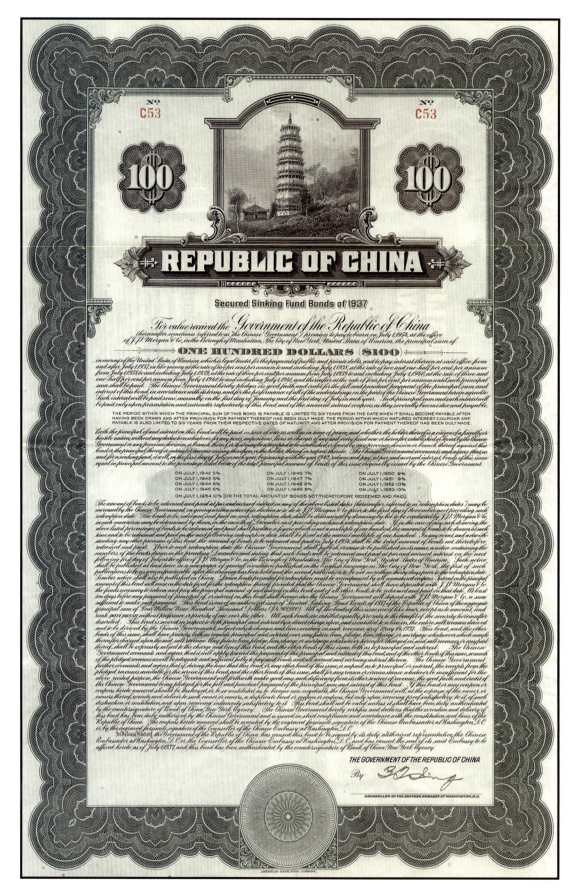

图 20－1　1937 年 J. P 摩根银行太平洋拓业公司借款重整债券 100 美元（KUL 950）

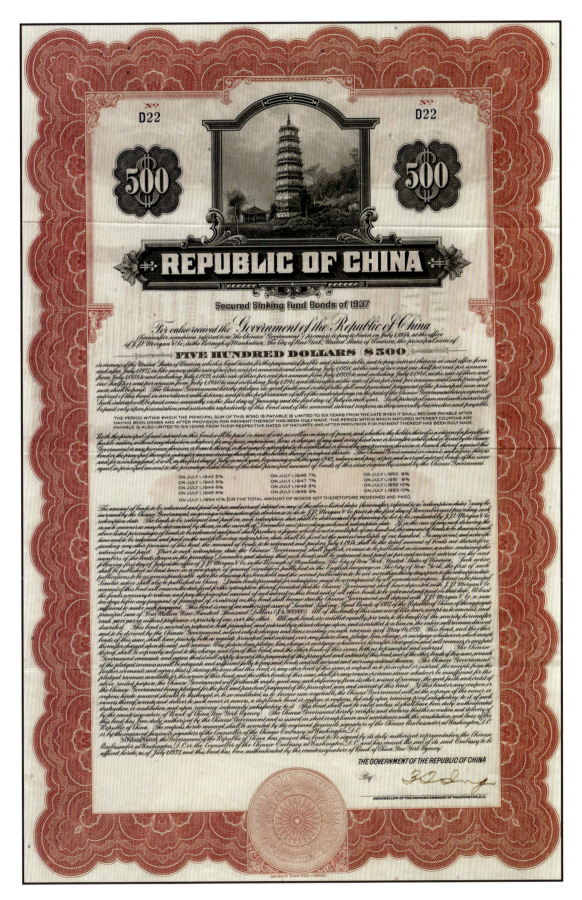

图 20 - 2　1937 年 J. P 摩根银行太平洋拓业公司借款重整债券 500 美元（KUL 951）

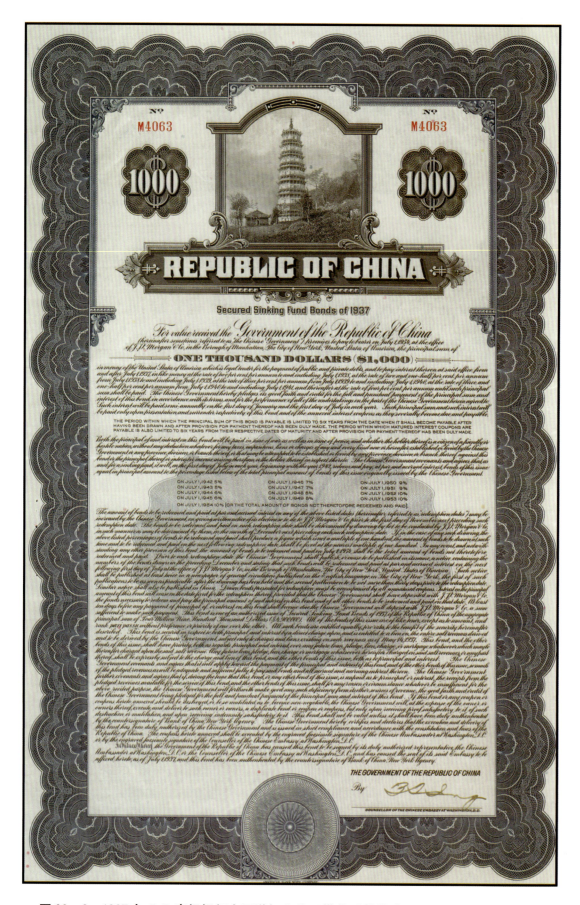

图 20－3　1937 年 J. P 摩根银行太平洋拓业公司借款重整债券 1000 美元（KUL 952）

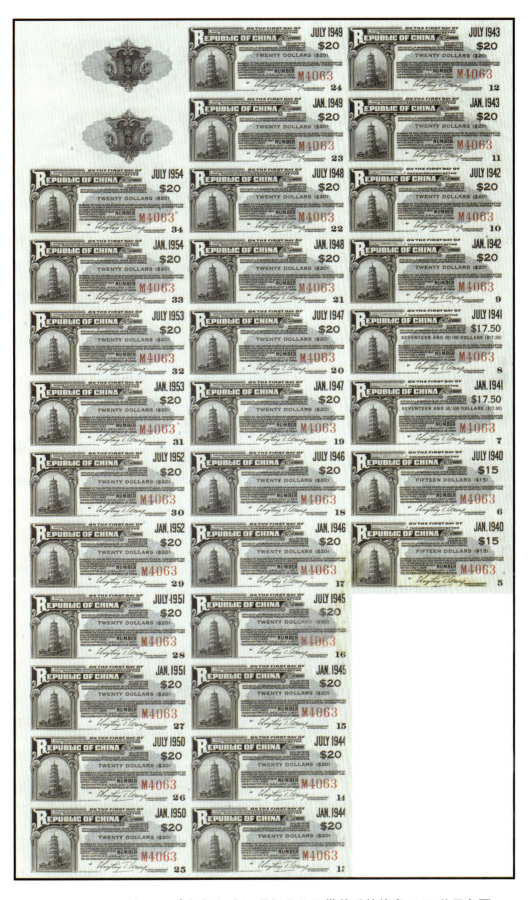

图 20 – 4　1937 年 J. P 摩根银行太平洋拓业公司借款重整债券 1000 美元息票

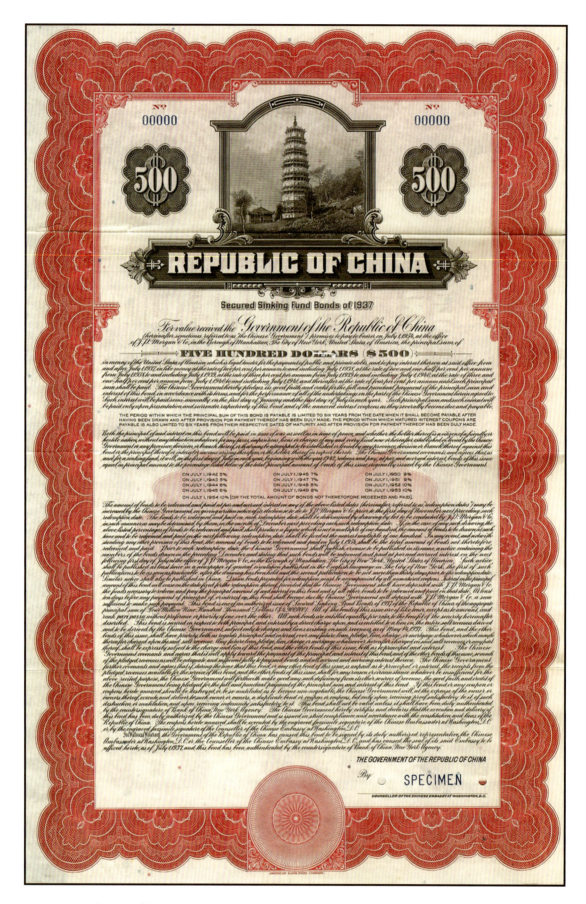

图 20－5　1937 年 J. P 摩根银行太平洋拓业公司借款重整债券 500 美元票样注销券（KUL 951SP CN）

第二部分

铁路借款外债

第
二
十
一
章

Chapter 21 ●

1897 年东省铁路借款债券

东省铁路是指俄国在中国东北地区修建的 T 字型铁路网。该铁路以哈尔滨为中心往西延伸至满洲里连接俄罗斯赤塔，往东延伸至绥芬河连接俄罗斯符拉迪沃斯托克，往南延伸至大连，全长 2489.2 千米。又称"东清铁路（Tung Ching Railway）"或"中国东方铁路（Chinese Eastern Railway）"，简称"中东铁路"或"中东路"。[①] 日本占领东北后，北段改称"北满铁路"，南段改称"南满铁路"。第二次世界大战之后苏联重新控制该铁路，称为"中国长春铁路"，简称"中长铁路"，1952 年后移交给中国。

19 世纪下半叶，俄罗斯在占领中国东北大片领土后，开始筹划修建一条连接符拉迪沃斯托克到莫斯科的西伯利亚铁路。但由于黑龙江以北地区自然环境恶劣难以施工，俄罗斯遂谋划从清政府控制的东北地区修建一条从符拉迪沃斯托克到赤塔的铁路。1895 年，中日甲午战争清政府战败。俄罗斯联合德法两国反对日本占领辽东半岛，赢得清政府好感。1896 年 6 月，李鸿章作为清政府特使参

---

① 马蔚云：《俄国对华政策的演变与中东铁路的修筑》，载于《俄罗斯学刊》2013 年第 2 期。

加沙皇尼古拉二世加冕典礼，与俄方签订了共同防御日本的《中俄密约》，其中规定由华俄道胜银行承办建设经营一条在黑龙江和吉林连接符拉迪沃斯托克的铁路。[①]

1896 年 9 月 8 日，驻俄公使许景澄与华俄道胜银行在柏林签订了《合办东省铁路公司合同》。合同规定成立中俄合资的"中东铁路公司"，中国政府以库平银 500 万两入股，与华俄道胜银行合办。许景澄担任中东铁路公司督办（即董事长）。合同还规定该铁路通车 80 年后，铁路及一切铁路产业将无偿转让给中国政府。且中国政府有权在该铁路通车 36 年后，给价赎回该铁路。但事实上，合同签订不久，华俄道胜银行董事会就做出决定，将其持有的全部股份划归俄国政府控制。至于中方股份，《合办东省铁路公司合同》规定铁路通车后，中东铁路公司退回中国政府入股的库平银 500 万两。因此，中东铁路公司完全由俄国政府控制，华俄道胜银行则负责铁路建设的融资。[②]

1897 年，华俄道胜银行代表中东铁路公司在俄罗斯圣彼得堡发行 1500 万卢布的东省铁路债券，借款期限 82 年，年息 4 厘，每年 6 月 1～13 日和 12 月 1～13 日各付息一次，自 1898 年 6 月开始每年抽签还本。债券以中东铁路公司的全部资产为抵押，同时俄国政府为债券本息支付提供担保。由于借款抵押物东省铁路实为中国政府资产，因此此笔债券理应视为中国之外债。[③]

1897 年 6 月 9 日，中东铁路工程局在哈尔滨"田家烧锅"院内开始办公，这一天被俄国视为哈尔滨作为现代城市的诞生日，也是东省铁路的开工纪念日。1903 年 7 月 13 日，东省铁路全线竣工，共耗资 3.75 亿金卢布。1935 年 3 月 23 日，苏联与伪满洲国签订协定，以 1.4 亿日元（约合 1.64 亿金卢布）向伪满洲国转让东省铁路的全部权利，猜测东省铁路债券在转让前后已经基本结清，故目前东省铁路债券存世极少。[④]

二、主要券种

（一）实用票

根据东省铁路借款债券的章程，债券分为 100 卢布、500 卢布、1000 卢布和 5000 卢布四种面值，但目前仅发现 100 卢布和 500 卢布面值的债券（见图 21 - 1 和图 21 - 2）。债券分为正票页和息票页，正票页大小为 36×28 厘米，采用水印防伪。由于债券的期限长达 82 年，息票页仅包含头 10 年的息票，此后每 10 年债券持有人须到银行领取新的息票页。

债券的正面为俄文，四角为中国龙和俄罗斯双头鹰的混合图案，象征东省铁路为中俄合办。背面用德文和法文印刷债券章程。

---

①② 马蔚云：《俄国对华政策的演变与中东铁路的修筑》，载于《俄罗斯学刊》2013 年第 2 期。
③ 资料来源：根据本章债券票面记载。
④ 段永富：《试论"苏满关于中东铁路转让协定"的签订》，载于《世纪桥》2010 年第 1 期。

图 21 - 1　1897 年中东铁路公司东省铁路借款债券 100 卢布（KUL 68）

图 21－2　1897 年中东铁路公司东省铁路借款债券 500 卢布（KUL 68）

债券具体发行情况如表 21 – 1 所示①。

表 21 – 1   1897 年东省铁路借款债券

发行机构	高文编号	面值（卢布）	发行数量（张）	编号范围	理论未兑付量（张）
中东铁路公司	68	100	5000	00001～05000	不详
中东铁路公司	68	500	5000	05001～10000	不详
中东铁路公司	68	1000	7000	不详	不详
中东铁路公司	68	5000	1000	不详	不详

（二）其他券种

目前未发现与东省铁路债券有关的其他券种。

---

① 也许是因为未见到债券实物的原因，高文在虽将东省铁路债券编为第 68 号，但记载债券的发行金额（500 万库平银）和票面利率（6%）均与实际不符。参见［德国］高文：《中国对外债务 1865 – 1982》，Freiberg Druck，Hannover，West Germany 1983 年版，第 28 页。

第二十二章

1898 年关内外铁路借款债券

▼ 一、历史背景

关内外铁路系指山海关内外铁路，又称京奉铁路（北京—沈阳），国外称为中华帝国北方铁路（Imperial Railways of North China），是连接关内与东北地区的重要交通干线。

清政府为应对东北边境危机，于 1893 年修建了津榆铁路［天津—临榆（即山海关）］，并准备向关外延伸。次年，甲午战争爆发，修路计划被迫中断。[①]

甲午战后，俄国联合德国、法国，强迫日本归还辽东半岛，并借机强租旅顺、大连，控制东北。为抗衡俄国势力，清政府决定从英国借款修筑关外铁路，并提前归还津芦铁路（天津—卢沟桥）所借外债，收购津榆铁路商股。[②]

1898 年 10 月 10 日，关内外铁路督办胡燏棻与中英银公司（the British and Chinese Corporation Ltd.）在北京签订了《关内外铁路借款合同》，从汇丰银行借款 230 万英镑，期限 45 年，年息 5 厘，每年 2 月 1 日和 8 月 1 日各付息一次，前 5 年只还息，后 40 年还本付息，提前还本须多付

---

① 王致中：《中国铁路外债研究（1887 – 1911）》，经济科学出版社 2003 年版，第 50 页。
② 王致中：《中国铁路外债研究（1887 – 1911）》，经济科学出版社 2003 年版，第 96 ~ 101 页。

20%。发行价为票面 97 折，但扣除各项费用中方实得 204.7 万英镑，相当于 89 折。1899 年，债券正式发行。[①]

由于义和团运动的影响，关内外铁路至 1904 年春才基本竣工，核算后尚余 50 万英镑，成为清末少数没有出现建设费用赤字的铁路。铁路建成后，大量闯关东的农民经此前往关外，因此关内外铁路成为晚清直至民国早期盈利最好的铁路。詹天佑主持修建的京张铁路建设资金皆由此出[②]。

"九·一八"事变后，关外铁路被日本占领，关内部分还本付息至 1937 年"七七事变"。伦敦证券交易所的资料显示，日本控制的关外部分还本付息直至 1941 年 8 月，本金尚余 172500 英镑未还[③]。

二、主要券种

（一）实用票

1899 年关内外铁路借款债券面值 100 英镑，正票页大小为 51 × 40 厘米。发行量为 23000 张。债券左下角有中英银公司代表副署签名，正下方盖有大清钦差出使大臣关防，右下角有驻英公使罗丰禄英文签名，并盖有其私章（见图 22 - 1）。

债券具体发行情况如表 22 - 1 所示。

表 22 - 1   1898 年关内外铁路债券

发行机构	高文编号	面值（英镑）	发行数量（张）	编号范围	理论未兑付量（张）
中英银公司	90	100	23000	00001 ~ 23000	1725

（二）其他券种

近年，英国一家银行发现最末 3 张编号（22998、22999 和 23000）的关内外铁路债券。这 3 张债券均处于未售状态，保留完整的息票，推测应是留作备用票之需（见图 22 - 2 和图 22 - 3）。

---

① 王致中：《中国铁路外债研究（1887 - 1911）》，经济科学出版社 2003 年版，第 108 ~ 112 页。
② 王致中：《中国铁路外债研究（1887 - 1911）》，经济科学出版社 2003 年版，第 116 ~ 117 页。
③ 财政科学研究所、中国第二历史档案馆编：《民国外债档案史料》（第三卷），中国档案出版社 1989 年版，第 130 页。

图 22 - 1　1898 年中英银公司关内外铁路借款债券 100 英镑（KUL 90）

图 22 – 2　1898 年中英银公司关内外铁路借款债券 100 英镑第 23000 号（最末编号）

图 22－3　1898 年中英银公司关内外铁路借款债券 100 英镑第 23000 号完整息票

第二十三章

京汉铁路借款系列债券

京汉铁路，又称卢汉铁路，全长 1214 千米，连接北京和汉口，是贯穿中国南北的重要铁路干线。京汉铁路是中国第一次大规模使用外债资金修筑的铁路[1]。经历了举债、提前还债、发行内债和内债转外债的复杂过程，在中国外债史上具有重要意义。为了详述这段过程，特将每次发债情况都一一叙述。

一、1898 年比利时卢汉铁路借款债券

（一）历史背景

甲午战败后，清廷朝野上下深感铁路为图强要务，首先决定开筑卢汉铁路[2]。铁路建设预算经测算约 4000 万两白银，国库无力支付，民间筹资亦不顺利，唯一的办法就是筹借外债。在与多个列强接触后，清政府认为比利时系欧洲小国，不会干预中国内政，遂于 1898 年 10 月 20 日与比国合股公司（Société d'Études de Chemins de Fer en Chine）签订借款合同，借款 11250 万法郎（合 450 万英镑），期限 30 年，年息 5 厘，每年 3 月 1 日和 9 月 1 日各付息一次。前 10 年只付息，后 20 年抽签还本。1907 年后，中国政府可随时提前还本。发行折扣为 9 折。[3]

---

[1] 王致中：《中国铁路外债研究（1887—1911）》，经济科学出版社 2003 年版，第 65 页。

[2] 当时铁路的起点是北京卢沟桥，称为"卢汉铁路"。庚子国变后，八国联军将卢汉铁路由卢沟桥延伸至北京正阳门，卢汉铁路更名为京汉铁路。

[3] 王致中：《中国铁路外债研究（1887—1911）》，经济科学出版社 2003 年版，第 79~83 页。

但出乎清政府意料，比利时的背后是俄国和法国，京汉铁路事实被俄国、法国、比利时三国控制。此外借款合同中还包含以京汉铁路资产作为抵押、比方代办行车，包办路工和购料、余利分配①等诸多苛刻条款。

1906 年 4 月 1 日，京汉铁路全线通车。

（二）主要券种

比国合股公司共印制了面值 500 法郎的债券 225000 张，于 1899 年发行了 133566 张（KUL 91），又于 1902 年发行了 91434 张（KUL 91A）②。但由于此笔债券被清政府提前回购，至今未发现债券实用票，仅发现比国合股公司 1898 年的债券募集说明书（见图 23 – 1 ~ 图 23 – 3）。

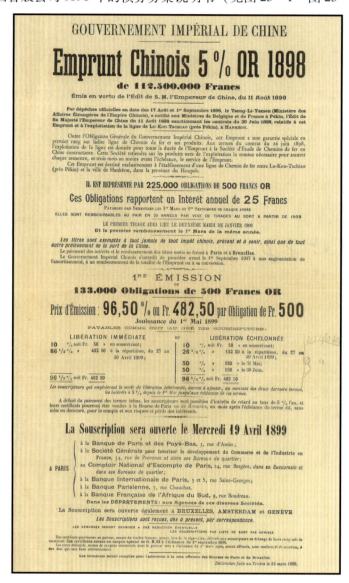

图 23 – 1　1898 年比利时卢汉铁路借款债券募集说明书第 1 页

---

①　比国合股公司拥有 20% 的余利分配权。
②　高文《中国对外债券》第 33 页。不过合同记载比利时第一期发行的债券数量为 78000 张，第二期为 147000 张。而债券募集说明书第一期发行的债券数量为 133000 张，第二期为 92000 张。

Extrait du Contrat intervenu à Shanghaï, le 26 Juin 1898

ARTICLE PREMIER. — Le Gouvernement Impérial Chinois a, suivant décret en date du 20 octobre 1896, dont copie est annexée au présent contrat, accordé la concession de la ligne de Lu-Kou-Tschiao (Pékin) à Hankéou (1.300 kilomètres environ) à la Compagnie des Chemins de fer chinois qui possède des ressources s'élevant à 13 millions de taels.

Un édit de S. M. l'Empereur de Chine a autorisé LL. EE. les Vice-Rois du Tchéli et du Houkouang et S. E. Sheng-Hsuan-Huai, Directeur général des Chemins de fer chinois, à créer, au nom et pour le compte du Gouvernement Impérial Chinois, un emprunt dont le produit est destiné exclusivement à l'établissement de la ligne susénoncée.

Cet édit, qui porte la date du 20 octobre 1896, et dont une copie est annexée au présent contrat, est ainsi conçu :

ÉDIT DE S. M. L'EMPEREUR DE CHINE

A la suite d'une demande de LL. EE. les Vice-Rois du Tchéli et du Houkouang, adressée à S. M. l'Empereur de Chine, un édit impérial portant la date de ce jour autorise la constitution d'une Compagnie de Chemins de fer, tout en lui accordant la concession de la ligne de Lu-Kou-Tchino (Pékin) à Hankéou. S. M. l'Empereur autorise la Compagnie des Chemins de fer à contracter à l'étranger un emprunt dont le produit sera affecté tout entier à la construction de cette ligne.

S. E. Sheng-Hsuan-Huai, sous-secrétaire d'État, est nommé Directeur général de cette nouvelle Compagnie.

Pékin, le 20 octobre 1896.

En conformité de cet édit, le Gouvernement Impérial Chinois, représenté par LL. EE. les Vice-Rois du Tchéli et du Houkouang et le Directeur général des Chemins de fer chinois, a décidé de créer un emprunt 5 0/0 Extérieur or, de l'État, d'un montant nominal de fr. 112.500.000 (soit 4.500.000 livres sterling). Cet emprunt recevra la dénomination d'Emprunt chinois 5 0/0 1898.

ART. 2. — Cet emprunt sera représenté par 225.000 Obligations de 500 francs or.

Ces obligations, dont le texte est annexé au présent contrat, seront signées au nom du Gouvernement Impérial Chinois par les Vice-Rois du Tchéli et du Houkouang et par le Directeur général de la Compagnie des Chemins de fer chinois.

Elles seront émises en coupures de 1 et 5 Obligations, dans la proportion qu'indiquera la Société d'Etude de Chemins de fer en Chine et confectionnées aux frais de celle-ci.

Elles rapporteront 5 0/0 d'intérêt par an sur le capital nominal payables en or.

Les intérêts courront à compter du jour des versements et seront payables le 1er Septembre et le 1er Mars de chaque année.

Le premier coupon est payable en or au 1er 12 fr. 50.

ART. 3. — L'emprunt sera amorti en vingt années, à partir de l'année 1909, par voie de tirages au sort annuels, qui auront lieu à Bruxelles, dans les bureaux de la Société Générale pour favoriser l'Industrie nationale, conformément au tableau annexé aux présentes.

Les tirages seront effectués le deuxième mardi de Janvier de chaque année ; le premier aura lieu à cette date en 1909.

Les numéros des titres sortis seront publiés dans quatre journaux aux frais de la Société d'Étude de Chemins de fer en Chine.

ART. 5. — Le Gouvernement Impérial Chinois s'interdit de procéder, avant le 1er Septembre 1907, à une augmentation de l'amortissement, à un remboursement de la totalité de l'emprunt ou à sa conversion. Après cette date, il sera libre de rembourser l'emprunt à n'importe quel moment avant les termes d'échéance, et une fois le remboursement effectué, le contrat sera déclaré nul.

ART. 7. — Le paiement des intérêts et le remboursement des Obligations faisant partie du présent emprunt sont garantis par les revenus généraux du Gouvernement Impérial Chinois.

De plus, en vertu d'une autorisation déjà accordée par le Gouvernement Chinois et d'accord avec lui, la Compagnie des Chemins de fer chinois déclare affecter spécialement, par préférence, au paiement des intérêts et du capital du présent emprunt et, en conséquence, céder et déléguer en faveur desdites Obligations tout le produit net de la ligne de Lu-Kou-Tschiao (Pékin) à Hankéou — après paiement des intérêts et tous frais d'administration et d'exploitation, — le tout ainsi qu'il est d'ailleurs indiqué dans un traité spécial intervenu entre la Compagnie des Chemins de fer chinois et la Société d'Étude de Chemins de fer en Chine, traité ci-annexé et faisant partie intégrante du contrat.

Cette affectation est faite d'une manière exclusive et irrévocable jusqu'à complète extinction des Obligations du présent emprunt.

ART. 26. — En cas de conflits ou de divergences entre la Société d'Étude ou ses délégués et le Gouvernement Impérial Chinois ou la Compagnie des Chemins de fer chinois, ces conflits ou divergences seront soumis au jugement d'un membre du Tsong-Li-Yamen et du Ministre de Belgique en Chine.

En cas de désaccord entre ces derniers, le Tsong-Li-Yamen et le Ministre de Belgique désigneront un arbitre qui décidera définitivement.

ART. 28. — Si le Ministre de Belgique à Pékin en faisait la demande au Tsong-Li-Yamen, celui-ci serait tenu de notifier le titre au Ministre du pays étranger qu'il lui désignerait, comme prenant part à la souscription des titres.

ART. 29. — Le présent contrat est établi en trois exemplaires, dont un pour le Gouvernement Chinois, un pour la Compagnie des Chemins de fer chinois et le troisième pour la Société d'Étude de Chemins de fer en Chine.

En cas de doute ou de différence, le texte français fera seul foi pour l'interprétation du contrat.

Le présent contrat devra être soumis par qui de droit à la Sanction Impériale, et lorsque cette Sanction sera obtenue, le Tsong-Li-Yamen devra en aviser par dépêche officielle le Représentant de Belgique à Pékin et éventuellement le Représentant à Pékin du pays étranger auquel le titre sera notifié. Ces formalités seront remplies dans le délai d'un mois qui suivra la signature du contrat.......

En exécution de ces deux derniers articles, et sur la demande faite par le Ministre de Belgique à Pékin au Tsong-Li-Yamen, celui-ci a fait à la date du 1er Septembre dernier la notification prévue au Ministre de France à Pékin, ainsi que cela est constaté par les lettres suivantes dont la publication a été autorisée.

MINISTÈRE
DES
AFFAIRES ÉTRANGÈRES

Bruxelles, le 28 Mars 1899.

DIRECTION E, N° 1360

MONSIEUR LE PRÉSIDENT,

« Usant de la faculté qui lui a été reconnue par l'article 28 du Contrat d'emprunt relatif au
» Chemin de fer Pékin-Hankéou, et conformément à la demande que vous m'avez faite, le Ministre
» de Belgique en Chine a prié le Tsong-Li-Yamen de faire au Ministre de France les notifications
» prévues par l'article 29 du même Contrat et par l'article 10 du Contrat d'exploitation.
» Ces notifications ont été faites.
» Veuillez agréer, Monsieur le Président, les assurances de ma considération très distinguée.
» Signé : DE FAVEREAU. »

Monsieur STOCLET,
Président de la Société d'Étude de Chemins de fer en Chine — BRUXELLES.

MINISTÈRE
DES
AFFAIRES ÉTRANGÈRES

RÉPUBLIQUE FRANÇAISE

DIRECTION DES CONSULATS
ET DES
AFFAIRES COMMERCIALES

Paris, le 8 Novembre 1898.

« MONSIEUR,

» En exécution de l'article 28 du Contrat d'emprunt relatif au chemin de fer de Hankéou à
» Pékin, le Ministre de Belgique en Chine a désigné, comme il avait été convenu, le Ministre de
» France à Pékin comme devant recevoir les notifications prévues par l'article 29 dudit Contrat
» d'emprunt et par l'article 10 du Contrat d'exploitation.
» En conséquence, le Tsong-Li-Yamen a fait, à la date du 1er septembre dernier, à M. Pichon
» les notifications voulues en adressant officiellement à notre Représentant copie des communica-
» tions faites, le 17 août précédent, au baron de Vinck.
» Ces notifications, dont M. Pichon vient de transmettre la traduction à mon Département,
» comprennent, avec la lettre adressée par le Tsong-Li-Yamen au Ministre de Belgique, les diffé-
» rents décrets rendus par l'Empereur :
» 1° Décret du 20 octobre 1896 autorisant la création de la Société des Chemins de fer Chinois ;
» 2° Décret du 23 mai 1897 ;
» 3° Décret du 11 août 1898 sanctionnant les contrats du chemin de fer Hankéou-Pékin ;
» 4° La copie du titre d'emprunt.
» Recevez, Monsieur, les assurances de ma considération très distinguée.
» Pour le Ministre et par autorisation :
» Le Ministre Plénipotentiaire Directeur,
» Signé : BOMPARD. »

Monsieur le Baron HELY D'OISSEL,
Vice-Président de la Société d'Étude de Chemins de fer en Chine — PARIS.

图 23 – 2　1898 年比利时卢汉铁路借款债券募集说明书第 2 页

NOTE

SUR L'

Emprunt Chinois 5 % OR 1898

Depuis deux ans environ s'est constituée, par le concours de groupes financiers et industriels de France et de Belgique, une Société d'Étude qui s'est proposé d'ouvrir à l'industrie des deux pays des débouchés nouveaux en Chine.

Efficacement secondée par les efforts des Gouvernements de France et de Belgique, cette Société a pu conclure, le 26 Juin 1898, un contrat avec L.L. E.E. les Vice-Rois du Tchéli et du Houkouang, agissant en vertu des pleins pouvoirs du Gouvernement Impérial Chinois, dûment autorisés par Décret de S. M. l'Empereur de Chine, le Gouvernement Impérial de la Chine et la Compagnie des Chemins de fer Chinois.

Cette Compagnie, qui est concessionnaire de la ligne de Lu-Kou-Tschiao (Pékin) à Hankéou, a été fondée avec le concours des Vice-Rois des provinces traversées par la ligne, au capital de 13.000.000 de taels (environ 45.000.000 de francs) : ce capital devant être employé aux travaux et à l'armement de la première section de Lu-Kou-Tschiao à Paoting.

En vue de fournir à la Compagnie les fonds nécessaires pour faire face aux dépenses afférentes à l'établissement de la ligne, lequel doit s'effectuer par sections, le Gouvernement Impérial Chinois a décidé de créer un Emprunt 5 0/0, Extérieur or, de l'État, d'un montant nominal de 112.500.000 francs, dont le produit est exclusivement destiné à cet établissement. Cet Emprunt est amortissable en vingt années à partir de 1909. Il ne peut être procédé avant le 1er Septembre 1907 à une augmentation de l'amortissement, à un remboursement de la totalité de l'Emprunt ou à sa conversion.

Des 225.000 titres représentant cet Emprunt, la Société d'Étude de Chemins de fer en Chine en achète ferme 78.000 et pour les 147.000 titres restants, elle s'est assuré un droit d'option qui lui permet de les acquérir dans des délais fixés.

Cet emprunt, qui constitue un engagement direct de l'État, est garanti par ses revenus généraux et de plus par l'affectation spéciale de la ligne Lu-Kou-Tschiao (Pékin) à Hankéou et de son produit net.

Cette ligne aura une longueur d'environ 1.300 kilomètres. Elle traversera trois des provinces les plus importantes de la Chine, le Tchéli, le Honan et le Houpeh ; elle desservira les riches bassins du Yang-Tse-Kiang et du Houang-Ho. Se dirigeant du nord au sud, elle reliera Pékin, la capitale de l'Empire, avec le grand centre commercial de Hankéou. Elle aboutira au nord à la ligne de Tientsin-Pékin-Niu-Chuwang et au réseau russe de la Mandchourie, au sud avec la ligne de Hankéou-Canton, sur laquelle la Société d'Étude de Chemins de fer en Chine a un droit de préférence dans le cas où le contrat avec le Syndicat américain ne deviendrait pas définitif.

Comme on peut s'en rendre compte sur la carte, cette ligne sera certainement la grande artère sur laquelle viendront forcément par la suite se greffer, à droite et à gauche, les embranchements appelés à desservir les régions minières du Houpeh, du Chansi et des ports.

Les données qui précèdent permettent d'augurer que la ligne comptera parmi les plus productives de l'Empire Chinois.

L'emploi des fonds à provenir de l'Emprunt se fait sous le contrôle et sous la direction de la Société d'Étude de Chemins de fer en Chine ; le personnel de cette dernière arrête les projets d'exécution de la ligne et en dirige les travaux.

La plus grande partie du matériel fixe et roulant sera commandée aux usines françaises et belges.

En outre, la Société d'Étude de Chemins de fer en Chine est chargée, pour toute la durée de l'Emprunt, de l'exploitation de la ligne au fur et à mesure de sa construction. Cette exploitation sera faite pour le compte de la Compagnie des Chemins de fer Chinois.

Société d'Étude de Chemins de fer en Chine.

IMPRIMERIE CENTRALE DES CHEMINS DE FER. — IMPRIMERIE CHAIX, RUE BERGÈRE, 20, PARIS. — 5291-3-99. — (Encre Lorilleux).

图 23－3　1898 年比利时卢汉铁路借款债券募集说明书第 3 页

1898 年比利时卢汉铁路借款债券备用票注销券（见图 23 - 4），下方有时任出使比利时钦差大臣罗丰禄的外文签名，并盖有其关防。

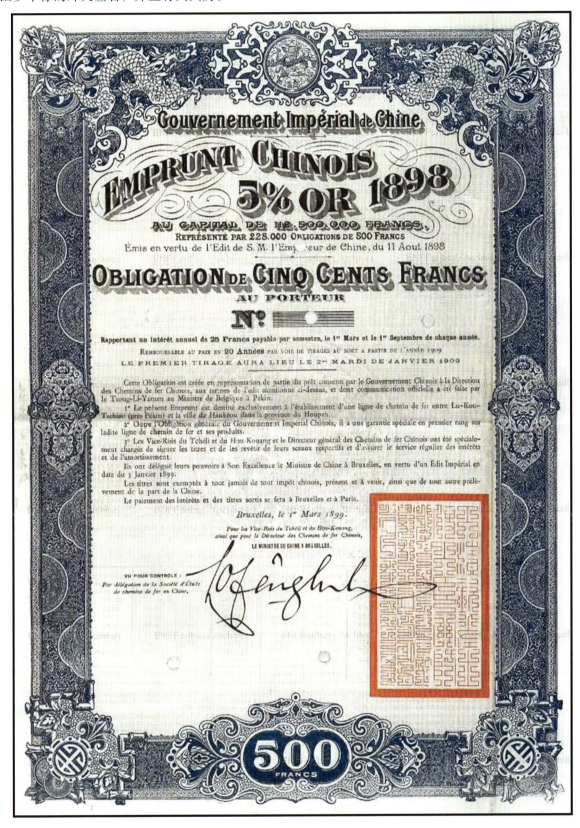

图 23 - 4　1898 年比利时卢汉铁路借款债券 500 法郎备用票注销券（KUL 91RS CN）

二、1905 年比利时京汉铁路小借款债券

（一）历史背景

1905 年 8 月，因京汉铁路修筑款项不敷，中国铁路总公司向比国合股公司再次借款 1250 万法郎（合 50 万英镑），期限 15 年，年息 5 厘，每年 3 月 1 日和 9 月 1 日各付息一次。其他发行条件与 1898 年比利时卢汉铁路借款相同，故称"京汉铁路小借款"。[①]

（二）主要券种

根据借款合同记载，比国合股公司共印制面值 500 法郎的债券 25000 张，但目前仅有少数备用票存世（见图 23 - 5 和图 23 - 6），未发现实用票，高文的《中国对外债券》一书也没有记载。可能的原因有两点：一是此笔债券被清政府提前回购，故所有实用票均收回销毁。二是比国合股公司承担全部借款，未对外公开发行债券。

---

① 中国人民银行总行参事室编：《中国清代外债史资料（1853 - 1911）》，中国金融出版社 1991 年版，第 445～448 页。

图 23 −5　1905 年比国合股公司京汉铁路小借款债券 500 法郎备用票

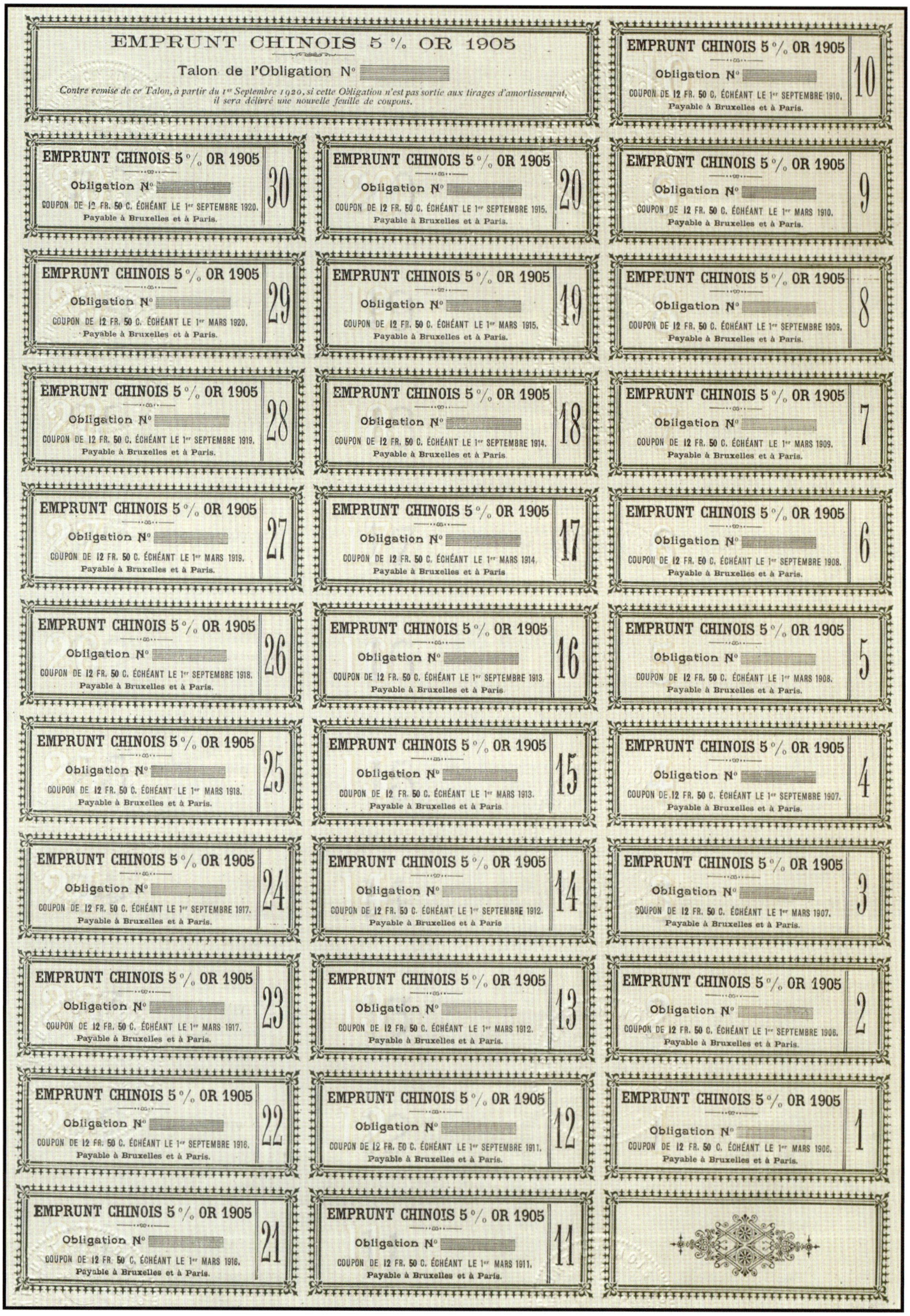

图 23 – 6　1905 年比国合股公司京汉铁路小借款债券 500 法郎备用票息票

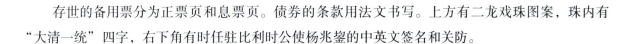

存世的备用票分为正票页和息票页。债券的条款用法文书写。上方有二龙戏珠图案，珠内有"大清一统"四字，右下角有时任驻比利时公使杨兆鋆的中英文签名和关防。

三、1908年英法京汉铁路赎路借款债券

（一）历史背景

比利时借款条件苛刻，加之京汉铁路建成后迅速盈利，清政府便筹划提前还债。但由于国内筹资不易，最后又不得不从英国汇丰银行和法国东方汇理银行借款赎路。1908年，清政府与上述两家银行达成协议，借款500万英镑，两家银行各承担一半，借款期限30年，前15年年息5厘，后15年年息4.5厘。每年4月5日和10月5日各付息一次。前10年付息，后20年抽签还本。第16年后可提前偿还本金，但须对提前偿还部分额外支付2.5%的费用，第24年后提前偿还则无需支付任何费用，发行折扣为94折。与比利时借款不同，本笔借款未以京汉铁路路权为抵押，借款银行也未获得铁路经营的余利分配权。1909年，两家银行分别在伦敦和巴黎发行债券。[①]

债券前期本息偿还基本正常，到1925年后开始出现拖欠。1929年，民国政府财政部从盐税拨出专款清偿本息，截至1939年，利息已付清，但本金仍欠25万英镑未付清，后因抗战爆发再未偿付。[②]

（二）主要券种

1. 实用票

债券按照发行银行分为英国汇丰银行和法国东方汇理银行两种版本。汇丰银行发行的债券面值分为20英镑和100英镑，两者版式完全相同，20英镑的为绿色（见图23-7），100英镑的为褐红色（见图23-8）。债券的正票页大小为38×28厘米。债券由英国华德路印钞公司（Waterlow & Sons）印制。债券的中央分别用法文和英文录写了招募说明书。上方是英国马嘎尔尼使团的画家威廉·亚历山大（William Alexander）在1792~1794年访华期间的画作"北京平则门"（今阜成门）。左下角是汇丰银行经办人的签名，中下方盖有驻英公使关防，右下角是驻英公使李经方的印押和英文签名。

东方汇理银行发行的债券只有20英镑一种面值，版式、颜色和尺寸与汇丰银行20英镑完全相同（见图23-9）。左下角是东方汇理银行经办人的签名，中下方盖有驻法公使关防，右下角是驻法公使刘式训的印押和英文签名。

由于利息已付清，该债券附息票者非常稀少（见图23-10）。

---

① 中国人民银行总行参事室编：《中国清代外债史资料（1853-1911）》，中国金融出版社1991年版，第562~565页。
② 财政科学研究所、中国第二历史档案馆编：《民国外债档案史料》（第三卷），中国档案出版社1989年版，第413页。

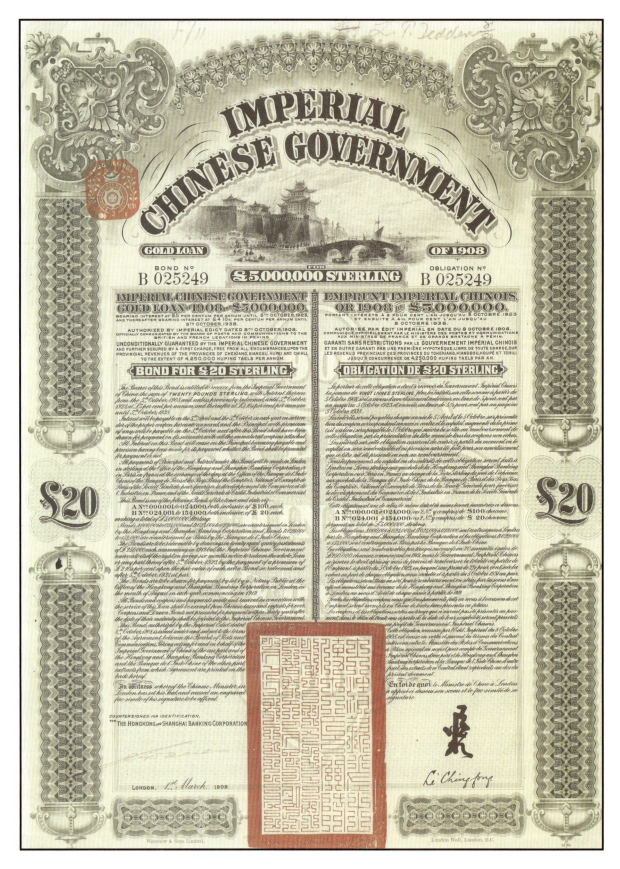

图 23-7 1908 年汇丰银行京汉铁路赎路借款债券 20 英镑（KUL 180）

图 23 - 8 1908 年汇丰银行京汉铁路赎路借款债券 100 英镑（KUL 181）

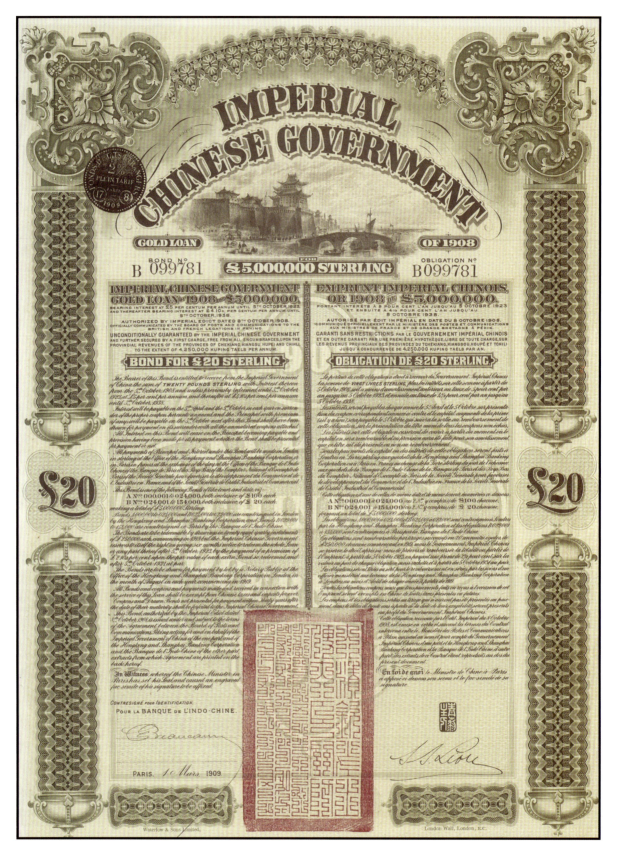

图 23−9　1908 年东方汇理银行京汉铁路赎路借款债券 20 英镑（KUL 182）

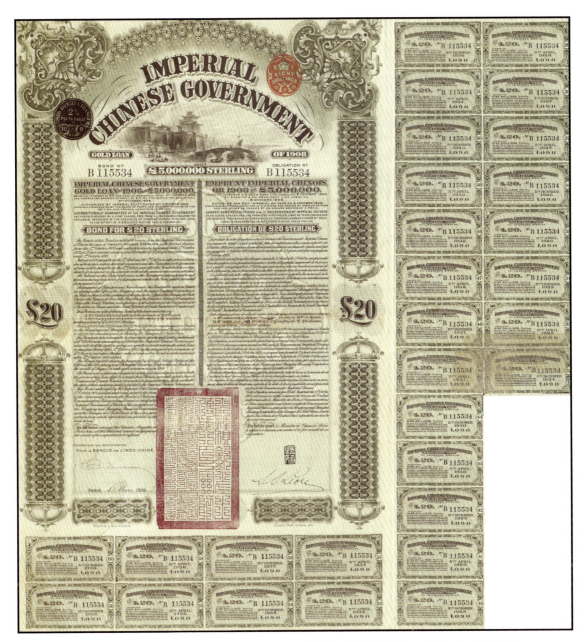

图 23 - 10　1908 年东方汇理银行京汉铁路赎路借款债券 20 英镑（含息票）

债券具体发行情况如表 23 - 1 所示。

表 23 - 1　　　　　　　　1908 年英法京汉铁路赎路借款债券

发行机构	高文编号	面值（英镑）	发行数量（张）	编号范围	理论未兑付量（张）
汇丰银行	180	20	5000	24001 ~ 29000	250
汇丰银行	181	100	24000	1 ~ 24000	1200
东方汇理银行	182	20	125000	29001 ~ 154000	6250

2. 其他券种

目前发现少量汇丰银行发行的备用票，分别为 20 英镑（KUL 180RS）和 100 英镑（KUL 181RS）（见图 23 - 11 和图 23 - 12）。备用票保存完整的正票和息票，但未盖驻英公使关防。

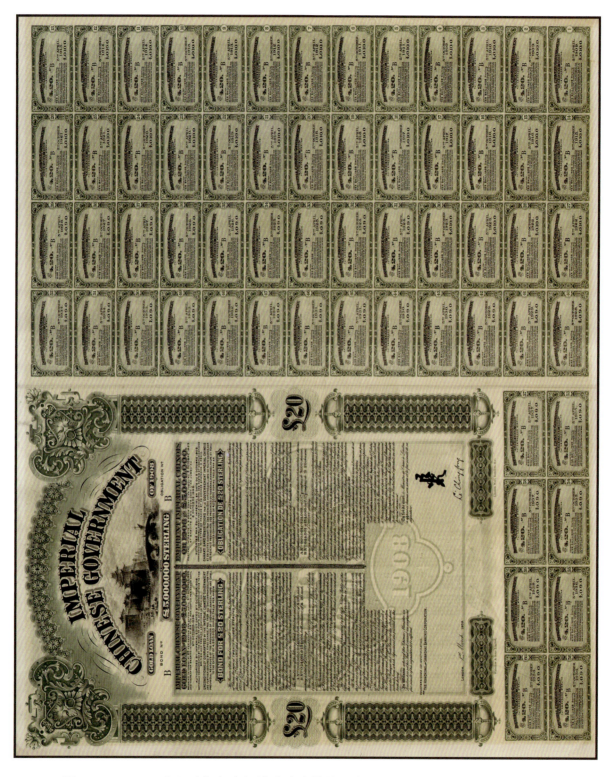

图 23 – 11　1908 年汇丰银行京汉铁路赎路借款债券 20 英镑备用票（KUL 180RS）

图 23 – 12　1908 年汇丰银行京汉铁路赎路借款债券 100 英镑备用票（KUL 181RS）

四、1908 年邮传部收赎京汉铁路公债

（一）历史背景

1908 年，英法京汉铁路赎路借款募集资金归还比利时历次京汉铁路借款，缺口尚有 130 万英镑。为此，清政府邮传部决定于 1908 年 10 月发行 1000 万银元内债，期限 12 年，年息 7 厘。后 5 年抽签还本。同时，债权人享有与股东同等的余利分配权，邮传部承诺每年拿出京汉铁路 1/4 的余利进行分配。但公债在国内募集仍然非常不顺利，仅募得 34 万银元[①]。

1910 年 8 月 1 日，邮传部通过交通银行与英国敦菲色尔公司（Dunn Fisher & Co.）签订合同，按照 100 银元合 9 英镑的汇率，转让 5 万张债券（第 20001 ~ 第 70000 号）给敦菲色尔公司，发行折扣为 97.5 折，共获资金 43.88 万英镑。

1910 年 8 月 15 日，邮传部通过交通银行与日本横滨正金银行签订合同，按照 100 银元合 88 日元的汇率，转让 25000 张债券（第 10001 ~ 第 20000 号，第 70001 ~ 第 85000 号）给正金银行，发行折扣为 97.5 折，共获资金 214.5 万日元。[②]

1912 年 12 月 11 日，驻英公使刘玉麟以剩余的 216 万银元债券做抵，向伦敦善贮公司发行 15 万英镑国库券。发行折扣为 93 折，另付善贮公司中介费 3750 英镑。共获资金 135750 英镑。但该借款合同并未载明借款期限，是否真正执行尚存疑。1913 年 12 月 11 日，民国政府交通部与英国敦菲色尔公司达成协议，按照 100 银元合 9 英镑的汇率，将剩余的 216 万银元债券售与敦菲色尔公司[③]，发行折扣为 91 折，共获资金 176904 英镑。

至此，本应为内债的邮传部收赎京汉铁路公债基本全部转为外债。

此项债务已全部清偿。

（二）主要券种

邮传部收赎京汉铁路公债面值 100 银元，发行量 10 万张。由于全部清偿，目前仅有零星的实用票存世（见图 23 - 13）。

---

① 中国人民银行总行参事室编：《中国清代外债史资料（1853 - 1911）》，中国金融出版社 1991 年版，第 571 页。
② 中国人民银行总行参事室编：《中国清代外债史资料（1853 - 1911）》，中国金融出版社 1991 年版，第 571 ~ 573 页。
③ 《民国财政史》称出售对象还有英国密德伦银行（the London City & Midland Executor & Trustee Co,）。

图 23 - 13　1908 年邮传部收赎京汉铁路债券 100 元正反面

在以邮传部收赎京汉铁路公债为抵押的各项对外借款中，唯有刘玉麟向伦敦善贮公司借款明确在借款合同中记载须发行面值 1000 英镑的国库券，数量为 150 张[1]，但未见实物。

关于英国敦菲色尔公司和横滨正金银行借款，合同均未记载发行债券事宜。在敦菲色尔公司的借款合同中，仅注明邮传部需要提供一份债券所有文字的官方译稿，并准许敦菲色尔公司将官方译稿刊刻后附于每张邮传部收赎京汉铁路债券之上。横滨正金银行的借款合同也未提及另行发行债券事宜。

但高文在《中国对外债券》中则称：1909 年密德伦银行发行面值 99 英镑债券 4545 张，面值 45 英镑畸零券 1 张，总额 45 万英镑。面值 99 英镑的债券发行价为 94 英镑。1914 年敦菲色尔公司发行面值 99 英镑债券 1963 张，面值 63 英镑畸零券 1 张，总额 194400 英镑。面值 99 英镑的债券发行价为 106 英镑 18 先令 5 便士[2]，如表 23 - 2 所示。

表 23 - 2　　　　　1908 年密德伦银行和敦菲色尔公司收赎京汉铁路借款债券

发行机构	高文编号	面值（英镑）	发行数量（张）
密德伦银行	185	99	4545
密德伦银行	186	45	1
敦菲色尔公司	187	99	1963
敦菲色尔公司	188	63	1

高文所称上述债券没有实物存世，姑且记之，暂存一说。

五、1911 年邮传部日本横滨正金银行借款公债

（一）历史背景

1908 年，清政府邮传部为赎回京汉铁路，向度支部借款规平银 500 万两，年息 6 厘，分 7 年归还。1911 年，度支部为购买军舰，要求邮传部提前还款，邮传部只能借债还债。为缓和日本对湖广铁路四国借款的反对态度[3]，于是在 3 月 24 日向日本横滨正金银行借款 1000 万日元。借款期限 25 年，年息 5 厘，每年 6 月 1 日和 12 月 1 日各付息一次。前 10 年付息，后 15 年抽签还本。第 10 年后可提前偿还本金，但须对提前偿还部分额外支付 2.5% 的费用，第 20 年后提前偿还则无需支付任何费用，发行折扣为 95 折。[4]

---

[1]　财政科学研究所、中国第二历史档案馆编：《民国外债档案史料》（第四卷），中国档案出版社 1989 年版，第 297 页。
[2]　［德国］高文：《中国对外债券 1865 - 1982》，Freiberg Druck, Hannover, West Germany 1983 年版，第 58 页。
[3]　中国人民银行总行参事室编：《中国清代外债史资料（1853 - 1911）》，中国金融出版社 1991 年版，第 581 页。
[4]　中国人民银行总行参事室编：《中国清代外债史资料（1853 - 1911）》，中国金融出版社 1991 年版，第 577 ~ 580 页。

1923 年 6 月 1 日后，利息停付。本金则只支付 1922 年一期。至 1937 年，尚未偿还的本金还有 934 万日元。1935 年 4 月，国民政府交通部与正金银行代表商定整理办法，将过期未支付利息分 3 年偿清，第四年起每年偿还本金一期及中签债券五厘单息。整理后，本息共计 1988 万日元，拟从 1935 年 5 月起分 17 年偿还。1937 年抗战爆发后停止偿还。截至 1942 年底，尚欠 17905500 日元。[①]

（二）主要券种

本项公债的日文名称为"明治四十四年清国政府五分利附铁道公债证书"，面值分为 100 日元、500 日元、1000 日元和 5000 日元四种，正票页大小为 22×28 厘米。债券由大日本帝国政府印刷局印制。正票页正反两面分别用日文、中文、英文三种文字书写合同，正面上方有二龙戏珠的图案，分别有邮传部尚书盛宣怀、临时代理驻日公使吴振麟的签名和关防。目前仅发现实用票存世（见图 23 – 14 ~ 图 23 – 18）。

债券具体发行情况如表 23 – 3 所示。

表 23 – 3 　　　　　　　　　1911 年邮传部日本横滨正金银行借款债券

发行机构	高文编号	面值（日元）	发行数量（估计）（张）
横滨正金银行	210	100	不详
横滨正金银行	211	500	不详
横滨正金银行	212	1000	不详
横滨正金银行	213	5000	不详

---

① 财政科学研究所、中国第二历史档案馆编：《民国外债档案史料》（第三卷），中国档案出版社 1989 年版，第 591 页。

图 23 – 14　1911 年横滨正金银行邮传部铁道借款债券 100 日元（KUL 210）

图 23–15　1911 年横滨正金银行邮传部铁道借款债券 500 日元（KUL 211）

图 23－16　1911 年横滨正金银行邮传部铁道借款债券 1000 日元（KUL 212）

图 23 – 17　1911 年横滨正金银行邮传部铁道借款债券 5000 日元（KUL 213）（000001 号票）

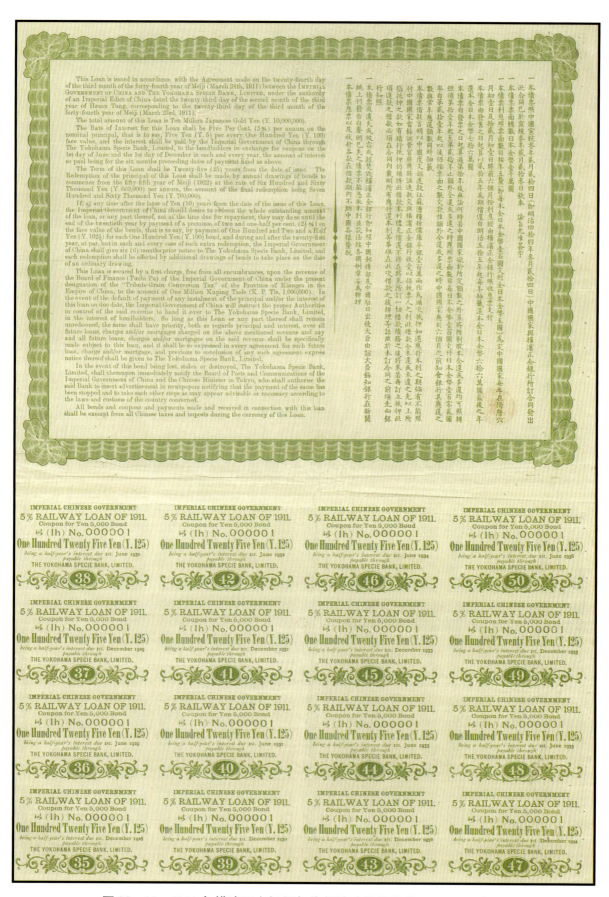

图 23－18　1911 年横滨正金银行邮传部铁道借款债券 5000 日元背面

1900 年粤汉铁路借款债券

粤汉铁路（Hankow-Canton Railway）是指广州至汉口的铁路，与京汉铁路连接后，成为贯通中国南北的大动脉。

一、历史背景

1896 年，清政府批准粤汉铁路修建计划。由于资金困难，各国纷纷提出借款修路。为制衡其他列强，清政府认为美国对华政治图谋较少，决定向美国合兴公司（American China Development Co.）借款。1898 年，双方签订草约，决定借款 400 万英镑。后经实地勘探，美国发现工程造价将远高于借款金额。经过进一步磋商，1900 年 7 月，中国驻美公使伍廷芳与美国合兴公司代表巴林在华盛顿签署《粤汉铁路借款续约》，将借款总额提升到 4000 万美元，期限 50 年，年息 5 厘，前 25 年只还息，后 25 年还本付息，前 25 年提前还本需多付面值的 2.5%。每年 5 月 1 日和 11 月 1 日各付息一次，发行价为票面 9 折。同时，债券持有人还享有粤汉铁路净利润的两成分红权。但为防止他国染指粤汉铁路，合同特别规定"美国人不能将此合同转与他国或他国之人"。①

---

① 王致中：《中国铁路外债研究（1887－1911）》，经济科学出版社 2003 年版，第 315～325 页。

然而合兴公司事实上已无能力单独承担粤汉铁路的修建工作。1898 年末，合兴公司的首任总经理——前俄亥俄州参议员巴时（Calvin S. Brice）去世，合兴公司财务状况迅速恶化。1901 年 12 月，合兴公司进行重组，比利时大东万国公司（Banqued' Outremer）获得控股权。这一重组显然违反了《粤汉铁路借款续约》的约定。而比利时的背后是俄国和法国。此前比利时已在俄法两国支持下控制京汉铁路路权，一旦控制粤汉铁路路权，两者连成一体，则中国中部重要腹地完全被俄国、法国、比利时三国控制。这是清政府无法接受的。[①]

1905 年，清政府与合兴公司达成协议，支付 675 万美元终结粤汉铁路建筑和借款合同。其中粤汉铁路借款债券未出售部分全部交还中国政府注销，已出售的 222.2 万美元债券按照面值 9 折的价格回购，从 675 万美元中扣除。但已出售的债券为比利时人持有，而比方拒绝接受回购条件，清政府无奈只能继续按期付息。多年后，中比双方达成协议，比利时债权人所持粤汉铁路借款债券每百元加 2.5 元，并附加 4 个月利息，折合 476000 英镑，从湖广铁路借款内拨付赎回。至此，粤汉铁路借款债券全部赎回注销。[②]

▼ 二、主要券种

粤汉铁路借款债券面值分为 500 美元和 1000 美元两种，两者尺寸和图案均相同。正票页大小为 37×26 厘米。债券正上方宝塔图案为武汉洪山宝塔，与粤汉铁路主旨吻合。武汉洪山宝塔此后也在多种美国对华借款债券中出现。左下角盖有"督办铁路总公司事务大臣之关防"，正下方由上至下分别有"督办铁路大清国大臣盛"（即盛宣怀）、驻美公使伍廷芳和合兴公司总裁的签名，右下角盖有出使美国大臣关防。正票后附有两张息票页，共计 100 张息票，第 101 张息票则位于正票页的最下方（见图 24-1~图 24-4）。

目前存世的粤汉铁路借款债券均为注销券。高文在《中国对外债券》中将粤汉铁路借款债券编为第 92 号，但未有面值和发行量的记载，仅注明发行金额为 300 万美元，但实际发行金额为 4000 万美元。债券具体发行情况如表 24-1 所示。

表 24-1 1900 年粤汉铁路借款债券

发行机构	高文编号	面值（美元）	发行数量（张）	编号范围	未兑付量（张）
合兴公司	92	500	10000	35001~45000	0
合兴公司	92	1000	35000	00001~35000	0

根据合同约定，还需要印制余利凭证，面值分别为 500 美元和 1000 美元。由于合兴公司享有二成的余利分配权，余利凭证发行量为对应面值债券发行量的二成。如中国政府在 50 年内赎回，则需要支付票面原价，超过 50 年，余利凭证则自动作废，但相关余利凭证未见实物。

---

① 王致中：《中国铁路外债研究（1887-1911）》，经济科学出版社 2003 年版，第 325~333 页。
② 王致中：《中国铁路外债研究（1887-1911）》，经济科学出版社 2003 年版，第 333~340 页。

图 24 –1　1900 年合兴公司粤汉铁路借款债券 500 美元注销券（KUL 92）

图 24-2　1900 年合兴公司粤汉铁路借款债券 1000 美元注销券（KUL 92）

图 24-3　1900 年合兴公司粤汉铁路借款债券 1000 美元第一页息票

图24-4 1900年合兴公司粤汉铁路借款债券1000美元第二页息票

Chapter 25

1902 年正太铁路借款债券

一、历史背景

正太铁路连接直隶正定府（今河北石家庄）和山西太原，全长 243 千米，是山西第一条铁路。正太铁路在石家庄与京汉铁路交会，促成了石家庄的迅速崛起，最终取代保定成为河北省省会。[①]

山西一直被沙俄视为其在华的势力范围。1902 年 10 月 15 日，中国铁路总公司与华俄道胜银行在上海签订《正太铁路借款合同》，借款总额为 4000 万法郎，借款期限 30 年，年息 5 厘，发行价为票面 9 折。每年 3 月 1 日和 9 月 1 日各付息一次。第 11 年后抽签还本。1911 年前不得提前偿还，此后则可以提前偿还。华俄道胜银行还享有铁路经营净利润二成的分红权。1903 年，债券对外发行。[②]

由于日俄战争逼近，华俄道胜银行 1902 年 12 月便以银行修铁路"名实不称"为由将正太铁路的铁路工程和经营权让给法国公司[③]。1904 年 5 月，正太铁路开始施工。法籍工程师勘测后以工程

---

① 王致中：《中国铁路外债研究（1887 - 1911）》，经济科学出版社 2003 年版，第 238 ~ 239 页。
② 王致中：《中国铁路外债研究（1887 - 1911）》，经济科学出版社 2003 年版，第 230 ~ 237 页。
③ 王致中：《中国铁路外债研究（1887 - 1911）》，经济科学出版社 2003 年版，第 237 页。

艰巨、款项不足为由，提出修建 1 米轨距的窄轨铁路，导致正太铁路与其他各省采用 1.435 米轨距的普轨铁路无法直接对接，客观上为阎锡山后来在山西闭关自守创造了条件。1907 年 10 月，正太铁路竣工。通车后，带动了沿途工矿业的发展，因此正太铁路历年均为盈利，按时还本付息。[1]

"一战"结束后，纸法郎大幅贬值，法国政府要求中国采用战前的金法郎偿付借款。用金法郎计价，还款金额将增加 2.5 倍。中国政府坚持采用纸法郎还款，并于 1932 年 3 月 1 日宣布正太铁路借款本息全部还清，铁路收归中国。而法国持票人在接受中国按照纸法郎还本付息的同时，又向法国法院起诉中国政府，要求按照金法郎汇率提高还款金额。1928 年，法国法院判决法国持票人胜诉。法国持票人于是自行印制汇差请求权收据，声称虽向中国政府交回债券与息票，但仍保留追溯汇率差额收益的权利，但此项汇差请求权未获得中国政府承认。[2]

二、主要券种

（一）实用票

正太铁路债券仅 1 种，面值为 500 法郎。债券正票页大小为 42 × 29 厘米。债券由法国巴黎 IMPRIMERIE CHAIX 公司印制。

正太铁路债券发行量为 80000 张[3]。债券左下侧盖有"铁路总公司督办大臣之关防"和督办盛宣怀签名，中下方为华俄道胜银行经办人之副署签名。右下侧则有驻法公使孙宝琦关防和英文签名（见图 25 - 1）。

鉴于中国政府已经宣布正太铁路债券清偿完毕，除了极少数不愿意接受纸法郎支付而未交回兑付的债券，理论上未兑付的债券数量应该为 0，远远低于德国高文在《中国对外债券》一书所声称的 17475 张[4]。

债券具体发行情况如表 25 - 1 所示。

表 25 - 1   1902 年正太铁路借款债券

发行机构	高文编号	面值（法郎）	发行数量（张）	编号范围	理论未兑付量（张）
华俄道胜银行	110	500	80000	1 ~ 80000	0

（二）其他券种

1928 年，法国持票人在法院胜诉后，自行印制了汇差请求权凭证，分为本金汇差请求权凭证（KUL 110 SCRIP A）和利息汇差请求权凭证（KUL 110 SCRIP B）两种（见图 25 - 2 和图 25 - 3）。

---

① 王致中：《中国铁路外债研究（1887 - 1911）》，经济科学出版社 2003 年版，第 237 ~ 239 页。

② 戴学文：《算旧账：历数早期中国对外债券》，台湾波多西工作室 2016 年版，第 45 ~ 46 页。

③ ［德国］高文：《中国对外债券 1865 - 1982》，Freiberg Druck，Hannover，West Germany 1983 年版，第 34 页中记载发行量为 160000 张，显然有误。

④ ［德国］高文：《中国对外债券 1865 - 1982》，Freiberg Druck，Hannover，West Germany 1983 年版，第 34 页。

图 25 – 1　1902 年华俄道胜银行正太铁路借款债券 500 法郎（KUL 110）

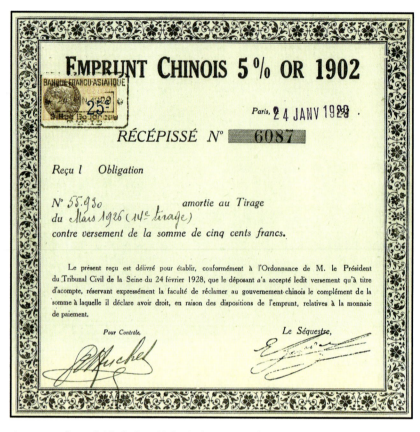

图 25－2　1928 年正太铁路法国债权人本金汇差请求权凭证（KUL 110 SCRIP A）

图 25－3　1928 年正太铁路法国债权人利息汇差请求权凭证（KUL 110 SCRIP B）

第二十六章

Chapter 26

沪宁铁路借款系列债券

沪宁铁路（Shanghai – Nanking Railway）全长 311 千米，连接上海和南京之间主要城市。甲午战争后，英国将长江流域划为势力范围，控制沪宁铁路的筑路权是英国巩固其势力范围的重要措施。1903 年 7 月 9 日，中国铁路总公司与中英银公司签订了《沪宁铁路借款合同》。沪宁铁路于1905 年开工，1908 年 7 月全线通车。[①]

一、沪宁铁路第一期借款债券（1904 年）

（一）历史背景

沪宁铁路第一期借款债券于 1904 年发行，总额 225 万英镑，期限 50 年（1953 年 7 月 9 日到期），年息 5 厘，每年 6 月 1 日和 12 月 1 日付息，发行折扣为票面价 9 折。最初的 12.5 年不能提前还本；第 12.5 年至第 25 年可以提前还本，但须在债券面值上浮 2.5%；第 25 年至第 50 年，可以

---

① 王致中：《中国铁路外债研究（1887 – 1911）》，经济科学出版社 2003 年版，第 143 页。

按照债券面值提前还本。①

由于清政府自有资金投入太低②，中英银公司遂要求享有沪宁铁路净利润 20% 的余利分配权。中英银公司将余利分配权让渡给债券持有人，并向债券持有人提供余利凭票（Net Profit Certificate）。一旦债券赎回，余利凭票作废。

由于双方在余利的定义上存有分歧，沪宁铁路建成后很长时间没有分配余利。1919 年，双方在伦敦申请仲裁。根据仲裁结果，从 1921 年开始，沪宁铁路开始向余利凭票持有人分配利润，一直分配到 1934 年。③

沪宁铁路第一期借款债券付息至 1936 年，此后再未还款。

（二）主要券种

1. 实用票

（1）债券。

沪宁铁路第一期借款债券只有一种面值，为 100 英镑。债券分为正票页和息票页，正票页大小为 57×29 厘米。债券的正票页和息票页均有水印。正票页的水印为 "£ 100 – CHINESE IMPERIAL RAILWAYS FIVE PERCENT STERLING BOND – SHANGHAI NANKING LINE – £ 100（100 英镑 – 中华帝国铁路五厘金镑债券 – 沪宁线 – 100 英镑）"，息票页的水印为每张息票对应的阿拉伯数字编号。

债券左下角盖有 "督办铁路总公司事务大臣之关防" 和盛宣怀花押。右下角盖有出使英国大臣张德彝的关防、英文签名、花押和私人印章。正下方有中英银公司代表副署签名。落款日期为 1904 年 12 月 2 日（见图 26 – 1）。具体发行情况如表 26 – 1 所示。

表 26 – 1　　　　　　　　　　1904 年沪宁铁路第一期借款债券

债权机构	高文编号	面值（英镑）	发行数量（张）	编号范围	理论未兑付量（张）
中英银公司	115	100	22500	00001～22500	21600

（2）余利凭票。

《中英沪宁铁路借款合同》第十二款规定余利凭票的面值为 100 英镑，如果中国政府在 50 年内提前清偿，必须按照面值赎回余利凭票。但中英银公司仅具有余利 20% 的分配权，每 5 张债券才能配发 1 张余利凭票。为了便于分配，便先印制了面值 20 英镑余利凭票分票（Net Profit Sub-certificate），每张债券配发 1 张余利凭票分票。分票上有中英银公司董事和董事会秘书签名，并有水印 "SHANGHAI – NANKING RAILWAY THE BRITISH & CHINESE CORPORATION LIMITED NET PROFIT SUB CERTIFICATE"，大小为 39×25 厘米（见图 26 – 2）。

---

① 王致中：《中国铁路外债研究（1887 – 1911）》，经济科学出版社 2003 年版，第 134～138 页。

② 沪宁铁路总造价规银 32965029 元，其中清政府官帑支出 6632105 元，铁路借款实收 2783750 英镑，合规银 27332924 元。清政府自有资金投入不足沪宁铁路造价的 20%。参见王致中：《中国铁路外债研究》，经济科学出版社 2003 年版，第 139 页。

③ 财政科学研究所、中国第二历史档案馆编：《民国外债档案史料》（第三卷），中国档案出版社 1989 年版，第 181～185 页。

图 26 - 1　1904 年中英银公司沪宁铁路第一期借款债券 100 英镑（KUL 115）

图 26 - 2　1904 年中英银公司沪宁铁路第一期借款余利凭票分票（KUL 119E）

　　最初还计划未来用 5 张分票兑换 1 张余利凭票，故每张分票编号首位为字母（A/B/C/D/E），后 4 位为数字，均为 1～4500，后来发现没有必要发行余利凭票，因此只有分票存世。具体发行情况如表 26 - 2 所示。

表 26 - 2　　　　　　　　　　1904 年沪宁铁路第一期借款债券余利凭票

债权机构	高文编号	面值（英镑）	发行数量（张）	编号范围	理论未兑付量（张）
中英银公司	119A/B/C/D/E	20	22500	A/B/C/D/E1～4500	21600

2. 其他券种

目前发现了极少量沪宁铁路第一期借款债券的备用票（KUL 115 RS）（见图 26－3）。备用票保存完整的正票和息票，但未盖出使英国大臣关防。

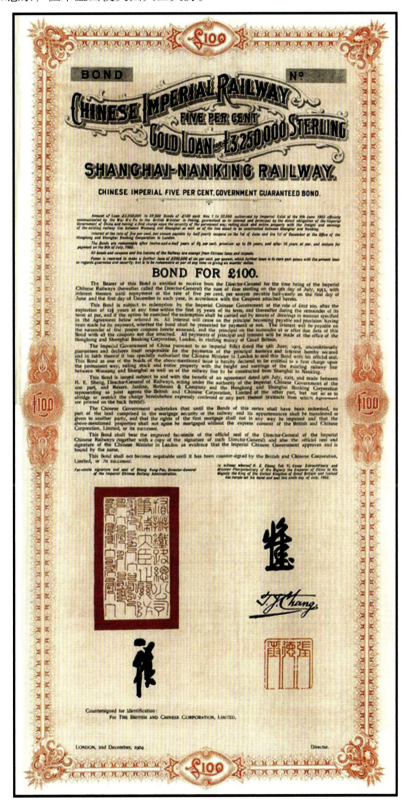

图 26－3　1904 年中英银公司沪宁铁路第一期借款债券 100 英镑备用票（KUL 115RS）

此外，还有少量补换票（KUL 115 DP）存世。正上方盖有"This bond is issued to replace Original Bond for £ 100 bearing the same number and date（本债券用于替换相同号码和日期的面值 100 英镑原债券）"的印戳，同时每张息票都盖上"DUPLICATE"（副本）印戳①。

二、沪宁铁路第二期借款债券（1907 年）

（一）历史背景

沪宁铁路第二期借款债券于 1907 年发行，原拟借 100 万英镑，后因江苏民众激烈反对，借款总额遂降至 65 万英镑，发行折扣为 95.5 折，期限 50 年（实际也为 1953 年 7 月 9 日到期）。其他条件均与第一期相同。②

虽然根据《中英沪宁铁路借款合同》，第二期借款债权人也拥有与第一期借款债权人同样的余利分配权，但第二期借款债券发行时，并未提供对应的余利凭证或余利凭证分票。③

沪宁铁路第二期借款债券付息至 1936 年，此后再未还款。

（二）主要券种

1. 实用票

沪宁铁路第二期借款债券面值只有一种面值，为 100 英镑，与第一期债券版式、颜色、大小完全相同。债券左下角盖有"督办铁路总公司事务大臣之关防"和盛宣怀签名，右下角盖有驻英公使关防以及出使英国大臣汪大燮的关防、英文签名、花押和私人印章，正下方有中英银公司代表副署签名，落款日期为 1907 年 6 月 1 日（见图 26 - 4）。具体发行情况如表 26 - 3 所示。

表 26 - 3　　　　1907 年沪宁铁路第二期借款债券

债权机构	高文编号	面值（英镑）	发行数量（张）	编号范围	理论未兑付量（张）
中英银公司	116	100	6500	22501～29000	6240

2. 其他券种

目前未发现沪宁铁路第二期借款债券有关的其他券种。

---

① ［德国］高文：《中国对外债券 1865 - 1982》，Freiberg Druck，Hannover，West Germany 1983 年版，第 37 页。
② 王致中：《中国铁路外债研究（1887 - 1911）》，经济科学出版社 2003 年版，第 142 页。
③ 戴学文：《算旧账：历数早期中国对外债券》，台湾波多西工作室 2016 年版，第 48 页。

图 26 - 4　1907 年中英银公司沪宁铁路第二期借款债券 100 英镑（KUL 116）

三、沪宁铁路第三期借款债券（1913 年）

（一）历史背景

《中英沪宁铁路借款合同》第七款规定中国铁路总公司负责购地，但总资金不超过 15 万英镑，年息 6 厘，由铁路进款支付。因此，沪宁铁路第三期借款债券又被称作沪宁铁路购地借款。

1913 年 12 月 1 日，沪宁铁路第三期借款债券发行，总额 15 万英镑，期限 10 年，年息 6 厘，每年 6 月 1 日和 12 月 1 日各付息一次，发行折扣为票面价 92 折。从 1919 年开始每年抽签还本。[①]

沪宁铁路第三期借款已完全兑付。

（二）主要券种

1. 实用票

沪宁铁路第三期借款债券实用票未发现。具体发行情况如表 26 - 4 所示。

表 26 - 4 　　　　　　　　　　　　1913 年沪宁铁路第三期借款债券

债权机构	高文编号	面值（英镑）	发行数量（张）	编号范围	理论未兑付量（张）
中英银公司	117	1000	150	不详	0

2. 其他券种

近年，在汇丰银行的一家支行，发现了 10 张沪宁铁路第三期借款债券备用票（KUL 117 RS）（见图 26 - 5 和图 26 - 6）。备用票由英国伦敦著名的华德路（Waterlow & Sons）印钞厂印刷，正票页大小为 44.6×33.5 厘米。左下角有民国"交通总长"之印和周自齐签名，右下角有驻英公使刘玉麟的英文签名[②]。

---

① 戴学文：《算旧账：历数早期中国对外债券》，台湾波多西工作室 2016 年版，第 49 页。
② 高文的《中国铁路债券 1865 - 1982》第 115 页中记载的沪宁铁路债券第三期（KUL 117）发行时间为 1912 年，面值为 100 英镑，有误。实际现在发现的沪宁铁路债券第三期备用票（KUL 117 RS）记载的发行时间为 1913 年，面值为 1000 英镑。

图 26－5　1913 年中英银公司沪宁铁路第三期借款债券 1000 英镑备用票（KUL 117RS）

图26-6 1913年中英银公司沪宁铁路第三期借款债券1000英镑备用票息票

第二十七章

Chapter 27

道清铁路借款系列债券

道清铁路系指从河南滑县道口镇至博爱县清化镇的铁路，全长 152 千米，是河南省境内的第一条铁路。[1]

一、历史背景

1897 年，意大利商人罗沙第（Angelo Luzzati）在伦敦成立北京福公司（Pekin Syndicate），并于次年攫取了山西和河南大量地区的采矿权。为了运矿便利，1902 年，福公司开工修建道清铁路。[2]

其后，北京福公司因为焦作煤矿开采不顺利，加之铁路投资巨大，陷入财务困境。为了转嫁亏空，福公司希望清政府举借外债收购道清铁路。清政府则希望趁机收回福公司攫取的晋南地区矿务权。经过近三年的谈判，福公司无力支撑，基本答应清政府的条件。清政府派詹天佑对道清铁路工程和车辆设备进行估价，总价为"六十一万四千六百英镑"。[3]

① 王致中：《中国铁路外债研究（1887－1911）》，经济科学出版社 2003 年版，第 143 页。
② 王致中：《中国铁路外债研究（1887－1911）》，经济科学出版社 2003 年版，第 248～256 页。
③ 王致中：《中国铁路外债研究（1887－1911）》，经济科学出版社 2003 年版，第 256～259 页。

1905 年 7 月 3 日，盛宣怀与福公司代表哲美森在北京签订了道清铁路借款合同和行车合同。道清铁路借款名为"1905 年中国政府河南铁路借款（Chinese Imperial Government Honan Railway Five Percent Gold Loan 1905)"，借款总额 70 万英镑，年息 5 厘，期限 30 年，每年 1 月 1 日和 7 月 1 日各付息一次。债券按票面价 9 折发行，从 1916 年开始每年抽签还本。此为道清铁路第一期借款。①

合同签订时，道清铁路只修到博爱县柏山镇，距清化镇还有 5 千米。为完成铁路修建，于 1906 年再次借款 10 万英镑，各项条款均与前同，唯发行折扣为票面价 87.5 折。此为道清铁路第二期借款。②

1926 年，豫中地区变乱丛生，福公司外方管理人员弃职逃离，中方接手道清铁路管理，开始拖欠本息。截至 1936 年，道清铁路借款积欠本金 495700 英镑，积欠利息 223065 英镑③。1936 年，民国政府铁道部与道清铁路债权人达成重组协议，将还款期限延长到 1963 年，其中 1936～1938 年的利率降到 2.5%（如铁路经营收入改善，利率可增加，但上限为 5%），此后恢复到 5%，为此印制了新的息票替换原有息票，本金则从 1936 年 7 月 1 日开始每年偿还。此前积欠的利息减免 4/5，剩余 1/5（44613 英镑）委托汇丰银行发行无息基金凭证，于 1963 年债券本金全部清偿后兑付。1938 年，债券本息因抗战爆发均停止兑付。④

▼ 二、主要券种

（一）实用票

道清铁路借款第一期借款和第二期借款债券都只有一种面值，均为 100 英镑（见图 27 - 1～图 27 - 3）。两者版式、颜色和大小完全相同。债券分为正票页和 1936 年新印制的息票页，正票页大小为 47×33 厘米。债券正票页内有水印文字"HONAN RAILWAY 5% GOLD LOAN 1905"。

道清铁路借款债券原定由汇丰银行负责销售。印制完成后，改为劳埃德银行（Lloyd Bank Limited）销售，故在正票票面上将汇丰银行划掉，手写上劳埃德银行。

此外，多数道清铁路借款债券正票票面上会盖有一段蓝色英文钢印⑤，但也有少数未盖该蓝色英文钢印的债券（见图 27 - 4）。

---

① 中国人民银行总行参事室编：《中国清代外债史资料（1853 - 1911）》，中国金融出版社 1991 年版，第 452～457 页。
② 王致中：《中国铁路外债研究（1887 - 1911）》，经济科学出版社 2003 年版，第 260 页。
③ 财政科学研究所、中国第二历史档案馆编：《民国外债档案史料》（第三卷），中国档案出版社 1989 年版，第 267 页。
④ 财政科学研究所、中国第二历史档案馆编：《民国外债档案史料》（第三卷），中国档案出版社 1989 年版，第 270～272 页。
⑤ 英文原文是"CHINESE GOVERNMENT HONAN RAILWAY 5% (GOLD) LOAN OF 1905 Payment of this bond has been extended in accordance with the Chinese Government's offer to the bondholders published in "The Times" of May 5th 1936. The revised amortization table may be inspected at the Hongkong and Shanghai Banking Corporation London."大意是：1936 年 5 月，中国政府在《泰晤士报》上公告向债权人发出延期支付的条件。债券的支付将依据修改后的条件。修改后的债券摊销表可在伦敦的汇丰银行查阅。

图 27－1　1905 年北京福公司道清铁路第一期借款债券 100 英镑（KUL 145）

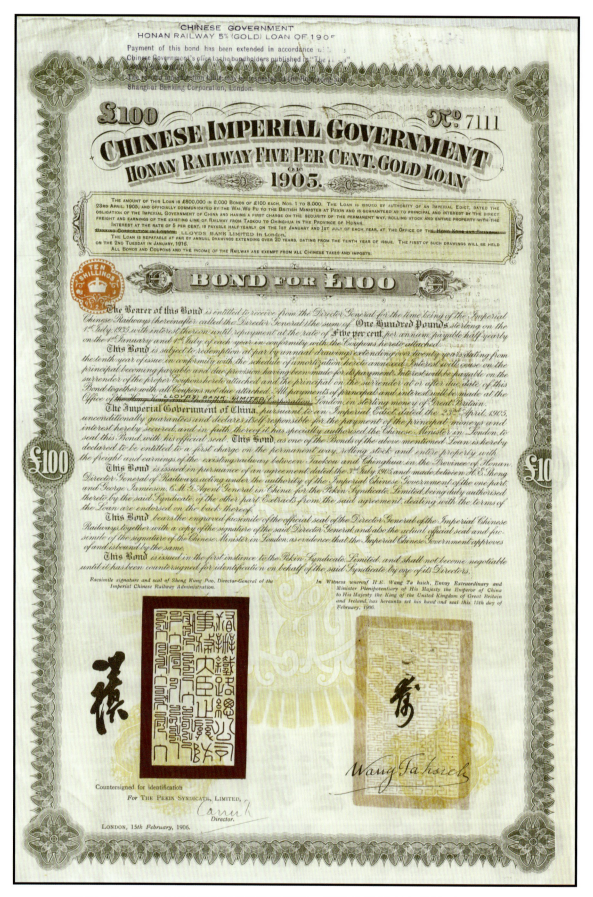

图 27 - 2　1906 年北京福公司道清铁路第二期借款债券 100 英镑（KUL 146）

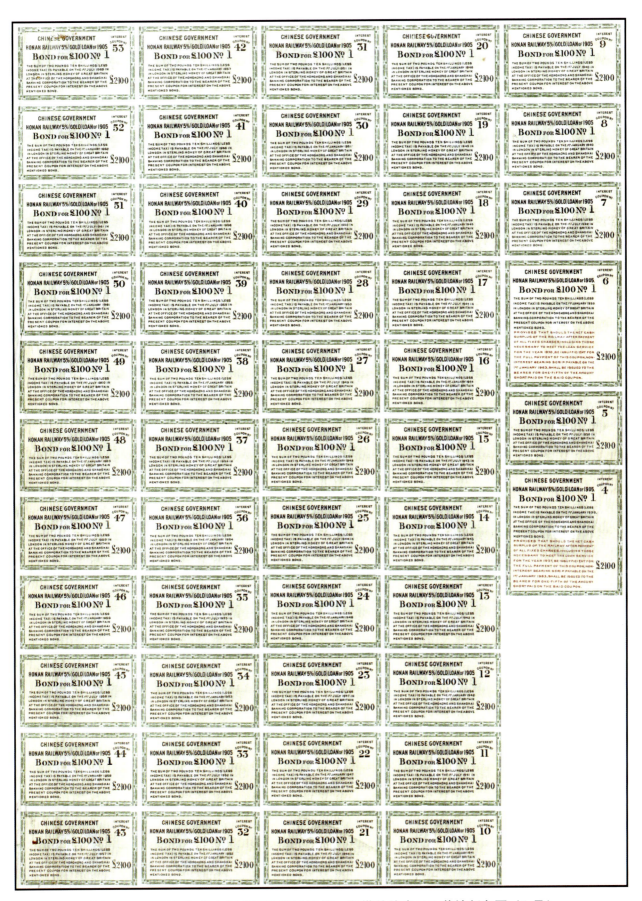

图 27 - 3　1905 年北京福公司道清铁路第一期借款债券 100 英镑新息票（1 号）

图 27－4　1905 年北京福公司道清铁路第一期借款债券 100 英镑（未盖钢印版）

道清铁路第一期借款债券左下角盖有"督办铁路总公司事务大臣之关防"和盛宣怀花押，同时有北京福公司经办人之副署签名。右下角有出使英国大臣张德彝关防、花押和英文签名，落款日期为 1905 年 10 月 5 日。具体发行情况如表 27 – 1 所示。

表 27 – 1　　　　　　　　　　　　　1905 年道清铁路第一期借款债券

发行机构	高文编号	面值（英镑）	发行数量（张）	编号范围	理论未兑付量（张）
北京福公司	145	100	7000	1 ~ 7000	4337

道清铁路第二期借款债券左下角盖有"督办铁路总公司事务大臣之关防"和盛宣怀花押，同时有北京福公司经办人之副署签名。右下角有出使英国大臣汪大燮关防、花押和英文签名，落款日期为 1906 年 2 月 15 日。具体发行情况如表 27 – 2 所示。

表 27 – 2　　　　　　　　　　　　　1906 年道清铁路第二期借款债券

发行机构	高文编号	面值（英镑）	发行数量（张）	编号范围	理论未兑付量（张）
北京福公司	146	100	1000	7001 ~ 8000	620

（二）其他券种

1936 年，中国政府公布重组协议，准备发行无息凭证兑换欠息。1938 年，中国政府对重组协议进行了调整，改为发行面值 9 英镑的无息债券（KUL 145 SCRIP）兑换欠息。为此，还委托汇丰银行发行面值 3 英镑的分券（见图 27 – 5），规定 3 张分券可以兑换 1 张无息债券。但同时中国政府又声明只要分券持有人提出要求，中国政府可以不发行无息债券。分券持有人在填写表格后，可以直接领取现金，且不用缴纳印花税，而将分券换成无息债券却需要缴纳印花税。因此，分券持有人一般不会提出交换债券的请求。分券的具体发行情况如表 27 – 3 所示。

表 27 – 3　　　　　　　　　　　　道清铁路借款重组无息债券分券

债权机构	高文编号	面值（英镑）	发行数量（张）	编号范围	未兑付量（张）
汇丰银行	145 SCRIP A	3	14871	1 ~ 14871	不详

近年，还发现了极少量的 9 英镑无息债券（KUL 145 SCRIP）（见图 27 – 6）及其票样注销券（KUL 145 SCRIP SP CN）（见图 27 – 7），由英国 Bradbury，Wilkinson & Co. Ltd Printers & Engravers 印制，债券右下角盖有"中华民国驻英吉利国特命全权大使"之印，并有驻英大使郭泰祺的英文签名。该债券必须由汇丰银行代表在左下角副署后方能生效。由此可见，无息债券当时已经准备完成，只是未经汇丰银行代表副署生效发行。

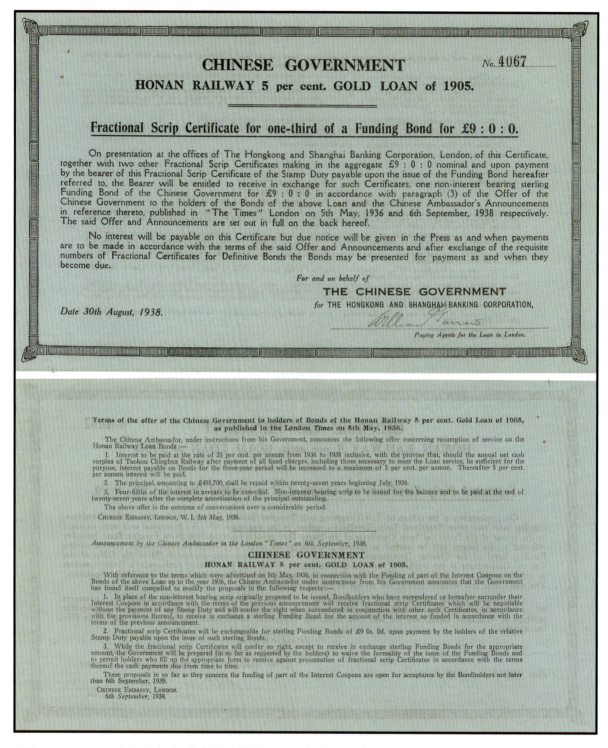

图 27 – 5　1938 年汇丰银行道清铁路借款重组无息凭证分券 3 英镑正反面（KUL 145 SCRIP A）

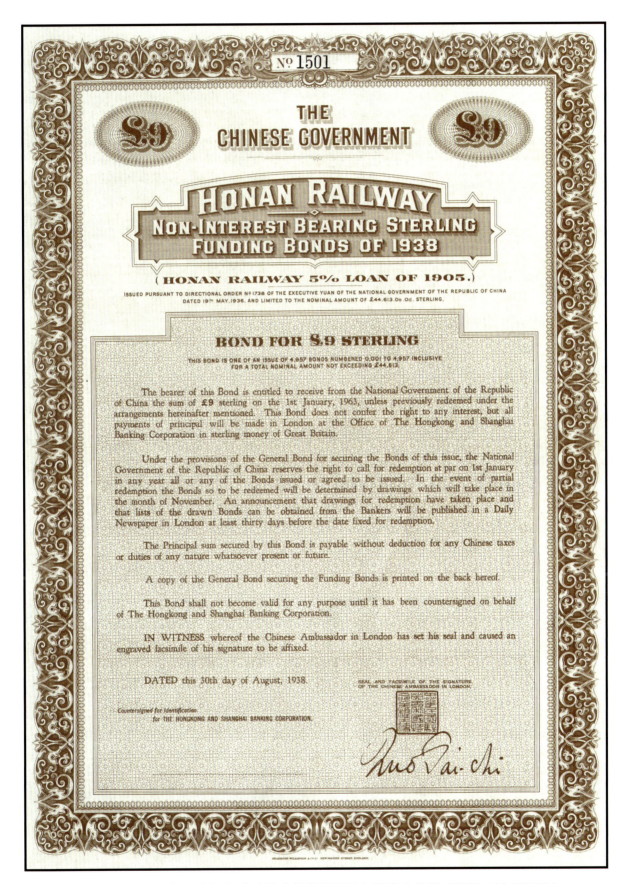

图 27－6　1938 年汇丰银行道清铁路借款重组无息债券 9 英镑（KUL 145 SCRIP）

注：本图片由汇丰银行档案馆提供。

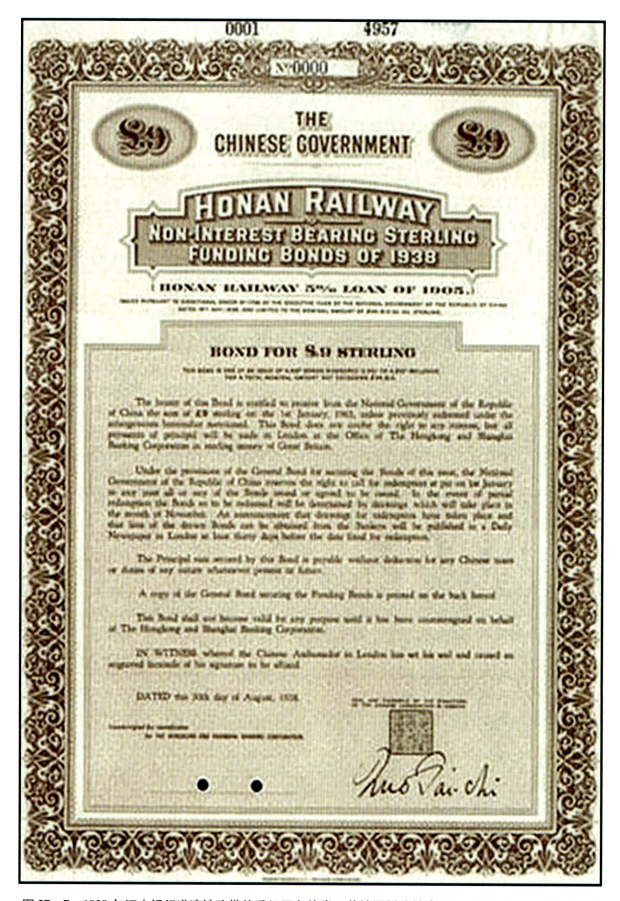

图 27 –7　1938 年汇丰银行道清铁路借款重组无息债券 9 英镑票样注销券（KUL 145 SCRIP SP CN）

第二十八章

Chapter 28

陇海铁路借款系列债券

陇海铁路全称陇秦豫海铁路（Lung‑Tsing‑U‑Hai Railway），东起海州（连云港），西至兰州，横穿江苏、安徽、河南、陕西、甘肃五省份，全长 1759 千米，是连接中国东部、中部、西部的铁路大动脉。陇海铁路于 1905 年动工，至 1953 年完工，其间经历多次分段修建，并发生多次对外借款，是中国铁路史上对外借款次数最多的一条铁路。

一、比利时汴洛铁路借款债券（1905 年和 1907 年）

（一）历史背景

汴洛铁路（Pien Lo Railway）是陇海铁路修建的首段，东起河南开封（汴梁），西至河南洛阳，全长 183 千米。1905 年开工，1908 年竣工。[①]

汴洛铁路原设计为京汉铁路支线。1903 年，督办铁路总公司事务大臣盛宣怀与比国铁路电车合股公司（Compagnie Générale de Chemins de fer et de Tramways en Chine）代理人卢法尔签订《汴洛铁

---

① 王致中：《中国铁路外债研究（1887 – 1911）》，经济科学出版社 2003 年版，第 246 页。

路借款合同》。1905 年，债券正式发行，借款总额 2500 万法郎，借款期限 30 年，年息 5 厘，每年 1 月 1 日和 7 月 1 日各付息一次，发行价为票面价格 9 折。第 11 年开始每年抽签还本。比国铁路电车合股公司同时享有铁路经营净利润二成的分配权。债券分两次发售，1905 年 4 月 1 日发售 1250 万法郎，1906 年 1 月 1 日发售 1250 万法郎。[①]

铁路修建过程中，因资金不足，1907 年发行第二期债券，总额 1600 万法郎，发行条件与第一期基本相同。发行价为票面价格 95.5 折，债券分两次发售：1907 年 4 月 25 日发售 800 万法郎，1908 年 8 月 2 日发行 800 万法郎。[②]

1915 年 7 月 1 日开始还本时，中国政府与债权人协议将首次还本日期延后 5 年，从 1920 年开始分 15 年匀还[③]。截至 1935 年 12 月，尚欠本金 2350 万法郎。此后，债券始终不能正常还本付息，至抗战爆发后还本付息停止。[④]

（二）主要券种

1. 实用票

汴洛铁路债券分为 1905 年版和 1907 年版两种，面值均为 500 法郎。两种版本大小相同，正票页大小为 42×29 厘米。债券由法国赛伊印刷（Imprimerie Chaix）公司印制。

1905 年版的左下角盖有"督办铁路总公司事务大臣之关防"和时任督办盛宣怀的签名和花押，右下角有出使比利时大臣杨兆鋆的中英文签名和关防（见图 28-1）。

因铁路总公司于 1906 年被裁撤，1907 版的左下角为空白，右下角有出使比利时钦差大臣李盛铎的中英文签名和关防（见图 28-2）。

债券具体发行情况如表 28-1 所示。

表 28-1　　　　　　　　　比利时汴洛铁路借款债券（1905 年和 1907 年）

发行机构	高文编号	面值（法郎）	发行数量（张）	编号范围	未兑付量（张）
比利时铁路电车合股公司（1905）	140	500	50000	00001～50000	28660
比利时铁路电车合股公司（1907）	141	500	32000	50001～82000	18340

2. 其他券种

除实用票外，1905 年版和 1907 年版债券的备用票都曾被发现（KUL 140RS & KUL 141RS）（见图 28-3 和图 28-4）。

---

① 财政科学研究所、中国第二历史档案馆编：《民国外债档案史料》（第三卷），中国档案出版社 1989 年版，第 207～216 页。
② 王致中：《中国铁路外债研究（1887-1911）》，经济科学出版社 2003 年版，第 245 页。
③ 王致中：《中国铁路外债研究（1887-1911）》，经济科学出版社 2003 年版，第 245～246 页。
④ 财政科学研究所、中国第二历史档案馆编：《民国外债档案史料》（第三卷），中国档案出版社 1989 年版，第 226 页。

图 28 – 1　1905 年比利时铁路电车合股公司汴洛铁路借款债券 500 法郎（KUL 140）

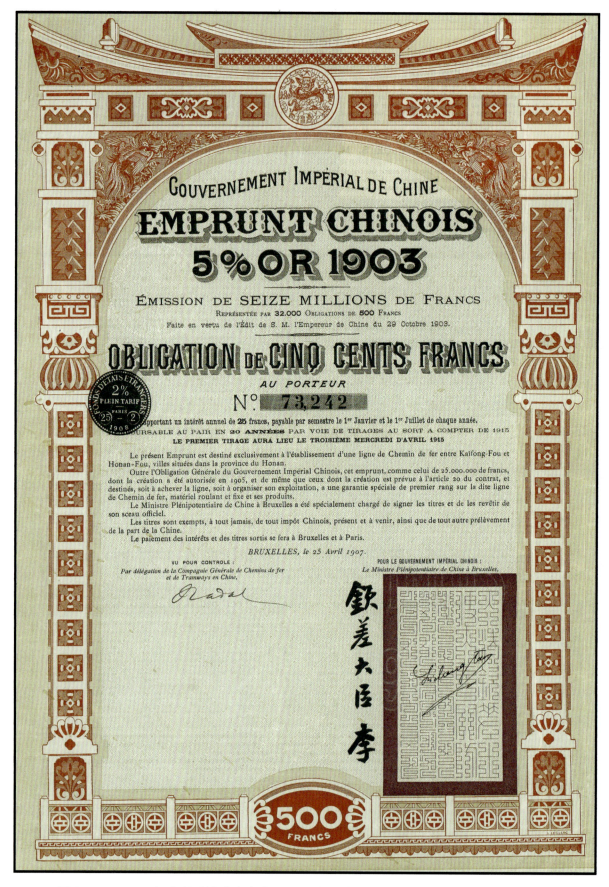

图 28－2　1907 年比利时铁路电车合股公司汴洛铁路借款债券 500 法郎（KUL 141）

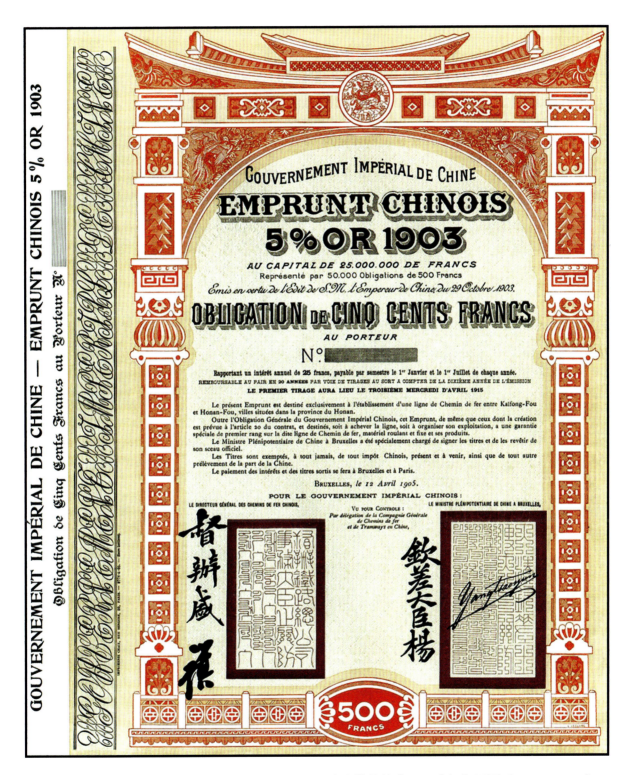

图 28－3　1905 年比利时铁路电车合股公司汴洛铁路借款债券 500 法郎备用票（KUL 140RS）

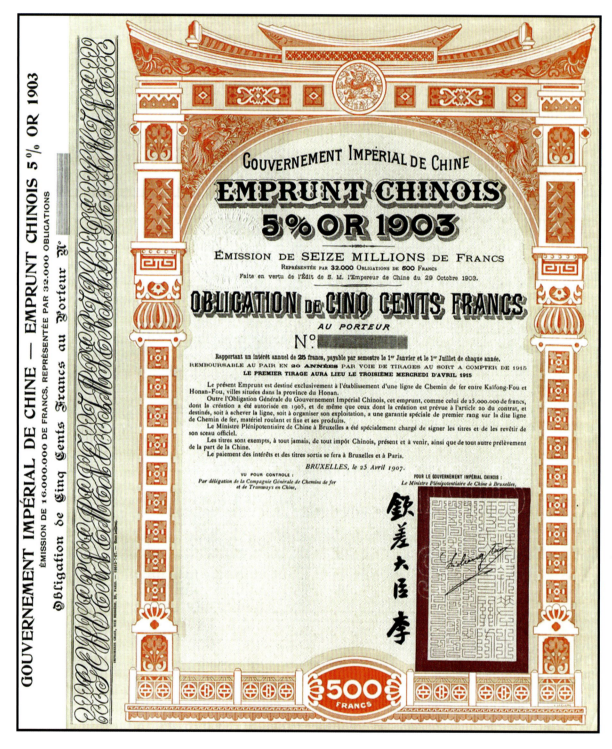

图 28－4　1907 年比利时铁路电车合股公司汴洛铁路借款债券 500 法郎备用票（KUL 141RS）

1905 版的补换票（KUL 140DP）也有存世（见图 28 - 5），采取在债券编号的两侧加盖"DUPLICATA①"印戳进行标记。大致数量如表 28 - 2 所示。②

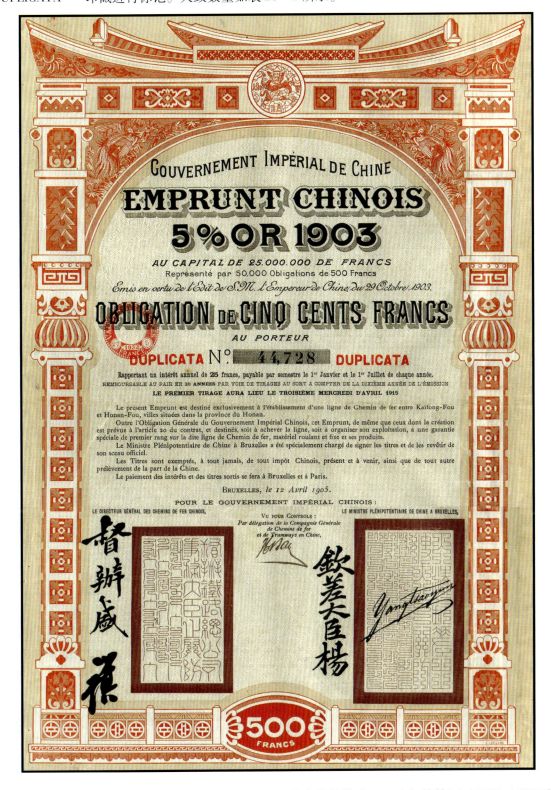

图 28 - 5   1905 年比利时铁路电车合股公司汴洛铁路借款债券 500 法郎补换票（KUL 140DP）

---

① 法文"副本"。
② ［德国］高文：《中国对外债券 1865 - 1982》，Freiberg Druck，Hannover，West Germany 1983 年版，第 41 页。

表 28 – 2   **比利时汴洛铁路借款债券备用票和补换票**

债券名称	高文编号	估计数量
汴洛铁路借款债券备用票（1905 年）	140 RS	已发现 8 张
汴洛铁路借款债券备用票（1907 年）	141 RS	已发现 5 张
汴洛铁路借款债券补换票（1905 年）	140 DP	超过 120 张

此外，近年还发现 1907 版债券临时凭证备用票注销券（KUL 141TE RS CN）（见图 28 – 6），反映了修路资金紧张，正式债票印制不及，遂以临时凭证筹措资金。

图 28 – 6   1907 年比利时铁路电车合股公司汴洛铁路借款债券 500 法郎临时
凭证备用票注销券（**KUL 141TE RS CN**）

二、比利时陇秦豫海铁路借款债券（1913 年和 1937 年）

（一）历史背景

汴洛铁路通车后，比利时铁路电车合股公司以汴洛铁路太短，不能发挥运能为由，提出承建陇海铁路，将汴洛铁路并入陇海铁路。1912 年 9 月，民国政府与比利时铁路电车合股公司签订《陇秦豫海铁路借款合同》，借款 1000 万英镑，期限 40 年，年息 5 厘，每年 1 月 1 日和 7 月 1 日各付息一次，发行价为票面价格 91 折，第 11 年开始每年抽签还本，但债期未满 17 年提前偿还须支付额外 2.5% 的费用。债券募集资金用于提前偿还汴洛铁路借款和修建陇海铁路。[①]

---

① 财政科学研究所、中国第二历史档案馆编：《民国外债档案史料》（第四卷），中国档案出版社 1989 年版，第 227 ~ 238 页。

1913 年第一批债券仅发行 400 万英镑,后续债券因第一次世界大战爆发未能发行,因此汴洛铁路债券也未能提前赎回。[①]

由于陇海铁路经营欠佳,利息支付到 1926 年即开始拖欠,本金则从未偿付。1936 年,民国政府与债权人达成陇海铁路债务整理协议。规定 1936 年 7 月 1 日前积欠利息全部免除。从 1936 年 7 月 1 日开始重新计息,第一年为 1.5%,此后每年增加 0.5%,至 1941 年 7 月 1 日到 4% 后不再增加。为此,专门印制了新息票页替换原息票页。本金从 1947 年 7 月起分 35 年抽签偿还。[②]

至于比国铁路电车合股公司此前垫付各类资金本息折合 288200 英镑,民国政府铁道部与其谈判后,决定以 1913 年未发行的陇秦豫海铁路借款债券支付[③]。

另外,民国政府于 1924 年还发行了陇海铁路八厘短期债券 500 万银元。借款银团为中外联合银团[④]。由于这笔借款也已违约多年,在华比银行的坚持下,1938 年,民国政府同意将 500 万银元折合成 292180 英镑,亦用 1913 年未发行的陇秦豫海铁路借款债券支付[⑤]。

因此,民国政府于 1937 年合计支付了 580380 英镑的陇秦豫海铁路借款债券[⑥]。这些新发债券偿付条款与 1936 年陇海铁路债务整理协议一致[⑦]。

因抗战爆发,以上全部债券利息仅支付到 1939 年 1 月 1 日,本金则从未偿付。

(二) 主要券种

1. 实用票

1913 年比利时陇秦豫海铁路债券原计划发行 20 英镑和 100 英镑两种面值。100 英镑原准备发行 20000 张,编号为 00001 ~ 20000,后被取消。仅发行 20 英镑面值,编号为 020001 ~ 220000。20 英镑面值债券的正票页大小为 50.5×28 厘米。债券由比利时安特卫普 J. Verschueren 公司印制。

债券正票的左侧为法文,右侧为英文。左下角盖有"大清钦差全权大臣之关防",并有时任驻比利时参赞吴尔昌的中英文签名。右下角盖有民国政府"督办陇秦豫海铁路关防",并有督办施肇曾的英文签名[⑧]。

由于债券可能不是一次全部印刷,因此版式出现细微差异,分为 I 型(020001 ~ 136700)和 II 型(136701 ~ 220000),高文将其分别编号为 280 和 281[⑨]。

1936 年陇海铁路债务重组协议规定用新息票页替换原息票页,因此现存债券有的附新息票页(见图 28 – 7),也有附原息票页。对于附原息票页的 I 型债券,编号为 280OC(见图 28 – 8);附原息票的 II 型债券,编号为 281OC(见图 28 – 9 和图 28 – 10)。

---

① 李成新、王平子:《1903 – 1937 年陇海铁路债务研究》,载于《长安大学学报》2010 年第 2 期,第 20 页。

② 财政科学研究所、中国第二历史档案馆编:《民国外债档案史料》(第四卷),中国档案出版社 1989 年版,第 245 ~ 246 页。

③ 财政科学研究所、中国第二历史档案馆编:《民国外债档案史料》(第七卷),中国档案出版社 1989 年版,第 408 页。

④ 中资银行为中国银行、交通银行、盐业银行、金城银行和中南银行。外资银行为华比银行。

⑤ 财政科学研究所、中国第二历史档案馆编:《民国外债档案史料》(第九卷),中国档案出版社 1989 年版,第 238 页。

⑥ [德国] 高文:《中国对外债券 1865 – 1982》1983 年版,第 81 页。高文的资料来源为伦敦证券交易所年鉴。但 1936 年 9 月 30 日《铁道部关于解决比荷公司债务办法训令》提出用 1913 年陇秦豫海铁路借款债券支付荷兰公司陇海铁路借款本息,合计 49000 英镑,并请比利时铁路电车合股公司将此方案转达给荷兰公司(财政科学研究所、中国第二历史档案馆编:《民国外债档案史料》(第七卷),中国档案出版社 1989 年版,第 408 页)。如伦敦证券交易所数据无误,似乎荷兰公司没有接受该方案。

⑦ 财政科学研究所、中国第二历史档案馆编:《民国外债档案史料》(第四卷),中国档案出版社 1989 年版,第 244 页。

⑧ 戴学文:《算旧账:历数中国早期对外债券》2016 年版,第 76 页中描述,比利时 1913 年 10 月 6 日才承认中华民国,故债券发行时仍沿用大清关防。

⑨ [德国] 高文:《中国对外债券 1865 – 1982》1983 年版,第 81 页。在编号(020001 ~ 136700)的债券中,位于正文和官印之间的法文官衔"Le Ministre de Chine à Bruxelles"和"Le Directeur General"距离正文较远,高文编号为 280。而在编号(136701 ~ 220000)的债券中,官衔"Le Ministre de Chine à Bruxelles"和"Le Directeur General"与正文的距离较近。高文编号为 281。

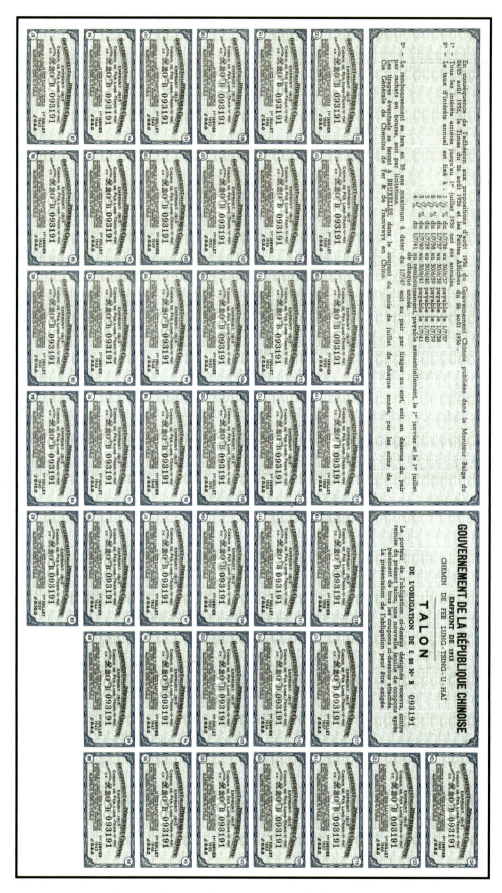

图 28-7　1913 年比国铁路电车合股公司陇秦豫海铁路借款债券 20 英镑新息票

Ⅰ型债券
空白较大

图 28－8　1913 年比利时铁路电车合股公司陇秦豫海铁路借款 Ⅰ 型债券
20 英镑原息票版（KUL 280OC）

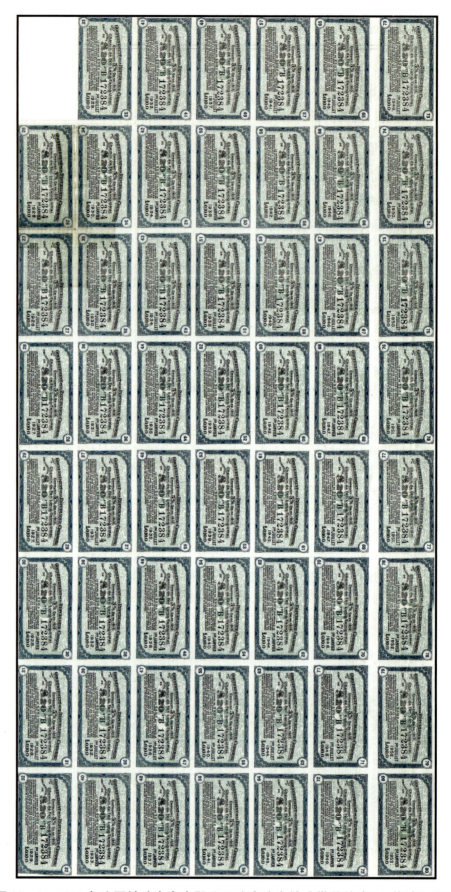

图 28 – 9　1913 年比国铁路电车合股公司陇秦豫海铁路借款债券 20 英镑原息票

Ⅱ型债券
空白较少

图 28 – 10　1913 年比利时铁路电车合股公司陇秦豫海铁路借款债券
20 Ⅱ型英镑原息票版（KUL 281OC）

在附有新息票的债券中，通常正票会盖有蓝色债务重组印戳，但也有部分没有加盖蓝色债务重组印戳。为从收藏的角度彰显区别，高文将正票未加盖蓝色债务重组印戳的Ⅰ型债券编号为280A，Ⅱ型债券编号为281A。已加盖印戳的Ⅰ型和Ⅱ型债券，编号依然为280（见图28－11）和281。

图 28－11　1913 年比利时铁路电车合股公司陇秦豫海铁路借款Ⅰ型债券
20 英镑新息票蓝色钢印版（KUL 280）

1937 年发行的比利时陇秦豫海铁路债券版式与 II 型债券相同，但在正票加盖红色印戳，编号为 220001～249019。债券的息票页均为新息票页。高文将其编号为 282（见图 28 – 12）。

图 28 – 12　1937 年比国铁路电车合股公司陇秦豫海铁路借款债券 20 英镑（KUL 282）

具体分类情况如表 28 - 3 所示。

表 28 - 3　　　　　　　　**比利时陇秦豫海铁路借款债券（1913 年和 1937 年）**

发行机构	高文编号	面值（英镑）	发行数量（张）	编号范围
比国铁路电车合股公司（1913）	280（新息票，正票有蓝色债务重组印戳），Ⅰ型	20	116700	020001 ~ 136700
比国铁路电车合股公司（1913）	280A（新息票，正票无蓝色债务重组印戳），Ⅰ型	20		
比国铁路电车合股公司（1913）	280OC（原息票），Ⅰ型	20		
比国铁路电车合股公司（1913）	281（新息票，正票有蓝色债务重组印戳），Ⅱ型	20	83300	136701 ~ 220000
比国铁路电车合股公司（1913）	281A（新息票，正票无蓝色债务重组印戳），Ⅱ型	20		
比国铁路电车合股公司（1913）	281OC（原息票），Ⅱ型	20		
比国铁路电车合股公司和华比银行等银行（1937）	282	20	29019	220001 ~ 249019

注：编号 234411 ~ 249019 的债券用于兑换 1924 年陇海铁路八厘短期债券，合计 14609 张。

资料来源：财政科学研究所、中国第二历史档案馆编：《民国外债档案史料》（第九卷），中国档案出版社 1989 年版，第 238 页。

2. 其他券种

除实用票外，据高文的《中国对外债券》记载，一共印制了 1500 张备用票，备用票的版式与 Ⅱ型债券（KUL 281）相同。其中 1410 张是附有原息票的备用票（KUL 281 RS）（见图 28 - 13），36 张是附有新息票的备用票（KUL 281RS NC），剩余 54 张被用作补换票。补换票在正票中央加盖 "DUPLICATA[①]"（见图 28 - 14）印戳进行标记。在补换票中，52 张是未注销票（KUL 281DP），2 张是注销票（KUL 281DP CN），有注销孔。具体如表 28 - 4 所示。

表 28 - 4　　　　　　　　**比利时陇秦豫海铁路其他券种**

名称	高文编号	数量（张）
附有原息票的备用票	281 RS	1410
附有新息票的备用票	281 RS NC	36
未注销补换票	281 DP	52
注销补换票	281 DP CN	2
备用票合计数量	—	1500

---

① 法文"副本"。

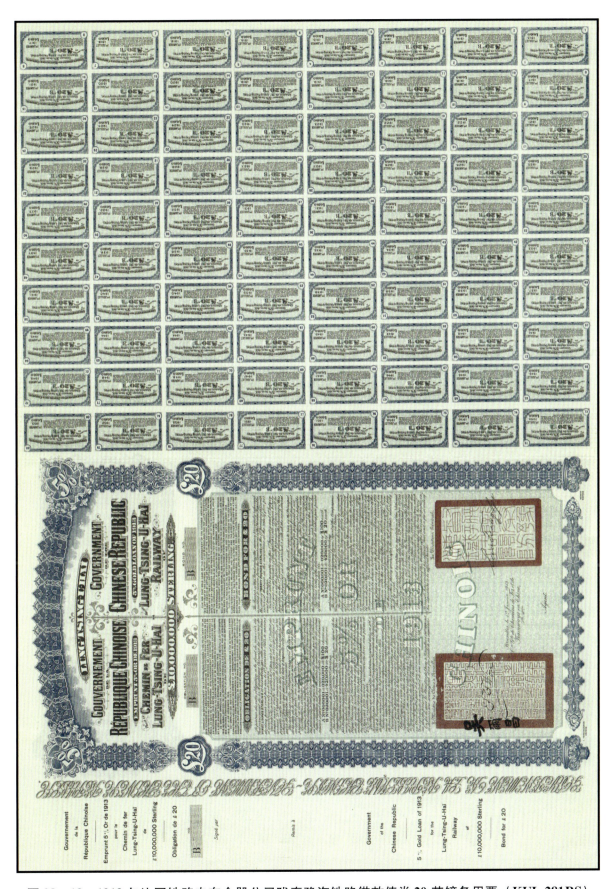

图 28 – 13 1913 年比国铁路电车合股公司陇秦豫海铁路借款债券 20 英镑备用票（**KUL 281RS**）

图 28−14　1913 年比利时铁路电车合股公司陇秦豫海铁路借款 I 型债券
20 英镑新息票蓝色钢印版补换票（KUL 280DP）

三、陇秦豫海铁路借款国库券（法国部分）（1916 年、1919 年和 1925 年）

（一）历史背景

1913 年陇秦豫海铁路借款第一期 400 万英镑债券发行后，后续 600 万英镑债券因第一次世界大战爆发未再发行。1915 年，铁路修至河南观音堂，因经费不足停工。经中比双方协商，1916 年，比利时铁路电车合股公司代表中国在法国巴黎发行 1000 万法郎短期国库券，年息 7 厘，还款期限不能迟于 1920 年 7 月 1 日，发行折扣 95 折，并以等值 1500 万法郎（约 60 万英镑）的未发行 1913 年陇秦豫海铁路借款债券作为抵押。所得资金用于偿还陇海铁路在欧所需款项，主要包括 1913 年陇秦豫海铁路借款债券利息 500 万法郎和筑路料价 350 万法郎。[①]

以上借款未几即已告罄。1919 年，民国政府再次授权比国铁路电车合股公司在法国巴黎发行 2000 万法郎短期国库券，年息 7 厘，还款期限不能迟于 1924 年 7 月 1 日，发行折扣为 95 折，并以等值 3000 万法郎的未发行 1913 年陇秦豫海铁路借款债券作为抵押。所得资金只能用于支付法比两国各款。[②]

1925 年 2 月，因无力偿还 1919 年陇秦豫海铁路 7 厘国库券，经协商，民国政府再次授权比国铁路电车合股公司在法国巴黎发行 2300 万法郎国库券，年息 8 厘，期限 10 年，每年 1 月 1 日和 7 月 1 日各付息一次，第 6 年开始每年抽签还本，发行折扣为 91 折。1925 年 8 厘国库券与 1919 年 7 厘国库券按照 17∶16 的比率进行兑换，共计耗费 2125 万法郎 1925 年 8 厘国库券，剩余的 175 万法郎 1925 年 8 厘国库券直接由银行按 94 折向市场出售，用于支付银行换发新券服务手续费。出售所得超出服务手续费部分，则拨归陇海铁路公司。[③]

1925 年 8 厘国库券在当年 7 月 1 日支付第一期利息时即告违约，从此再未支付利息。1936 年，民国政府与债权人达成陇海铁路债务整理协议。1925 年 8 厘国库券的重组条件与 1913 年比利时陇秦豫海铁路借款债券完全一致。[④]

因抗战爆发，1939 年 7 月 1 日，民国政府再次停止支付利息，本金从未支付。

（二）主要券种

1. 实用票

1916 年陇秦豫海铁路 7 厘国库券未见实物，推断已被 1919 年陇秦豫海铁路 7 厘国库券发行收入全部赎回。

1919 年陇秦豫海铁路 7 厘国库券只有 500 法郎一种面值，正票大小为 32.8×24 厘米，由法

---

① 财政科学研究所、中国第二历史档案馆编：《民国外债档案史料》（第五卷），中国档案出版社 1989 年版，第 298 页。
② 财政科学研究所、中国第二历史档案馆编：《民国外债档案史料》（第七卷），中国档案出版社 1989 年版，第 67 页。
③ 财政科学研究所、中国第二历史档案馆编：《民国外债档案史料》（第七卷），中国档案出版社 1989 年版，第 74～75 页。
④ 财政科学研究所、中国第二历史档案馆编：《民国外债档案史料》（第四卷），中国档案出版社 1989 年版，第 245～246 页。

国赛伊印刷（Imprimerie Chaix）公司印制。债券的左下角有"中华民国驻法兰西特命全权公使印"和时任驻法公使胡惟德外文签名。右下角有比利时铁路电车合股公司的印章。如图 28 – 15 所示，因其绝大多数已兑换成 1925 年陇秦豫海铁路 8 厘国库券，未兑换而存世者极罕见。具体发行情况如表 28 – 5 所示。

表 28 – 5　　　　　　　　1919 年陇秦豫海铁路借款国库券（法国部分）

发行机构	高文编号	面值（法郎）	发行数量（张）	编号范围
比利时铁路电车合股公司	515	500	40000	00001 ~ 40000

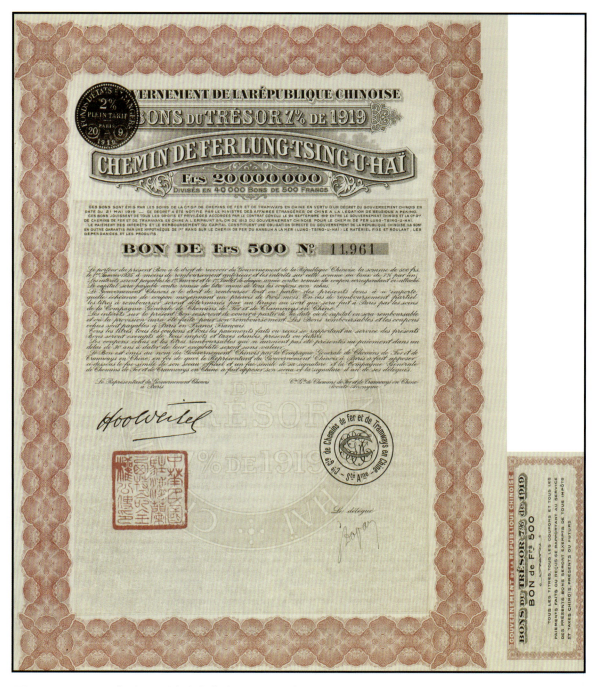

图 28 – 15　1919 年比利时铁路电车合股公司陇秦豫海铁路借款国库券 500 法国法郎（KUL 515）

1925 年陇秦豫海铁路 8 厘国库券有 500 法郎和 31.25 法郎（畸零券）两种面值。500 法郎面值的国库券正票大小为 31×23.5 厘米，由法国 LUCIEN MARÉCHAL 印刷公司印制。债券的左下角盖有"中华民国驻法兰西特命全权公使印"和时任驻法公使陈箓外文签名。右下角有比利时铁路电车合股公司的印章（见图 28-16）。在 1936 年债务整理之后，专门印制了新息票（见图 28-17）。1925 年陇秦豫海铁路 8 厘国库券一部分兑换了新息票，也有一部分保留原息票（见图 28-18）。

鉴于 1925 年陇秦豫海铁路 8 厘国库券与 1919 年陇秦豫海铁路 7 厘国库券的兑换比率为 17∶16，即 1 张 1919 年法国陇秦豫海铁路 7 厘国库券可以兑换 $1\frac{1}{16}$ 张 1925 年陇秦豫海铁路 8 厘国库券。为此，专门印制了畸零券，面值为 31.25 法郎（500/16），大小为 26.8×34.1 厘米，由法国 Bouclet & Barri 印刷公司印制。正下方有时任驻法公使陈箓外文签名（见图 28-19）。畸零券实际发行量不详。具体发行情况如表 28-6 所示。

表 28-6　　　　　　　　　1925 年陇秦豫海铁路借款国库券（法国部分）

发行机构	高文编号	面值（法郎）	发行数量（张）	编号范围
比利时铁路电车合股公司	680（新息票）	500	46000	000001～046000
比利时铁路电车合股公司	680 OC（原息票）			
比利时铁路电车合股公司	680 SCRIP（畸零券）	31.25	不详	不详

2. 其他券种

目前未发现其他券种。

图 28－16　1925 年比利时铁路电车合股公司陇秦豫海铁路借款国库券
500 法国法郎新息票版（KUL 680）

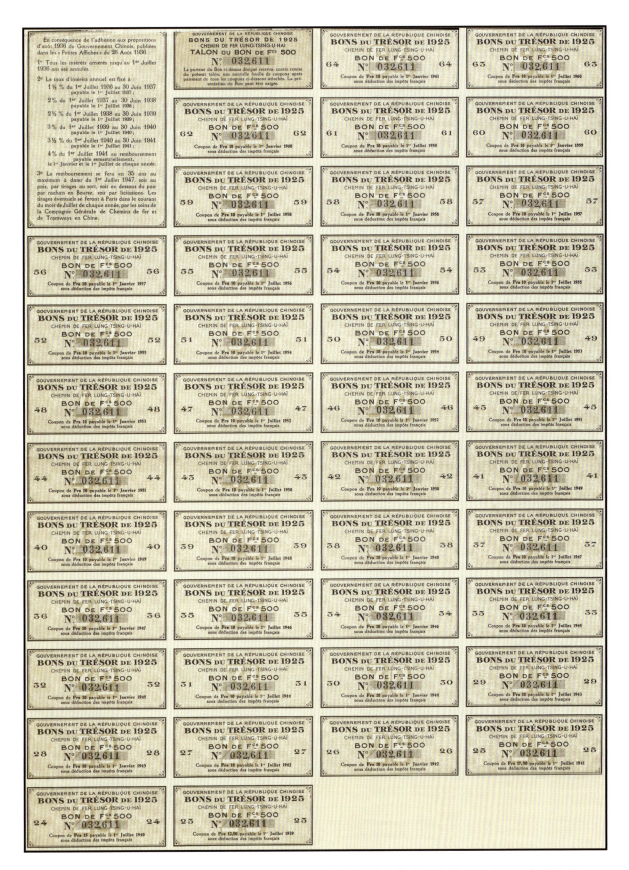

图 28−17　1925 年比利时铁路电车合股公司陇秦豫海铁路借款国库券 500 法国法郎新息票

图 28－18　1925 年比利时铁路电车合股公司陇秦豫海铁路借款国库券
500 法国法郎原息票版（KUL 680OC）

图 28－19　1925 年比利时铁路电车合股公司陇秦豫海铁路借款国库券
31.25 法国法郎畸零券（KUL 680 SCRIP）

四、陇秦豫海铁路借款国库券（比利时部分）（1920 年、1921 年和 1923 年）

（一）历史背景

直到 1920 年，陇海铁路仅完成开封到徐州、洛阳到观音堂两段工程，不及全路 1/3，便因资金不足而停工。为完成全路修建，陇海铁路督办施肇曾前往欧洲磋商发行第二期陇秦豫海铁路借款债券。但欧洲各国刚刚经历"一战"，资金紧张，续发长期债券成本太高，只能改为短期借款。而且多国对资本输出实行管制，唯有荷兰政策较为宽松，也愿意与比利时一起向陇海铁路项目提供借款。1920 年 5 月 1 日，施肇曾与比利时铁路电车合股公司、荷兰银团代表签订了《陇海铁路比荷借款合同》。[①]

在比利时部分，比方负责修建观音堂至黄河的路段，民国政府授权比利时铁路电车合股公司发行 1.5 亿比利时法郎国库券，年息 8 厘，期限 10 年，分 3 次发行国库券，每年 1 月 1 日和 7 月 1 日各付息一次，发行后第 6 年开始每年抽签还本。[②]

1920 年和 1921 年，比利时铁路电车合股公司各发行 5000 万比利时法郎国库券。1923 年，原计划发行 5000 万比利时法郎，实际仅发行 37743000 比利时法郎。[③]

1926 年，兑付开始出现违约。1936 年，民国政府与债权人达成陇海铁路债务整理协议，这三期国库券重组条件与 1913 年比利时陇秦豫海铁路借款债券完全一致。[④]

因抗日战争爆发，1939 年 7 月 1 日，民国政府再次停止支付利息，本金则从未支付。

（二）主要券种

1. 实用票

1920 年比利时陇秦豫海铁路 8 厘国库券面值仅 500 比利时法郎一种，正票页大小为 38×26 厘米。由比利时 J. Verschueren 公司印制。左下角盖有"中华民国驻比利时特命全权公使印"和时任驻比公使魏宸组外文签名。右下角盖有"督办陇秦豫海铁路关防"，并有督办施肇曾的外文签名（见图 28－20）。在 1936 年债务整理之后，专门印制了新息票（见图 28－21）。1920 年比利时陇秦豫海铁路 8 厘国库券一部分兑换了新息票，也有一部分保留原息票（见图 28－22）。具体发行情况如表 28－7 所示。

---

① 李成新、王平子：《1903－1937 年陇海铁路债务研究》，载于《长安大学学报》2010 年第 2 期，第 24 页。
② 财政科学研究所、中国第二历史档案馆编：《民国外债档案史料》（第七卷），中国档案出版社 1989 年版，第 401～405 页。
③ ［德国］高文：《中国对外债券 1865－1982》，Freiberg Druck, Hannover, West Germany 1983 年版，第 112 页。
④ 财政科学研究所、中国第二历史档案馆编：《民国外债档案史料》（第四卷），中国档案出版社 1989 年版，第 245～246 页。

表 28 - 7　　　　　　　　1920 年陇秦豫海铁路国库券（比利时部分）

发行机构	高文编号	面值（比利时法郎）	发行数量（张）	编号范围
比利时铁路电车合股公司	550（新息票）	500	100000	000001 ~ 100000
比利时铁路电车合股公司	550 OC（原息票）			

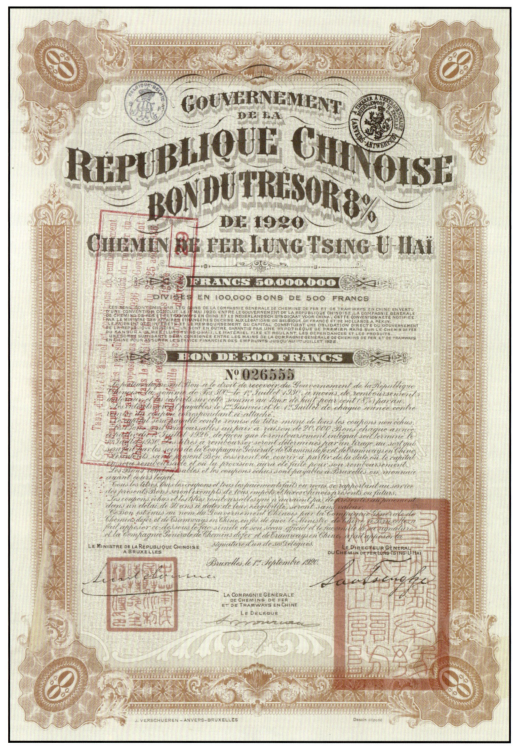

图 28 - 20　1920 年比利时铁路电车合股公司陇秦豫海铁路国库券

500 比利时法郎新息票版（KUL 550）

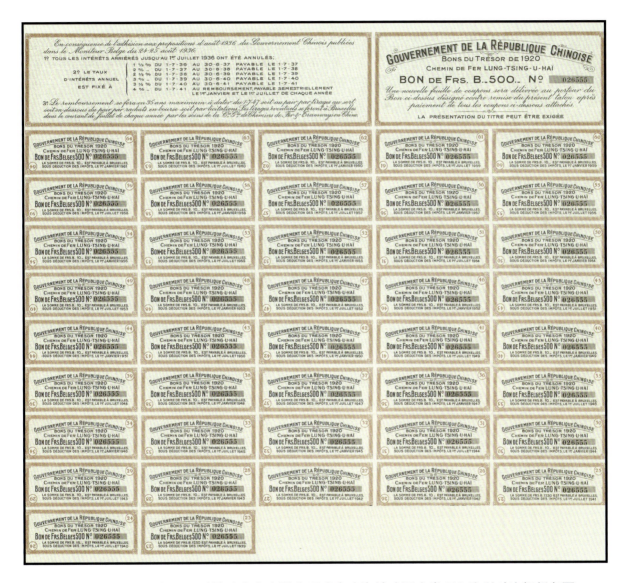

图 28 – 21　1920 年比利时铁路电车合股公司陇秦豫海铁路国库券 500 比利时法郎新息票

图 28 − 22　1920 年比利时铁路电车合股公司陇秦豫海铁路国库券
500 比利时法郎原息票版（KUL 550OC）

　　1921 年比利时陇秦豫海铁路 8 厘国库券面值仅 500 比利时法郎一种。正票页大小为 36.5 × 26 厘米。由比利时 J. Verschueren 公司印制。左下角盖有"中华民国驻比利时特命全权公使印"和时任驻比公使魏宸组外文签名。右下角盖有"督办陇秦豫海铁路关防"，并有督办施肇曾的外文签名（见图 28 − 23）。在 1936 年债务整理之后，专门印制了新息票（见图 28 − 24）。1921 年比利时陇秦豫海铁路 8 厘国库券一部分兑换了新息票，也有一部分保留原息票（见图 28 − 25）。具体发行情况如表 28 − 8 所示。

表 28 – 8 　　　　　　　　1921 年陇秦豫海铁路国库券（比利时部分）

发行机构	高文编号	面值（比利时法郎）	发行数量（张）	编号范围
比利时铁路电车合股公司	600（新息票）	500	100000	000001～100000
比利时铁路电车合股公司	600 OC（原息票）			

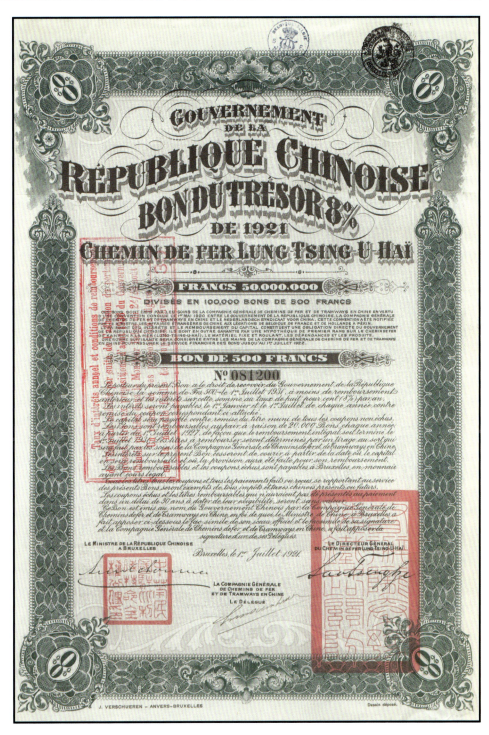

图 28 – 23　1921 年比利时铁路电车合股公司陇秦豫海铁路国库券
500 比利时法郎新息票版（KUL 600）

图 28－24　1921 年比利时铁路电车合股公司陇秦豫海铁路国库券 500 比利时法郎新息票

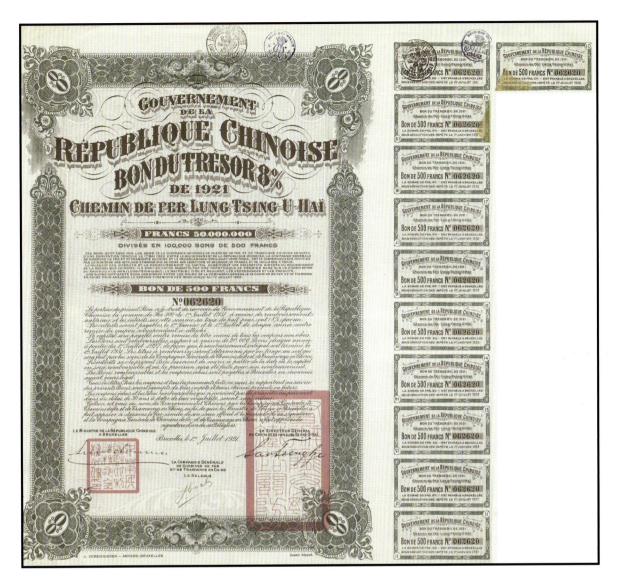

图 28 – 25　1921 年比利时铁路电车合股公司陇秦豫海铁路国库券 500
比利时法郎原息票版（KUL 600OC）

　　1923 年比利时陇秦豫海铁路 8 厘国库券面值仅 500 比利时法郎一种。正票页大小为 27 × 20 厘
米。债券由比利时 J. Verschueren 公司印制。左下角盖有"中华民国驻比利时特命全权公使印"和
时任驻比公使王景岐英文签名。右下角盖有"督办陇秦豫海铁路关防"，并有督办张祖廉的中文签
名（见图 28 – 26）。在 1936 年债务整理之后，专门印制了新息票（见图 28 – 27）。1923 年比利时
陇秦豫海铁路 8 厘国库券一部分兑换了新息票，也有一部分保留原息票（见图 28 – 28）。具体发行
情况如表 28 – 9 所示。

表 28 – 9　　　　　　　　1923 年陇秦豫海铁路国库券（比利时部分）

发行机构	高文编号	面值 （比利时法郎）	发行数量（张）	编号范围
比利时铁路电车合股公司	650（新息票）	500	75486	000001 ~ 075486
比利时铁路电车合股公司	650 OC（原息票）			

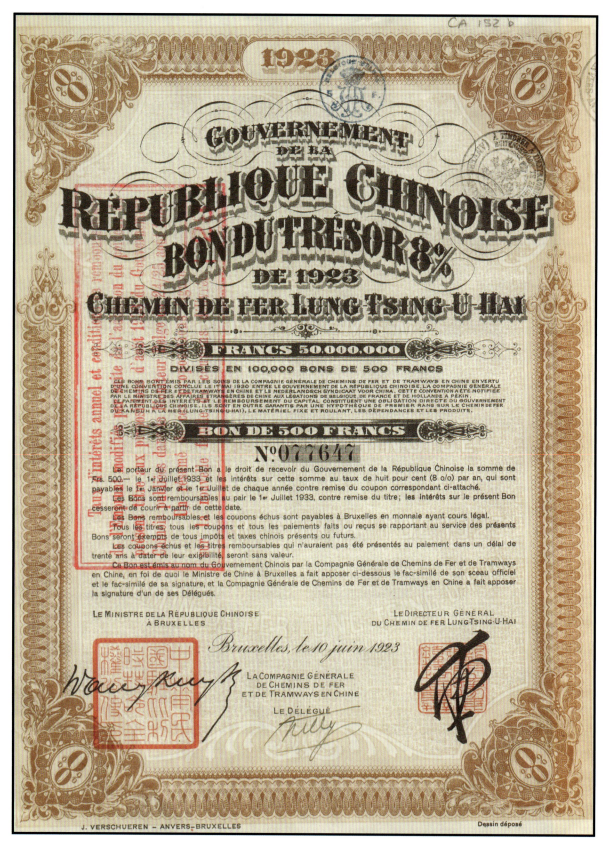

图 28－26　1925 年比利时铁路电车合股公司陇秦豫海铁路国库券
500 比利时法郎新息票版（KUL 650）

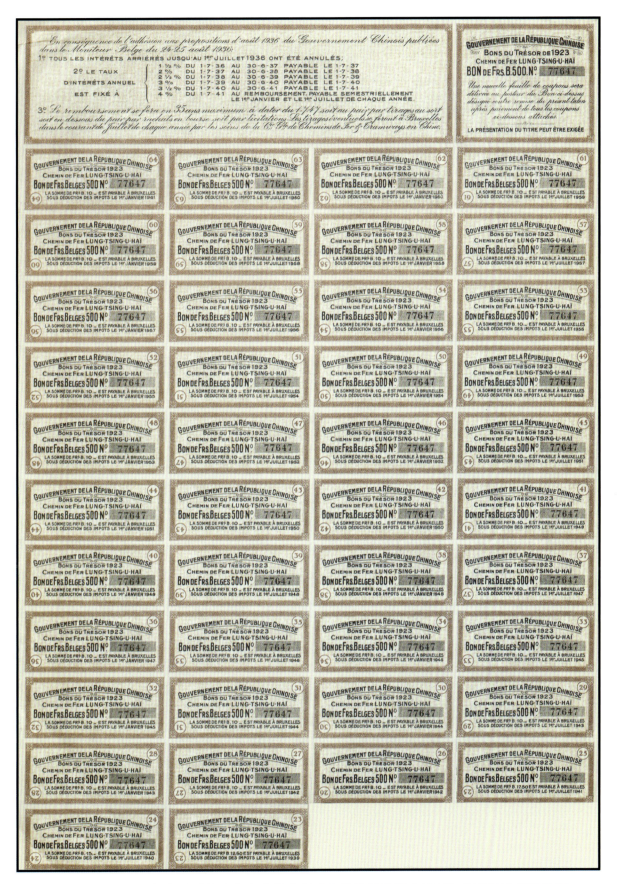

图 28－27　1925 年比利时铁路电车合股公司陇秦豫海铁路国库券 500 比利时法郎新息票

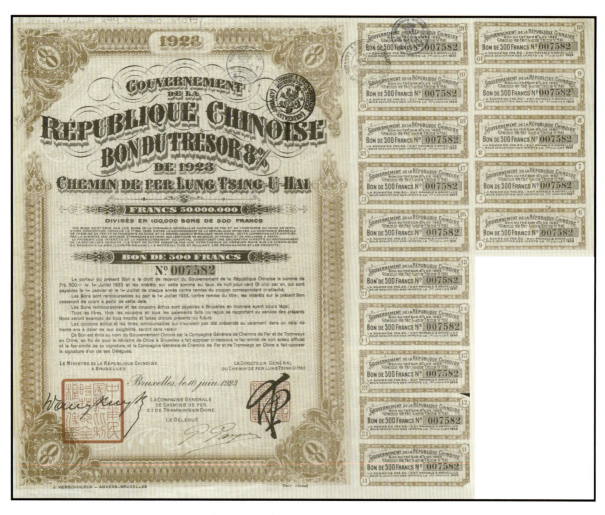

图 28 – 28　1925 年比利时铁路电车合股公司陇秦豫海铁路国库券
500 比利时法郎原息票版（KUL 650OC）

2. 其他券种

目前，以上三期比利时陇秦豫海铁路 8 厘国库券均有备用票存世。

据记载，1920 年比利时陇秦豫海铁路 8 厘国库券一共印制了 300 张备用票[1]。

1921 年比利时陇秦豫海铁路 8 厘国库券共印制了两册备用票，每册 250 张。其中一册共有 178 张被用作补换票兑换给丢失原票的持票人，剩余 72 张备用票完整保留，另一册 250 张备用票均裁去第 1 期和第 2 期息票[2]。

1923 年比利时陇秦豫海铁路 8 厘国库券一共印制了 300 张备用票，其中 4 张被用作补换票，还剩 296 张[3]。

具体发行情况如表 28 – 10、图 28 – 29 ~ 图 28 – 32 所示。

---

① ［德国］高文：《中国对外债券 1865 – 1982》，Freiberg Druck，Hannover，West Germany 1983 年版，第 106 页。
② ［德国］高文：《中国对外债券 1865 – 1982》，Freiberg Druck，Hannover，West Germany 1983 年版，第 110 页。
③ ［德国］高文：《中国对外债券 1865 – 1982》，Freiberg Druck，Hannover，West Germany 1983 年版，第 112 页。

表 28 – 10　　　　　　　　比利时陇秦豫海铁路国库券其他券种

名称	高文编号	发行量（张）	理论未兑换量（张）
1920 年比利时陇秦豫海铁路 8 厘国库券	550 RS	300	300
1921 年比利时陇秦豫海铁路 8 厘国库券（完整息票版）	600 RS	250	72
1921 年比利时陇秦豫海铁路 8 厘国库券（2 张息票剪裁版）	600 RS – 2	250	250
1923 年比利时陇秦豫海铁路 8 厘国库券	650 RS	300	296

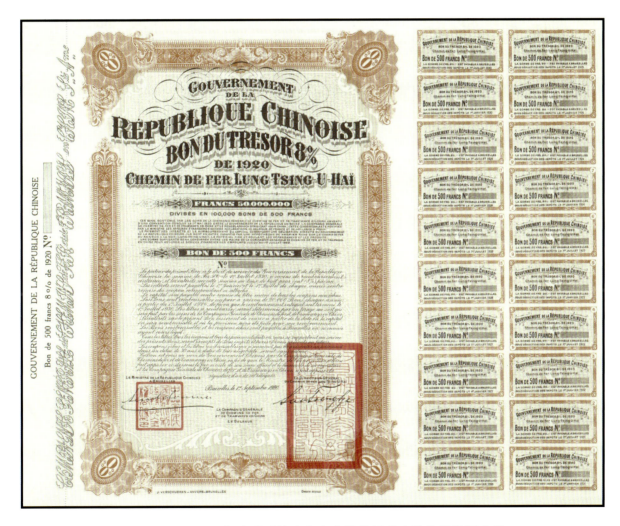

图 28 – 29　1920 年比利时铁路电车合股公司陇秦豫海铁路国库券
500 比利时法郎备用票（KUL 550RS）

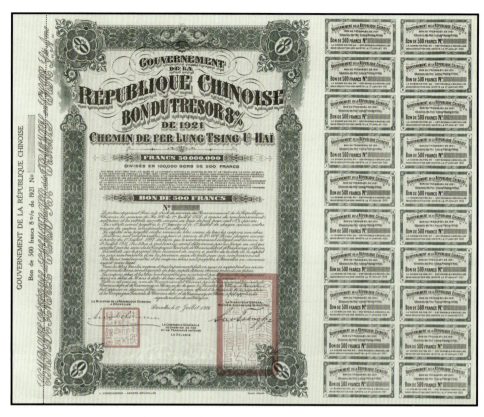

图 28-30　1921 年比利时铁路电车合股公司陇秦豫海铁路国库券 500
比利时法郎备用票完整息票版（KUL 600RS）

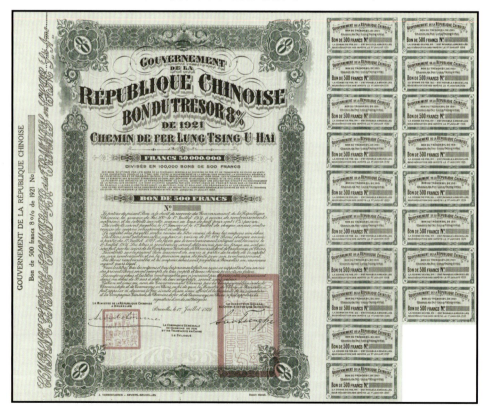

图 28-31　1921 年比利时铁路电车合股公司陇秦豫海铁路国库券 500
比利时法郎备用票息票裁切版（KUL 600RS-2）

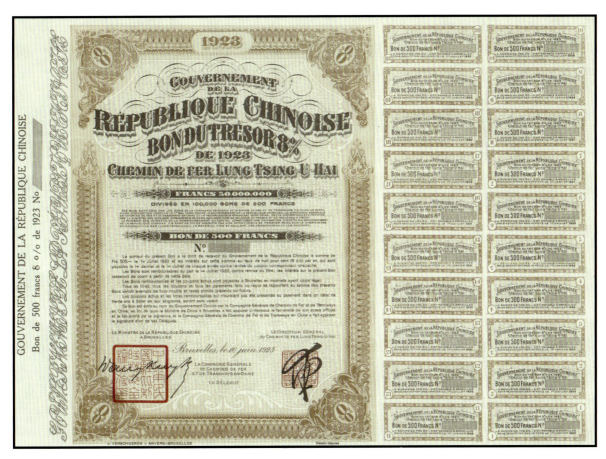

图 28 - 32　1925 年比利时铁路电车合股公司陇秦豫海铁路国库券
500 比利时法郎备用票（KUL 650RS）

五、陇秦豫海铁路借款国库券（荷兰部分）（1920 年、1923 年和 1928 年）

（一）历史背景

根据《陇海铁路比荷借款合同》，荷兰负责陇海铁路徐州到海口（连云港）路段的修建。民国政府授权荷兰银团发行 5000 万荷兰盾国库券，年息 8 厘，期限 10 年。为此，荷兰银团委托荷兰治港公司[①]（Néderlandsche Maatschappy voor Havenwerken）募集资金，原计划发行 3 期，每期16667000 荷兰盾。每年 1 月 1 日和 7 月 1 日各付息一次，发行后第 6 年开始每年抽签还本。[②]

1920 年发行第一期 16667000 荷兰盾，1923 年第二期仅发行 14084000 荷兰盾，第三期则因募款困难未发行。[③]

[①] 又译称"荷兰建筑海口公司"。参见财政科学研究所、中国第二历史档案馆编：《民国外债档案史料》（第七卷），中国档案出版社 1989 年版，第 405 页。

[②] 财政科学研究所、中国第二历史档案馆编：《民国外债档案史料》（第七卷），中国档案出版社 1989 年版，第 401～405 页。

[③] 戴学文：《算旧账：历数早期中国对外债券》，台湾波多西工作室 2016 年版，第 98 页。

1926 年，兑付开始出现违约。1928 年，中国陇秦豫海铁路 8 厘国库券荷兰债权人保护协会分别向 1920 年和 1923 年国库券债权人发行荷兰陇秦豫海铁路债权凭证，兑换债权人持有的国库券，但债权凭证在兑付两期利息后也告停止。[①]

1936 年，民国政府与债权人达成陇海铁路债务整理协议，这两期国库券重组条件与 1913 年比利时陇秦豫海铁路借款债券完全一致。[②]

因抗战爆发，1939 年 7 月 1 日，民国政府再次停止支付利息，本金从未支付。

（二）主要券种

1. 实用票

1920 年荷兰陇秦豫海铁路 8 厘国库券仅有 1000 荷兰盾一种面值。正票页大小为 31.5 × 23 厘米。由荷兰 Joh. Enschede en Zonen 公司印制。债券的左下角有"中华民国驻荷兰特命全权公使印"和时任驻荷公使唐在复外文签名。右下角盖有"督办陇秦豫海铁路关防"，并有督办施肇曾的外文签名（见图 28 - 33）。在 1936 年债务整理之后，专门印制了新息票。1920 年荷兰陇秦豫海铁路 8 厘国库券一部分兑换了新息票，也有一部分保留原息票，但保留原息票的国库券至今尚未发现。具体发行情况如表 28 - 11 所示。

表 28 - 11   1920 年陇秦豫海铁路国库券（荷兰部分）

发行机构	高文编号	面值（荷兰盾）	发行数量（张）	编号范围
荷兰银团	560（新息票）	1000	16667	00001 ~ 16667

1923 年荷兰陇秦豫海铁路 8 厘国库券仅有 1000 荷兰盾一种面值，正票页大小为 31.5 × 23 厘米，由荷兰 Joh. Enschede en Zonen 公司印制，债券的左下角有"中华民国驻荷兰特命全权公使印"和时任驻荷公使王广圻外文签名，右下角盖有"督办陇秦豫海铁路关防"，并有督办张祖廉的花押（见图 28 - 34）。1923 年荷兰陇秦豫海铁路 8 厘国库券一部分兑换了新息票，也有一部分保留原息票，但保留原息票的国库券罕见（见图 28 - 35）。具体发行情况如表 28 - 12 所示。

表 28 - 12   1923 年陇秦豫海铁路国库券（荷兰部分）

发行机构	高文编号	面值（荷兰盾）	发行数量（张）	编号范围
荷兰银团	660（新息票）	1000	14084	00001 ~ 14084
荷兰银团	660 OC（原息票）			

---

① 戴学文：《算旧账：历数早期中国对外债券》，台湾波多西工作室 2016 年版，第 98 ~ 99 页。
② 财政科学研究所、中国第二历史档案馆编：《民国外债档案史料》（第四卷），中国档案出版社 1989 年版，第 245 ~ 246 页。

图 28－33　1920 年荷兰银团陇秦豫海铁路国库券 1000 荷兰盾新息票版（KUL 560）

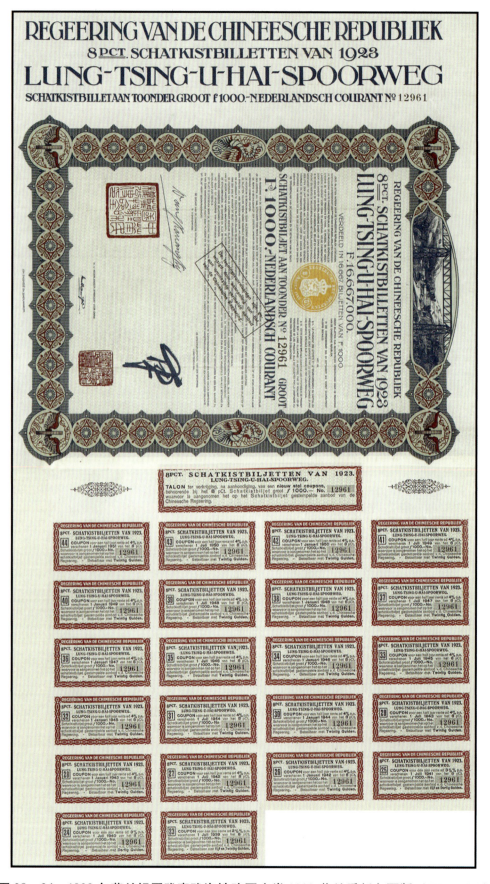

图 28－34　1923 年荷兰银团陇秦豫海铁路国库券 1000 荷兰盾新息票版（KUL 660）

图 28 – 35　1923 年荷兰银团陇秦豫海铁路国库券 1000 荷兰盾原息票版（KUL 660OC）

1928 年荷兰陇秦豫海铁路债权凭证分为 4 种，其中两种面值为 1000 荷兰盾，两种为可变面值，为 1000 的整数倍面值（不小于 2000 荷兰盾）。四种凭证正票页大小均为 27.5×19.5 厘米，由荷兰 Druk de Bussy 公司印制。

面值 1000 荷兰盾的凭证分为第 1 期和第 2 期（见图 28-36 和图 28-37）。两者版式相同，均为绿色，唯一的区别在左上角，第 1 期标注 "1ᵉ Tranche"，对应的是 1920 年荷兰陇秦豫海铁路 8 厘国库券，凭证编号与兑换的 1920 年荷兰陇秦豫海铁路 8 厘国库券相同，并注明自第 11 号息票开始拖欠；第 2 期标注 "2ᵉ Tranche"，对应的是 1923 年荷兰陇秦豫海铁路 8 厘国库券，凭证编号与兑换的 1923 年荷兰陇秦豫海铁路 8 厘国库券相同，并注明自第 6 号息票开始拖欠。

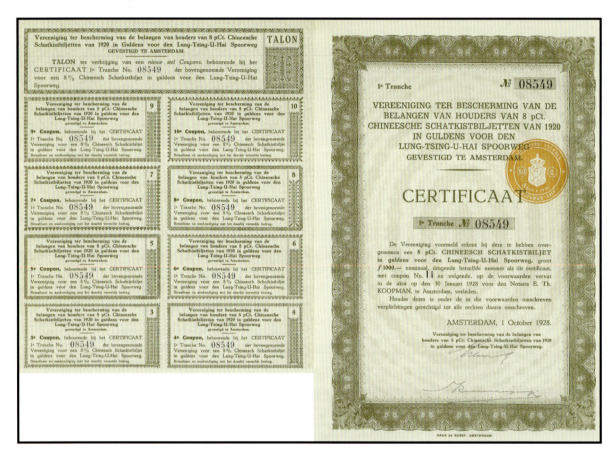

图 28-36　1928 年荷兰债权人保护协会陇秦豫海铁路国库券债权凭证
第 1 期 1000 荷兰盾（KUL 760A）

可变面值的债权凭证则用来兑换多张荷兰陇秦豫海铁路 8 厘国库券[①]，也分为第 1 期和第 2 期（见图 28-38 和图 28-39）。两者版式相同，均为褐色。可变面值的债权凭证在正文分列第 1 期和第 2 期。如兑付 1920 年荷兰陇秦豫海铁路 8 厘国库券，则在第 1 期处注明各张兑换的国库券编号；如兑付 1923 年荷兰陇秦豫海铁路 8 厘国库券，则在第 2 期处注明各张兑换的国库券编号。

---

　　① 可变面值的债权凭证为近年发现，高文的《中国对外债券（1865-1982）》中未有记载。

**图 28 – 37　1928 年荷兰债权人保护协会陇秦豫海铁路国库券债权凭证
第 2 期 1000 荷兰盾（KUL 760B）**

具体分类情况如表 28 – 13 所示。

表 28 – 13　　　　　1928 年陇秦豫海铁路国库券荷兰债权人保护协会债权凭证

发行机构	高文编号	面值（荷兰盾）	发行数量（张）	编号范围
中国陇秦豫海铁路 8 厘国库券荷兰债权人保护协会（1928 年）	760A	1000	不详	不详
中国陇秦豫海铁路 8 厘国库券荷兰债权人保护协会（1928 年）	760B	1000	不详	不详
中国陇秦豫海铁路 8 厘国库券荷兰债权人保护协会（1928 年）	未编号	可变面值，1000 的整数倍	不详	不详
中国陇秦豫海铁路 8 厘国库券荷兰债权人保护协会（1928 年）	未编号	可变面值，1000 的整数倍	不详	不详

2. 其他券种

目前发现 1920 年荷兰陇秦豫海铁路 8 厘国库券有少量备用票（KUL 560RS）存世（见图 28 – 40），且均缺少第 1 期息票。

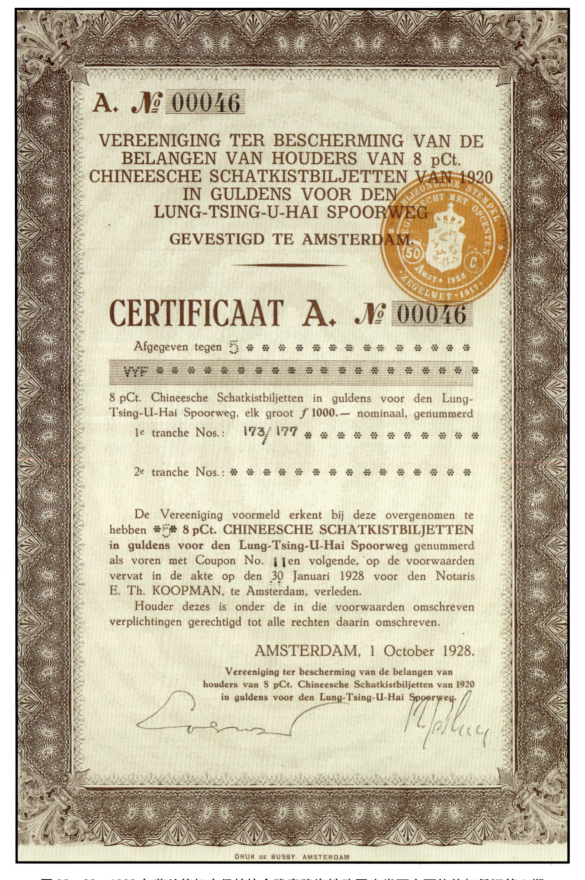

图 28-38　1928 年荷兰债权人保护协会陇秦豫海铁路国库券可变面值债权凭证第 1 期

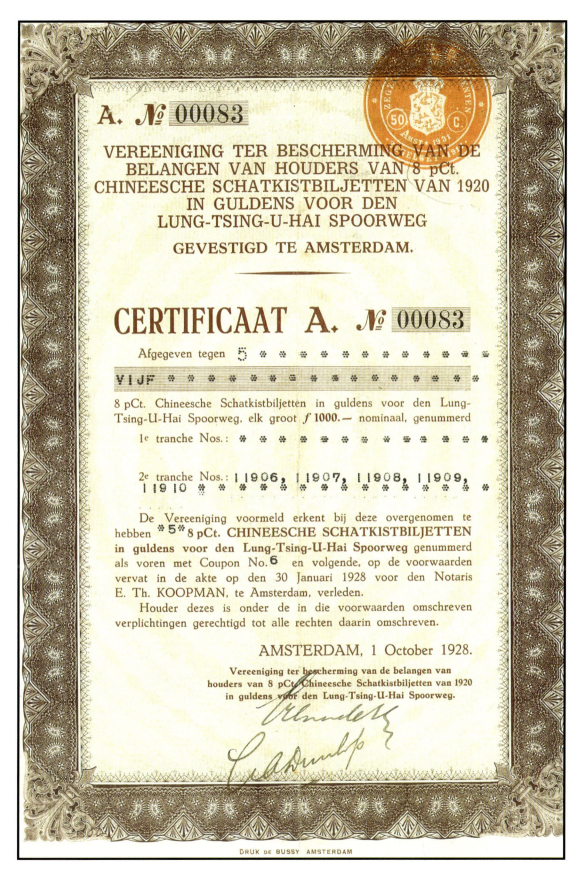

图 28－39　1928 年荷兰债权人保护协会陇秦豫海铁路国库券可变面值债权凭证第 2 期

图 28 − 40　1920 年荷兰银团陇秦豫海铁路国库券 1000 荷兰备用票（KUL 560RS）

1928 年荷兰陇秦豫海铁路第 2 期债权凭证 1000 荷兰盾有少量注销票样（KUL 760B SP CN）存世（见图 28 – 41），加盖"SPECIMEN"红戳，并打上注销孔。

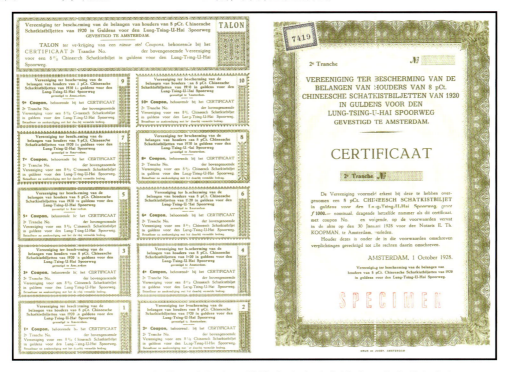

图 28 – 41　1928 年荷兰债权人保护协会陇秦豫海铁路国库券债权凭证
第 2 期 1000 荷兰盾票样注销券（KUL 760B SP CN）

可变面值的债权凭证也有少量注销票样存世，加盖"SPECIMEN"红戳，并在正票和息票打上一行注销孔（见图 28 – 42）。

图 28 – 42　1928 年荷兰债权人保护协会陇秦豫海铁路国库券可变面值债权凭证票样注销券

第二十九章

Chapter 29

1907 年广九铁路借款债券

▼ 一、历史背景

    广九铁路连接广州和香港九龙，全长 142 千米，是香港通向华南腹地的重要铁路干线。

    1898 年，英国强租香港新界，不久即致函清廷总理衙门要求修建九龙至广州的铁路。1907 年 3 月 7 日，中国政府与中英银公司（the British and Chinese Corporation Limited）签订《广九铁路借款合同》，借款总额为 150 万英镑，借款期限 30 年，年息 5 厘，每年 6 月 1 日和 12 月 1 日各付息一次。发行价为票面 94 折。第 12 年半后抽签还本。如在第 25 年前提前还本，则须多支付提前还本部分 2.5% 的费用，第 25 年后提前还本则无需增加。[①]

    广九铁路于 1911 年竣工。由于珠三角地区水运发达，广九铁路多年亏损，借款本息也由其他铁路收入偿付。1925 年，本息开始停付。1936 年，民国政府铁道部与债权人谈判债务重组，将债券本金的偿还期限延长至 1986 年。此后头 20 年利率降至 2.5 厘，后 30 年恢复至 5 厘。此前欠息取消 4/5，剩余 1/5 委托汇丰银行发行无息基金凭证，于债券本金全部清偿后兑付。债券本金从 1937

[①] 　王致中：《中国铁路外债研究（1887－1911）》，经济科学出版社 2003 年版，第 273～274 页。

年开始分 50 年兑付。[①]

1938 年 11 月,广九铁路广东段沦陷,债券本息均停止兑付。

二、主要券种

(一) 实用票

广九铁路债券仅 1 种,面值为 100 英镑。债券分为正票页(见图 29 – 1) 和息票页,正票页大小为 52×33 厘米。债券由英国华德路印钞公司(Waterlow & Sons)印制。

广九铁路债券发行量为 15000 张。债券左下侧盖有"两广总督兼广东巡抚事关防"和周馥的签名,同时有中英银公司经办人之副署签名。右下侧则有驻英公使汪大燮关防、花押及其英文签名。

多数广九铁路债券正票票面上会盖有一段黑色英文钢印,大意是 1936 年 5 月,中国政府在《泰晤士报》上公告,向债权人发出延期支付的条件。尚未兑付的债券本金尚有 1111500 英镑,这些债券将于 1985 年 6 月 1 日前按面值兑付,兑付将按照时间顺序进行抽签。调整后的债券本息表可在伦敦的汇丰银行查阅。

1936 年新印制的息票页的息票只印到 1955 年,并在息票根(Talon)注明 1955 年以后将提供新的息票页(见图 29 – 2)。

债券具体发行情况如表 29 – 1 所示。

表 29 – 1　　　　　　　　　　　　1907 年广九铁路借款债券

发行机构	高文编号	面值(英镑)	发行数量(张)	编号范围	理论未兑付量(张)
中英银公司	160	100	15000	1～15000	11015

注:1937 年和 1938 年,中国政府各还本 5000 英镑。故未兑付量还应扣去 100 张。

资料来源:财政科学研究所、中国第二历史档案馆编:《民国外债档案史料》(第三卷),中国档案出版社 1989 年版,第 322 页。

还有少量未换发新息票的债券存世(KUL 160OC)(见图 29 – 3),这些债券保留 1907 年刚发行的原息票。

此外还发现了少量补换票(KUL 160DP)(见图 29 – 4)。补换票会盖上蓝戳"Original Security Duly Stamped(原证券已缴印花税)",同时编号数字会较原件略小。

---

① 王致中:《中国铁路外债研究(1887 – 1911)》,经济科学出版社 2003 年版,第 275 页。

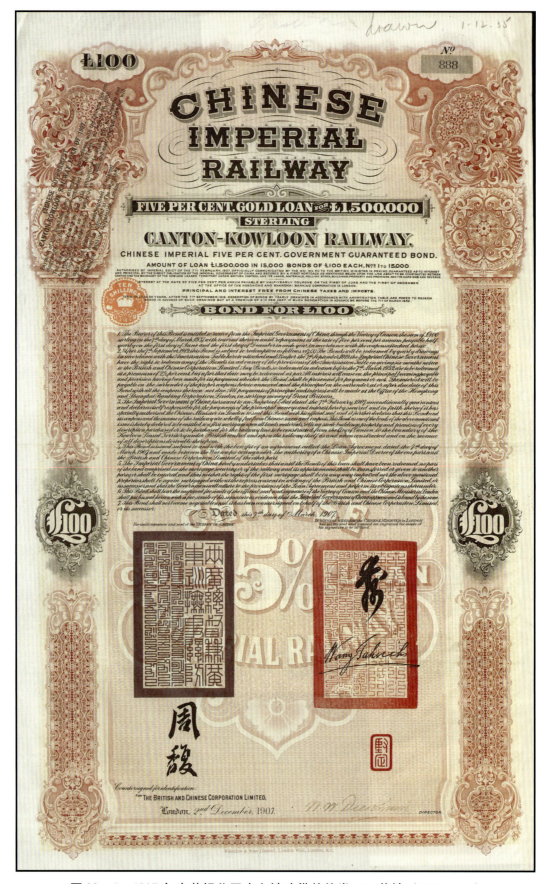

图 29 – 1　1907 年中英银公司广九铁路借款债券 100 英镑（KUL 160）

图 29 - 2 1907 年中英银公司广九铁路借款债券 100 英镑新息票

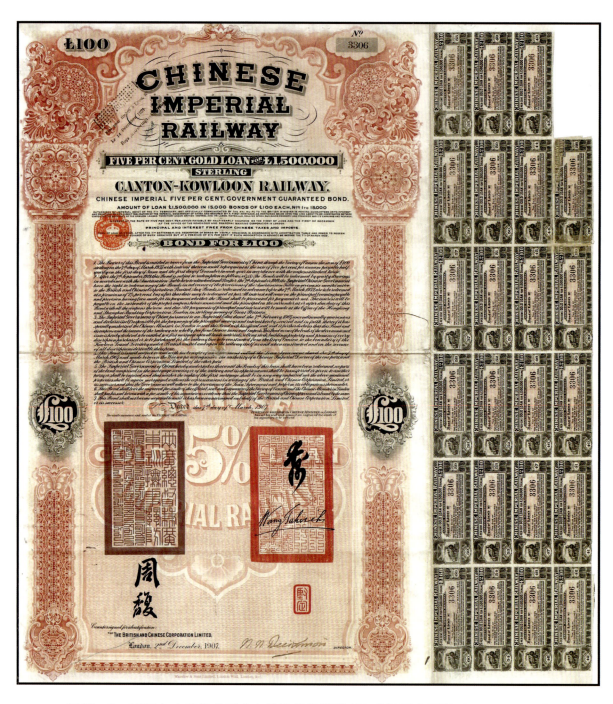

图 29 - 3　1907 年中英银公司广九铁路借款债券 100 英镑原息票版（KUL 160OC）

图 29 – 4　1907 年中英银公司广九铁路借款债券 100 英镑补换票（KUL 160DP）

（二）其他券种

1936 年，中国政府公布重组协议，准备发行无息凭证兑换欠息。1938 年，中国政府对重组协议进行了调整，改为发行面值 11 英镑的无息债券（KUL 160 SCRIP）兑换欠息①。为此，还委托汇丰银行发行分券（KUL 160 SCRIP A）（见图 29 – 5），面值为 3 英镑 13 先令 4 便士，3 张分券可以

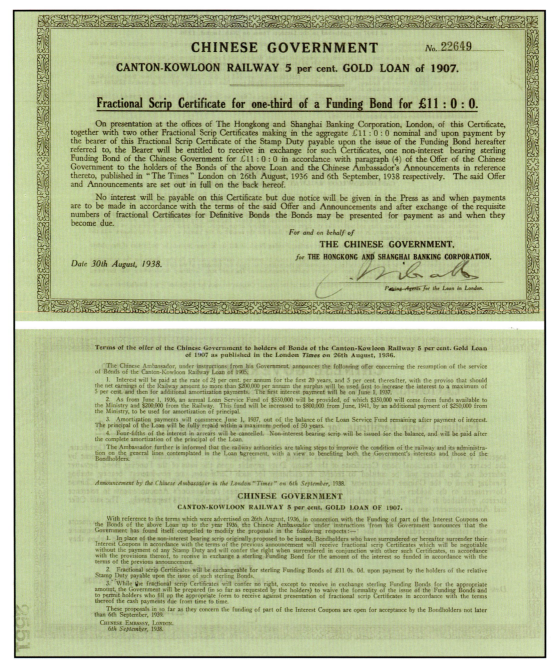

图 29 – 5　1938 年汇丰银行广九铁路借款重组无息凭证分券 3 英镑 13 先令 4 便士正反面
（KUL 160 SCRIP A）

---

① 债券违约的时候，尚欠 22 张息票未付息。22 张旧息票的面值为 55 英镑，按欠息只归还 2 成计算，价值为 11 英镑。

兑换 1 张无息债券。但同时中国政府又声明只要分券持有人提出要求，中国政府可以不发行无息债券。分券持有人在填写表格后，无须换成无息债券便可直接领取现金，且不用缴纳印花税，而将分券换成无息债券却需要缴纳印花税。这也是无息债券没有发行的原因之一。

分券的具体发行情况如表 29 – 2 所示。

表 29 – 2　　　　　　　　　　　　**广九铁路借款债券重组无息债券分券**

债权机构	高文编号	面值	发行数量（张）	编号范围	理论未兑付量（张）
汇丰银行	160 SCRIP A	3 英镑 13 先令 4 便士	33345	1 ~ 33345	不详

近年，还发现了极少量的 9 英镑无息债券（KUL 160 SCRIP）（见图 29 – 6）及其票样注销券（KUL 160 SCRIP SP CN）（见图 29 – 7），由英国 Bradbury，Wilkinson & Co. Ltd Printers & Engravers 印制，债券右下角盖有"中华民国驻英吉利国特命全权大使"之印，并有驻英大使郭泰祺的英文签名。该债券必须由汇丰银行代表在左下角副署后方能生效。由此可见，无息债券当时已经准备完成，只是未经汇丰银行代表副署生效并发行。

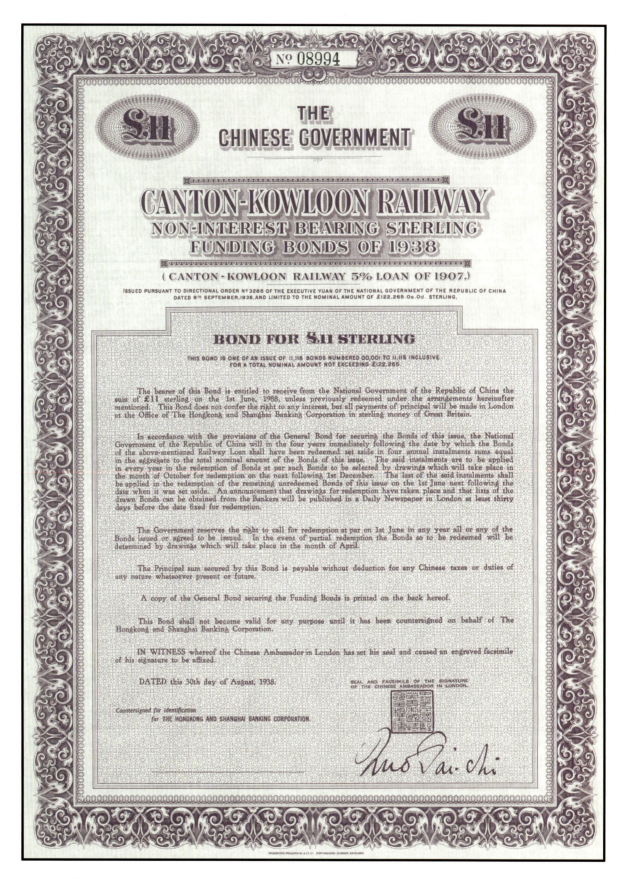

图 29 −6　1938 年汇丰银行广九铁路借款重组无息债券 11 英镑（KUL 160 SCRIP）

注：汇丰银行档案馆藏品。

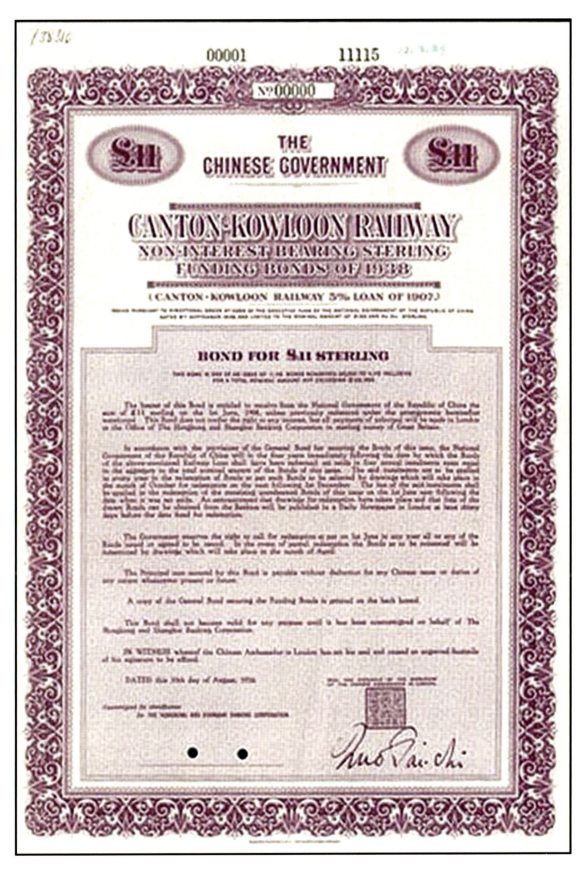

图 29 - 7　1938 年汇丰银行广九铁路借款重组无息债券 11 英镑票样注销券
（**KUL 160 SCRIP SP CN**）

第三十章

Chapter 30

津浦铁路借款系列债券

津浦铁路（Tientsin – Pukow Railway）是连接天津和南京浦口之间的重要铁路干线。

一、津浦铁路借款债券（1908 年和 1909 年）

（一）历史背景

津浦铁路穿越德国控制的山东和英国控制的江苏，英德两国便合谋瓜分了筑路权。1908 年 1 月 13 日，清政府与德国德华银行和英国华中铁路有限公司（Chinese Central Railway Ltd.）签订津浦铁路借款合同。根据协议约定，津浦铁路施工分为南北两段，以山东峄县（今枣庄市）为界，南段由英国修建，北段由德国修建。[1]

津浦铁路借款总额为 500 万英镑。德华银行提供 315 万英镑，华中铁路公司提供 185 万英镑，借款期限 30 年，年息 5 厘。前 10 年付息不能还本，后 20 年每年抽签还本。如在第 10 年到第 20 年间提前偿清本金，须在债券面值增加 2.5% 的费用。[2]

---

① 戴学文：《算旧账：历数早期中国对外债券》，台湾波多西工作室 2016 年版，第 56 页。
② 中国人民银行总行参事室编：《中国清代外债史资料（1853 – 1911）》，中国金融出版社 1991 年版，第 478 ~ 484 页。

债券分两期发行。第一期 300 万英镑于 1908 年 4 月发售，折扣为 93 折。其中德华银行发行 189 万英镑，华中铁路公司发行 111 万英镑。第二期 200 万英镑于 1909 年 6 月发售，折扣为 94.5 折。其中德华银行发行 126 万英镑，华中铁路公司发行 74 万英镑。[1]

1917 年，中国加入协约国向德国宣战，停止偿付所有对德外债。1921 年，中德达成协议，德国政府将德华银行发行的面值 140 万英镑津浦铁路借款债券退还中国[2]。1924 年，中国政府恢复支付剩余的德华银行津浦铁路借款债券本息，但仅补付了两期利息[3]。

1925 年，津浦铁路借款债券本息支付开始暂停，华中铁路公司使用此前积存的偿债基金维持支付到 1926 年，便宣告中止还本付息。1936 年，民国政府与津浦铁路首期借款债权人达成协议：1938 年前所积欠利息，债权人只保留 1/5，中国政府发给无息基金凭证，从 1941 年起分 20 年偿还。债券的还款期限延长至 1976 年，其中 1936 ～ 1938 年的利率降到 2.5%，此后恢复到 5%，为此印刷了新息票以替换原息票。本金从 1940 年开始偿还。[4]

不久，抗战爆发，偿付工作再次停止。

（二）主要券种

1. 实用票

津浦铁路借款债券分为英国华中铁路公司和德华银行两种。

华中铁路公司发行的债券分为 1908 年版（KUL 170）（见图 30 - 1）和 1909 年版（KUL 170A）（见图 30 - 2），面值均为 100 英镑。编号（19501 ～ 30600）为 1908 年版，编号（30601 ～ 38000）为 1909 年版。两者版式几乎完全相同，唯一的区别位于标题"BOND FOR £ 100"上方的文字说明第二段第三行最后一句"AS MENTIONED BELOW"。1908 年版在 BELOW 后方无句号，1909 年版在 BELOW 后方有句号。

债券分为正票页和息票页，正票页大小为 51 × 33 厘米。债券由英国华德路印钞公司（Waterlow & Sons）印制。新息票页由英国 Bradbury，Wilkinson & Co. Ltd Printers & Engravers 印制。债券的中央分别用中文和英文抄录了招募说明书。左下角是津浦铁路督办大臣吕海寰的花押和关防，右下角是出使英国大臣李经方的花押、英文签名和关防。由于在 1926 年抽签还本时出现偿债基金不足的情况，有 925 张债券只偿还了 50 英镑本金，故在正票页盖有"Fifty pounds principal repaid"（已偿还 50 英镑本金）的蓝戳。在这 925 张债券中，617 张为 1908 年版（见图 30 - 3），308 张为 1909 年版（见图 30 - 4）。1938 年，专门为这 925 张债券印制了蓝色的新息票页（见图 30 - 5），而其余债券所替换的新息票页则为橙色（见图 30 - 6）。

另有极少数还保留有原息票（见图 30 - 7）。

德华银行发行的债券分为 20 英镑（见图 30 - 8）和 100 英镑（见图 30 - 9）两种面值，1908 年

---

① 王致中：《中国铁路外债研究（1887 - 1911）》，经济科学出版社 2003 年版，第 218 ～ 219 页。
② ［德国］高文：《中国对外债券 1865 - 1982》，Freiberg Druck，Hannover，West Germany 1983 年版，第 129 页。
③ 财政科学研究所、中国第二历史档案馆编：《民国外债档案史料》（第三卷），中国档案出版社 1989 年版，第 369 页。
④ 财政科学研究所、中国第二历史档案馆编：《民国外债档案史料》（第三卷），中国档案出版社 1989 年版，第 367 ～ 368 页。

版和 1909 年版版式完全相同。

债券分为正票页和息票页，正票页大小为 54×34 厘米。正票页和息票页均有水印花纹。债券由德国柏林 Giesecke & Devrient 公司印制。债券的中央分别用中文和德文抄录了招募说明书。左下角是出使德国大臣孙宝琦的英文签名和关防，右下角是津浦铁路督办大臣吕海寰的花押和关防。

德华银行债券的息票分为两种：一部分债券在 1938 年用新息票页替换了原息票页（见图 30 – 10 ~ 图 30 – 11）。并在正票页盖有德文"Zinsscheine 62 – 102 ausgegeben[①]"的红戳；另一部分德国政府作为第一次世界大战战败赔款归还中国政府的债券还保留原有的息票[②]（见图 30 – 12 ~ 图 30 – 15）。

债券具体发行情况如表 30 – 1 所示。

表 30 – 1 津浦铁路借款债券（1908 ~ 1909 年）

发行机构	高文编号	面值（英镑）	发行数量（张）	编号范围	理论未兑付量（张）
华中铁路公司（1908）	170	100	11100	19501 ~ 30600	6660
	170 OC				
华中铁路公司（1909）	170A	100	7400	30601 ~ 38000	4440
华中铁路公司（1908）	171	100（50 英镑已付）	617	19501 ~ 30600	617
华中铁路公司（1909）	171A	100（50 英镑已付）	308	30601 ~ 38000	308
德华银行	172	20	60000	1 ~ 60000	43528
德华银行	172 OC	20			
德华银行	173	100	19500	1 ~ 19500	14147
德华银行	173 OC	100			

2. 其他券种

1908 年华中铁路公司津浦铁路借款债券 100 英镑的票样（KUL 170SP）尚有存世。债券票样保留完整的原息票，并在正票和息票上盖有"SPECIMEN"（英文票样）红戳。债券票样未盖出使英国大臣的关防（见图 30 – 16）。

目前发现了少量德华银行津浦铁路借款债券的备用票，分别为 20 英镑注销券（KUL 172 RS CN）和 100 英镑（KUL 173 RS）（见图 30 – 17 ~ 图 30 – 20）。备用票保存完整的正票和原息票，但未盖出使德国大臣关防。

---

① 德文"新发行第 62 ~ 102 号息票"。
② 这部分作为赔款的债券理论上应该注销销毁，但因为种种原因并没有全部归还中国政府，故还有一定数量存世。

1908 版无句号

图 30 – 1　1908 年华中铁路公司津浦铁路借款债券 100 英镑新息票版（KUL 170）

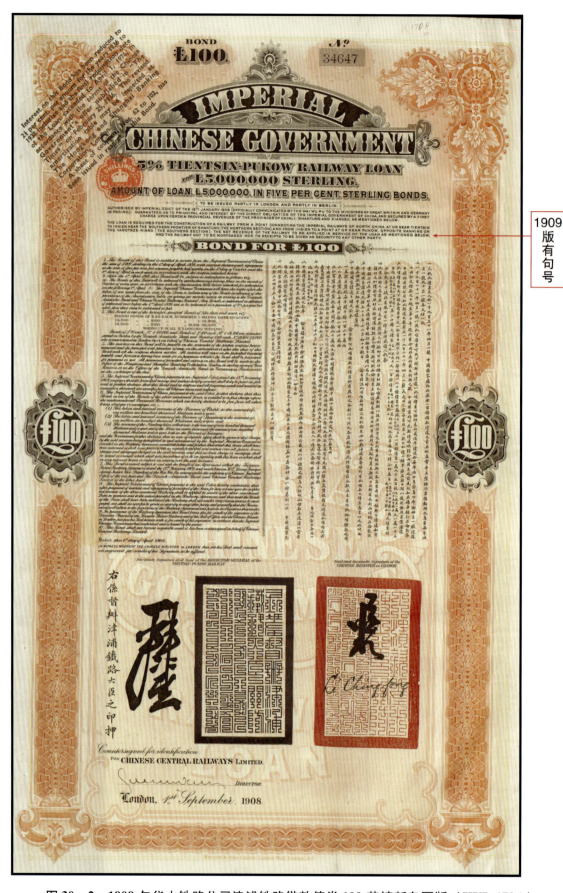

1909版有句号

图 30－2　1909 年华中铁路公司津浦铁路借款债券 100 英镑新息票版（KUL 170A）

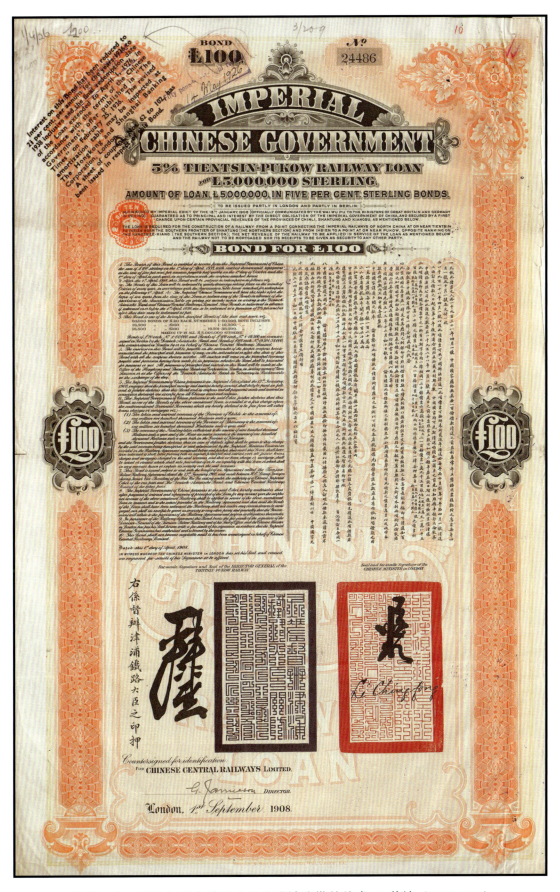

图 30 – 3　1908 年华中铁路公司津浦铁路借款债券 50 英镑（KUL 171）

图 30 - 4　1909 年华中铁路公司津浦铁路借款债券 50 英镑（KUL 171A）

图 30 - 5　1908 年和 1909 年华中铁路公司津浦铁路借款债券 50 英镑新息票

图 30－6　1908 和年 1909 年华中铁路公司津浦铁路借款债券 100 英镑新息票

图 30-7　1908 年华中铁路公司津浦铁路借款债券 100 英镑原息票版（KUL 170OC）

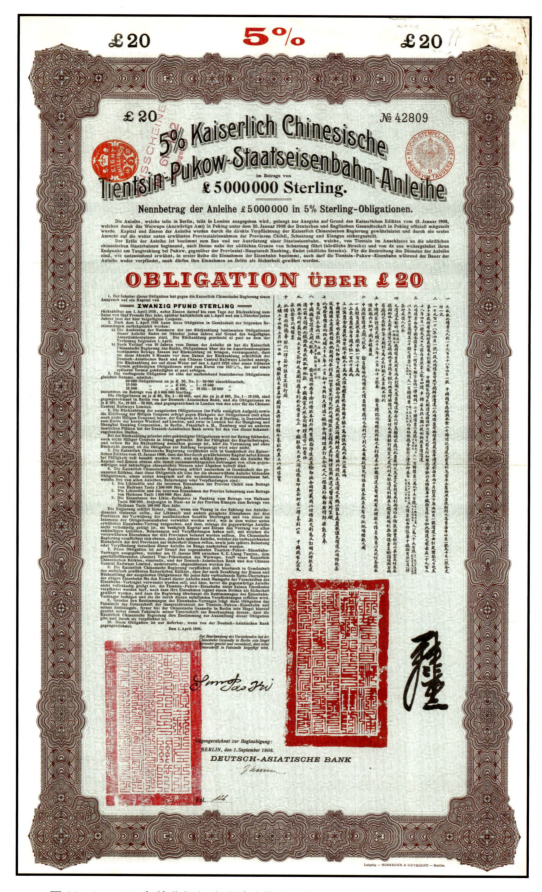

图 30 −8　1908 年德华银行津浦铁路借款债券 20 英镑新息票版（KUL 172）

图 30 - 9　1908 年德华银行津浦铁路借款债券 100 英镑新息票版（KUL 173）

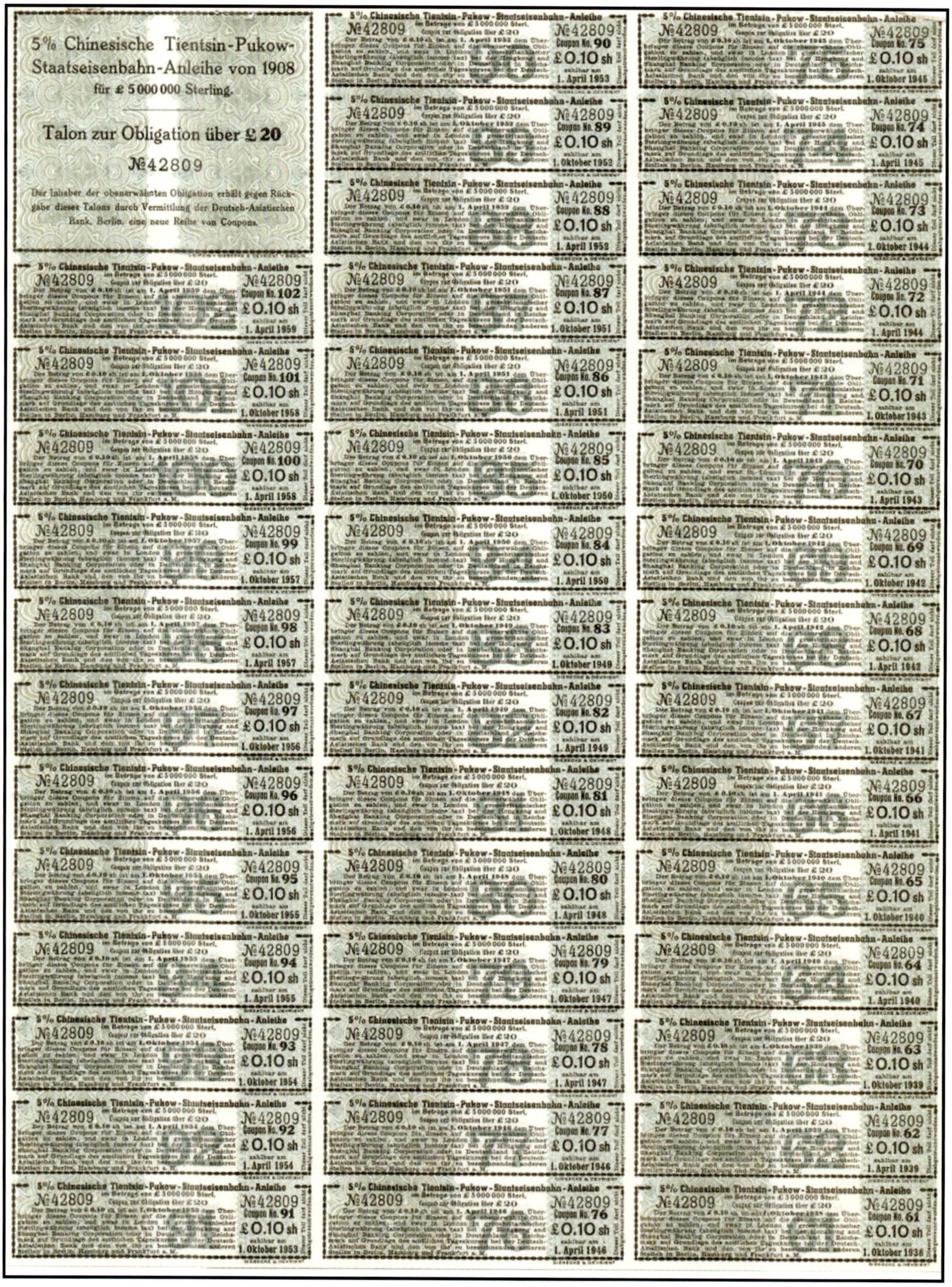

图 30 – 10   1908 年德华银行津浦铁路借款债券 20 英镑新息票

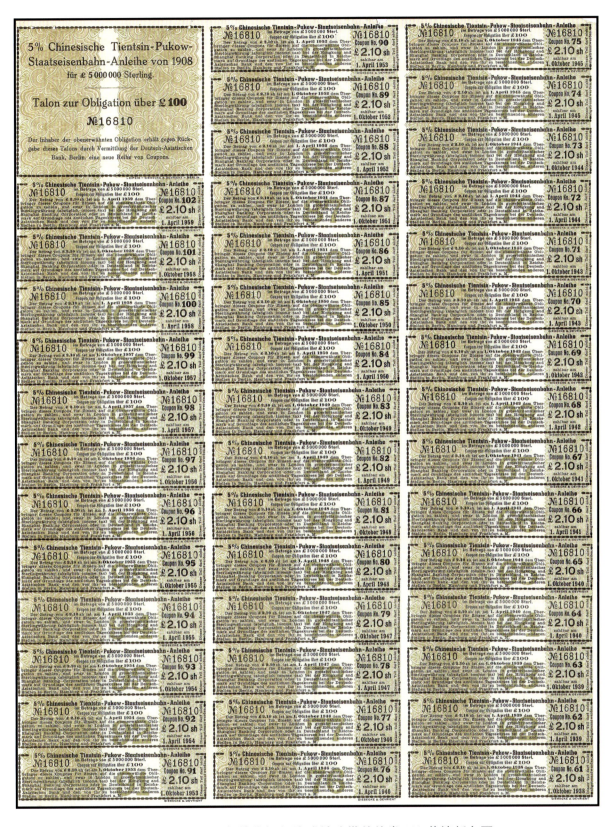

图 30 – 11   1908 年德华银行津浦铁路借款债券 100 英镑新息票

图 30－12　1908 年德华银行津浦铁路借款债券 20 英镑原息票

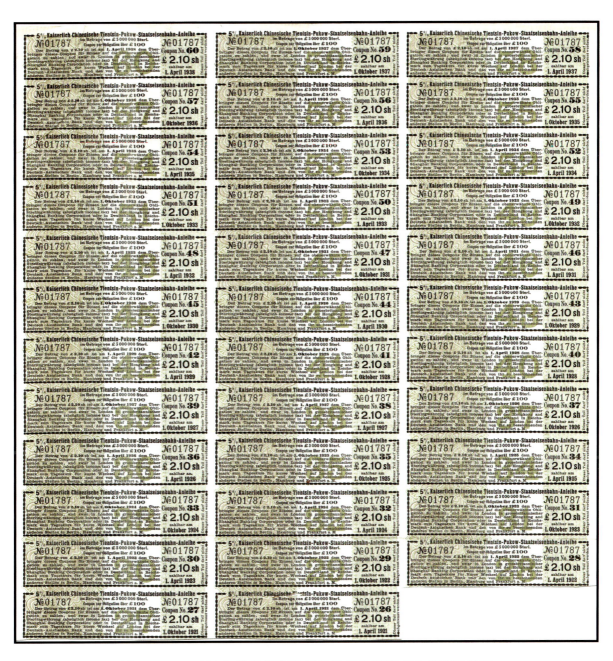

图 30－13　1908 年德华银行津浦铁路借款债券 100 英镑原息票

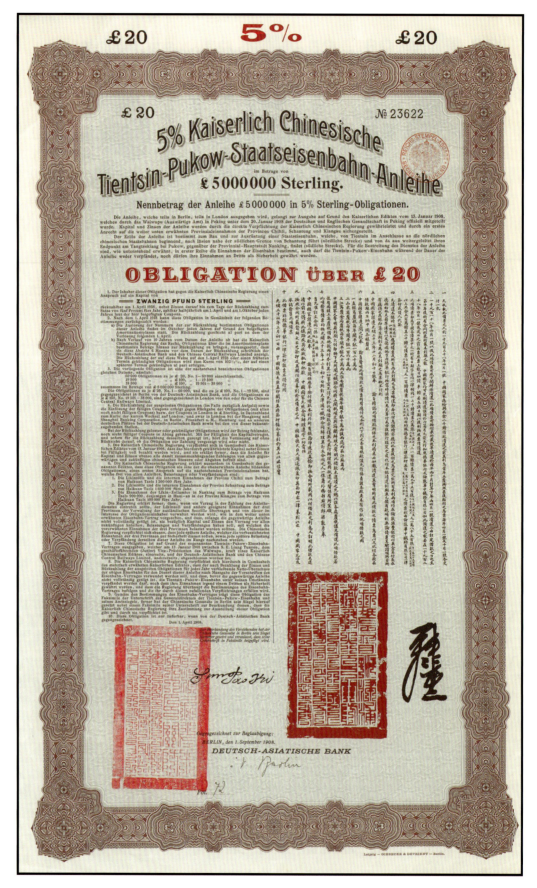

图 30 – 14　1908 年德华银行津浦铁路借款债券 20 英镑原息票版（KUL 172OC）

图 30 – 15　1908 年德华银行津浦铁路借款债券 100 英镑原息票版（KUL 173OC）

图 30 – 16　1908 年华中铁路公司津浦铁路借款债券 100 英镑票样（KUL 170SP）

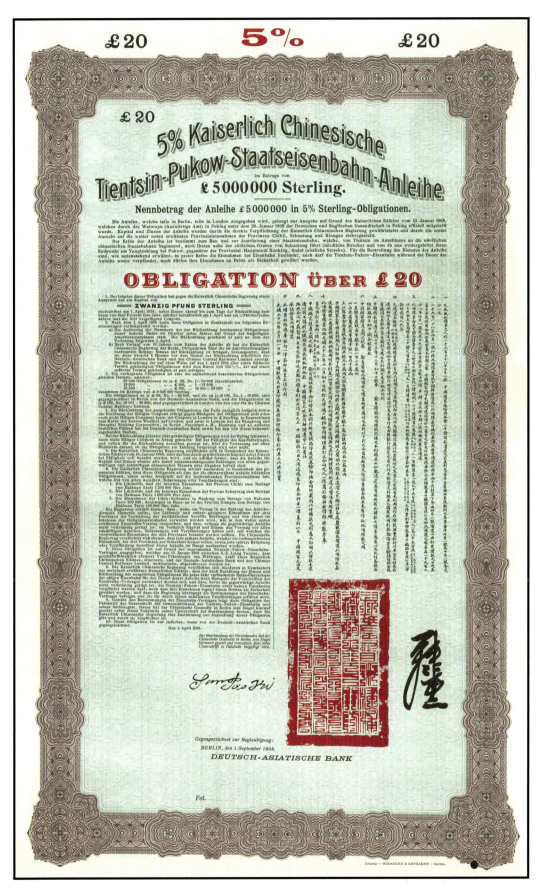

图 30－17 1908 年德华银行津浦铁路借款债券 20 英镑备用票注销券（KUL 172RS CN）

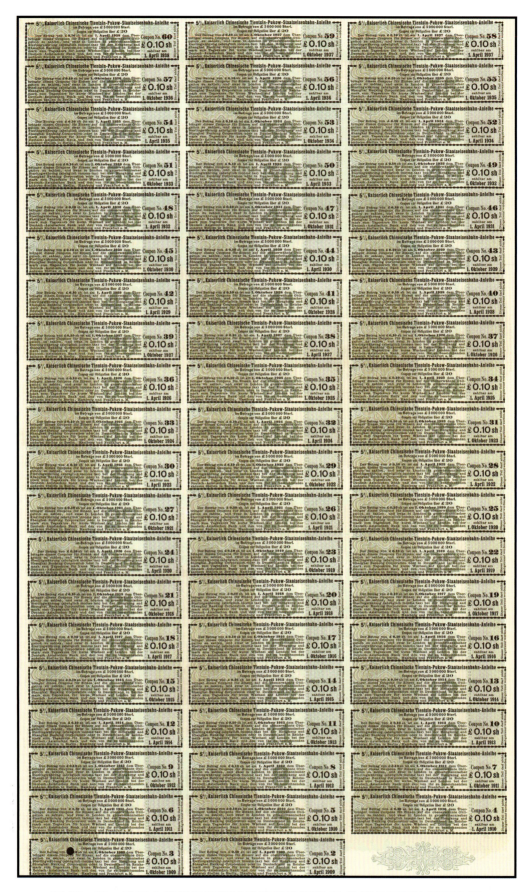

图 30−18　1908 年德华银行津浦铁路借款债券 20 英镑备用票注销票息票

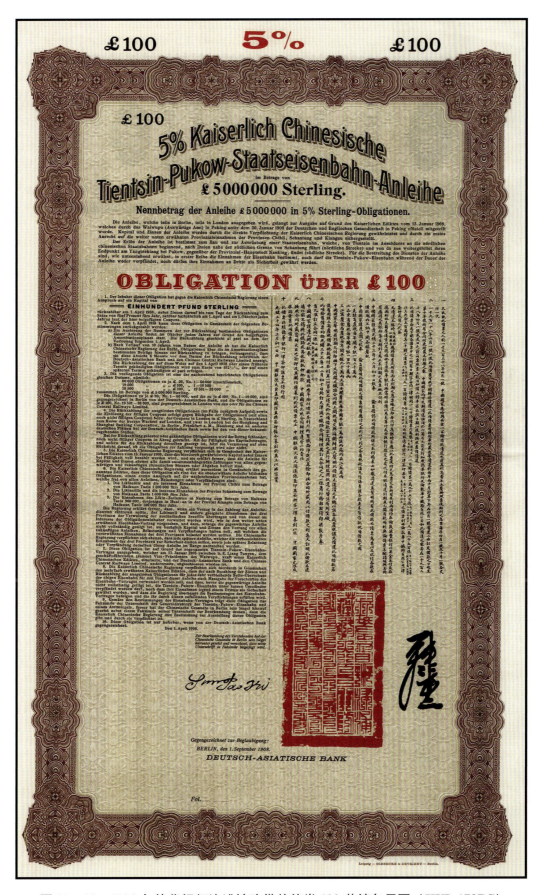

图 30－19　1908 年德华银行津浦铁路借款债券 100 英镑备用票（KUL 173RS）

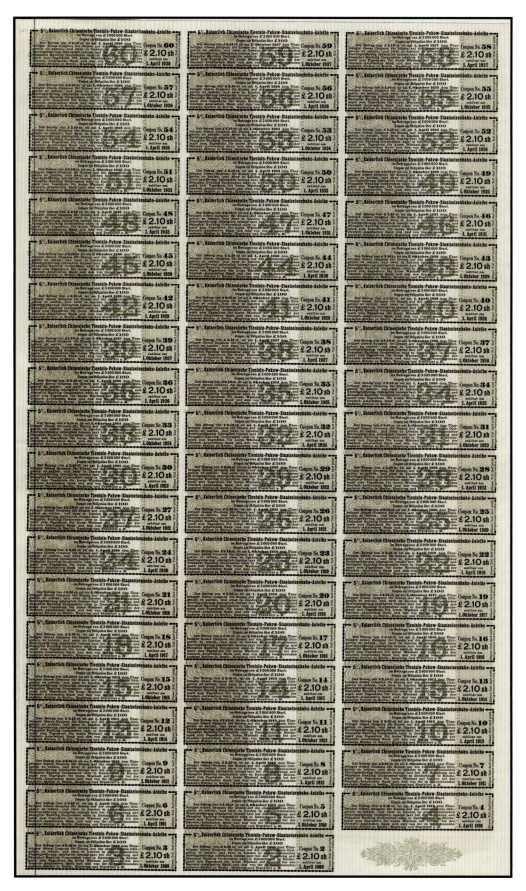

图 30－20　1908 年德华银行津浦铁路借款债券 100 英镑备用票息票

二、津浦铁路续借款债券（1910 年）

（一）历史背景

津浦铁路首期借款经过层层盘扣，真正用于修路的工程款不足 330 万英镑①。1910 年 7 月，全部借款告罄。1910 年 9 月 28 日，清政府与德国德华银行和英国华中铁路有限公司签订了津浦铁路续借款（Tientsin – Pukow Railway Supplementary Loan）合同。借款总额为 480 万英镑，各项借款条件与首期借款相同。拟发行两期债券，第一期 300 万英镑于 1910 年 11 月发行，折扣为 94.5 折。其中德华银行发行 189 万英镑，华中铁路公司发行 111 万英镑。第二期债券拟发行 180 万英镑，因英镑价低落取消。②

1911 年 12 月，津浦铁路全线通车。

1917 年，中国参加协约国向德国宣战，停止偿付所有对德外债。1921 年，中德达成协议，德国政府将德华银行发行的面值 95 万英镑津浦铁路续借款债券退还中国③。1924 年，中国政府恢复支付剩余的德华银行津浦铁路续借款债券本息，但仅补付了两期利息④。

1925 年，津浦铁路续借款债券本息开始停付。1936 年，民国政府铁道部与债权人谈判债务重组，将债券本金的偿还期限延长至 1976 年，重组条件与津浦铁路首期借款基本一致。

不久，抗战爆发，偿付工作再次停止。

（二）主要券种

1. 实用票

津浦铁路续借款债券分为英国华中铁路公司和德华银行两种。

华中铁路公司发行的债券只有一种，面值为 100 英镑一种（见图 30 – 21）。债券分为正票页和息票页，正票页大小为 51×33 厘米。债券由英国华德路印钞公司（Waterlow & Sons）印制。债券的中央分别用中文和英文抄录了招募说明书。左下角是津浦铁路督办大臣徐世昌的花押和关防，右下角是出使英国大臣刘玉麟的花押、英文签名和关防。多数债券 1939 年 5 月前的未兑息票都已经

① 王致中：《中国铁路外债研究（1887 – 1911）》，经济科学出版社 2003 年版，第 220 页。
② 王致中：《中国铁路外债研究（1887 – 1911）》，经济科学出版社 2003 年版，第 221~222 页。
③ ［德国］高文：《中国对外债券 1865 – 1982》，Freiberg Druck，Hannover，West Germany 1983 年版，第 129 页。
④ 财政科学研究所、中国第二历史档案馆编：《民国外债档案史料》（第三卷），中国档案出版社 1989 年版，第 369 页。

裁去，兑换成无息基金凭证，仅保留第 57 ~ 60 号息票，只有少数债券还保留有 1925 ~ 1938 年的息票[①]。

德华银行发行的债券分为 20 英镑和 100 英镑两种面值（见图 30 - 22 和图 30 - 23）。债券分为正票页和息票页，正票页大小为 54 × 34 厘米。债券的正票页和息票页均有水印花纹。债券由德国柏林 Giesecke & Devrient 公司印制。债券的中央分别用中文和德文抄录了招募说明书。左下角是出使英国大臣刘玉麟[②]代署的英文签名和关防，右下角是津浦铁路督办大臣徐世昌的花押和关防。

不同于津浦铁路首期借款债券，津浦铁路续借款债券重组方案规定印制的新息票页似乎并未印制。目前发现的津浦铁路续借款债券均为原息票页。

债券具体发行情况如表 30 - 2 所示。

表 30 - 2　　　　　　　　　**津浦铁路续借款债券（1910 年）**

发行机构	高文编号	面值（英镑）	发行数量（张）	编号范围	理论未兑付量（张）
华中铁路公司	200	100	11100	18241 ~ 29340	8880
华中铁路公司	200 OC	100			
德华银行	201	20	49500	1 ~ 49500	43549
德华银行	202	100	9000	1 ~ 9000	7918

2. 其他券种

目前发现了少量德华银行津浦铁路续借款债券的备用票，分别为 20 英镑注销券（KUL 201 RS CN）和 100 英镑（KUL 202 RS）（见图 30 - 24 ~ 图 30 - 27）。备用票保存完整的正票和原息票，但未盖出使英国大臣关防。

---

① ［德国］高文：《中国对外债券 1865 - 1982》，Freiberg Druck，Hannover，West Germany 1983 年版，第 60 页。保留 1925 ~ 1938 年息票的债券被编号为 200 OC。

② 当时中国出使德国钦差大臣没有任命，故由出使英国钦差大臣刘玉麟代署。

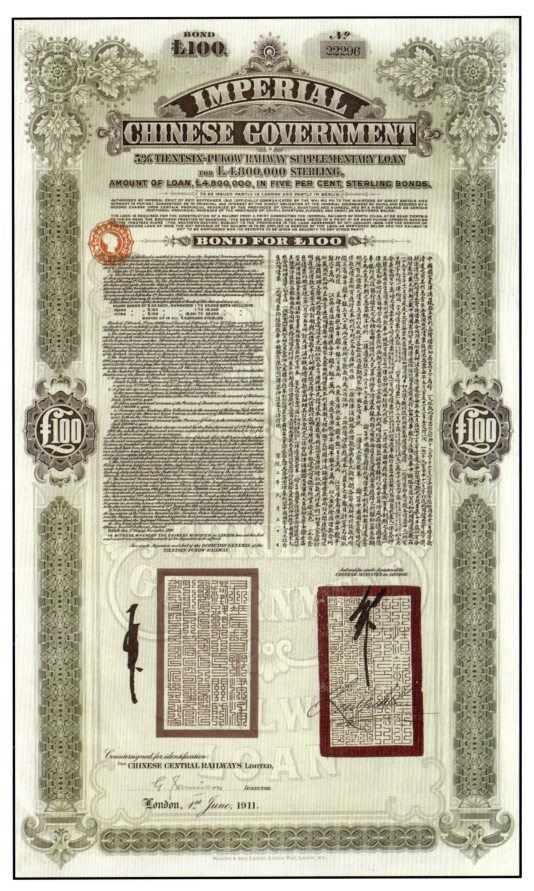

图 30 – 21 1910 年华中铁路公司津浦铁路续借款债券 100 英镑（KUL 200）

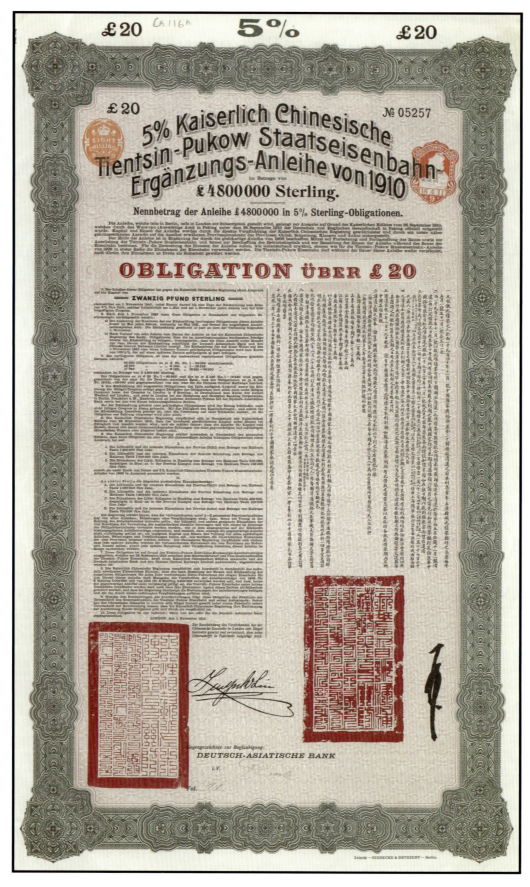

图 30-22　1910 年德华银行津浦铁路续借款债券 20 英镑（KUL 201）

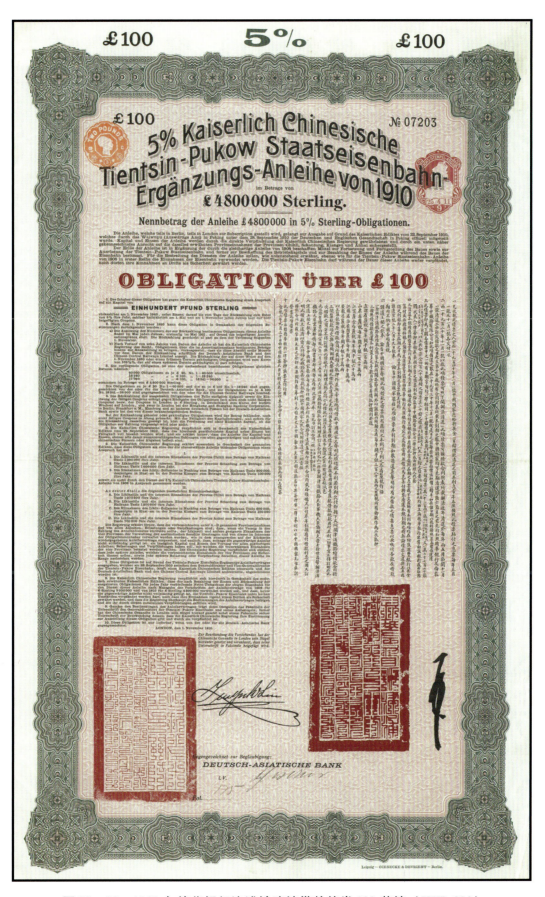

图 30－23　1910 年德华银行津浦铁路续借款债券 100 英镑（KUL 202）

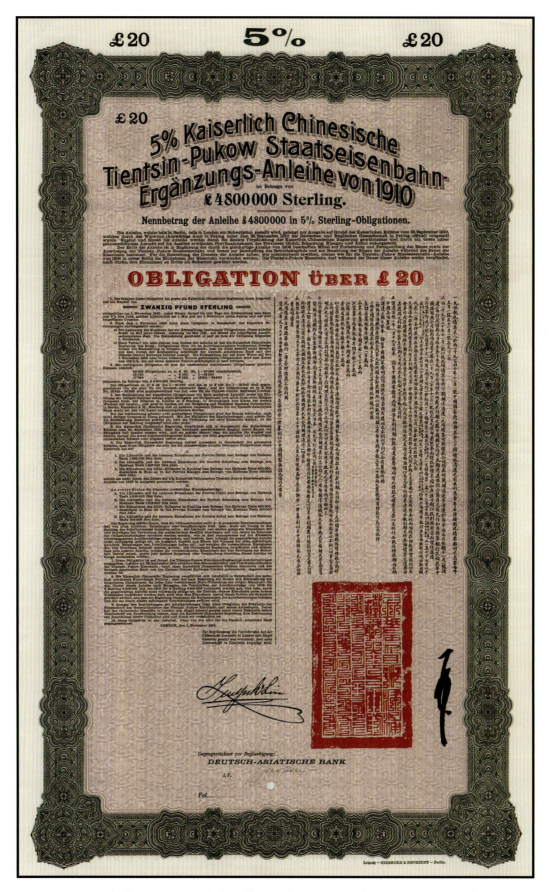

图 30－24　1910 年德华银行津浦铁路续借款债券 20 英镑备用票注销券（KUL 201RS CN）

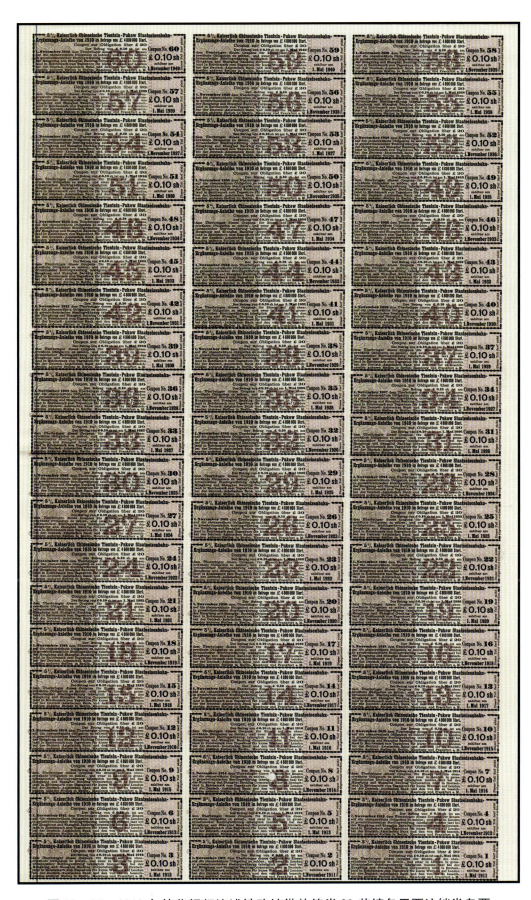

图 30 – 25　1910 年德华银行津浦铁路续借款债券 20 英镑备用票注销券息票

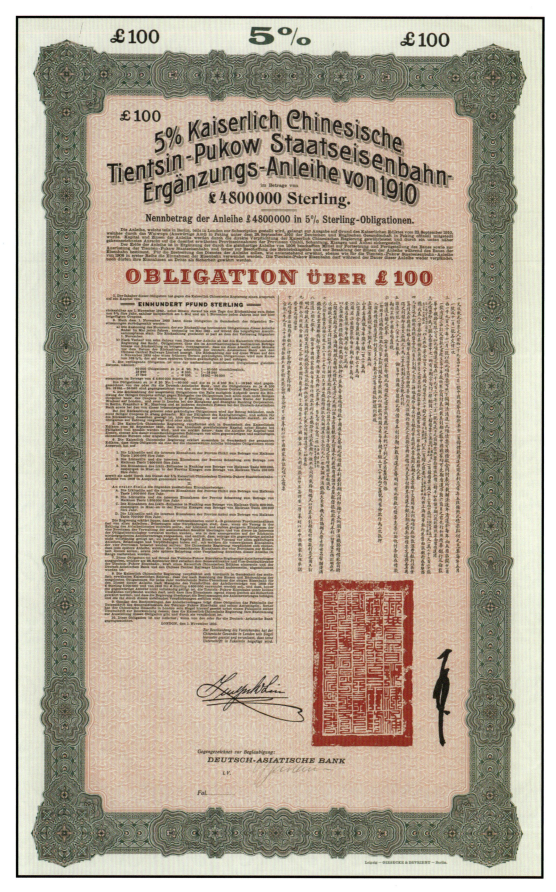

图 30－26　1910 年德华银行津浦铁路续借款债券 100 英镑备用票 （KUL 202RS）

图 30 – 27　1910 年德华银行津浦铁路续借款债券 100 英镑备用票息票

三、津浦铁路借款债券积欠利息重组票据（1936 年和 1938 年）

1936 年，民国政府与津浦铁路借款和续借款债权人达成债务重组协议，对积欠利息：1936～1938 年的利率由 5% 降到 2.5%。1938 年之前的全部积欠利息，债权人只保留 1/5，以此换取中国政府发给无息基金凭证，从 1941 年起偿还，但在对华中铁路公司和德华银行的借款处理上却有所差别。[①]

（一）华中铁路公司债券积欠利息重组票据

华中铁路公司债权人委托汇丰银行作为全权代表，同民国政府谈判债务重组方案。华中铁路公司债权人持有的津浦铁路债券，分别是 1908 年和 1909 年津浦铁路借款债券 50 英镑（KUL 171 和 KUL 171A）、1908 年和 1909 年津浦铁路借款债券 100 英镑（KUL 170 和 KUL 170A）和 1910 年津浦铁路续借款债券 100 英镑（KUL 200）。重组程序如下：

步骤一：1936 年，汇丰银行回收债权人持有的旧息票，并付给债权人回收息票的收据。收据是未来兑换无息凭证的依据。不同的债券对应不同的收据，收据的面值为每张债券未支付利息总额的 1/5。由于 1936～1938 年的利率重整后只有票面利率的一半，所以收据上将这 3 年的 2 张息票仅计为 1 张息票。津浦铁路借款是从 1926 年 4 月开始拖欠利息，收据上标注的回收息票数目是 22 张（见图 30 - 28）。而津浦铁路续借款则从 1925 年 11 月开始拖欠利息，故收据上标注的回收息票的数目是 24 张（见图 30 - 29），具体如表 30 - 3 所示。

表 30 - 3　　　　　　　　华中铁路公司津浦铁路债券积欠利息旧息票收据

发行机构	高文编号	对应债券	面值	发行数量（张）	编号范围
汇丰银行	TPS 10	津浦铁路借款债券 50 英镑（1908 年、1909 年）	6 英镑	925	不详
汇丰银行	TPS 11	津浦铁路借款债券 100 英镑（1908 年、1909 年）	11 英镑 10 先令	11100	不详
汇丰银行	TPS 12	津浦铁路续借款债券 100 英镑（1910 年）	12 英镑	8880	不详

注：收据的发行数量系根据未兑付的债券数量推测。

由于津浦铁路借款债券重组票非常复杂，高文引入 TPS（Tientsin - Pukow Railway Loan Scrip Certificates，即津浦铁路借款重组票据）单独编号。

步骤二：1938 年，重组方案进行调整。改为发行 3 种不同面值的无息债券。拟发行的无息债券如表 30 - 4、图 30 - 30～图 30 - 32 所示。

---

① 财政科学研究所、中国第二历史档案馆编：《民国外债档案史料》（第三卷），中国档案出版社 1989 年版，第 367～368 页。

List *No.* 178.

No. 3810

TIENTSIN-PUKOW RAILWAY LOAN OF 1908.

The Hongkong and Shanghai Banking Corporation hereby acknowledges receipt, on behalf of the Chinese Government, of 22 coupons of £2 10s. each, from Bond No. 37611 of the London Issue of the Tientsin-Pukow Railway Loan of 1908 ; which together with £2 10s. for interest due October 1st, 1938, (for which the Bond provided no coupon) represent a total nominal value of £57 10s. relative to the said Bond.   The coupons have been surrendered in accordance with Paragraph 3 of the Chinese Government's offer to the bondholders published in "The Times" on February 25th, 1936 ; and due notice will be given in "The Times" and other London newspapers when this receipt, which must be carefully preserved, may be exchanged for non-interest bearing scrip for **£11 10s.** (viz. one-fifth of £57 10s.) in terms of the said offer.

PARTICULARS OF COUPONS SURRENDERED.

Due Dates.	Number of Coupons.
April, 1926 to October, 1935 inclusive	20
October, 1936	1
October, 1937	1
	22

For and on behalf of
THE CHINESE GOVERNMENT,
for **THE HONGKONG AND SHANGHAI BANKING CORPORATION,**

Date **15 JUN 1936** 193 .

Paying Agents for the Loan in London.

图 30－28　1936 年汇丰银行津浦铁路借款 100 英镑债券息票收据 11 英镑 10 先令（TPS 11）

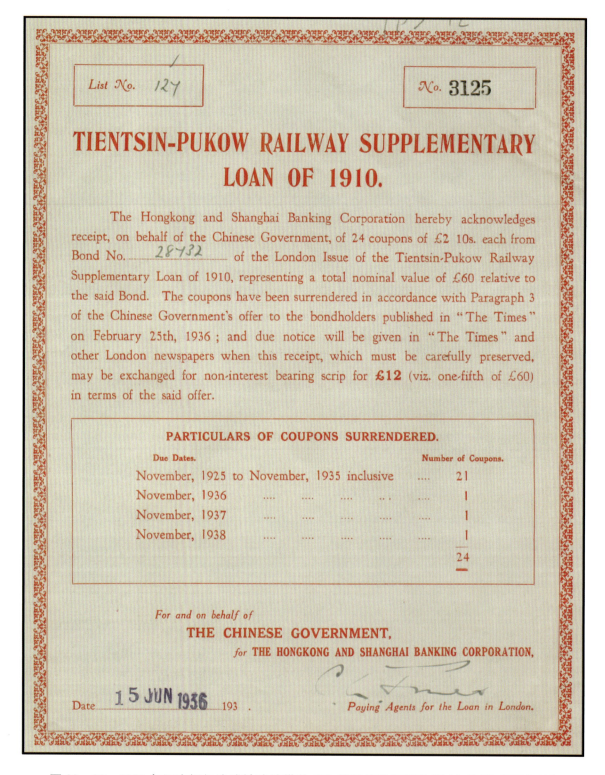

图 30－29　1936 年汇丰银行津浦铁路续借款 100 英镑债券息票收据 12 英镑（TPS 12）

表 30－4　　　　　　华中铁路公司津浦铁路债券积欠利息重组无息债券

发行机构	高文编号	对应债券	面值	发行数量（张）	编号范围
汇丰银行	TPS 1	津浦铁路借款债券 50 英镑（1908 年、1909 年）	6 英镑	925	不详
汇丰银行	TPS 2	津浦铁路借款债券 100 英镑（1908 年、1909 年）	11 英镑 10 先令	11000	不详
汇丰银行	TPS 3	津浦铁路续借款债券 100 英镑（1910 年）	12 英镑	8880	不详

注：无息债券的发行数量系根据未兑付的债券数量推测。

图 30－30　1938 年汇丰银行津浦铁路借款重组无息债券 6 英镑票样注销券（TPS 1 SP CN）

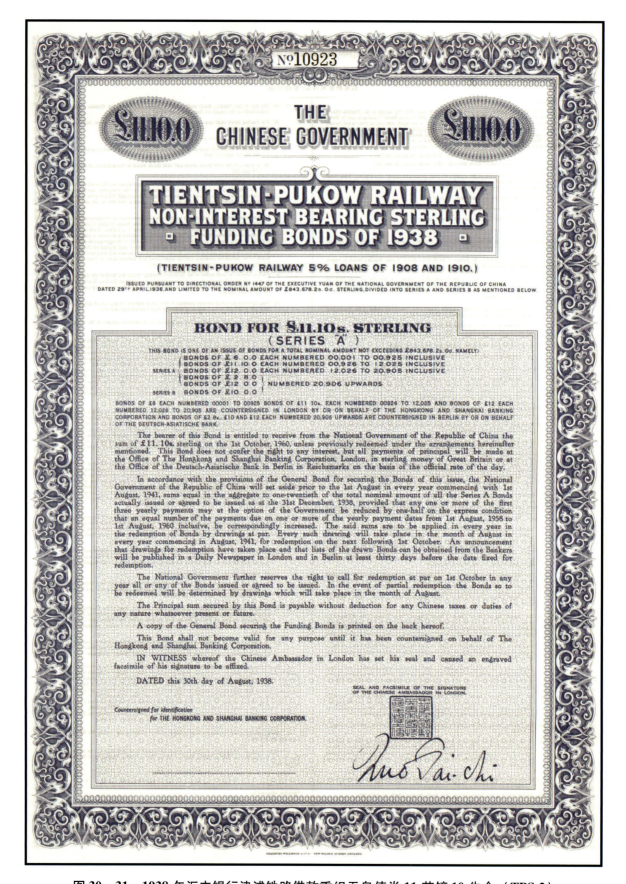

图 30−31 1938 年汇丰银行津浦铁路借款重组无息债券 11 英镑 10 先令（TPS 2）

资料来源：汇丰银行档案馆藏品。

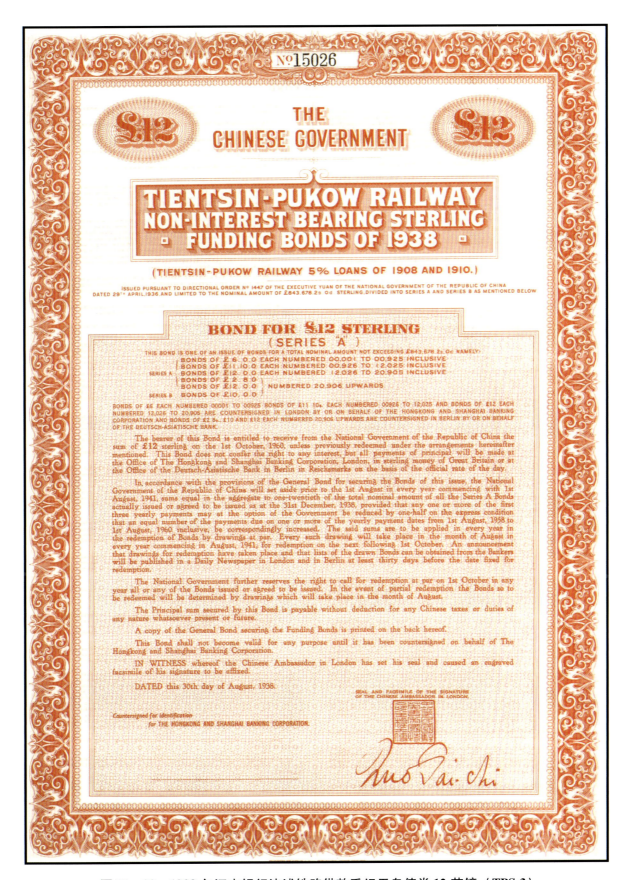

图 30 - 32　1938 年汇丰银行津浦铁路借款重组无息债券 12 英镑（TPS 3）

资料来源：汇丰银行档案馆藏品。

但目前仅在汇丰银行档案馆中发现少量无息债券。3 种无息债券除颜色外，版式完全相同。由英国 Bradbury，Wilkinson & Co. Ltd Printers & Engravers 印制，债券右下角盖有"中华民国驻英吉利国特命全权大使"之印，并有驻英大使郭泰祺的英文签名。同时，债券声明必须由汇丰银行代表在左下角副署后方能生效。目前发现的无息债券均无汇丰银行代表副署。

步骤三：汇丰银行印制无息债券分券，规定 3 张分券可以兑换 1 张对应面值的无息债券。分券也分为 3 种不同面值，发行情况如表 30 – 5、图 30 – 33 ~ 图 30 – 35 所示。

表 30 – 5　　　　　　　华中铁路公司津浦铁路债券积欠利息重组无息债券分券

发行机构	高文编号	对应债券	面值	发行数量（张）	编号范围
汇丰银行	TPS 7	津浦铁路借款债券 50 英镑（1908 年、1909 年）	2 英镑	2775	不详
汇丰银行	TPS 8	津浦铁路借款债券 100 英镑（1908 年、1909 年）	3 英镑 16 先令 8 便士	33300	不详
汇丰银行	TPS 9	津浦铁路续借款债券 100 英镑（1910 年）	4 英镑	26640	不详

注：无息债券分券的发行数量系根据无息债券数量的 3 倍推测。

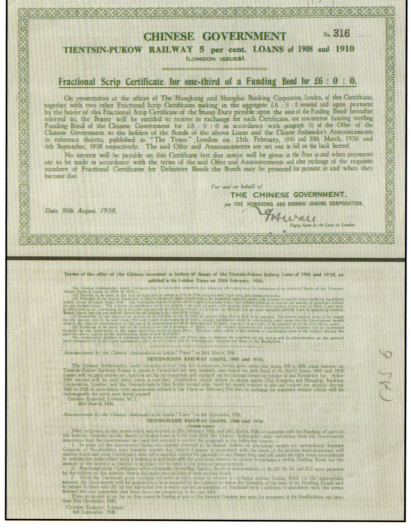

图 30 – 33　1938 年汇丰银行津浦铁路借款重组无息凭证分券 2 英镑正反面（TPS 7）

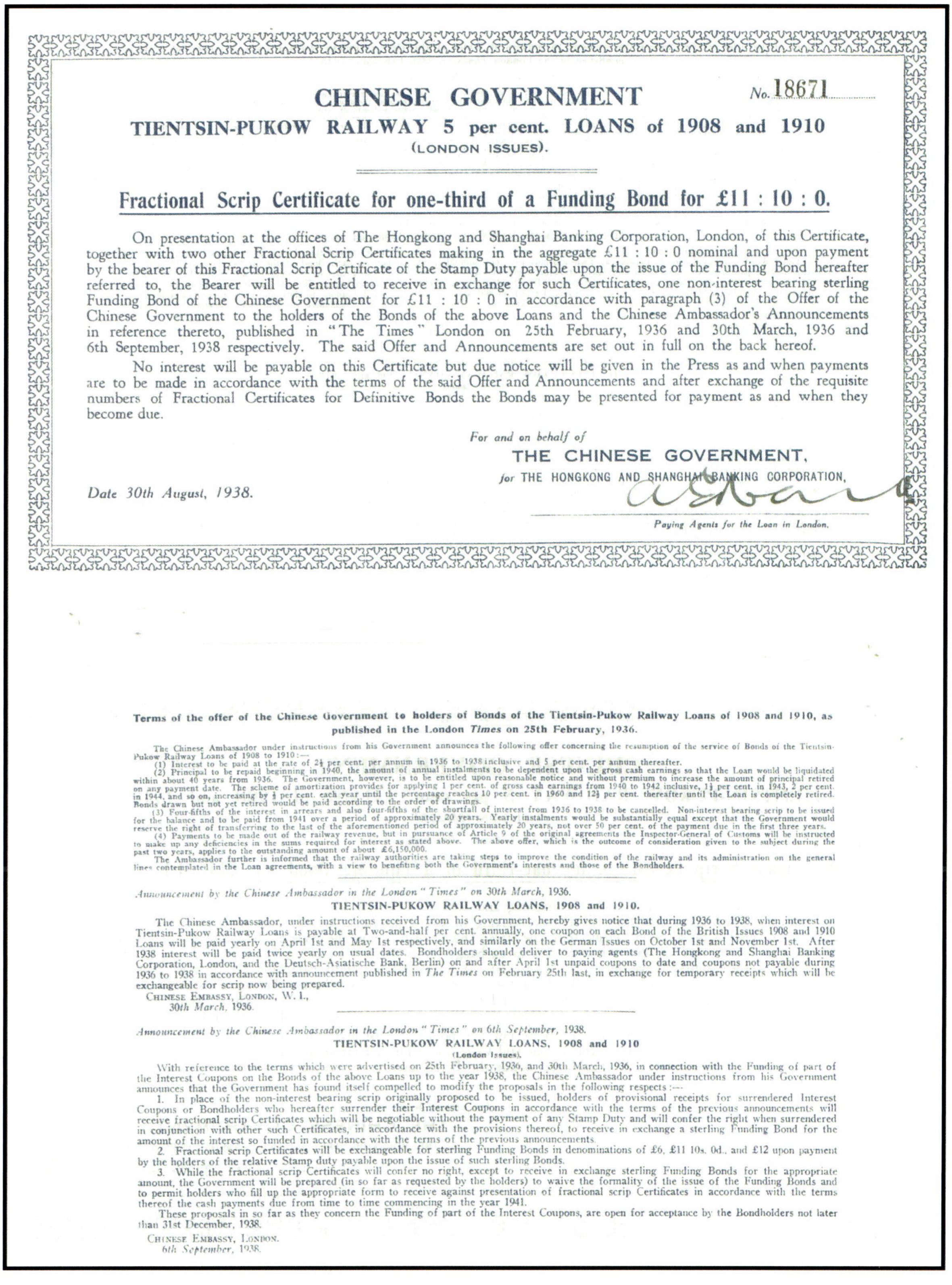

CHINESE GOVERNMENT

No. 18671

TIENTSIN-PUKOW RAILWAY 5 per cent. LOANS of 1908 and 1910
(LONDON ISSUES).

Fractional Scrip Certificate for one-third of a Funding Bond for £11 : 10 : 0.

On presentation at the offices of The Hongkong and Shanghai Banking Corporation, London, of this Certificate, together with two other Fractional Scrip Certificates making in the aggregate £11 : 10 : 0 nominal and upon payment by the bearer of this Fractional Scrip Certificate of the Stamp Duty payable upon the issue of the Funding Bond hereafter referred to, the Bearer will be entitled to receive in exchange for such Certificates, one non-interest bearing sterling Funding Bond of the Chinese Government for £11 : 10 : 0 in accordance with paragraph (3) of the Offer of Chinese Government to the holders of the Bonds of the above Loans and the Chinese Ambassador's Announcements in reference thereto, published in "The Times" London on 25th February, 1936 and 30th March, 1936 and 6th September, 1938 respectively. The said Offer and Announcements are set out in full on the back hereof.

No interest will be payable on this Certificate but due notice will be given in the Press as and when payments are to be made in accordance with the terms of the said Offer and Announcements and after exchange of the requisite numbers of Fractional Certificates for Definitive Bonds the Bonds may be presented for payment as and when they become due.

For and on behalf of
THE CHINESE GOVERNMENT,
for THE HONGKONG AND SHANGHAI BANKING CORPORATION,

Date *30th August, 1938.*

Paying Agents for the Loan in London.

Terms of the offer of the Chinese Government to holders of Bonds of the Tientsin-Pukow Railway Loans of 1908 and 1910, as published in the London *Times* on 25th February, 1936.

The Chinese Ambassador under instructions from his Government announces the following offer concerning the resumption of the service of Bonds of the Tientsin-Pukow Railway Loans of 1908 to 1910:—
(1) Interest to be paid at the rate of 2½ per cent. per annum in 1936 to 1938 inclusive and 5 per cent. per annum thereafter.
(2) Principal to be repaid beginning in 1940, the amount of annual instalments to be dependent upon the gross cash earnings so that the Loan would be liquidated within about 40 years from 1936. The Government, however, is to be entitled upon reasonable notice and without premium to increase the amount of principal retired on any payment date. The scheme of amortization provides for applying 1 per cent. of gross cash earnings from 1940 to 1942 inclusive, 1½ per cent. in 1943, 2 per cent. in 1944, and so on, increasing by ½ per cent. each year until the percentage reaches 10 per cent. in 1960 and 12½ per cent. thereafter until the Loan is completely retired. Bonds drawn but not yet retired would be paid according to the order of drawings.
(3) Four-fifths of the interest in arrears and also four-fifths of the shortfall of interest from 1936 to 1938 to be cancelled. Non-interest bearing scrip to be issued for the balance and to be paid from 1941 over a period of approximately 20 years. Yearly instalments would be substantially equal except that the Government would reserve the right of transferring to the last of the aforementioned period of approximately 20 years, not over 50 per cent. of the payment due in the first three years.
(4) Payments to be made out of the railway revenue, but in pursuance of Article 9 of the original agreements the Inspector-General of Customs will be instructed to make up any deficiencies in the sums required for interest as stated above. The above offer, which is the outcome of consideration given to the subject during the past two years, applies to the outstanding amount of about £6,150,000.
The Ambassador further is informed that the railway authorities are taking steps to improve the condition of the railway and its administration on the general lines contemplated in the Loan agreements, with a view to benefiting both the Government's interests and those of the Bondholders.

Announcement by the Chinese Ambassador in the London "Times" on 30th March, 1936.
TIENTSIN-PUKOW RAILWAY LOANS, 1908 and 1910.

The Chinese Ambassador, under instructions received from his Government, hereby gives notice that during 1936 to 1938, when interest on Tientsin-Pukow Railway Loans is payable at Two-and-half per cent. annually, one coupon on each Bond of the British Issues 1908 and 1910 Loans will be paid yearly on April 1st and May 1st respectively, and similarly on the German Issues on October 1st and November 1st. After 1938 interest will be paid twice yearly on usual dates. Bondholders should deliver to paying agents (The Hongkong and Shanghai Banking Corporation, London, and the Deutsch-Asiatische Bank, Berlin) on and after April 1st unpaid coupons to date and coupons not payable during 1936 to 1938 in accordance with announcement published in *The Times* on February 25th last, in exchange for temporary receipts which will be exchangeable for scrip now being prepared.
CHINESE EMBASSY, LONDON, W. 1.,
30th March, 1936.

Announcement by the Chinese Ambassador in the London "Times" on 6th September, 1938.
TIENTSIN-PUKOW RAILWAY LOANS, 1908 and 1910
(London Issues).

With reference to the terms which were advertised on 25th February, 1936, and 30th March, 1936, in connection with the Funding of part of the Interest Coupons on the Bonds of the above Loans up to the year 1938, the Chinese Ambassador under instructions from his Government announces that the Government has found itself compelled to modify the proposals in the following respects:—
1. In place of the non-interest bearing scrip originally proposed to be issued, holders of provisional receipts for surrendered Interest Coupons or Bondholders who hereafter surrender their Interest Coupons in accordance with the terms of the previous announcements will receive fractional scrip Certificates which will be negotiable without payment of any Stamp Duty and will confer the right when surrendered in conjunction with other such Certificates, to receive in exchange a sterling Funding Bond for the amount of the interest so funded in accordance with the terms of the previous announcements.
2. Fractional scrip Certificates will be exchangeable for sterling Funding Bonds in denominations of £6, £11 10s. 0d., and £12 upon payment by the holders of the relative Stamp duty payable upon the issue of such sterling Bonds.
3. While the fractional scrip Certificates will confer no right, except to receive in exchange sterling Funding Bonds for the appropriate amount, the Government will be prepared (in so far as requested by the holders) to waive the formality of the issue of the Funding Bonds and to permit holders who fill up the appropriate form to receive against presentation of fractional scrip Certificates in accordance with the terms thereof the cash payments due from time to time commencing in the year 1941.
These proposals in so far as they concern the Funding of part of the Interest Coupons, are open for acceptance by the Bondholders not later than 31st December, 1938.
CHINESE EMBASSY, LONDON.
6th September, 1938.

**图 30 – 34　1938 年汇丰银行津浦铁路借款重组无息凭证分券
3 英镑 16 先令 8 便士正反面（TPS 8）**

CHINESE GOVERNMENT

No. 36417

TIENTSIN-PUKOW RAILWAY 5 per cent. LOANS of 1908 and 1910
(LONDON ISSUES).

Fractional Scrip Certificate for one-third of a Funding Bond for £12 : 0 : 0.

On presentation at the offices of The Hongkong and Shanghai Banking Corporation, London, of this Certificate, together with two other Fractional Scrip Certificates making in the aggregate £12 : 0 : 0 nominal and upon payment by the bearer of this Fractional Scrip Certificate of the Stamp Duty payable upon the issue of the Funding Bond hereafter referred to, the Bearer will be entitled to receive in exchange for such Certificates, one non-interest bearing sterling Funding Bond of the Chinese Government for £12 : 0 : 0 in accordance with paragraph (3) of the Offer of the Chinese Government to the holders of the Bonds of the above Loans and the Chinese Ambassador's Announcements in reference thereto, published in "The Times" London on 25th February, 1936 and 30th March, 1936 and 6th September, 1938 respectively. The said Offer and Announcements are set out in full on the back hereof.

No interest will be payable on this Certificate but due notice will be given in the Press as and when payments are to be made in accordance with the terms of the said Offer and Announcements and after exchange of the requisite numbers of Fractional Certificates for Definitive Bonds the Bonds may be presented for payment as and when they become due.

For and on behalf of

THE CHINESE GOVERNMENT,

for THE HONGKONG AND SHANGHAI BANKING CORPORATION,

Date 30th August, 1938.

Paying Agents for the Loan in London.

图 30 − 35　1938 年汇丰银行津浦铁路续借款重组无息凭证分券 4 英镑正反面（TPS 9）

　　分券持有人在填写表格后，无须换成无息债券便可直接领取现金，且不用缴纳印花税，而将分券换成无息债券却需要缴纳印花税。这也是无息债券没有发行的原因之一。

（二）德华银行债券积欠利息重组票据

德华银行的情况则更为复杂。德华银行津浦铁路债券拖欠利息分为两部分。一部分是 1925～1938 年拖欠的利息。与华中铁路公司债券略为不同，德华银行津浦铁路借款和续借款都是从 1925 年拖欠利息，拖欠的利息期数都是 24 期[①]，不需要印制不同凭证加以区分。根据重组协议，这部分拖欠利息只保留 1/5，从 1941 年开始分 20 年归还，至 1960 年 10 月 1 日还清。另一部分是 1917～1925 年的拖欠利息。这部分利息拖欠的原因是中国对德宣战后，暂停支付德国、奥地利等同盟国债权人持有的津浦铁路借款和续借款本息。根据重组协议，这部分拖欠利息也只保留 1/5，但从 1941 年开始分 5 年归还，至 1945 年 10 月 1 日还清。

基于以上原因，民国政府委托德华银行发行 A 类和 B 类两类无息债券。1925～1938 年的息票用于兑换 A 类债券，A 类债券的发行金额上限为 492662 英镑 8 先令。1917～1925 年的息票用于兑换 B 类债券，B 类债券的发行金额上限为 111255 英镑 14 先令[②]。A 类债券的面值有两种，为 2 英镑 8 先令和 12 英镑，分别对应 20 英镑和 100 英镑两类债券。B 类债券的面值只有一种，为 10 英镑[③]。

重组程序如下：

步骤一：1937 年，德华银行回收债权人持有的旧息票，并按照 A 类和 B 类债券对应的息票，发给相应的收据。A 类是红色，B 类是蓝色。具体如表 30－6 所示。

表 30－6　　　　　　　　德华银行津浦铁路债券积欠利息旧息票收据

发行机构	高文编号	债券分类	面值	发行数量（张）	编号范围
德华银行	TPS 13A	A 类（20 英镑）（1908 年）	2 英镑 8 先令	不详	不详
德华银行	TPS 13B	A 类（20 英镑）（1910 年）	2 英镑 8 先令	不详	不详
德华银行	TPS 14A	A 类（5×20 英镑）（1908 年）	12 英镑	不详	不详
德华银行	TPS 14B	A 类（5×20 英镑）（1910 年）	12 英镑	不详	不详
德华银行	TPS 16A	A 类（100 英镑）（1908 年）	12 英镑	不详	不详
德华银行	TPS 16B	A 类（100 英镑）（1910 年）	12 英镑	不详	不详
德华银行	TPS 18A	B 类（100 英镑）（1908 年和 1910 年）	10 英镑	不详	不详
德华银行	TPS 18B	B 类（20 英镑）（1908 年和 1910 年）	10 英镑	不详	不详

---

① 1936～1938 年，每年利息折合成 1 期。

② 由于兑换的不确定性，A 类债券和 B 类债券无法确定发行总额，只能确定金额上限。A 类债券和 B 类债券发行金额上限见 TPS5 背面的债券发行协议第 5 条 a 项。资料来源：根据本章债券面记载。

③ B 类债券不接受零星息票的兑换，只接受 100 英镑债券息票 20 张或者 20 英镑债券息票 100 张兑换。因此，B 类债券事实上发行金额上限为 111250 英镑。资料来源：根据本章债券票面记载。

TPS 13、TPS 14 和 TPS 16 是 A 类债券息票收据。TPS 18 对应的是 B 类债券息票收据。

TPS 13 是单张 20 英镑面值的债券息票收据，TPS 14 则是将 5 张 20 英镑面值的债券息票合并的收据，TPS 16 是单张 100 英镑面值的债券息票收据。3 种收据必须标明对应的原债券编号，同时还要区分津浦铁路借款债券（1908 年）（见图 30 – 36 和图 30 – 37）和津浦铁路续借款债券（1910 年）（见图 30 – 38 ~ 图 30 – 40）。

TPS18 不区分津浦铁路借款债券（1908 年）和津浦铁路续借款债券（1910 年），但要对 20 英镑债券和 100 英镑债券息票进行单独分类。收据的面值为 10 英镑，对应的息票价值为 50 英镑，相当需要 20 英镑债券息票（见图 30 – 41）100 张或者 100 英镑债券息票（见图 30 – 42）20 张才能换一张 TPS18 收据。

步骤二：1938 年，收据持有人凭息票收据领取相应的无息债券。具体如表 30 – 7 所示。

表 30 – 7 德华银行津浦铁路债券积欠利息重组无息债券

发行机构	高文编号	债券分类	面值	发行数量（张）	编号范围
德华银行	TPS 4	A 类	2 英镑 8 先令	不详	不详
德华银行	TPS 5	A 类	12 英镑	不详	不详
德华银行	TPS 6	B 类	10 英镑	不详	不详

TPS 4 和 TPS 5 是 A 类债券，TPS 6 是 B 类债券。12 英镑面值的债券（TPS 5）（见图 30 – 43）较为常见，其他两种则未见。12 英镑无息债券由德国柏林 Giesecke & Devrient 公司印制，内有水印花纹。债券右下角盖有"中华民国驻英吉利国特命全权大使"之印，并有驻英大使郭泰祺[1]的英文签名。债券左下角由德华银行代表副署后生效。

---

[1] 1938 年 8 月 30 日债券印制之时，驻德大使程天放已经离任，接任大使陈介尚未到任，故由驻英大使郭泰祺代署。

Liste Nr. *1/286*

Nr. *35477*

5% Chinesische Tientsin-Pukow-Eisenbahn-Anleihen von 1908 u. 1910

Die Deutsch-Asiatische Bank bestätigt hiermit, für Rechnung der Chinesischen Regierung gemäß § 3 des den Anleihe-Gläubigern seitens der Chinesischen Regierung gemachten Angebotes, das in der „Berliner Börsen-Zeitung" vom 26. September 1936 veröffentlicht worden ist, 120 Kupons im Nominalbetrage von je Ł —.10.— = Ł 60.—.— von den Schuldverschreibungen

No. *34253*
„ *34254*
„ *34256*
„ *34257*
„ *34258*

der deutschen Ausgabe der 5% Chinesischen Tientsin-Pukow-Eisenbahn-Anleihe von $\frac{1908}{1910}$ erhalten zu haben. In der „Berliner Börsen-Zeitung" wird bekannt gemacht werden, wann diese Quittung, die sorgfältig aufzubewahren ist, entsprechend den Bedingungen des obigen Angebotes, in einen unverzinslichen Skrip über Ł 12.—.— (= 1/5 von Ł 60.—.—) umgetauscht werden kann.

Zusammenstellung der eingereichten Kupons	
Fälligkeitstermine:	Anzahl der Kupons:
~~Oktober~~ ~~November~~ 1925 — ~~Oktober~~ ~~November~~ 1935 (einschl.) (5 für jeden Termin)	105
~~April~~ ~~Mai~~ 1936 (5) + ~~April~~ ~~Mai~~ 1937 (5) + ~~April~~ ~~Mai~~ 1938 (5)	15
	120

Für die **Chinesische Regierung**

Deutsch-Asiatische Bank

Berlin, den *9. Februar* 1938

图 30－36　1937 年德华银行津浦铁路借款 20 英镑债券 A 类息票收据 12 英镑（TPS 14A）

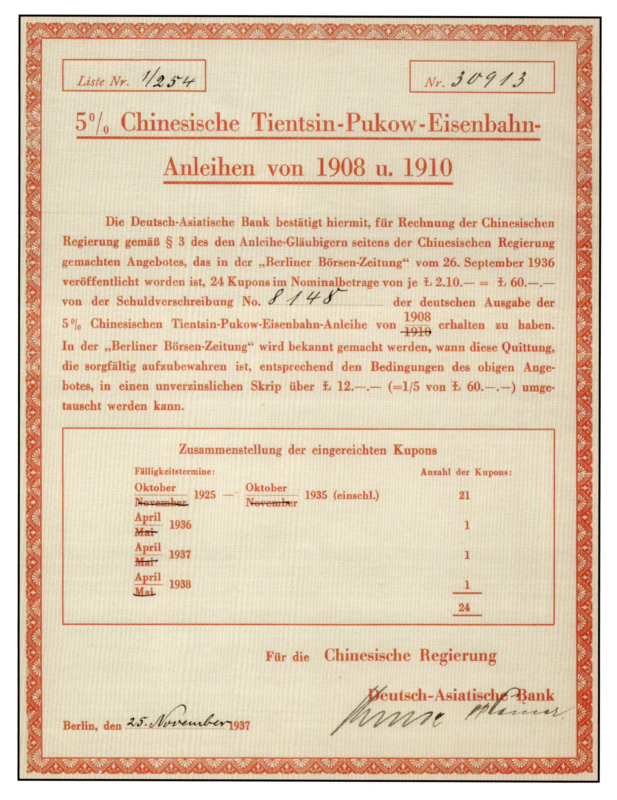

图 30 - 37　1937 年德华银行津浦铁路借款 100 英镑债券 A 类息票收据 12 英镑（TPS 16A）

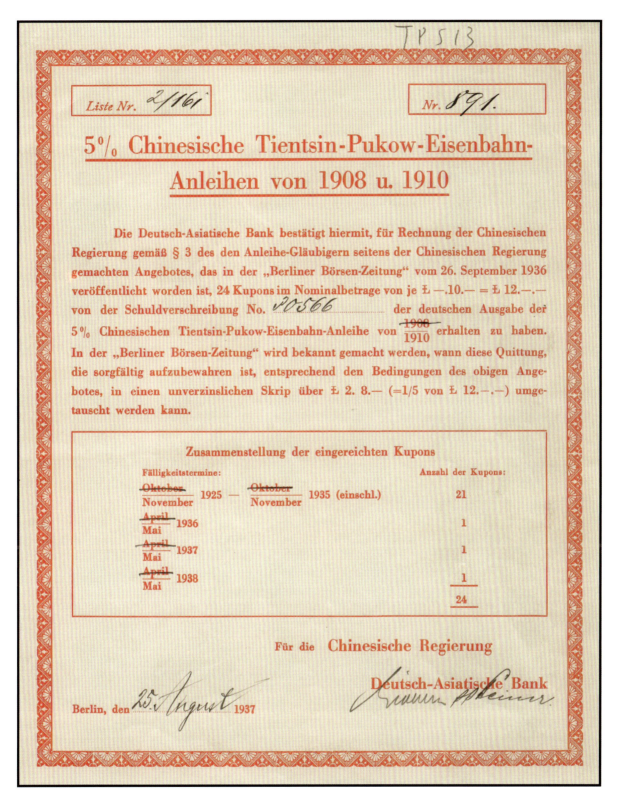

图 30－38　1937 年德华银行津浦铁路续借款 20 英镑债券
A 类息票收据 2 英镑 8 先令（TPS 13B）

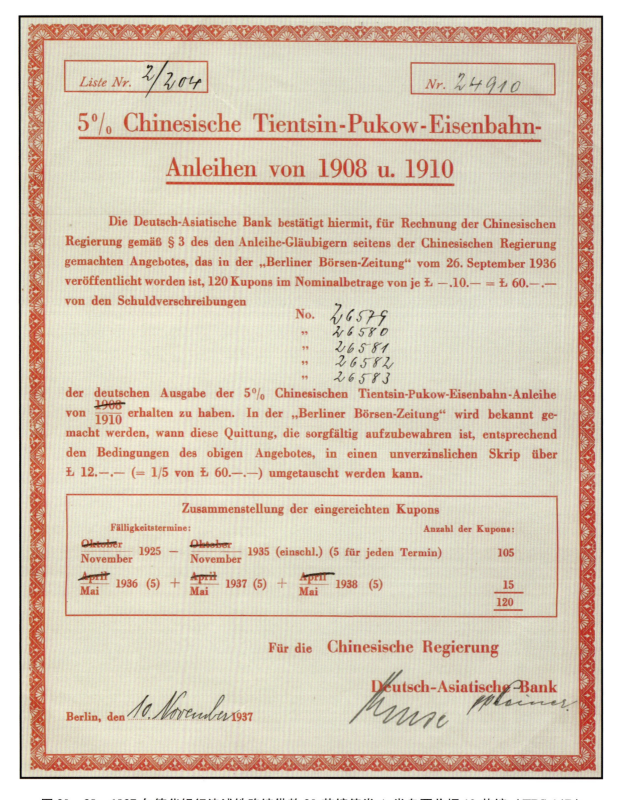

图 30－39　1937 年德华银行津浦铁路续借款 20 英镑债券 A 类息票收据 12 英镑（TPS 14B）

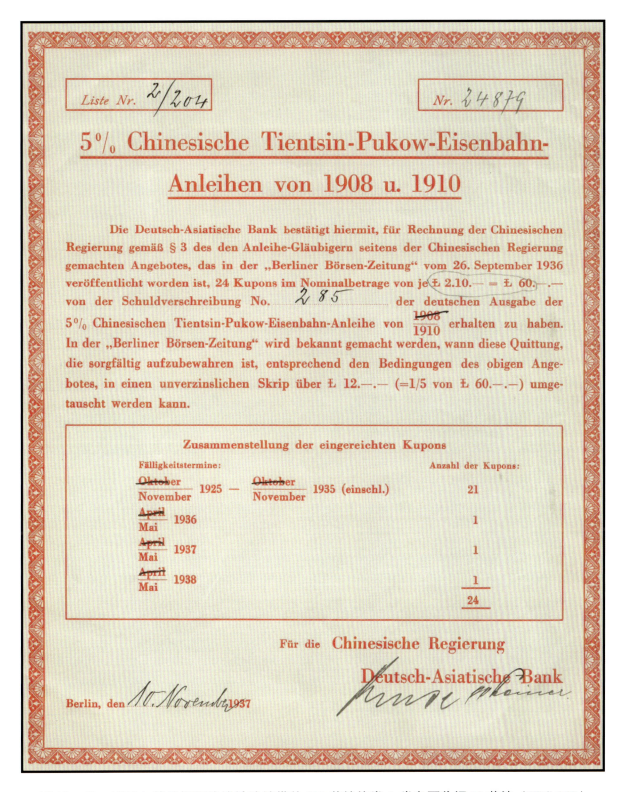

图 30－40　1937 年德华银行津浦铁路续借款 100 英镑债券 A 类息票收据 12 英镑（TPS 16B）

Liste Nr. 3/227

Nr. 3467

5% Chinesische Tientsin-Pukow-Eisenbahn-Anleihen von 1908 u. 1910

Die Deutsch-Asiatische Bank bestätigt hiermit, für Rechnung der Chinesischen Regierung gemäß § 3 des den Anleihe-Gläubigern seitens der Chinesischen Regierung gemachten Angebotes, das in der „Berliner Börsen-Zeitung" vom 26. September 1936 veröffentlicht worden ist,

Kupons im Nominalbetrage von Ł 50.—.—

und zwar ⟵ Stück à Ł 2.10.— und

100 „ „ „ —.10.—

der Fälligkeiten vom 1. Mai 1917 bis 1. Mai 1925 einschließlich von Schuldverschreibungen der deutschen Ausgaben der 5% Chinesischen Tientsin-Pukow-Eisenbahn-Anleihen von 1908 u. 1910 erhalten zu haben. In der „Berliner Börsen-Zeitung" wird bekannt gemacht werden, wann diese Quittung, die sorgfältig aufzubewahren ist, entsprechend den Bedingungen des obigen Angebotes, in einen unverzinslichen Skrip über Ł 10.—.— (=1/5 von Ł 50.—.—) umgetauscht werden kann.

Für die

Chinesische Regierung

Deutsch-Asiatische Bank

Berlin, den 25. August 1937

图 30－41　1937 年德华银行津浦铁路借款 & 续借款 20 英镑债券
B 类息票收据 10 英镑（TPS 18A）

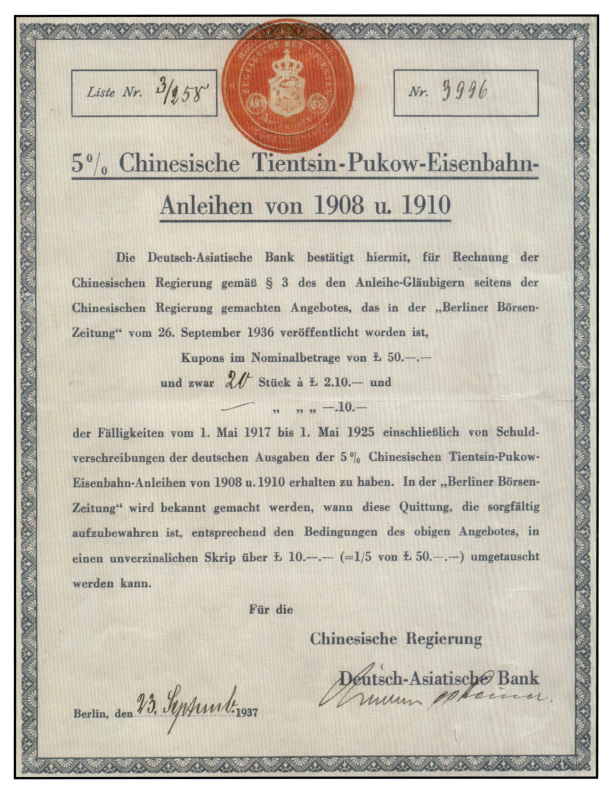

图 30－42　1937 年德华银行津浦铁路借款 & 续借款 100 英镑债券
B 类息票收据 10 英镑（TPS 18B）

图 30−43　1938 年德华银行津浦铁路借款重组无息债券 12 英镑（TPS 5）

第三十一章

Chapter 31

1911 年湖广铁路借款债券

一、历史背景

　　湖广铁路是指"湖北、湖南两省境内的粤汉铁路"和"湖北省境内的川汉铁路"。因这两条铁路都在湖广总督的辖区范围内，故称"湖广铁路"。前者由武昌起经岳阳、长沙至湖南宜章，与广东的粤汉铁路衔接；后者以汉口为起点，经应城、钟祥、当阳、宜昌，由此抵达四川夔州（现称奉节）。①

　　1906 年，清政府要求鄂、湘、川三省各自筹款修建境内铁路，"决不再借洋款"。不久，三省都组建了铁路公司，采用官商合资的方式开始自办铁路建设。但由于资金筹措困难、管理体制和建造技术落后、腐败等多种原因，修路进展缓慢。②

　　1911 年，清政府决定将湖广铁路筑路权国有化，便背弃不借外债修路的承诺，与英国、法国、德国、美国 4 国银行团商借外债，筹资收购各省铁路公司的商股。1911 年 5 月 20 日，邮传部尚书

---

① 王致中：《中国铁路外债研究（1887－1911）》，经济科学出版社 2003 年版，第 341 页。
② 王致中：《中国铁路外债研究（1887－1911）》，经济科学出版社 2003 年版，第 342～348 页。

盛宣怀与英国汇丰银行、法国东方汇理银行、德国德华银行、美国银行团①签订了《湖北、湖南两省境内粤汉铁路、湖北境内川汉铁路借款合同》。借款总额 600 万英镑，由 4 国银行团均分，期限 40 年，票面利率为年息 5 厘，每年 6 月 15 日和 12 月 15 日各付息一次，承销价为票面 95 折。第 11 年开始抽签还本。在第 17 年前提前还本，须支付提前还本本金金额 2.5% 的费用。17 年期满后提前还本无须支付额外费用。②

四川省铁路公司因国有化补偿方案较其余各省最差，民众发起"保路运动"。四川总督赵尔丰于 1911 年 9 月 7 日开枪镇压抗议民众，导致民众起义包围成都。随后川汉粤汉铁路督办大臣端方由武昌率军入川支援赵尔丰，革命党便趁武昌清军军力空虚之际于 10 月 10 日发动武昌起义。1912 年 2 月，宣统皇帝宣布退位，清朝灭亡。湖广铁路借款成为辛亥革命导火索而载入史册。③

民国成立后，湖广铁路仅完成武昌至长沙段，资金便已告罄。1925 年开始陆续有本息拖欠。1937 年，民国政府与债权人达成债务重组协议④。1939 年，因关税被日本劫持，还款再次中断。

1949 年中华人民共和国成立后，中国政府拒绝承认和偿付湖广铁路借款债务。1979 年中美建交后，当年 11 月，美国阿拉巴马州公民杰克逊等 9 名湖广铁路债券持有人向该州联邦地方法院起诉中华人民共和国，要求中国政府偿还湖广铁路债券欠款。中国政府拒绝应诉，1982 年，阿拉巴马州联邦地区法院缺席判决中国政府败诉，连本带息赔偿原告 4131.3 万美元⑤。随即《人民日报》发表题为《美国法院对"湖广铁路债券案"的审判严重违反国际法》的长篇文章，驳斥美国法院判决⑥。1983 年 2 月，邓小平在会见访华的舒尔茨国务卿时专门谈及湖广债券案，驳斥了美方的错误观点和做法⑦。1984 年，阿拉巴马州联邦地方法院开庭撤销原判决⑧。湖广铁路债券案遂成为国际法上著名案例。

▼ 二、主要券种

（一）实用票

湖广铁路债券正式票分为 8 种，面值分为 20 英镑（绿色）和 100 英镑（红色），4 国银行团各

---

① 美国银行团包括 J. P. 摩根公司（MESSR S. J. P. MORGAN AND CO.）、库恩雷波公司（MESSR S. KUHN, LOEB AND CO.）、纽约市第一国家银行（THE FIRST NATIONAL BANK OF THE CITY OF NEW YORK）、花旗银行（THE NATIONAL CITY BANK OF NEW YORK）。

② 中国人民银行总行参事室编：《中国清代外债史资料（1853 - 1911）》，中国金融出版社 1991 年版，第 385 ~ 390 页。

③ 王致中：《中国铁路外债研究（1887 - 1911）》，经济科学出版社 2003 年版，第 385 ~ 390 页。

④ 债务重组协议包括以下内容：一、1937 ~ 1938 年两年利息，降为 2.5%，以后各年恢复到 5%。二、1941 年开始每年抽签还本，一直还到 1976 年。三、积欠利息（含 1937 ~ 1938 年少付的利息）按总金额的 1/5 发给无利小票，从 1942 年开始偿付，分 20 年还清。但无利小票实际未印刷（财政科学研究所、中国第二历史档案馆编：《民国外债档案史料》（第三卷），中国档案出版社 1989 年版，第 683 页）。

⑤ Jackson v. The People's Republic of China.

⑥ 《美国法院对"湖广铁路债券"的审判严重违反国际法》，载于《人民日报》，1983 年 2 月 25 日。

⑦ 中共中央文献研究室：《邓小平思想年谱（1975 - 1997）》，中央文献出版社 1998 年版。

⑧ 《人民日报》，1984 年 11 月 1 日。

自均发行了两种面值的债券。债券分为相连的正票页和息票页，正票页大小为 55×37 厘米。债券由英国华德路印钞公司（Waterlow & Sons）印制。

债券的左下角分别印有大清邮传部关防、邮传部尚书盛宣怀签名和债券发行银行名称及其经办人签名。右下角印有中国驻发行国使节的印章和签名。其中英文版和德文版均有驻英公使刘玉麟的盖印和签名，法版有驻法公使刘式训盖印并附加驻法临时代办林桐实的签名（后任驻法公使胡惟德其时未到任），美版有驻美公使张荫棠的盖印和签名。

债券印制完成后，清廷已被推翻，各驻外公使遂成为中华民国驻外代表，便又各自在债券右下侧加盖了"中华民国驻英代表印""中华民国驻法代表印""中华民国驻美代表印"。可谓朝代鼎革，债券见证。

债券具体发行情况如表 31-1、图 31-1 ~ 图 31-9 所示。

表 31-1　　　　　　　　　　　　**1911 年湖广铁路借款债券**

发行机构	高文编号	面值（英镑）	发行数量（张）	编号范围	理论未兑付量（张）
汇丰银行	230	20	2500	1 ~ 2500	2338
汇丰银行	231	100	14500	70151 ~ 84650	13559
东方汇理银行	232	20	37500	32501 ~ 70000	35067
东方汇理银行	233	100	7500	93651 ~ 101150	7013
德华银行	234	20	30000	2501 ~ 32500	28959
德华银行	235	100	9000	84651 ~ 93650	8688
美国银团	236	20	150	70001 ~ 70150	141
美国银团	237	100	14970	101151 ~ 116120	13999

（二）其他券种

1. 备用票

目前发现的备用票为汇丰银行 100 英镑（KUL 231RS），正票上未加盖"中华民国驻英代表印"，息票完整（见图 31-10）。

2. 补换票

目前发现的补换票为东方汇理银行 100 英镑（KUL 233DP）。高文在《中国对外债券》一书中指出：法国东方汇理银行 100 英镑的补换票采取在该债券编号首位数字前加盖"0"的方法进行标记，而非传统的加盖"DUPLICATA"或"DUPLICATE"印章方式。

3. 票样

目前发现的票样为东方汇理银行 20 英镑，已打孔注销（KUL 232SP CN）（见图 31-11）。正票和息票都加盖"SPECIMEN"红章。

图 31-1　1911 年汇丰银行湖广铁路借款债券 20 英镑（KUL 230）

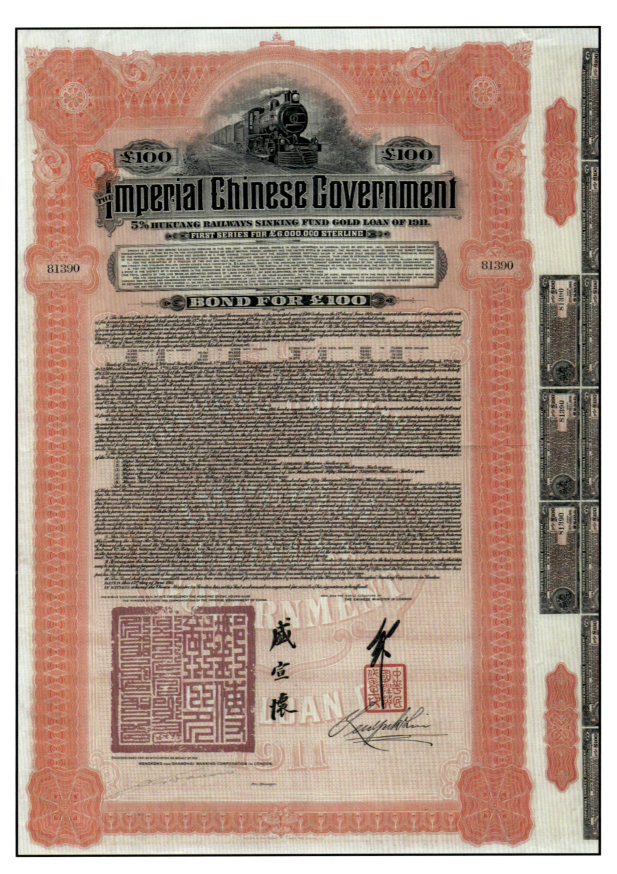

图 31 - 2 1911 年汇丰银行湖广铁路借款债券 100 英镑（KUL 231）

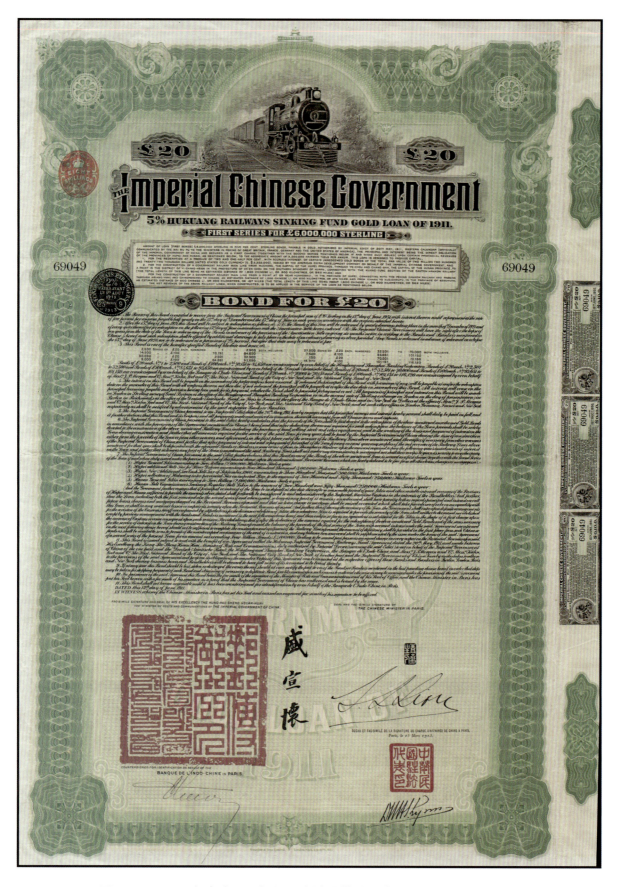

图 31−3　1911 年东方汇理银行湖广铁路借款债券 20 英镑（KUL 232）

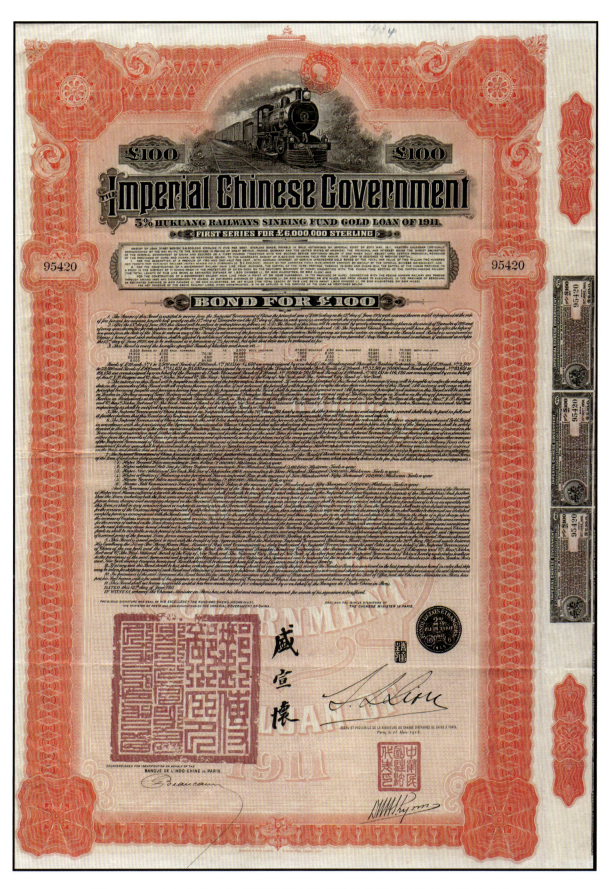

图 31 - 4   1911 年东方汇理银行湖广铁路借款债券 100 英镑（KUL 233）

图 31-5 1911 年德华银行湖广铁路借款债券 20 英镑（KUL 234）

图 31 – 6　1911 年德华银行湖广铁路借款债券 100 英镑（KUL 235）

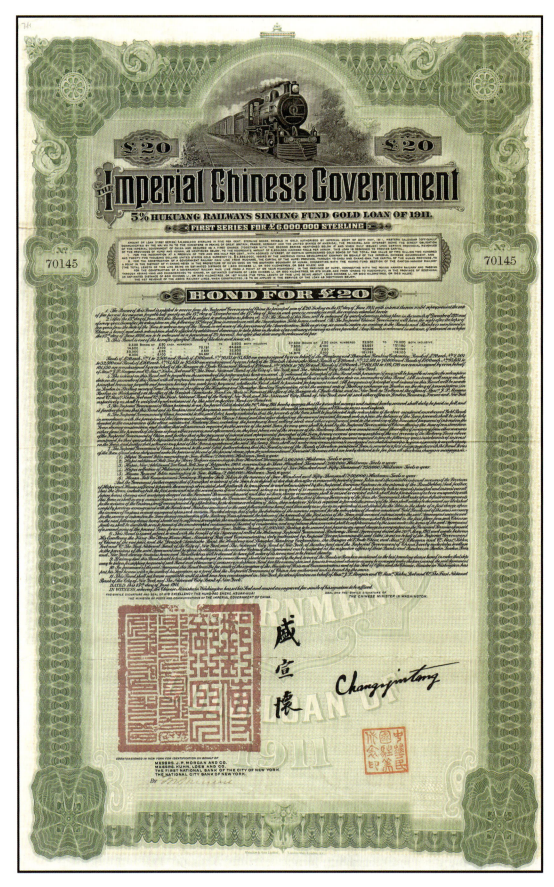

图 31 –7　1911 年美国银行团湖广铁路借款债券 20 英镑（KUL 236）

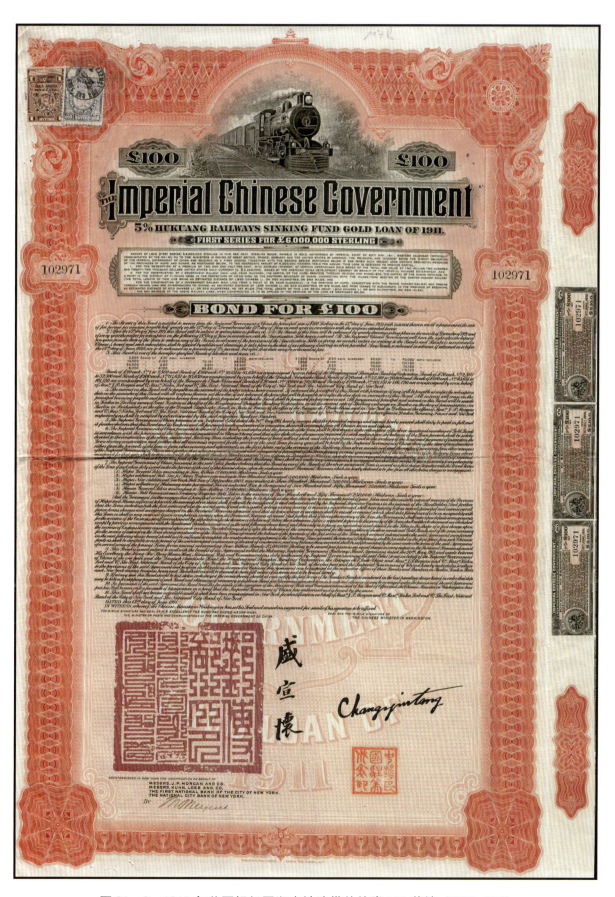

图 31-8　1911 年美国银行团湖广铁路借款债券 100 英镑（KUL 237）

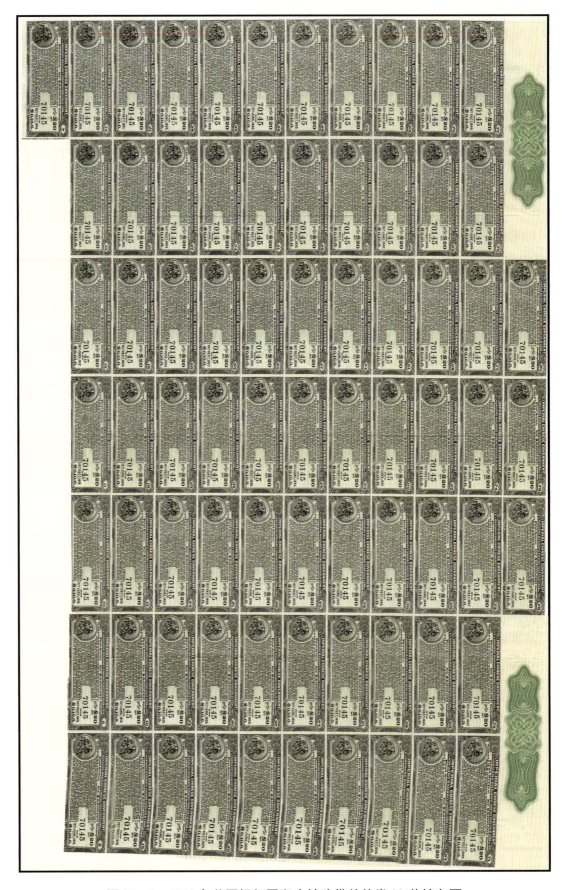

图 31 – 9　1911 年美国银行团湖广铁路借款债券 20 英镑息票

图 31 – 10　1911 年汇丰银行湖广铁路借款债券 100 英镑备用票（KUL 231RS）

图 31-11　1911 年东方汇理银行湖广铁路借款债券 20 英镑票样注销券（KUL 232SP CN）

4. 临时凭证

东方汇理银行和美国银行团印制了临时凭证。

目前发现的东方汇理银行临时凭证有 20 英镑和 100 英镑①两种备用票，已打孔注销（KUL 232TE RS CN 和 KUL 233TE RS CN）（见图 31 – 12 和图 31 – 13）。每张临时凭证上面都有一张付款日为 1911 年 12 月 15 日的息票。

目前发现的美国银行团临时凭证为票样注销券，有 20 英镑（KUL 236TE SP CN）和 100 英镑（KUL 237TE SP CN）两种面值（见图 31 – 14 和图 31 – 15）。准确的说，美国银行团临时凭证为购债款收据，授予持有人可以凭证领取正式债券的权利。美国银行团临时凭证无息票。

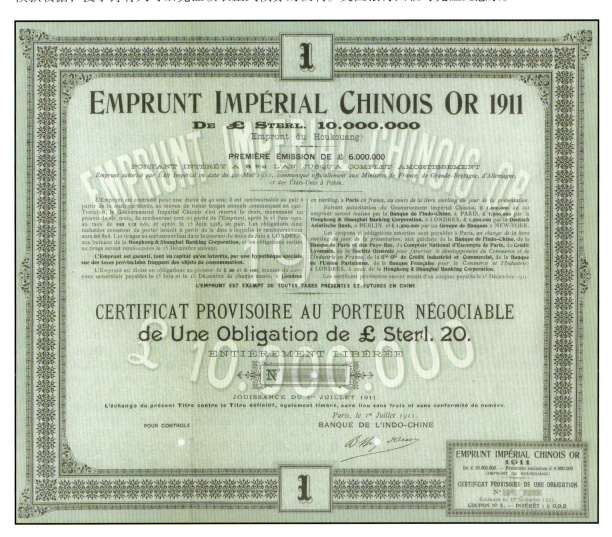

**图 31 – 12　1911 年东方汇理银行湖广铁路借款债券 20 英镑临时凭证备用票
注销券（KUL 232TE RS CN）**

---

① 20 英镑临时凭证的面值标为 1，代表可以换取 1 张 20 英镑的正式债券。100 英镑临时凭证的面值标为 5，代表可以换取 5 张 20 英镑的正式债券。

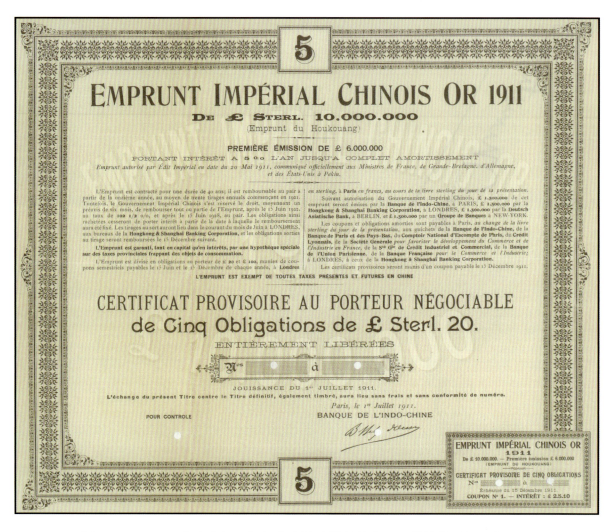

图 31－13　1911 年东方汇理银行湖广铁路借款债券 100 英镑临时凭证备用票
注销券（KUL 233TE RS CN）

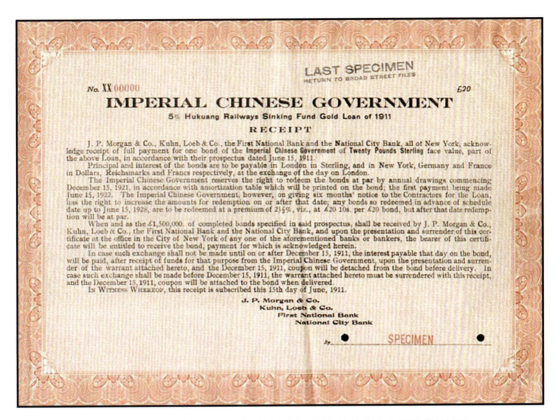

图 31 – 14　1911 年美国银行团湖广铁路借款债券 20 英镑临时凭证
票样注销券（KUL 236TE SP CN）

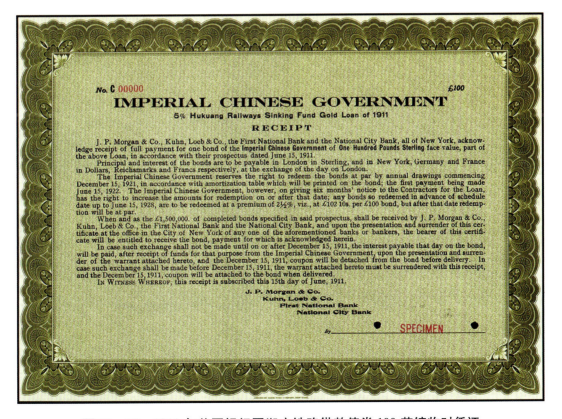

图 31 – 15　1911 年美国银行团湖广铁路借款债券 100 英镑临时凭证
票样注销券（KUL 237TE SP CN）

第三十二章

1913 年同成铁路借款债券

一、历史背景

同成铁路北起山西大同，经太原、蒲州、潼关、西安、汉中至四川成都，规划全长 1600 公里。

1913 年 7 月 22 日，民国政府交通总长朱启钤、财政总长梁士诒与比国银公司（Société Belge des Chemins de fer en Chine）[1] 和法国在华铁路建设和运营公司（Société Française de Construction et d'Exploitation de Chemins de Fer en Chine）联合代表陶普施（Robert de Vos）[2] 签订《同成铁路借款合同》。借款总额为 1000 万英镑，借款期限 40 年，年息 5 厘，每年 1 月 1 日和 7 月 1 日各付息一次。发行价为票面 97.5 折。第 10 年后抽签还本。如在第 17 年前提前还本，则须多支付提前还本部分 2.5% 的费用，满 17 年后提前还本则无需增加。[3]

《同成铁路借款合同》第十五节还规定在债券资金募集之前，为加速合同履行，比利时、法国

---

[1] 比国银公司与比国铁路电车合股公司（Compagnie Générale de Chemins de fer et de Tramways en Chine）其实是一家公司。

[2] 此人曾担任比利时驻天津和日本神户的领事，后充当各个银行财团的中间人。1913 年比铁路电车合股公司陇秦豫海铁路借款亦是此人促成。

[3] 财政科学研究所、中国第二历史档案馆编：《民国外债档案史料》（第三卷），中国档案出版社 1989 年版，第 541～553 页。

两家公司应向中国政府垫款。在合同所附中国政府与比利时、法国两公司的密函中还规定垫款金额不超过 200 万英镑，但两家公司在合同签订之后 18 日内必须向中国政府支付 100 万英镑，否则合同立即作废。中国政府则先发行债券临时凭证，作为垫款抵押物付给两家公司。临时凭证的发行金额为垫款金额的 1.5 倍。至 1914 年 3 月，两家公司共向中国政府支付垫款约 100 万英镑，年息 6 厘。不久，第一次世界大战爆发，债券并未发行，同成铁路修建终止，垫款被中国政府挪用。[1]

1922 年，中国政府与两家公司达成协议，以正太铁路 2/3 的利润归还垫款本息。1933 年后，因正太铁路利润不足，还款再次中止。1935 年，国民政府铁道部与两家公司达成协议，将欠款金额减至 4.85 折，利息降至单利 2 厘，从 1935 年 5 月起开始每半年还款。1937 年 11 月，因抗战爆发还款再次中止。[2]

二、主要券种

（一）实用票

同成铁路借款债券并未发行，目前仅发现临时凭证。面值为 5000 英镑，于 1914 年 1 月 20 日发行。下方由左向右依次有比国银公司、法国在华铁路建设和运营公司和中国驻比利时公使章祖申的签名，并在右下方盖有"中华民国驻比利时特命全权公使印"。

具体发行情况如表 32 - 1 和图 32 - 1 所示。

表 32 - 1　　　　　　　　　1913 年同成铁路借款债券临时凭证

发行机构	高文编号	面值（英镑）	发行数量（张）	编号范围	理论未兑付量（张）
比国银公司、法国在华铁路建设和运营公司	335 TE	5000	300	1 ~ 300	不详

注：按照临时凭证抵押金额是垫款金额 1.5 倍的约定，中国政府应该发行了 150 万英镑临时凭证，即向两家公司支付了 300 张临时凭证。其余临时凭证应该未对外发行。

（二）其他券种

目前，还发现了临时凭证备用票注销券（KUL 335TE RS CN）。未编号，并盖有"ANNULE"[3]蓝戳（见图 32 - 2）。

---

① 财政科学研究所、中国第二历史档案馆编：《民国外债档案史料》（第三卷），中国档案出版社 1989 年版，第 555 ~ 557 页。
② 财政科学研究所、中国第二历史档案馆编：《民国外债档案史料》（第三卷），中国档案出版社 1989 年版，第 547 ~ 558 页。
③ 法文注销。

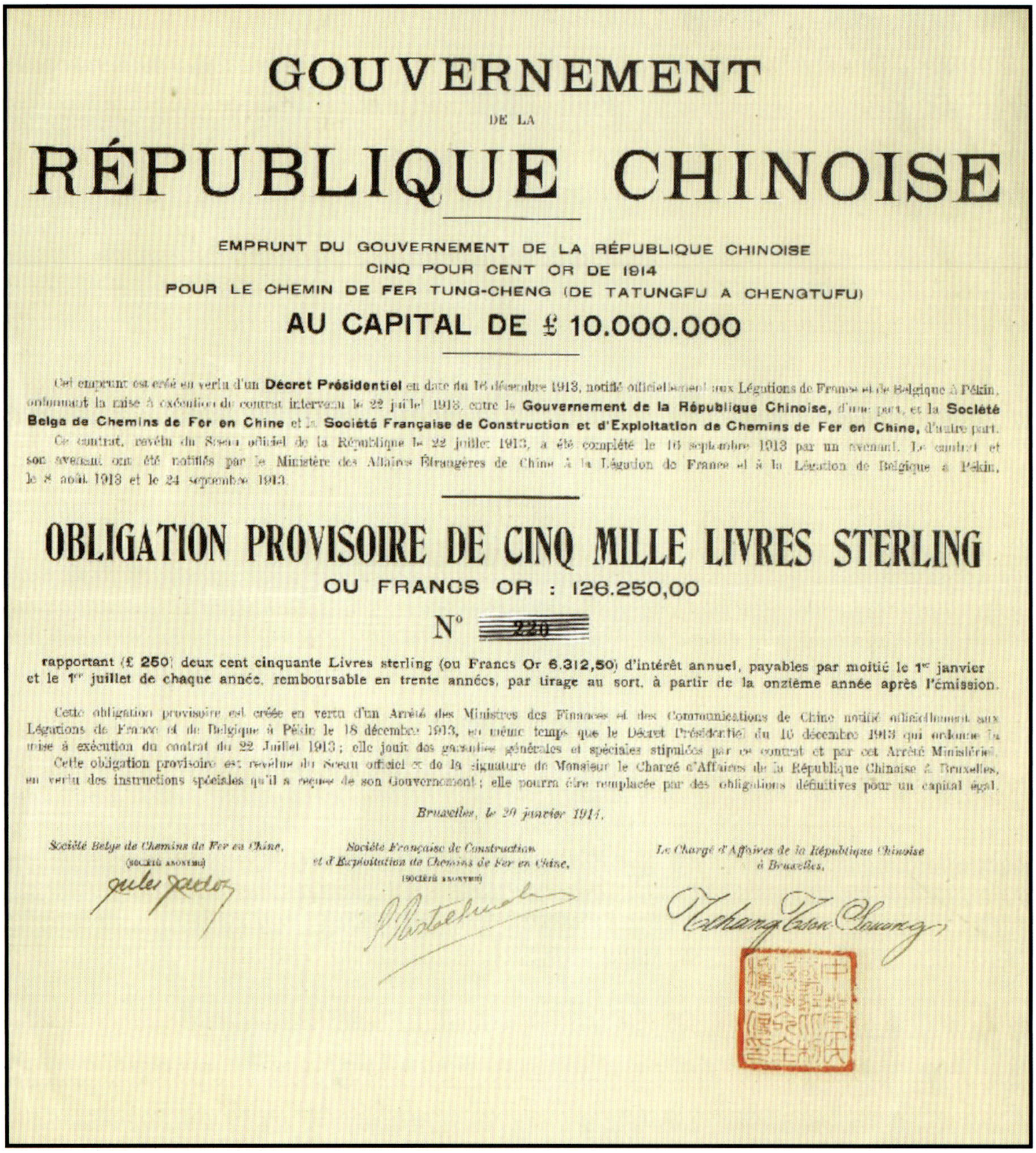

GOUVERNEMENT

DE LA

RÉPUBLIQUE CHINOISE

EMPRUNT DU GOUVERNEMENT DE LA RÉPUBLIQUE CHINOISE
CINQ POUR CENT OR DE 1914
POUR LE CHEMIN DE FER TUNG-CHENG (DE TATUNGFU A CHENGTUFU)

AU CAPITAL DE £ 10.000.000

Cet emprunt est créé en vertu d'un **Décret Présidentiel** en date du 16 décembre 1913, notifié officiellement aux Légations de France et de Belgique à Pékin, ordonnant la mise à exécution du contrat intervenu le 22 juillet 1913, entre le **Gouvernement de la République Chinoise,** d'une part, et la **Société Belge de Chemins de Fer en Chine** et la **Société Française de Construction et d'Exploitation de Chemins de Fer en Chine,** d'autre part.
Ce contrat, revêtu du Sceau officiel de la République le 22 juillet 1913, a été complété le 16 septembre 1913 par un avenant. Le contrat et son avenant ont été notifiés par le Ministère des Affaires Étrangères de Chine à la Légation de France et à la Légation de Belgique à Pékin, le 8 août 1913 et le 24 septembre 1913.

OBLIGATION PROVISOIRE DE CINQ MILLE LIVRES STERLING

OU FRANCS OR : 126.250,00

N° 220

rapportant (£ 250) deux cent cinquante Livres sterling (ou Francs Or 6.312,50) d'intérêt annuel, payables par moitié le 1er janvier et le 1er juillet de chaque année, remboursable en trente années, par tirage au sort, à partir de la onzième année après l'émission.

Cette obligation provisoire est créée en vertu d'un Arrêté des Ministres des Finances et des Communications de Chine notifié officiellement aux Légations de France et de Belgique à Pékin le 18 décembre 1913, en même temps que le Décret Présidentiel du 16 décembre 1913 qui ordonne la mise à exécution du contrat du 22 Juillet 1913; elle jouit des garanties générales et spéciales stipulées par ce contrat et par cet Arrêté Ministériel.
Cette obligation provisoire est revêtue du Sceau officiel et de la signature de Monsieur le Chargé d'Affaires de la République Chinoise à Bruxelles, en vertu des instructions spéciales qu'il a reçues de son Gouvernement; elle pourra être remplacée par des obligations définitives pour un capital égal.

Bruxelles, le 20 janvier 1914.

Société Belge de Chemins de Fer en Chine, (SOCIÉTÉ ANONYME) — *Société Française de Construction et d'Exploitation de Chemins de Fer en Chine,* (SOCIÉTÉ ANONYME) — *Le Chargé d'Affaires de la République Chinoise à Bruxelles,*

图 32－1　1913 年比国银公司与法国在华铁路建设和运营公司同成铁路借款债券
5000 英镑临时凭证（KUL 335TE）

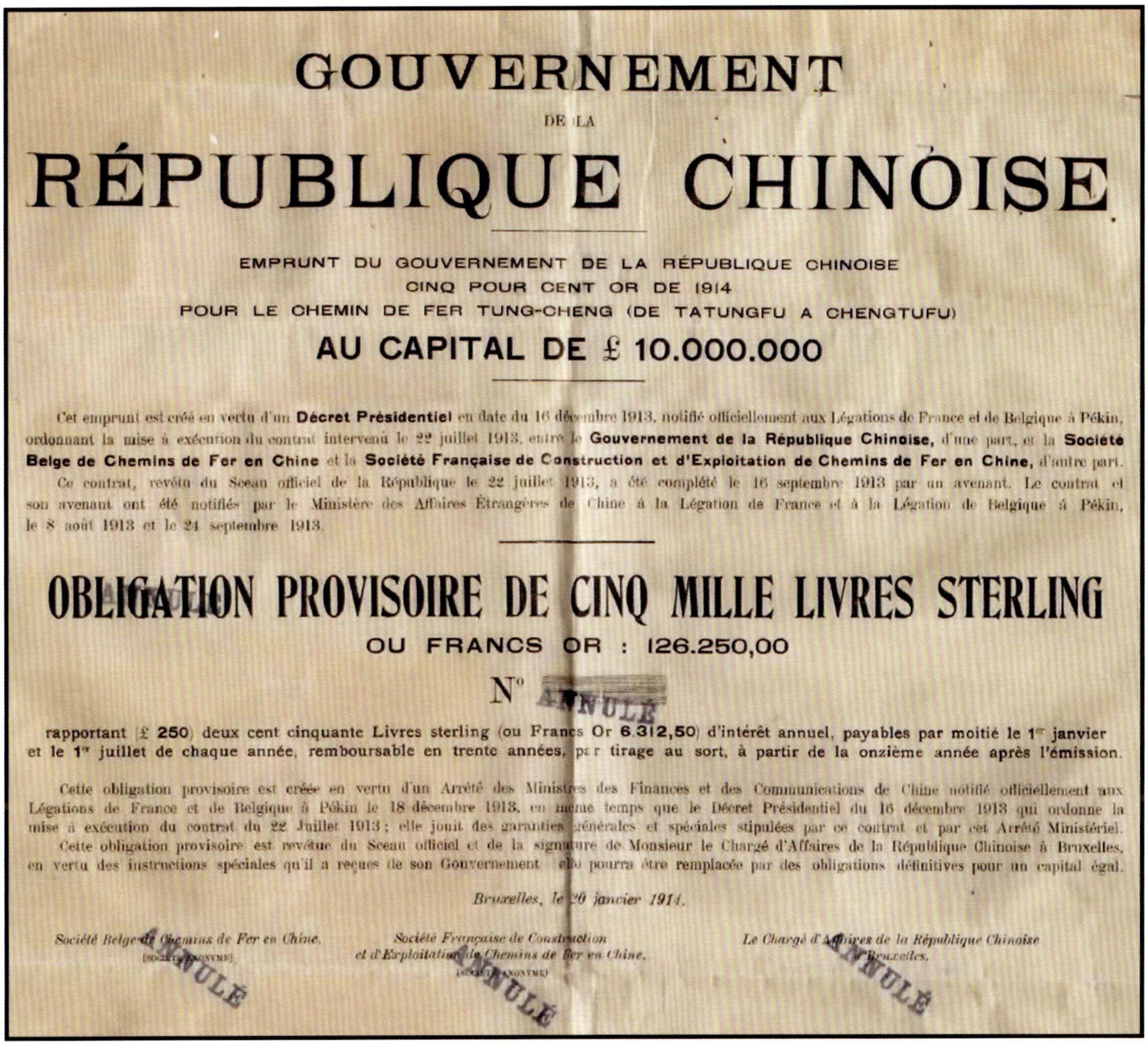

图 32 - 2　1913 年比国银公司与法国在华铁路建设和运营公司同成铁路借款债券
5000 英镑临时凭证备用票注销券（KUL 335TE RS CN）

第
三
十
三
章

Chapter 33

钦渝铁路垫款系列国库券

　　钦渝铁路（Ching - Yu Railway）是民国初年计划修建的南起广东钦州（今广西钦州），北至重庆的铁路，连接广东、广西、云南、贵州、四川五个省份。一旦建成，钦渝铁路将成为中国西南重要的出海通道。1914 年 1 月，民国政府与中法实业银行签订《钦渝铁路借款合同》，约定借款 6 亿法郎，期限 50 年，年息 5 厘。然而由于"一战"爆发，仅仅只有少量垫款到位，加之到位款项又被民国政府挪用，直至民国终结，钦渝铁路勘察尚未完成。[①]

　　钦渝铁路垫款多次展期，直至 1925 年才全部偿还。全套钦渝铁路垫款国库券品种繁杂，但从来未见实用票，高文的《中国对外债券》也没有记录，似乎并未对外公开发行。直至近年，方有部分钦渝铁路垫款国库券备用票从档案中外流。

▼ 一、钦渝铁路垫款第一期 5 厘国库券（1914 年）

（一）历史背景

　　1914 年 1 月，民国政府与中法实业银行签订钦渝铁路借款合同后，因前期勘察亟须资金，当年 4 月，民国政府又与中法实业银行签订协议，由中法实业银行垫款 1 亿法郎，年息 5 厘，每年 5 月

---

　　① 韩万银：《钦渝铁路垫款始末》，载于《中国收藏·钱币》2016 年总第 40 期，第 55 页。

1 日和 11 月 1 日各付息 1 次。折扣为账面 89.25 折。自 1915 年 5 月 1 日开始分五年均匀还本。[①]

1914 年 6 月，"一战"爆发，中法实业银行终止支付垫款，账面垫款金额仅 3211.55 万法郎，实际垫款 2866.31 万法郎，远远小于钦渝铁路勘察预算，导致勘察工作无法完成。[②]

（二）主要券种

根据垫款协议，民国政府应向中法实业银行提供总额 1 亿法郎的钦渝铁路垫款第一期 5 厘国库券作为抵押。国库券分 500 法郎、1000 法郎和 2500 法郎三种面值，颜色分别是褐色、蓝色和绿色。发行计划如表 33 - 1 所示。

表 33 - 1　　　　　　　　　1914 年钦渝铁路垫款第一期 5 厘国库券

发行机构	面值（法郎）	发行数量（张）	编号范围	票面颜色
中法实业银行	500	100000	000001 ~ 100000	褐色
中法实业银行	1000	25000	100000 ~ 125000	蓝色
中法实业银行	2500	10000	125000 ~ 135000	绿色

注：此处及此后标注的均为实用票数量，但钦渝铁路垫款系列国库券目前存世的均为备用票，数量没有记载。

但由于中法实业银行未足额支付垫款，加之"一战"的爆发，国库券似未公开发行，故也未发现国库券的实用票。目前仅发现少量面值 500 法郎的备用票（见图 33 - 1）。票面尺寸为 43.4 × 38.3 厘米，由法国赛伊印刷（Imprimerie Chaix）公司印制。

国库券文字全部采用法文。左下角有"交通总长"之印和时任交通总长朱启钤的签名，正下方有"财政总长"之印和时任财政总长周自齐的签名，右下角有时任驻法公使胡惟德的外文签名。

---

①② 韩万银：《钦渝铁路垫款始末》，载于《中国收藏·钱币》2016 年总第 40 期，第 55 页。

图 33 - 1   1914 年中法实业银行钦渝铁路垫款第一期国库券 500 法郎备用票

二、钦渝铁路垫款第二期 5 厘国库券（1915 年）

（一）历史背景

钦渝铁路垫款被民国政府大量挪用。1915 年 5 月 1 日，钦渝铁路垫款第一期国库券需要进行首次还本，本息合计应付 7225987 法郎。民国政府不得不与中法实业银行商定先支付 2500000 法郎，余额加 3% 展期费用合计 4872152 法郎，以钦渝铁路垫款第二期国库券支付，年息 5 厘，期限 1 年，付息日为 11 月 1 日和 5 月 1 日。[①]

（二）主要券种

钦渝铁路第二期 5 厘国库券面值分为 152 法郎、1000 法郎、20000 法郎和 50000 法郎 4 种。发行情况如表 33 - 2 所示。

表 33 - 2　　　　　　　　　　1915 年钦渝铁路垫款第二期 5 厘国库券

发行机构	面值（法郎）	发行数量（张）	编号范围
中法实业银行	50000	90	001 ~ 90
中法实业银行	20000	18	91 ~ 108
中法实业银行	1000	12	109 ~ 120
中法实业银行	152	1	121

目前仅有少量备用票注销券存世。各种面值的国库券版式、大小和颜色相同。票面尺寸为 33.2 × 54.5 厘米，由法国 Imprimerie Richard 印刷公司印制（见图 33 - 2 ~ 图 33 - 5）。

国库券文字全部为法文。正下方左侧有时任交通总长梁敦彦的签名，中间有时任财政总长周学熙的签名，有趣的是两人签名正下方的"财政总长"和"交通总长"的印章却是盖反的，右侧有时任驻法公使胡惟德的外文签名。

---

① 韩万银：《钦渝铁路垫款始末》，载于《中国收藏·钱币》2016 年总第 40 期，第 56 页。

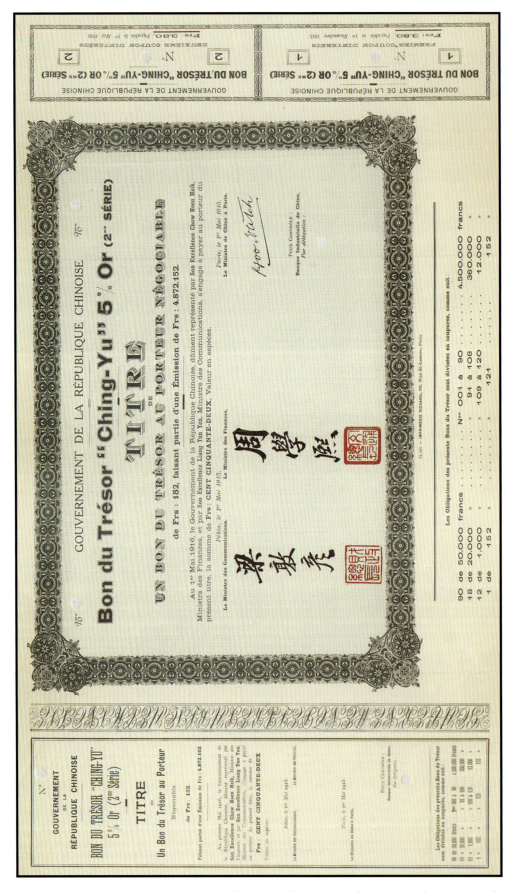

图 33 - 2　1915 年中法实业银行钦渝铁路垫款第二期国库券 152 法郎备用票注销券

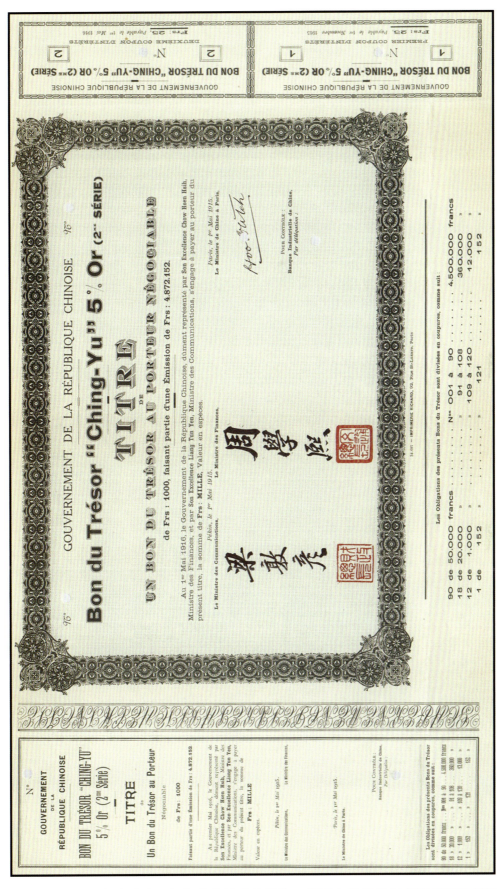

图 33 – 3　1915 年中法实业银行钦渝铁路垫款第二期国库券 1000 法郎备用票注销券

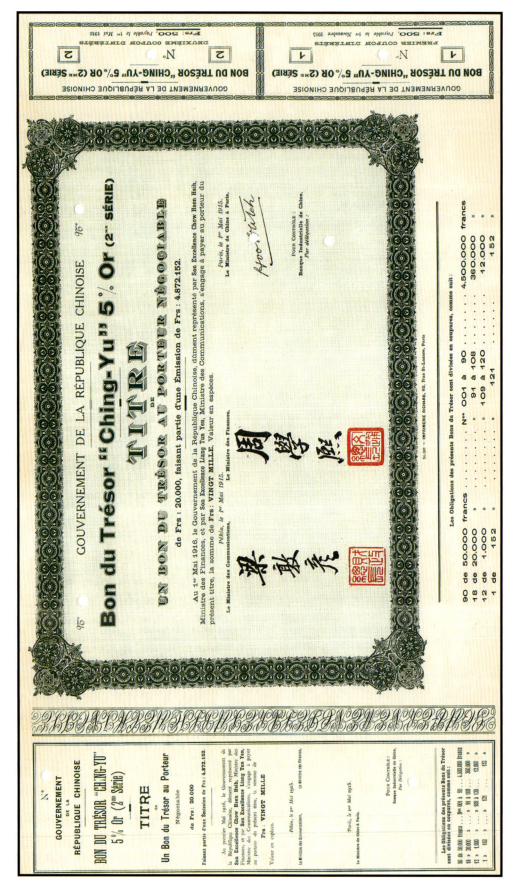

图 33 – 4　1915 年中法实业银行钦渝铁路垫款第二期国库券 20000 法郎备用票注销券

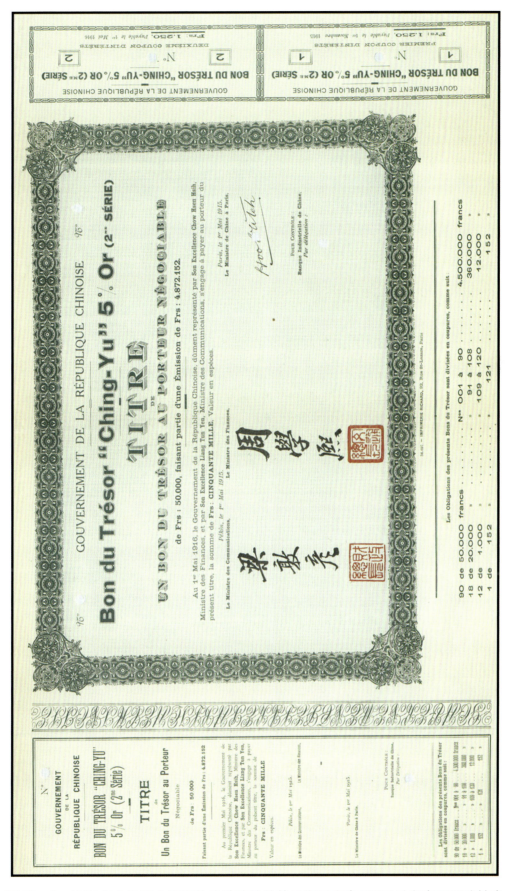

图 33 – 5　1915 年中法实业银行钦渝铁路垫款第二期国库券 50000 法郎备用票注销券

三、钦渝铁路垫款第三期7厘国库券（1916年）

（一）历史背景

1916年5月1日，钦渝铁路垫款第一期国库券第二轮到期本息和第二期国库券全部到期本息合计12054871法郎，民国政府再次与中法实业银行商定先支付6054871法郎，余额加展期费用合计6185567法郎，以钦渝铁路垫款第三期国库券支付，年息7厘，期限1年，付息日为11月1日和5月1日。[①]

（二）主要券种

钦渝铁路垫款第三期7厘国库券面值分为567法郎、1000法郎、50000法郎和100000法郎4种。发行情况如表33-3所示。

表33-3   1916年钦渝铁路垫款第三期7厘国库券

发行机构	面值（法郎）	发行数量（张）	编号范围
中法实业银行	100000	50	001～050
中法实业银行	50000	23	051～073
中法实业银行	1000	35	074～108
中法实业银行	567	1	109

目前仅有少量备用票存世。各种面值的国库券版式和大小相同。票面尺寸为38.4×55.9厘米，由法国Imp. F. Fano印刷公司印制（见图33-6～图33-8）。

国库券文字全部为法文。正下方左侧有时任交通总长曹汝霖的签名，并在签名下方盖有"交通总长"的印章；中间有时任财政总长周自齐的签名，并在签名下方盖有"财长总长"的印章；右侧有时任驻法公使胡惟德的外文签名。

---

① 韩万银：《钦渝铁路垫款始末》，载于《中国收藏·钱币》2016年总第40期，第56～57页。

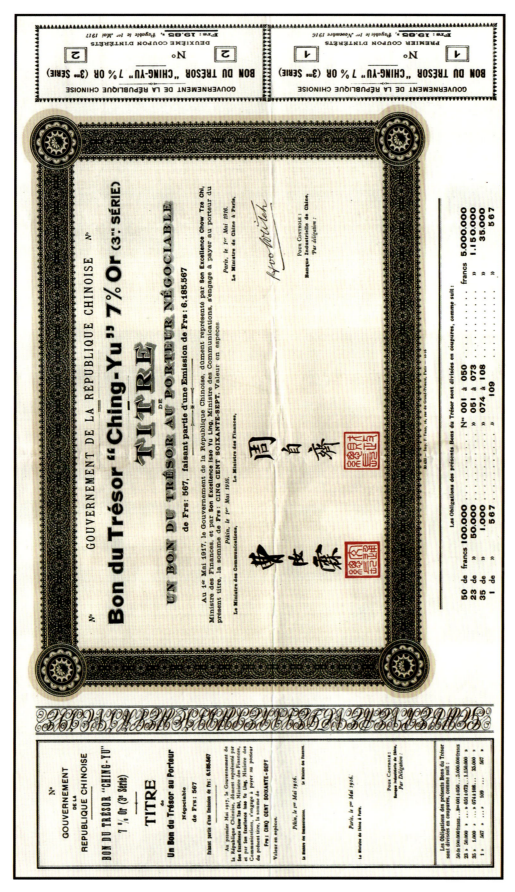

图 33 – 6　1916 年中法实业银行钦渝铁路垫款第三期国库券 567 法郎备用票

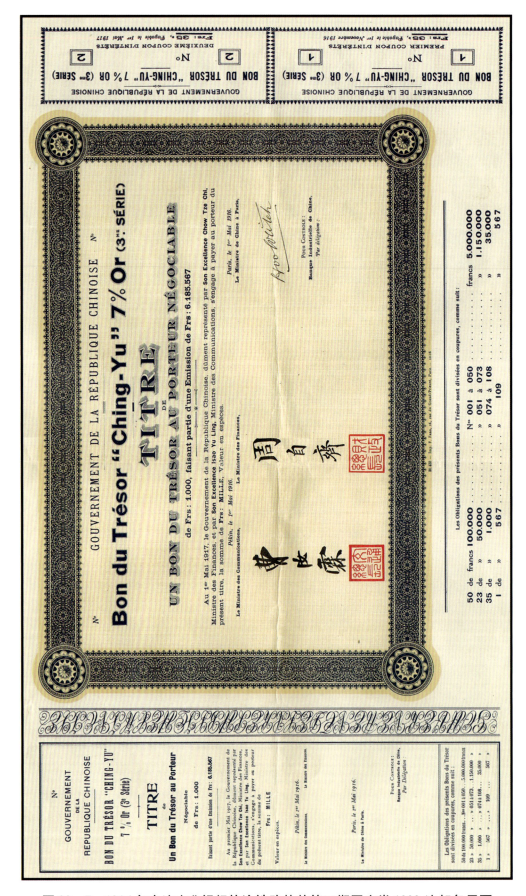

图 33－7　1916 年中法实业银行钦渝铁路垫款第三期国库券 1000 法郎备用票

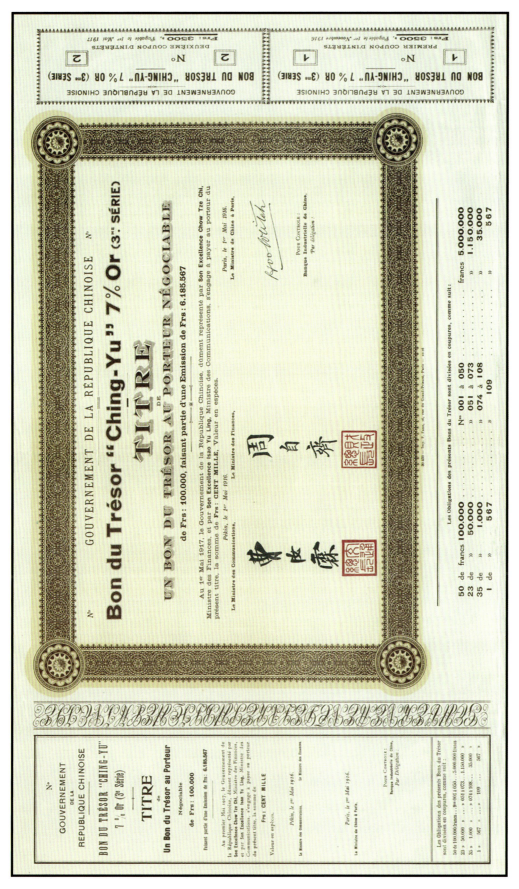

图 33 –8　1916 年中法实业银行钦渝铁路垫款第三期国库券 100000 法郎备用票

四、钦渝铁路垫款第四期 7 厘国库券（1917 年）

（一）历史背景

1917 年 5 月 1 日，钦渝铁路垫款第一期国库券第三轮到期本息和第三期国库券全部到期本息合计 13306894 法郎，民国政府再次与中法实业银行商定先支付 33068944 法郎，余额加展期费用合计 10041666.67 法郎，换发钦渝铁路垫款第四期国库券抵押。与此前不同，钦渝铁路第四期垫款国库券分为 A 系列和 B 系列，其中 A 系列的期限为 3 年，B 系列的期限为 4 年。两者年息均为 7 厘，付息日均为 11 月 1 日和 5 月 1 日。A 系列在 1920 年 5 月 1 日一次还本，B 系列在 1921 年 5 月 1 日一次还本。[①]

A 系列和 B 系列国库券到期后均未能全额还本，直到 1930 年以美金债券付还中法债务解决案方才全部还清，库券俱已缴纳销毁[②]。

（二）主要券种

钦渝铁路垫款第四期 7 厘国库券 A 系列和 B 系列的面值均只有 8333.33 法郎和 100000 法郎 2 种。发行情况如表 33 – 4 所示。

表 33 – 4 　　　　　　　　1917 年钦渝铁路垫款第四期 7 厘国库券

发行机构	面值（法郎）	发行数量（张）	编号范围
中法实业银行（A 系列）	100000	52	01 ~ 52
中法实业银行（A 系列）	8333.33	1	53
中法实业银行（B 系列）	100000	52	01 ~ 52
中法实业银行（B 系列）	8333.33	1	53

目前仅有少量备用票存世。两系列国库券除颜色外，版式和大小均相同。票面尺寸为 38 × 55.8 厘米，由法国 Imp. F. Fano 印刷公司印制（见图 33 – 9 ~ 图 33 – 12）。

国库券文字全部为法文。正下方左侧有时任交通总长曹汝霖的签名，并在签名下方盖有"交通总长"的印章；中间有时任财政总长梁启超的签名，并在签名下方盖有"财长总长"的印章；右侧有时任驻法公使胡惟德的外文签名。

---

① 韩万银：《钦渝铁路垫款始末》，载于《中国收藏·钱币》2016 年总第 40 期，第 57 页。
② 财政科学研究所、中国第二历史档案馆编：《民国外债档案史料》（第五卷），中国档案出版社 1989 年版，第 22 页。

图 33 – 9　1917 年中法实业银行钦渝铁路垫款第四期 A 系列国库券 8333.33 法郎备用票

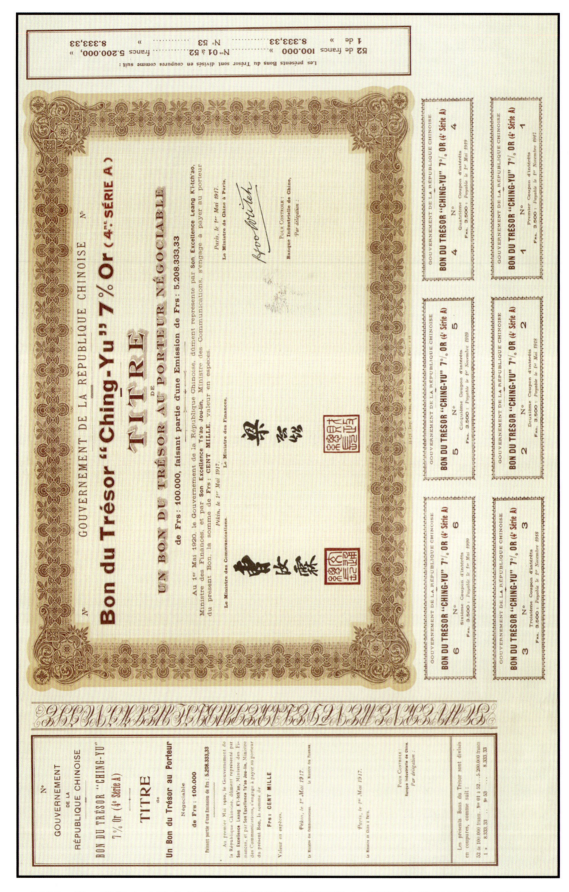

图 33 – 10　1917 年中法实业银行钦渝铁路垫款第四期 A 系列国库券 100000 法郎备用票

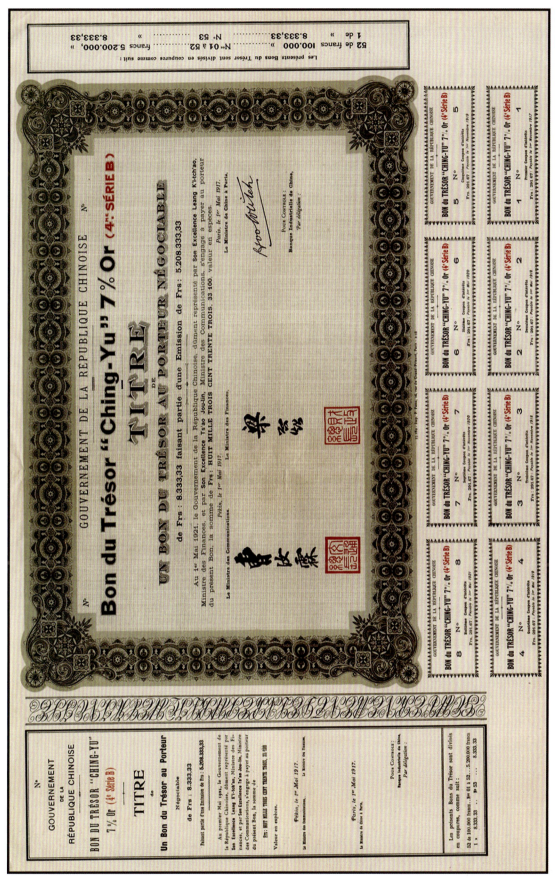

图 33 – 11　1917 年中法实业银行钦渝铁路垫款第四期 B 系列国库券 8333. 33 法郎备用票

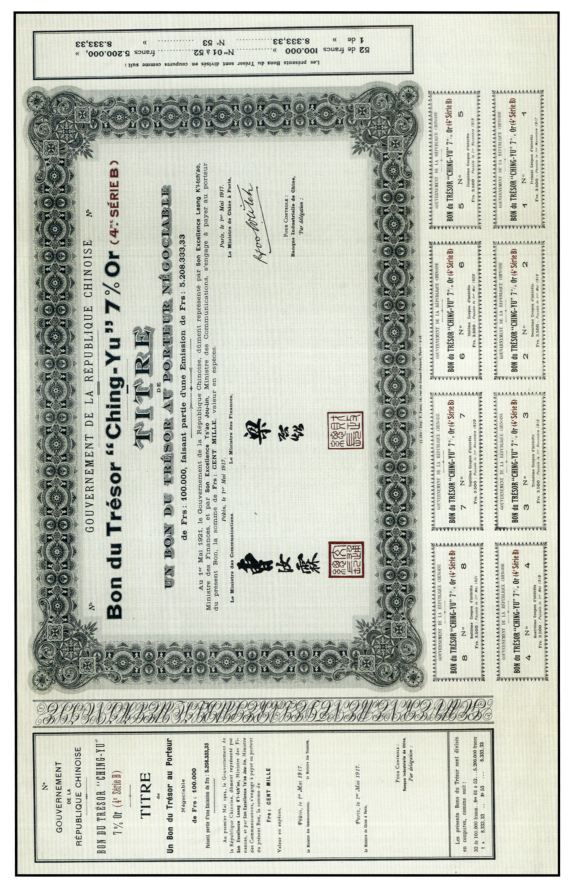

图 33 -12　1917 年中法实业银行钦渝铁路垫款第四期 B 系列国库券 100000 法郎备用票

第三十四章

1914 年沪枫铁路赎路借款债券

沪枫铁路（Shanghai – Fengching Railway）是上海南站至枫泾（上海市金山区枫泾镇）的铁路，属于沪杭甬铁路在上海境内的路段，由商办的苏省铁路公司修建，1909 年 3 月竣工。

1912 年，南京临时政府经费困难，经与苏省铁路公司协商，由苏省铁路公司以沪枫铁路为抵押，向日本大仓洋行借款 300 万日元。但由于清政府 1908 年已与英国中英银公司签订《沪杭甬铁路借款合同》，故此项借款遭到英国的激烈反对。1914 年 2 月 14 日，北洋政府被迫向中英银公司借款 37.5 万英镑，用于提前偿付大仓洋行借款，期限 20 年，年息 6 厘，每年 2 月 20 日和 8 月 20 日各付息一次，从 1925 年开始每年抽签还本。发行折扣为票面价为 91 折。这项借款全称"1914 年中国政府沪枫铁路赎路借款（Chinese Government Six Per Cent. Shanghai – Fengching Railway Mortgage Redemption Loan of 1914）"。同时，沪枫铁路被收归国有。[1]

1926 年以后，沪枫铁路赎路借款本息偿还开始出现异常，至抗战爆发后完全停止，未偿还债券本金尚有 22.5 万英镑。[2]

---

① 财政科学研究所、中国第二历史档案馆编：《民国外债档案史料》（第五卷），中国档案出版社 1989 年版，第 53 ~ 58 页。
② 财政科学研究所、中国第二历史档案馆编：《民国外债档案史料》（第五卷），中国档案出版社 1989 年版，第 52 页。

二、主要券种

（一）实用票

1914 年 2 月 20 日，沪枫铁路赎路借款债券发行，但实用票至今没有发现。具体发行情况如表 34 - 1 所示。

表 34 - 1   **1914 年沪枫铁路赎路借款债券**

发行机构	高文编号	面值（英镑）	发行数量（张）	编号范围	理论未兑付量（张）
中英银公司	338	1000	375	1 ~ 375	225

注：高文的《中国对外债券 1865 - 1982》中将沪枫铁路赎路借款债券面值记载成 100 英镑，发行量为 3750 张，有误。

（二）其他券种

近年来，汇丰银行在其下一间支行发现了 20 张全新的沪枫铁路赎路借款债券备用票（KUL 338 RS）。正票页大小为 48.5 × 36.5 厘米。债券左下方盖有"交通部印"，旁边有时任交通总长朱启钤的签名和"交通总长"印，同时有中英银公司代表副署，右下方有驻英公使刘玉麟的英文签名（见图 34 - 1 和图 34 - 2）。

图34-1　1914年中英银公司沪枫铁路赎路借款债券100英镑备用票（KUL 338RS）

图 34－2　1914 年中英银公司沪枫铁路赎路借款债券 1000 英镑备用票息票

第三十五章

1922 年包宁铁路购料借款国库券

一、历史背景

包宁铁路是连接内蒙古包头和宁夏银川之间的铁路。

1922 年 9 月，为帮助吴佩孚筹措军费，时任交通总长高恩洪、财政总长罗文干与比利时在华营业公司（Société Belge D'entreprises en Chine）驻华经理陶普施以包宁铁路购料为名，密议借款。同年 10 月 2 日，双方签署包宁铁路购料合同。约定建路材料价款总额为 220 万英镑，中国政府准许比利时在华公司发行 8 厘国库券 330 万英镑，作为抵偿上述建路材料价款之用。[1]

第一期借款金额为 80 万英镑，借款期限为 10 年，年息 8 厘，发行价为票面 87 折，每年 6 月 1 日和 12 月 1 日各付息一次。前 5 年仅付息，第 6 年起分 5 年抽签还本。[2]

第一期借款中有 22 万英镑被挪用军政费，14 万英镑用于陇海铁路购买材料，其余均已虚耗于利息折扣以及兑换亏损等项之用。该笔借款条件之苛刻为历年铁路借款合同所未有[3]。合同签订没有获得国会的批准，交通部部长高恩洪不久也因这笔借款去职，后续借款国库券再未发行。[4]

本笔借款国库券仅支付前 5 期息票。包宁铁路也只建筑了从包头至五原段的土方路基，未铺设钢轨。[5]

---

①②⑤　财政科学研究所、中国第二历史档案馆编：《民国外债档案史料》（第八卷），中国档案出版社 1989 年版，第 402 页。

③　财政科学研究所、中国第二历史档案馆编：《民国外债档案史料》（第八卷），中国档案出版社 1989 年版，第 418 页。

④　财政科学研究所、中国第二历史档案馆编：《民国外债档案史料》（第八卷），中国档案出版社 1989 年版，第 402～403 页。

二、主要券种

（一）实用票

包宁铁路购料借款国库券实用票仅 1 种，面值为 20 英镑。债券分为正票页和息票页，正票页大小为 31×50 厘米。债券由比利时安特卫普 J. Verschueren 公司印制。

包宁铁路购料借款国库券发行量为 40000 张。债券左下侧盖有"交通部印"和交通部部长高恩洪英文签名，中间底部盖有"比国在华营业公司"印和经办人之副署签名，右下侧盖有"中华民国驻比利时特命全权公使印"及驻比公使王景岐英文签名。债券具体发行情况如表 35-1 和图 35-1 所示。

表 35-1　　　　　　　　　　　　1922 年包宁铁路购料借款国库券

发行机构	高文编号	面值（英镑）	发行数量（张）	编号范围	理论未兑付量（张）
比利时在华营业公司	640	20	40000	00001～40000	40000

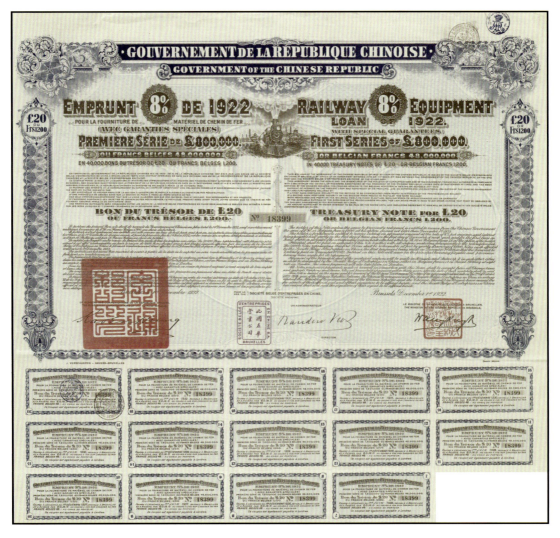

图 35-1　1922 年比利时在华营业公司包宁铁路购料借款债券 20 英镑（KUL 640）

（二）其他券种

据高文的《中国对外债券》记载，包宁铁路借款国库券的备用票（KUL 640RS）发行量为 250 张（见图 35 – 2），其中 13 张作为补换票（KUL 640DP）兑换，未兑换的备用票为 237 张。

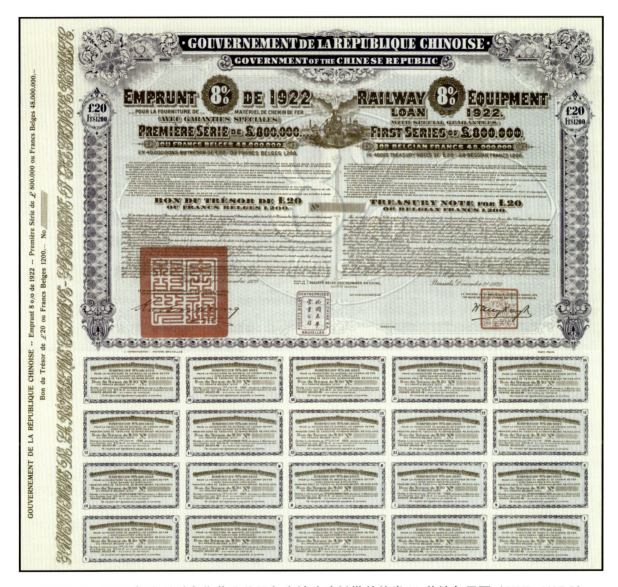

图 35 – 2　1922 年比利时在华营业公司包宁铁路购料借款债券 20 英镑备用票（KUL 640RS）

第三十六章

Chapter 36

1936 年完成沪杭甬铁路借款债券

沪杭甬铁路连接上海、杭州和宁波，是长三角地区的重要铁路干线。

一、历史背景

1914 年，沪杭甬铁路归为国有，尚余杭曹段（杭州—曹娥江）、钱塘江大桥和曹娥江大桥未建成。1936 年 5 月 8 日，国民政府铁道部与中英银公司、中国建设银公司签订《完成沪杭甬铁路六厘金镑借款合同》，用以建设钱塘江大桥、曹娥江大桥和杭曹段，同时归还之前国有化沪杭甬铁路所欠苏、浙铁路公司款项及提前清偿 1908 年沪杭甬铁路借款所欠款项①。借款金额 110 万英镑，期限 25 年，年息 6 厘，每年 6 月 15 日和 12 月 15 日分别付息一次。从借款之日满 5 年后开始每年开始抽签还本，从借款满 10 年可以提前还本，但在借款满 16 年之前提前还本须支付提前还本金额 2.5% 的费用，满 16 年后提前还本则无需支付额外费用，发行折扣为票面价 88 折。债券由中英银

---

① 1908 年，清政府与中英银公司签订《中国国家沪杭甬铁路借款合同》，借款 150 万英镑，年息 5 厘，期限 30 年。中英银公司并为此对外发行债券。

公司和中国建设银公司组成的银团共同代理发行。[1]

1937 年 9 月 26 日，钱塘江大桥建成通车，杭曹段铁路也于 1937 年 11 月通车。但此时日军已经逼近，我军被迫于 1937 年 12 月炸毁钱塘江大桥，于 1938 年拆除萧山—曹娥江段铁路[2]。直到 1955 年 3 月，曹娥江大桥竣工，沪杭甬铁路方才全线贯通，此时距 1906 年开工已过去 50 年。

1938 年 6 月以后，此项债券停止兑付[3]。

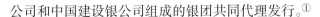

二、主要券种

（一）实用票

1936 年完成沪杭甬铁路借款债券分为 50 英镑和 100 英镑两种面值，两者除颜色不同外，版式完全相同。债券分为正票页和息票页，正票页大小为 55×35 厘米。债券中央为中英文募资说明书，下方分别有财政部部长孔祥熙、铁路部长张嘉璈、中英银公司戴维森和中国建设银公司刘景山的签名和印章（见图 36-1~图 36-3）。

具体发行情况如表 36-1 所示。

表 36-1　　　　　　　　　1936 年完成沪杭甬铁路借款债券

发行机构	高文编号	面值（英镑）	发行数量（张）	编号范围	理论未兑付量（张）
中英银公司和中国建设银公司	900	50	6000	8001~14000	6000
中英银公司和中国建设银公司	901	100	8000	1~8000	8000

（二）其他券种

完成沪杭甬铁路借款债券 50 英镑的票样（见图 36-4），保留完整的息票，正票和每张息票都盖上"SPECIMEN"的红戳。

---

[1]　财政科学研究所、中国第二历史档案馆编：《民国外债档案史料》（第十卷），中国档案出版社 1989 年版，第 338 页。

[2]　戴学文：《算旧账：历数早期中国对外债券》，台湾波多西工作室 2016 年版，第 102 页。

[3]　财政科学研究所、中国第二历史档案馆编：《民国外债档案史料》（第十卷），中国档案出版社 1989 年版，第 354 页。

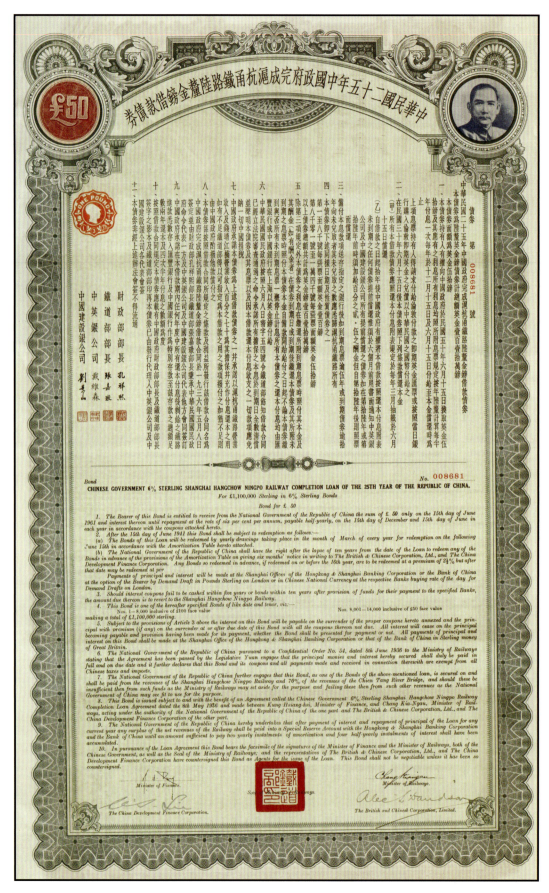

图 36 −1　1936 年中英银公司和中国建设银公司完成沪杭甬铁路借款债券 50 英镑（KUL 900）

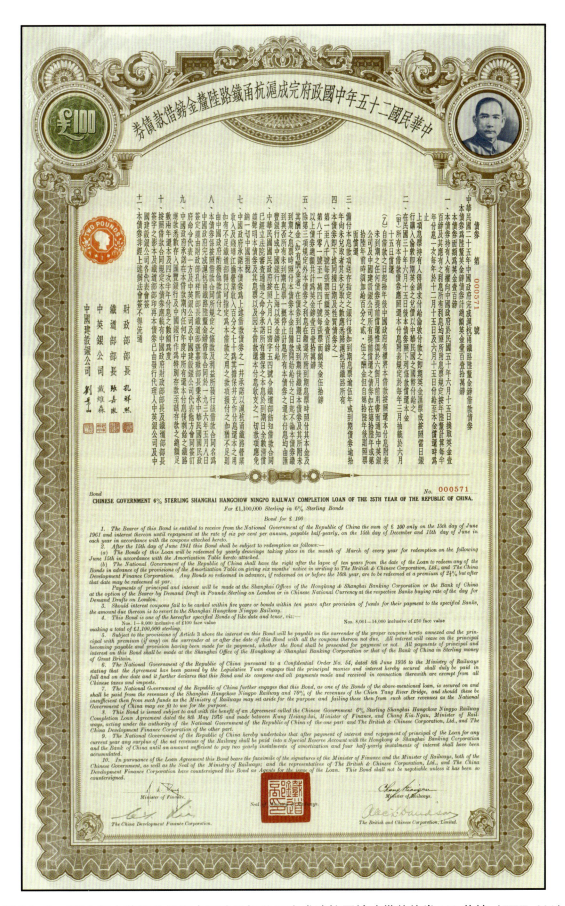

图 36 - 2　1936 年中英银公司和中国建设银公司完成沪杭甬铁路借款债券 100 英镑（KUL 901）

图 36－3　1936 年中英银公司和中国建设银公司完成沪杭甬铁路借款债券 100 英镑息票

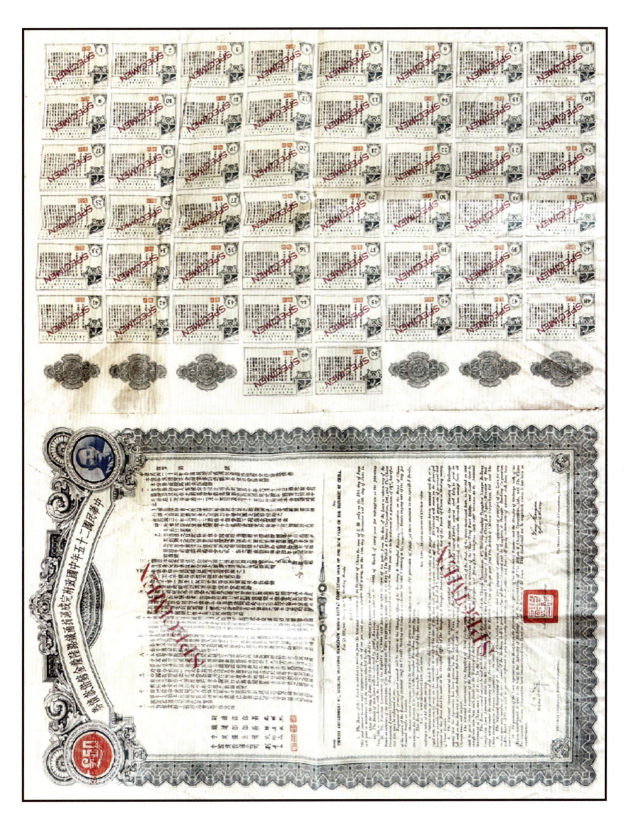

图 36 - 4   1936 年中英银公司和中国建设银公司完成沪杭甬铁路
借款债券 50 英镑票样（KUL 900SP）

第三十七章

Chapter 37 ●

1938 年湘桂铁路南镇段
借款金镑国库券

一、历史背景

湘桂铁路自京广铁路的衡阳站向西南经桂林、柳州、南宁到中越边境的友谊关（原名镇南关）。1937 年 4 月，国民政府在湖南衡阳设立湘桂铁路工程处，正式启动湘桂铁路工程修建工作。

湘桂铁路分成衡（阳）桂（林）段、桂（林）柳（州）段、柳（州）南（宁）段、南（宁）镇（南关）段四段施工。其中，南镇段全长约 230 千米，与法属越南衔接，对于国民政府获得外援十分重要。1938 年 1 月，南镇段工程处成立。1938 年 4 月 22 日，国民政府交通部、财政部、中国建设银公司与法国银行团①签订合同，由中国建设银公司与法方合资成立中法建筑公司②，

① 包括巴黎和兰银行、雷槎兄弟公司、东方汇理银行和中法工商银行。参见财政科学研究所、中国第二历史档案馆编：《民国外债档案史料》（第十一卷），中国档案出版社 1989 年版，第 76 页。
② 又名华懋兴业公司。参见财政科学研究所、中国第二历史档案馆编：《民国外债档案史料》（第十一卷），中国档案出版社 1989 年版，第 95 页。

同时法国银行团向中国政府提供设备和流动资金贷款 1.5 亿法郎,并另行垫借 12 万英镑。1939 年 3 月 31 日,因订购机车车辆,借款金额增至 1.8 亿法郎和 14.4 万英镑。法郎借款部分给予期票(Promissory Note),英镑借款部分给予国库券。[1]

法郎借款期票总额 1.8 亿法郎,期限 12 年,年息 7 厘,法国银行银团收取购料费 1.5% 及经费 5.5% 为佣金。英镑国库券总额 14.4 万英镑,期限 15 年,年息 7 厘,每年 4 月 21 日和 10 月 21 日各付息一次。第 4 年起每半年抽签还本。[2]

至 1939 年 10 月,南镇段仅完成镇南关至明江间线路 67 千米。当年 11 月,因日军进犯,国民党政府下令拆除路轨修建黔桂铁路。存放在越南的材料计值,作为抵偿法国银行团的部分债务。法郎期票和英镑国库券已偿还到 1940 年 4 月第四期,1940 年 7 月 1 日国民党政府声明暂停履行合同。[3]

1954 年 12 月,湘桂铁路南镇段才完全贯通。

二、主要券种

高文在《中国对外债券》仅载有法郎借款期票,但期票实物至今未见。英镑国库券近年有少量流出,国库券全名"湘桂铁路南镇段借款金镑国库券",面值 10 英镑,大小为 51×40 厘米。发行量为 14400 张,编号为(00001~14400)。国库券全部为中文,上方分别由时任财政部部长孔祥熙和交通部部长张嘉璈的签名,盖有财政部印和交通部印。

债券具体发行情况如表 37-1、图 37-1 所示。

表 37-1   1938 年湘桂铁路南镇段借款金镑国库券

发行机构	高文编号	面值(英镑)	发行数量(张)	编号范围	理论未兑付量(张)
中国建设银公司和法国银行团	1015	10	14400	00001~14400	不详

---

① 财政科学研究所、中国第二历史档案馆编:《民国外债档案史料》(第十一卷),中国档案出版社 1989 年版,第 111 页。

② 财政科学研究所、中国第二历史档案馆编:《民国外债档案史料》(第十一卷),中国档案出版社 1989 年版,第 76~88 页。

③ 财政科学研究所、中国第二历史档案馆编:《民国外债档案史料》(第十一卷),中国档案出版社 1989 年版,第 99~100 页。

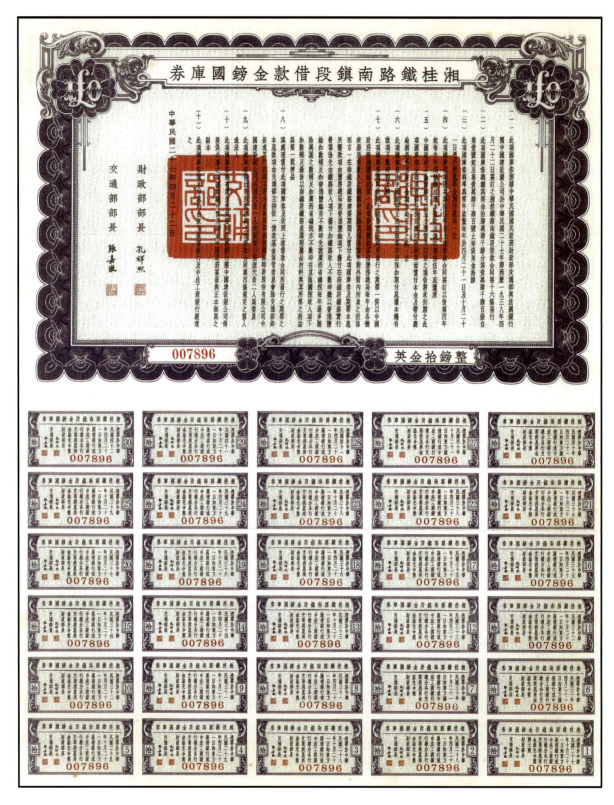

图 37-1 1938 年中国建设银公司和法国银行团湘桂铁路南镇段
借款金镑国库券 10 英镑（KUL 1015）

第三部分

实业借款外债

第三十八章

1912 年呼兰制糖公司借款国库券

一、历史背景

1909 年，第一家由中国人设立的甜菜制糖公司——富华制糖公司在黑龙江呼兰府设立。因采购德国设备与德商哇尔诺公司发生纠纷，经民国政府国务院核准，1912 年 8 月 29 日，中德双方成立呼兰中德合办制糖公司。该公司向哇尔诺公司借款 60 万银元，收购哇尔诺公司此前为富华制糖公司购买的设备。同时以全部资产抵押，从财政部借得年息 6 厘国库券 24 张，金额共计 60 万银元抵付给哇尔诺公司。国库券期限 10 年，每年 8 月 31 日和 2 月 28 日各付息一次。自 1915 年起分 8 年还清本金。[①]

不料，德商又提出合办公司要在德国驻哈尔滨领事馆登记注册。奉天都督担心有损主权，遂将合办公司合同作废，将呼兰制糖公司收归官办。由于哇尔诺公司已将国库券抵押给德华银行，德华银行要求在德国重新印制纸张合格的国库券予以更换，并将面值调整为 1000 银元，共计 600 张，其他借款条件不变。[②]

[①] 财政科学研究所、中国第二历史档案馆编：《民国外债档案史料》（第四卷），中国档案出版社 1989 年版，第 192 页。

[②] 财政科学研究所、中国第二历史档案馆编：《民国外债档案史料》（第四卷），中国档案出版社 1989 年版，第 193～196 页。

　　除还清第一期本金7.5万银元和支付前7期利息外，中德宣战后民国政府再未支付本息。此后，虽有债权人向民国政府索偿，民国政府以1924年中德协定所规定德国作为"一战"战败国，由德国政府解决德国私人对中国政府所有之索偿为由，彻底否认承担此项债务。[①]

二、主要券种

（一）实用票

　　呼兰制糖公司借款国库券只有1000银元一种面值，在德国汉堡 H. O. Persiebl 公司印刷。债券的正票页大小为39×27厘米。正中央盖"中华民国之玺"（见图38-1和图38-2）。在目前发现的外债债券中，唯有呼兰制糖公司借款国库券和善后大借款公债盖有"中华民国之玺"。

　　正下方有代理财政总长梁士诒的中英文签名和"财政总长"印。不同于其他债券采取抽签还本，呼兰制糖公司借款国库券采取固定编号在固定年份还本。为此，呼兰制糖公司印了8种借款国库券，区别仅限于所附息票数量不同，对应还本日期分别为1915～1922年每年的8月31日。

　　呼兰制糖公司借款国库券具体发行情况如表38-1所示。

表38-1　　　　　　　　　　　1912年呼兰制糖公司借款国库券

发行机构	高文编号	面值（银元）	发行数量（张）	编号范围	理论未兑付量（张）
德华银行	269A	1000	75	001～075	0
德华银行	269B	1000	75	076～150	75
德华银行	269C	1000	75	151～225	75
德华银行	269D	1000	75	226～300	75
德华银行	269E	1000	75	301～375	75
德华银行	269F	1000	75	376～450	75
德华银行	269G	1000	75	451～525	75
德华银行	269H	1000	75	526～600	75

　　注：A代表1915年8月31日还本，B代表1916年8月31日还本，以此类推。

（二）其他券种

　　目前未发现与呼兰制糖公司借款国库券有关的其他券种。

---

① 财政科学研究所、中国第二历史档案馆编：《民国外债档案史料》（第四卷），中国档案出版社1989年版，第198～199页。

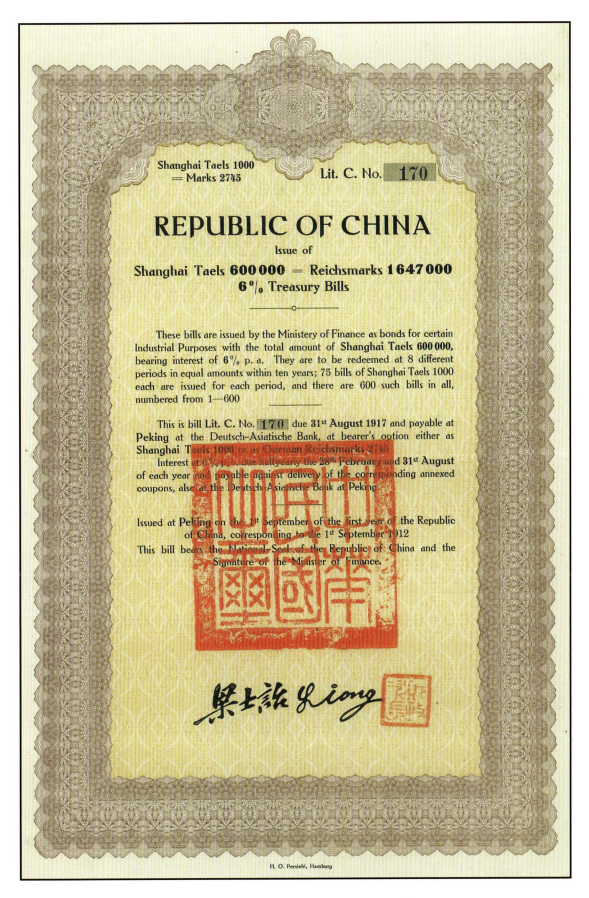

图 38－1　1912 年德华银行呼兰制糖厂借款国库券 1000 银元（KUL 269C）

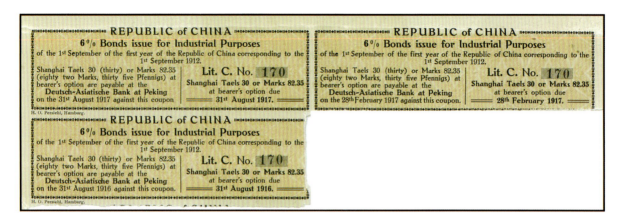

图 38-2　1912 年德华银行呼兰制糖厂借款国库券 1000 银元息票

第三十九章

Chapter 39

1914 年中法实业借款债券

一、历史背景

1913 年 7 月 1 日，中法合资成立中法实业银行（Banque Industrielle de Chine）。同年 10 月 9 日，民国政府国务总理兼财政总长熊希龄与中法实业银行总经理签订借款合同，约定 1914 年发行债券，故称"1914 年中华民国政府五厘金币实业借款"（以下简称"中法实业借款"），借款总额为 1.5 亿法郎，借款期限 50 年，年息 5 厘，每年 3 月 1 日和 9 月 1 日各付息一次，发行价为票面 84 折，第 16 年抽签还本。第 10 年后可以提前还本，但须增加提前还本金额 2.5% 的额外费用。第 20 年后提前还本，则无需增加费用。资金用途最初定为建造浦口商埠，后遭挪用。[1]

1914 年 4 月 7 日，中法实业借款债券正式发行。不久，第一次世界大战爆发，实际发行金额仅 1 亿法郎。债券利息仅付过 14 期[2]，除第 1、第 2 期正常支付外，其余都存在展期。截至 1929 年 9 月，中国政府本息共欠 1.22 亿法郎。而中法工商银行[3]在利用中国政府发行的 1925 年法国庚款借

---

① 财政科学研究所、中国第二历史档案馆编：《民国外债档案史料》（第四卷），中国档案出版社 1989 年版，第 601～614 页。
② 财政科学研究所、中国第二历史档案馆编：《民国外债档案史料》（第四卷），中国档案出版社 1989 年版，第 627 页。
③ 1921 年，中法实业银行停业，重组成立中法实业管理公司。1925 年，中法实业管理公司重组成立中法工商银行。

款美金公债支付完各项支出后，还剩余美金公债 72561 张。中国政府于是在 1930 年与中法工商银行达成协议，以剩余债票、中国政府持有的中法工商银行官股红利等支付中法实业借款债权人本息，但仍欠 21233000 法郎。这部分欠款按年息 5 厘还本付息至 1947 年 12 月，无论是否结清都将视为结清。[①]

二、主要券种

（一）实用票

1914 年中法实业借款债券仅 1 种，面值为 500 法郎。债券分为正票页和息票页，正票页大小为 50.5×29 厘米。债券由法国巴黎 IMPRIMERIE RICHARD 公司印制（见图 39 – 1）。

1914 年中法实业借款债券发行量为 200000 张。债券左下角有财政总长周自齐的签名和"财政总长"印章，中间为中法实业银行代表签名，右下角驻法公使胡惟德英文签名和"中华民国驻法兰西特命全权公使印"。

债券具体发行情况如表 39 – 1 所示。

表 39 – 1 　　　　　　　　　　　1914 年中法实业银行借款债券

发行机构	高文编号	面值（法郎）	发行数量（张）	编号范围	理论未兑付量（张）
中法实业银行	330	500	200000	000001 ~ 200000	200000

注：如中国政府 1930 年与中法工商银行达成的协议已执行，则大多数中法实业借款债券已兑付。

（二）其他券种

除实用票外，目前还有少量中法实业借款债券备用票（KUL 330RS）存世（见图 39 – 2）。这部分备用票的息票都是从第 15 号开始印刷，推测可能并非 1914 年印制，而可能是 1930 年中法达成协议以后印刷的[②]。

此外，由于中法实业借款债券正式票在 1914 年 4 月 7 日发行时尚未印刷完成，发行方便又在法国巴黎 IMPRIMERIE RICHARD 公司印制了一批临时凭证提供给认购人。临时凭证有两种。第一种在驻法公使胡惟德亲笔签名定稿后（见图 39 – 3），发现息票金额写成 10416 法郎，又不得不印制第二种临时凭证。第二种临时凭证与第一种主要存在三大区别。第二种临时凭证的备用票（KUL 330TE B RS）较为多见（见图 39 – 4），实用票仅有极少数注销券（KUL 330TE B CN）存世（见图 39 – 5）。

[①] 财政科学研究所、中国第二历史档案馆编：《民国外债档案史料》（第四卷），中国档案出版社 1989 年版，第 625 ~ 626 页。

[②] 因为中国政府 1930 年时已经支付了前 14 期息票，所以没有必要再印在备用票上了。

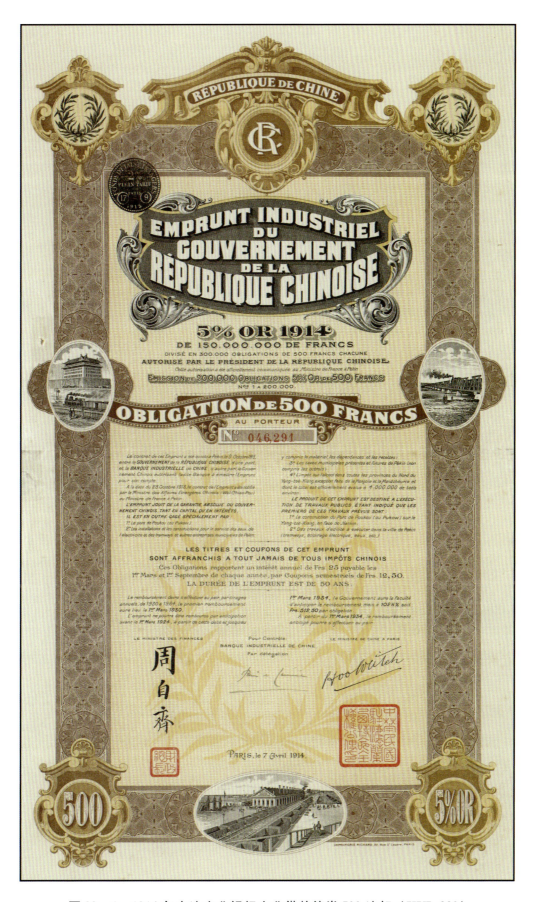

图 39 – 1　1914 年中法实业银行实业借款债券 500 法郎（KUL 330）

图 39 – 2　1914 年中法实业银行实业借款债券 500 法郎备用票（KUL 330RS）

图 39 – 3　1914 年中法实业银行实业借款债券 500 法郎临时凭证备用票（胡惟德签名盖章定稿版）
（KUL 330TE A RS）

图 39－4　1914 年中法实业银行实业借款债券 500 法郎临时凭证备用票（KUL 330TE B RS）

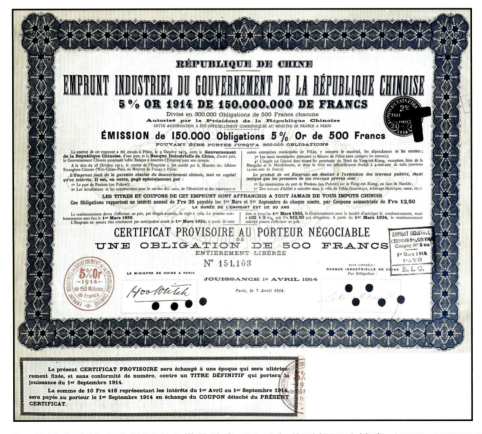

图 39－5　1914 年中法实业银行实业借款债券 500 法郎临时凭证注销券（KUL 330TE B CN）

第四十章

Chapter 40

钦渝铁路系列特别国库券
（中法实业银行补充资本金国库券）

　　1913 年，经法国东方汇理银行提议，民国政府与东方汇理银行、北京福公司等共同发起成立中法实业银行，中方占股比例为 1/3。因中方资本金迟迟未能足额缴纳，经与中法商业银行商定，民国政府以修建钦渝铁路借款名义发行特别国库券，前后共三次，用于补缴中法实业银行创建资本金和后续增发资本金。此套特别国库券在高文《中国对外债券 1865 – 1982》一书未见记载。①

一、1917 年钦渝铁路 7 厘特别国库券

（一）历史背景

　　1913 年，中法实业银行成立，注册资本 4500 万法郎，中方占股比例为 1/3，即 1500 万法郎。但截至 1917 年，仍有 1125 万法郎尚未缴纳。②

　　1917 年 5 月 1 日，民国政府与中法实业银行商定，以建设钦渝铁路借款名义发行 7 厘特别国库

---

① ②　韩万银：《钦渝铁路垫款始末》，载于《中国收藏·钱币》2016 年总第 40 期，第 59 页。

券，借款金额 1125 万法郎。国库券分为 A 系列和 B 系列，其中 A 系列的期限为 5 年，B 系列的期限为 6 年，两者年息均为 7 厘，付息日均为 11 月 1 日和 5 月 1 日。[①]

A 系列和 B 系列国库券均告违约，直到 1930 年以美金债券付还中法债务解决案方才全部还清，国库券俱已缴纳销毁[②]。

（二）主要券种

1917 年钦渝铁路 7 厘特别国库券 A 系列和 B 系列的面值均有 100000 法郎和 25000 法郎 2 种。发行情况如表 40 – 1 所示。

表 40 – 1　　　　　　　　　　　1917 年钦渝铁路 7 厘特别国库券

发行机构	面值（法郎）	发行数量（张）	编号范围
中法实业银行（A 系列）	100000	56	01 ~ 56
中法实业银行（A 系列）	25000	1	57
中法实业银行（B 系列）	100000	56	01 ~ 56
中法实业银行（B 系列）	25000	1	57

目前仅有少量备用票存世。两系列国库券除颜色外，版式和大小均相同。票面尺寸为 38.6 × 55.5 厘米，由法国 Imp. F. Fano 印刷公司印制。

国库券文字全部为法文。正下方左侧有时任交通总长曹汝霖的签名，并在签名下方盖有"交通总长"的印章；中间有时任财政总长梁启超的签名，并在签名下方盖有"财长总长"的印章；右侧有时任驻法公使胡惟德的外文签名（见图 40 – 1）。

二、1919 年钦渝铁路 5 厘特别国库券

（一）历史背景

1919 年，中法实业银行增资，民国政府需缴纳 530 万法郎，资金缺口为 430 万法郎。民国政府与中法实业银行商定，继续以修建钦渝铁路借款名义发行 5 厘特别国库券，借款金额为 430 万法郎。国库券分为 C 系列和 D 系列，其中 C 系列的期限为 5 年，D 系列的期限为 6 年，两者年息均为 5 厘，付息日均为 11 月 1 日和 5 月 1 日。[③]

---

① 韩万银：《钦渝铁路垫款始末》，载于《中国收藏·钱币》2016 年总第 40 期，第 59 页。
② 财政科学研究所、中国第二历史档案馆编：《民国外债档案史料》（第六卷），中国档案出版社 1989 年版，第 23 页。
③ 韩万银：《钦渝铁路垫款始末》，载于《中国收藏·钱币》2016 年总第 40 期，第 59 页。

C 系列和 D 系列国库券均告违约，直到 1930 年以美金债券付还中法债务解决案方才全部还清，库券俱已缴纳销毁[①]。

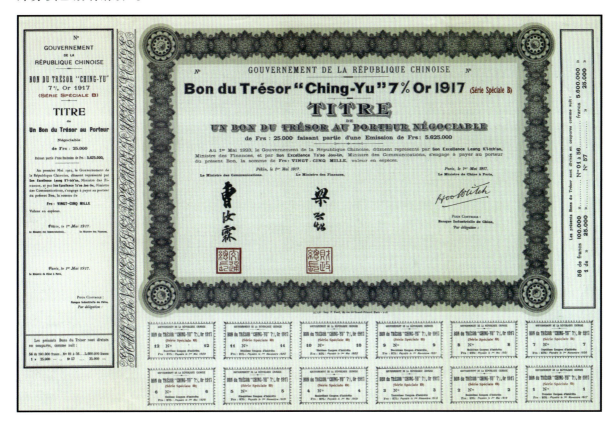

图 40 - 1 1917 年中法实业银行钦渝铁路特别借款国库券 B 系列 25000 法郎备用票

（二）主要券种

1919 年钦渝铁路 5 厘特别国库券 C 系列和 D 系列的面值均有 100000 法郎和 50000 法郎 2 种。发行情况如表 40 - 2 所示。

表 40 - 2　　　　　　　　　　1919 年钦渝铁路 5 厘特别国库券

发行机构	面值（法郎）	发行数量（张）	编号范围
中法实业银行（C 系列）	100000	21	01 ~ 21
中法实业银行（C 系列）	50000	1	22
中法实业银行（D 系列）	100000	21	01 ~ 21
中法实业银行（D 系列）	50000	1	22

---

① 财政科学研究所、中国第二历史档案馆编：《民国外债档案史料》（第六卷），中国档案出版社 1989 年版，第 23 页。

目前仅有少量备用票存世。两系列国库券除颜色外，版式和大小均相同。票面尺寸为 33. 7 ×
53. 8 厘米，由法国 Imp. F. Fano 印刷公司印制。

国库券文字全部为法文。正下方左侧有时任交通总长曹汝霖的签名，并在签名下方盖有"交通
总长"的印章；中间有时任财政总长梁启超的签名，并在签名下方盖有"财长总长"的印章；右侧
有时任驻法公使胡惟德的外文签名（见图 40 - 2 ~ 图 40 - 5）。

三、1920 年钦渝铁路 5 厘特别国库券

1920 年，中法实业银行再次增资，民国政府需缴纳 2075 万法郎，资金缺口为 1400 万法郎。民
国政府与中法实业银行商定，继续以修建钦渝铁路借款名义发行 5 厘特别国库券，借款金额为 1400
万法郎。至 1930 年，本息合计欠款总额达 2135 万法郎，即便以 1925 年法国庚款美金公债偿还亦有
缺口。[①]

经协商，民国政府以中法实业银行 2 万股股票自 1929 年至 1947 年之红利，以及拨付文化基金
会之美金债券 63250 张扣除每年拨予该会 20 万美元以外的余款，作为还款基金。如至 1947 年仍不
能完全还清，中法实业银行放弃余款。[②]

1920 年钦渝铁路 5 厘特别国库券实物至今未见。但 1936 年《钦渝铁路借款垫款经过情形及部
定偿还说明书》载："中法实业银行要求保留钦渝铁路第三次之资金库券一张，计法金一千四百万
佛朗一纸仍存该行作为保证。"似乎 1920 年钦渝铁路 5 厘特别国库券仅发行 1 张，面值 1400 万
法郎。[③]

---

① 财政科学研究所、中国第二历史档案馆编：《民国外债档案史料》（第六卷），中国档案出版社 1989 年版，第 23 页。
② 财政科学研究所、中国第二历史档案馆编：《民国外债档案史料》（第六卷），中国档案出版社 1989 年版，第 24 页。
③ 财政科学研究所、中国第二历史档案馆编：《民国外债档案史料》（第六卷），中国档案出版社 1989 年版，第 25 页。

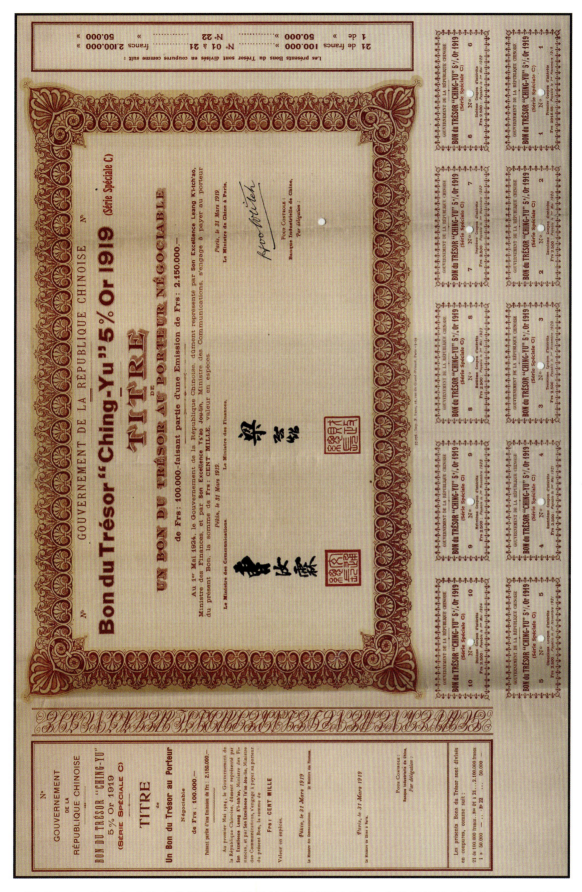

图 40 − 2　1919 年中法实业银行钦渝铁路特别借款国库券 C 系列 100000 法郎备用票注销券

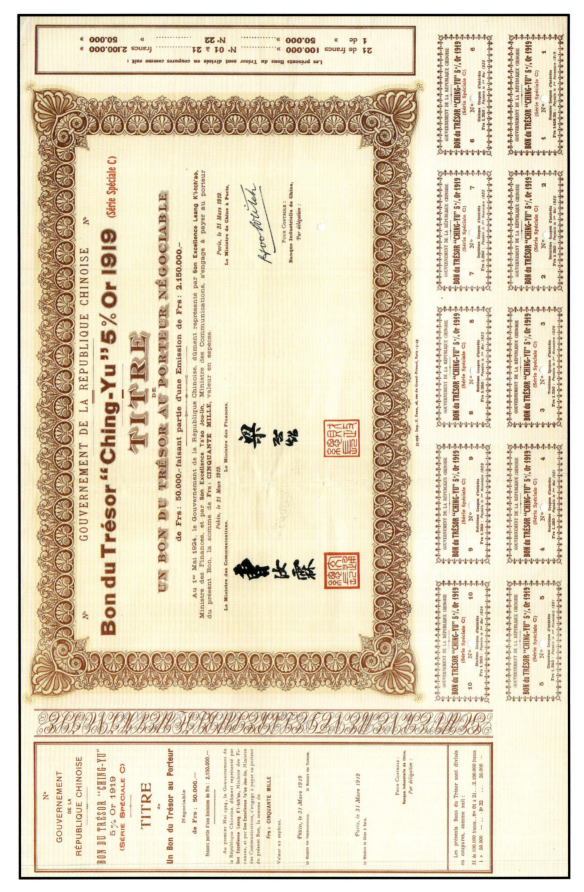

图 40 – 3　1919 年中法实业银行钦渝铁路特别借款国库券 C 系列 50000 法郎备用票注销券

图 40 - 4 1919 年中法实业银行钦渝铁路特别借款国库券 D 系列 100000 法郎备用票注销券

图 40-5　1919 年中法实业银行钦渝铁路特别借款国库券 D 系列 50000 法郎备用票注销券

第四十一章

Chapter 41

1921 年美国无线电借款债券

一、历史背景①

1921 年 1 月 8 日，北洋政府交通部和美国合众电信公司（the Federal Telegraph Company）订立《无线电台协定》规定，为发展对外通信，由合众电信公司在上海、哈尔滨、北京和广东等地建立电台五座，费用由双方平均分担，电台由双方成立的中美无线电管理公司管理，期限为 10 年；中国交通部向该公司发行债券 2708750 美元。一经公布，日本、英国和丹麦驻华公使即向中国政府提出抗议，要求取消此协定，理由是中美无线电台协定违反了中国政府与各国所订的电信合约。

1921 年 2 月，美国国务卿休斯（Charles E. Hughes）分别向丹麦、日本、英国政府声明，上述三国在中国的电报专利权侵犯了美国的条约权利，违背了门户开放原则。同年 8 月，美国政府决定召开华盛顿会议，讨论限制军备与太平洋及远东问题。休斯欲以此会为契机，促使中国政府尽快批准和执行中美《无线电台协定》。驻美公使施肇基也深知无线电台案与华盛顿会议的关系，认为"无线电台案及山东等各问题，因与广开门户、机会均等两事极为关系，此为美将来会中首要之

---

① 林丽雄：《"中美无线电台协定"纠纷始末（续）》，载于《中山大学研究生学刊（社会科学版）》1999 年第 20 卷第 2 期。

件"。在这种情况下，中国政府置日、英的抗议于不顾，交通部于 1921 年 9 月 19 日与美国合众电信公司代表签订《无线电台修正协定》。根据协定，中国政府发行的债券额增加到 650 万美元，期限 20 年，年息 8 厘，每年 1 月 1 日和 7 月 1 日各付息一次。发行折扣为 93 折。五座电台的总功率由 1380 千瓦增加到 1500 千瓦，合众公司取得对电台及其收入的 20 年管理权等，中国政府还以交通部所有收入作为债款的担保。

但日本仍在持续阻止美国进入中国无线电市场，中美《无线电台修正协定》一直无法得到执行，美国无线电借款债券自然也无法发行。1927 年，南京国民政府成立后，宣布无线电国营。日美等国均被迫放弃独占中国无线电市场计划，转向中国出售无线电设备等商务合作。

二、主要券种

1921 年美国无线电债券在高文的《中国对外债券 1865 – 1982》没有记载。债券因为没有发行，故而也不存在实用票。目前发现一张票样，面值为 1000 美元，由美国钞票公司（American Bank Note Company）印制。正票页大小为 38.4 × 25.6 厘米。债券左下方盖有"交通部印"，正下方有时任交通总长张志潭的签名（见图 41 – 1）。

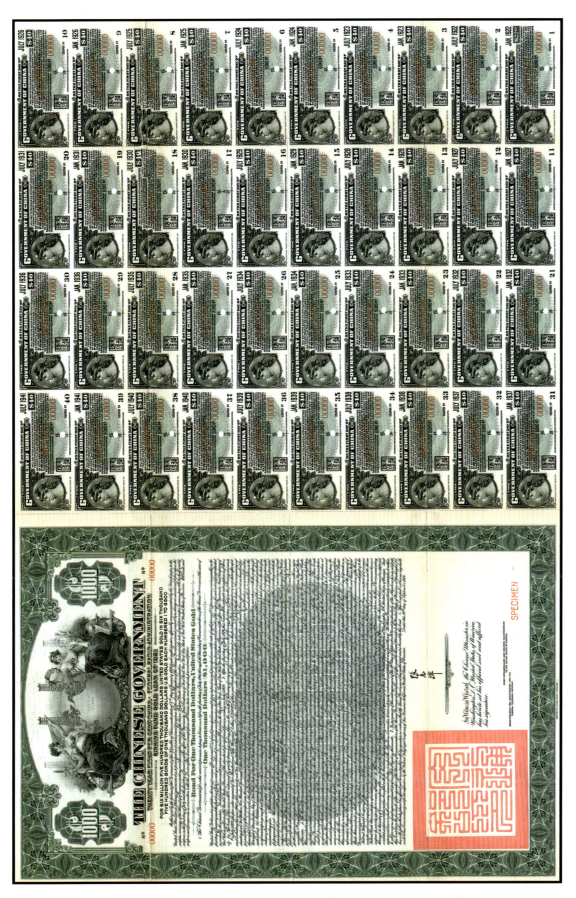

图 41 - 1　1921 年美国合众电信公司无线电借款债券 1000 美元票样注销券

第四十二章

Chapter 42

海河工程总局借款债券

海河工程总局（Hai Ho Conservancy Board）于 1897 年在天津洋商倡议下为疏浚海河航道而设立。起初由中方主导，1900 年八国联军占领天津后，改组为外国人把持的机构，并持续运营到 1949 年。

海河工程总局作为一家河道疏浚非营利公益机构，经费主要来自海关划拨。其承担的河道疏浚、裁弯取直和冬季破冰等工程耗资巨大，却不收取费用，只能靠发行债券融资予以解决。为了确保债券发行成功，海关不仅提供担保，还专门征收附加税偿还债券本息。而债券的承销机构为外资银行，投资人也主要为外国公司，因此，从这个意义上说，海河工程总局借款债券是一种特殊的对外公债。

▼ 一、债券发行情况[①]

海河工程总局在历史上一共发行了 9 次债券，具体如表 42-1 所示。

---

① 债券发行情况根据龙登高、龚宁、伊巍：《近代公益机构的融资模式创新——海河工程局的公债发行》，载于《近代史研究》2008 年第 1 期整理得出。

表 42 – 1　　　　　　　　　海河工程总局 9 次债券发行情况

序号	名称	发行时间	发行机构	金额	期限（年）	利率（%）
1	英租界工部局借款 E[a]	1898 年	汇丰银行	50 万两白银	12	6
2	海河工程总局借款 A	1902 年	汇丰银行	25 万两白银	22	7
3	海河工程总局借款 B	1903 年/1904 年[b]	汇丰银行	30 万两白银	25	7
4	海河工程总局借款 C	1909～1911 年	华比银行	87 万两白银	不详	6
5	海河工程总局借款 D	1912～1914 年	华比银行	29 万两白银	不详	6
6	1921 年特别借款	1921 年	华比银行	20 万两白银	不详	9
7	1924 年特别借款	1924 年	华比银行	50 万两白银	不详	不详
8	海河工程总局借款 E	1926 年	麦加利银行	125 万两白银	最多 35 年	7
9	海河工程总局替换借款 E	1935 年	麦加利银行	185 万银元	20	5.5

　　注：a. 英租界工部局发行之后，便将发行与偿还主体移交海河工程总局，中国政府批准增设海关附加税进行担保。b. 1903 年 9 月发行 10 万两，1904 年 5 月和 9 月各发行 10 万两。

　　截至 1935 年，前面 8 期债券已经全部清偿，只剩下海河工程总局替换借款 E 债券没有清偿。1937 年，日本占领天津，控制海河工程总局，但依然对该笔债券进行还本付息。1945 年 6 月 25 日，日伪时期最后一次海河工程总局董事会披露尚有 92.05 万元的替换借款 E 债券没有清偿。

　　抗战胜利后，国民政府接管海河工程总局，但对替换借款 E 债券的清偿工作没有明确政策。1948 年 7 月 1 日，海河工程总局发布公告，按照官方比价，用金圆券提前偿还全部海河工程总局替换借款 E 债券本息。由于金圆券大幅贬值，债券持有人资产基本化为乌有。

二、主要券种

　　目前仅发现 1926 年海河工程总局借款 E 债券和 1935 年海河工程总局替换借款 E 债券。

　　1926 年，海河工程总局借款 E 债券面值为 100 两天津行化银（见图 42 – 1），由伦敦华德路（Waterlow & Sons Ltd.）印钞公司印制。左下角为海河工程总局董事会秘书和司库签字，并盖有海河工程总局印戳；中下方为法国驻天津公使代表各国公使团签字；右下角为海关代表签字。

　　1935 年，海河工程总局替换借款 E 债券面额为 1000 银元（见图 42 – 2），由天津印字馆（Tientsin Press）印制。左下角为海河工程总局董事会秘书和司库签字，并盖有海河工程总局印戳；中下方为法国驻天津公使代表各国公使团签字；右下角为海关代表签字。

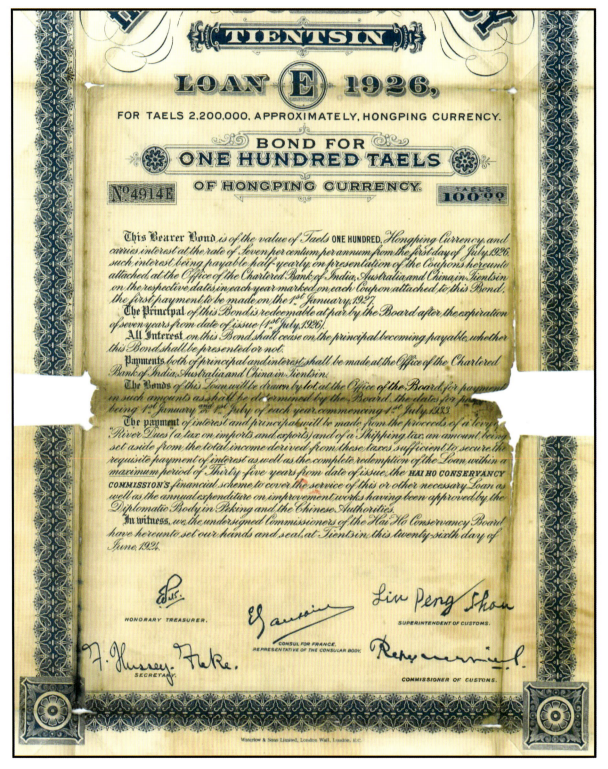

图 42－1　1926 年海河工程总局借款 E 债券 100 两天津行化银（残）

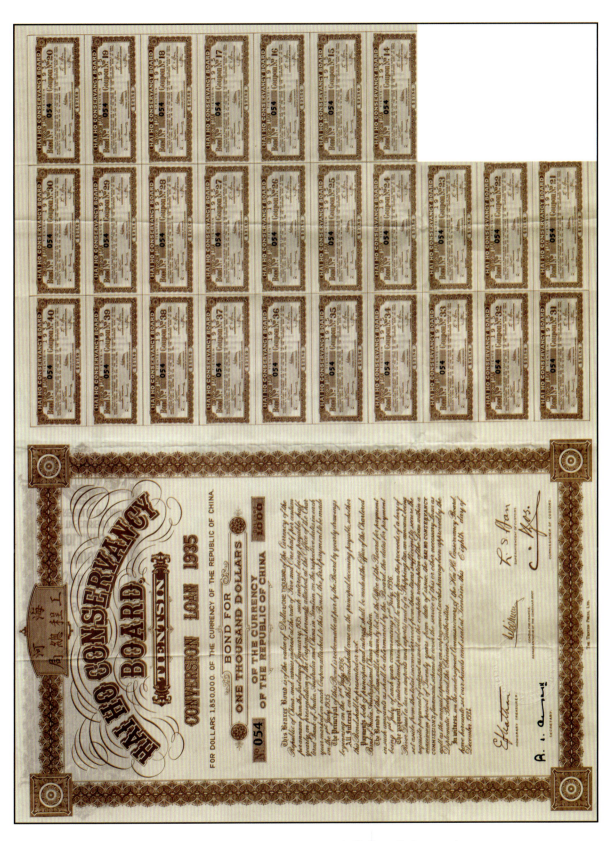

图 42 - 2　1935 年海河工程总局替换借款 E 债券 1000 银元

第四部分

地方政府借款外债

第四十三章

Chapter 43 ●

1913 年北直隶借款^①债券

一、历史背景

　　直隶省是北洋军阀的大本营。1905 年，直隶总督袁世凯发行了中国第一笔省级政府内债，且还款记录良好。为绕过五国银行团对民国政府不得从其他银团借款的限制，北洋政府决定利用直隶省的名义举借外债。通过英商爱德尔布加公司的介绍，民国政府与比利时雷泡银行（Banque de Reports，the Fonds Publics et de Dépôts）^② 取得联系，于 1913 年 4 月 4 日签订《直隶省政府五厘半息金镑借款合同》。由于当时比利时政府尚未承认中华民国，北洋政府委托驻奥公使沈瑞麟作为代表在合同上签押。

　　本次借款金额 50 万英镑，借款期限 40 年，年息 5.5 厘，每年 2 月 1 日和 8 月 1 日各付息一次，发行折扣为 91 折。1925 年后，如债券市价低于面值，雷泡银行协助直隶省政府回购；反之，则每

---

①　英文叫 "Gold Loan of 5.5 Percent of the Government of Province of Petchili"。西方国家当时还是按照明朝的行政区划，把直隶省称为北直隶。

②　该行在外债档案中有多种翻译。因为该行位于比利时安特卫普（法语 Anvers，音译安华士或昂维斯），所以在本笔借款合同中按全称译为安华士定期取引经理公款及贮金银行（参见财政科学研究所、中国第二历史档案馆编：《民国外债档案史料》（第四卷），中国档案出版社 1989 年版，第 350 页）。在 1914 年民国元年军需公债特种国库券中，则译为雷泡（Reports 的音译）银行，后又根据该行创始人爱德华·蒂斯（Edouard Thys）（1868－1914）姓氏音译为狄思银行。

年抽签还款。[1]

该笔借款以直隶省烟酒税收入抵押，中央政府提供补充担保。1926 年，债券开始违约。河北省（国民政府将直隶省更名）政府以烟酒税收已划归中央为借口，要求中央政府接手债务，直至抗战爆发仍未获准。[2]

二、主要券种

1913 年北直隶借款债券的面值仅有 20 英镑一种，由比利时安特卫普 Verschueren 公司印制。正票页大小为 29×52 厘米。正面印有法文和英文，正下方盖有"中华民国驻奥代表关防"章及驻奥公使沈瑞麟签名，左下方有沈瑞麟英文签名，右下方有雷泡银行代表的签名。

债券的具体发行情况如表 43 - 1 和图 43 - 1 所示。

表 43 - 1　　　　　　　　　　　1913 年北直隶借款债券

发行机构	高文编号	面值（英镑）	发行数量（张）	编号范围	理论未兑付量（张）
雷泡银行	290	20	25000	00001～25000	25000

此外，根据借款合同记载，在 1913 年 8 月 1 日正式债票印刷之前，还印刷了 25000 张临时凭证，包含一张息票[3]，可惜未曾面世。

---

[1]　财政科学研究所、中国第二历史档案馆编：《民国外债档案史料》（第四卷），中国档案出版社 1989 年版，第 350～357 页。

[2]　财政科学研究所、中国第二历史档案馆编：《民国外债档案史料》（第四卷），中国档案出版社 1989 年版，第 364～365 页。

[3]　财政科学研究所、中国第二历史档案馆编：《民国外债档案史料》（第四卷），中国档案出版社 1989 年版，第 355 页。

图 43 – 1　1913 年雷泡银行北直隶借款债券 20 英镑（KUL 290）

第四十四章

Chapter 44

国民政府上海特别市
对外市政公债债券

　　上海在民国时期分为华界、公共租界和法租界三个区域，中国政府真正拥有管辖权的地区是华界。1927 年国民政府成立后，设立上海特别市，开始在华界展开大规模市政建设，经费成为最大掣肘。1929 年 10 月 1 日，上海特别市政府决定发行"上海特别市市政公债"，募资金额 300 万元，年息 8 厘，期限 8 年。尽管 300 万元的募资金额与公共租界和法租界当时发债金额相比并不突出，但已是上海华界自晚清以来发行的最大一笔地方公债。由于投资人对上海特别市政府普遍缺乏信心，此次发债非常不理想，3 个月才销售 150 万余元，后经市政府全体动员方才募满。① 由此可见，发行内债并不是募集建设资金的好办法。

---

① 潘国旗：《近代中国地方公债研究——以江浙沪为例》，浙江大学出版社 2009 年版，第 208～210 页。

一、1932 年上海市灾区复兴公债

1932 年 1 月 28 日，中日之间爆发一·二八事变，上海华界成为主战场，损失惨重。同年 5 月 5 日，中日双方签订《淞沪停战协定》，上海特别市政府随即开展艰难的重建工作，决定发行"上海市灾区复兴公债"，金额 600 万上海规元，年息 7 厘，期限 20 年。[①]

此时上海的中资银行刚刚经历战乱，无力承销如此规模的市政公债。上海市财政局局长蔡增基无奈只能求助外资银团，最后确定由英商利安洋行（Benjamin & Potts Co.）包销 400 万元，剩余 200 万元由该行委托中央银行、中国银行、交通银行、汇丰银行代为发行，汇丰银行负责债券还本付息事宜。债券发行折扣为票面价 8 折，每年 6 月 15 日和 12 月 15 日各付息一次，从 1933 年 6 月 15 日开始每半年抽签还本至 1952 年 12 月 15 日。债券以上海全市码头捐收入（每年约 60 万元）为第一担保，不足部分由关税补足。[②]

有了外资银团的加持和海关的担保，灾区复兴公债销售十分顺利，仅用 1 天即募集完成。随后，上海市政府将灾区复兴公债放在西方商人开办的证券交易所——西商众业公所交易，市场表现持续良好。上海市灾区复兴公债募集的资金在修复受战争破坏的公共设施以及战后救济方面发挥了重要作用，成为地方政府发行外债的样板。

由于海关以关税为灾区复兴公债提供补充担保，此项公债的还本付息一直持续到 1941 年 12 月 15 日第 18 期。随着太平洋战争的爆发，公债偿付工作停止，未偿本金尚余 438 万上海规元。抗战胜利后，经财政部批准，灾区复兴公债恢复兑付，1947 年 1 月 17 日，在汇丰银行举行第 19 ~ 28 期 140 万元还本抽签还本仪式。1948 年 9 月 4 日，民国政府行政院公布《整理外币公债办法及提前清偿法币公债办法》，规定以金圆券清偿债务。1948 年 10 月，上海市财政局向市府请示灾区复兴公债如何折合金圆券计算，上海市政府为此请示行政院，但不了了之。此时上海灾区复兴公债未偿本金尚余 240 万上海规元。[③]

债券的面值分为 100 上海规元和 1000 上海规元两种（见图 44 - 1 ~ 图 44 - 4）。上海市市长吴铁城签名盖章。债券由别发洋行（Kelly & Walsh Ltd. Printer）印刷，内有水印。

---

① 潘国旗：《近代中国地方公债研究——以江浙沪为例》，浙江大学出版社 2009 年版，第 211 ~ 212 页。
② 潘国旗：《近代中国地方公债研究——以江浙沪为例》，浙江大学出版社 2009 年版，第 212 ~ 213 页。
③ 吴福明：《1929 - 1937 年上海发行市政公债始末》，东方早报，2014 - 07 - 08.

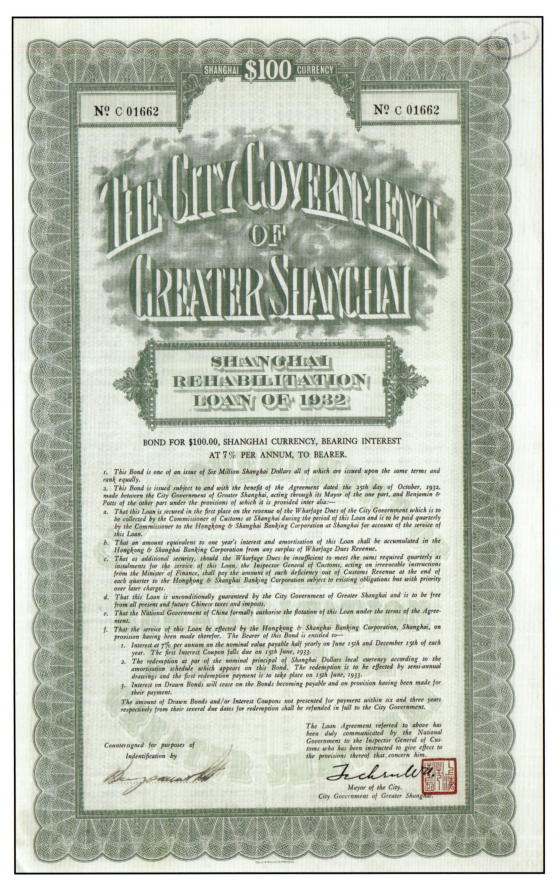

图 44 –1　1932 年利安洋行上海市灾区复兴公债 100 上海规元

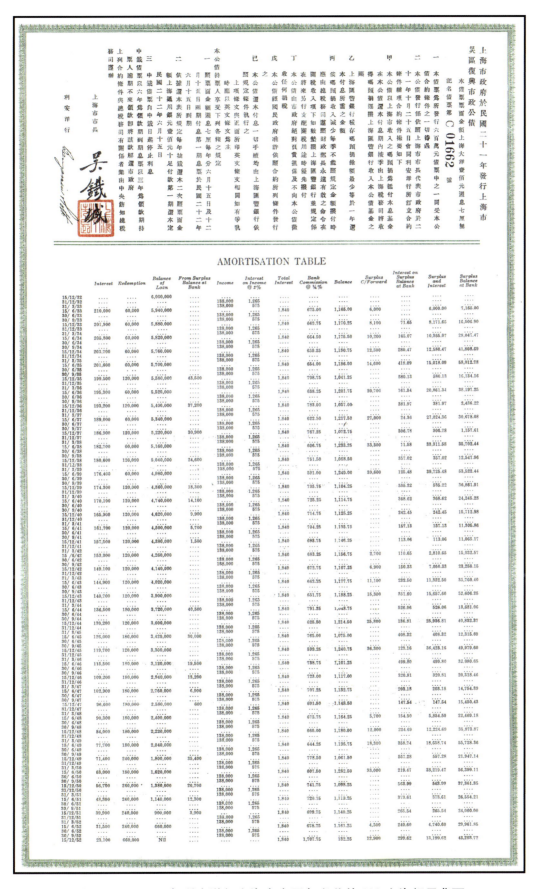

图 44 – 2　1932 年利安洋行上海市灾区复兴公债 100 上海规元背面

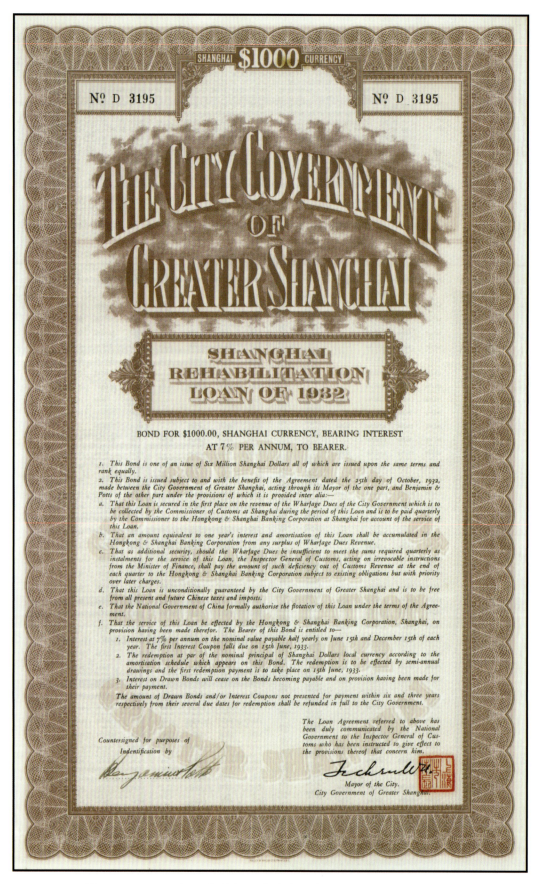

图 44 - 3　1932 年利安洋行上海市灾区复兴公债 1000 上海规元

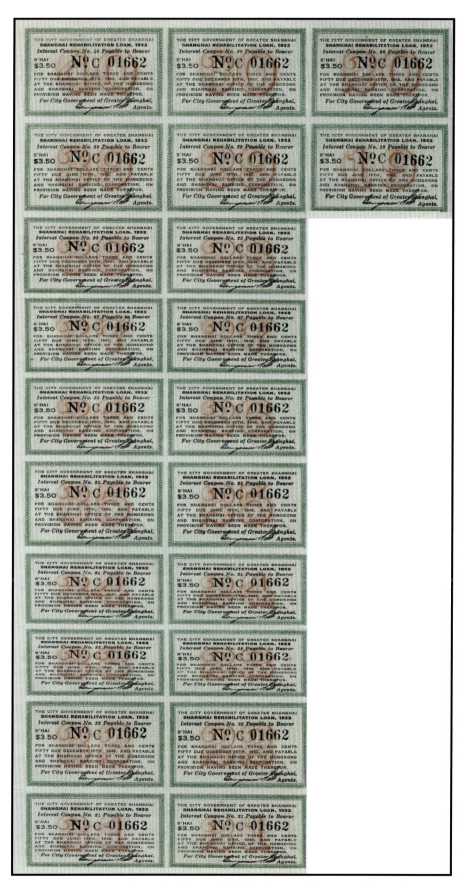

图 44 - 4　1932 年利安洋行上海市灾区复兴公债 100 上海规元息票

二、1934 年上海市市政公债

1929 年 7 月，上海特别市政府第 123 次会议正式通过了"大上海计划"。1933 年 10 月，市中心行政区大楼完工，上海市政府和社会、教育、卫生、土地、公务等五局迁入办公。为开展其他配套设施建设，1934 年初，上海特别市政府决定发行市政公债银元 350 万元，年息 7 厘，期限 12 年[①]。基于 1932 年灾区复兴公债的成功发行经验，上海市政府决定选择美商新丰洋行（Swan，Culbertson & Fritz）承销。

经协商，债券发行折扣为票面价 93 折，每年 6 月 30 日和 12 月 31 日各付息一次，从 1935 年 6 月 30 日开始每年抽签还本至 1946 年 6 月 30 日。上海市政府以全市汽车、机器脚踏车和人力脚踏车牌照捐（每年 60 余万元）作为偿债基金。[②]

与 1932 年灾区复兴公债相比，1934 年市政公债募资条件显著好转。最后认购金额达到 2250 万元，超过募资额 6 倍多。随后，1934 年市政公债也在西商众业公所交易，市场表现良好。[③]

此项公债所募资金分别用于：（1）建筑公共体育场 100 万元；（2）建筑公共博物院 30 万元；（3）创办公共图书馆 30 万元；（4）建设市医院 40 万元；（5）建设屠宰场 20 万元；（6）改善闸北道路、桥梁等 50 万元。[④]

此项公债一直还本付息到 1939 年 12 月 31 日，未偿本金尚余 210 万元。抗战胜利后，上海特别市政府于 1947 年以"二战"前法币银元比价为基础，兑付全部未偿本息[⑤]。由于法币已经较战前贬值上万倍，故不少债权人未参与兑付。

债券的面值分为 100 银元、1000 银元和 5000 银元三种（见图 44 - 5 ~ 图 44 - 9）。有上海市市长吴铁城的签名盖章，同时有新丰洋行合伙人葛勃生（C. D. Culbertson）的签名。债券由别发洋行（K. & W. Ltd. Printer）印刷。

---

① 潘国旗：《近代中国地方公债研究——以江浙沪为例》，浙江大学出版社 2009 年版，第 214 ~ 216 页。
② 潘国旗：《近代中国地方公债研究——以江浙沪为例》，浙江大学出版社 2009 年版，第 215 页。
③ 潘国旗：《近代中国地方公债研究——以江浙沪为例》，浙江大学出版社 2009 年版，第 217 页。
④ 潘国旗：《近代中国地方公债研究——以江浙沪为例》，浙江大学出版社 2009 年版，第 216 页。
⑤ 吴福明：《话说近代上海市政债》，载于《金融时代》第 12 期。

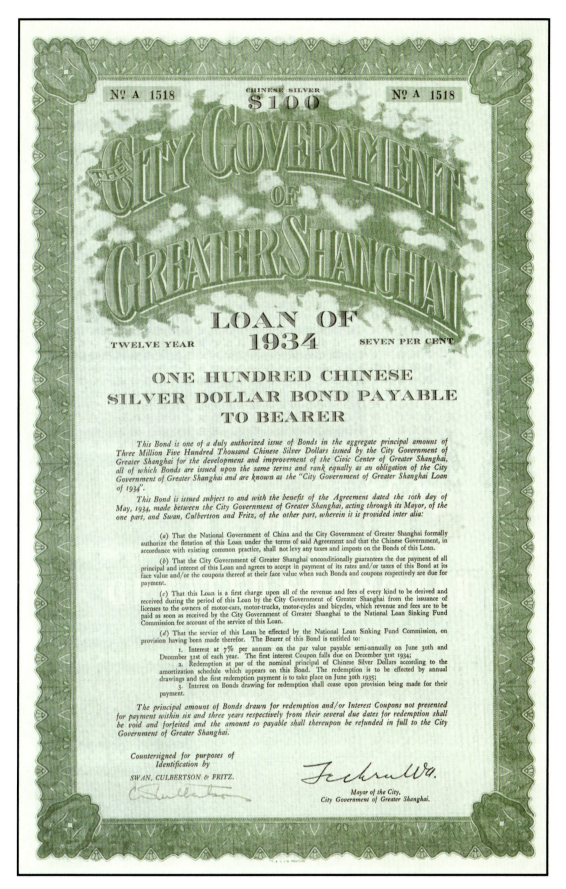

图 44－5　1934 年新丰洋行上海市市政公债 100 银元

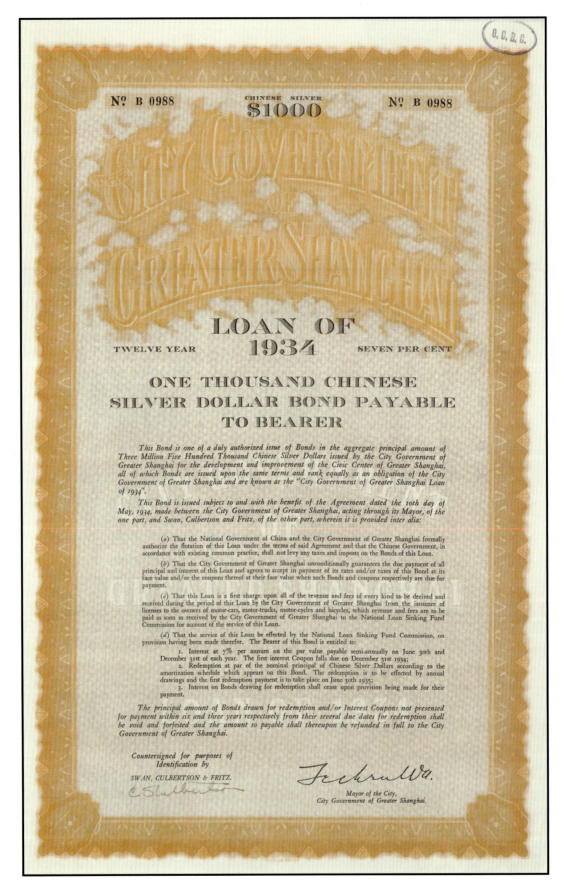

图 44 – 6　1934 年新丰洋行上海市市政公债 1000 银元

图 44-7　1934 年新丰洋行上海市市政公债 5000 银元

AMORTIZATION TABLE

Date	Interest	Redemption	Balance of Loan	Date	Interest	Redemption	Balance of Loan
June 30th 1934	Nil	Nil	3,500,000	Dec. 31st 1940	63,700	Nil	1,820,000
Dec. 31st 1934	122,500	"	3,500,000	June 30th 1941	63,700	280,000	1,540,000
June 30th 1935	122,500	280,000	3,220,000	Dec. 31st 1941	53,900	Nil	1,540,000
Dec. 31st 1935	112,700	Nil	3,220,000	June 30th 1942	53,900	280,000	1,260,000
June 30th 1936	112,700	280,000	2,940,000	Dec. 31st 1942	44,100	Nil	1,260,000
Dec. 31st 1936	102,900	Nil	2,940,000	June 30th 1943	44,100	280,000	980,000
June 30th 1937	102,900	280,000	2,660,000	Dec. 31st 1943	34,300	Nil	980,000
Dec. 31st 1937	93,100	Nil	2,660,000	June 30th 1944	34,300	280,000	700,000
June 30th 1938	93,100	280,000	2,380,000	Dec. 31st 1944	24,500	Nil	700,000
Dec. 31st 1938	83,300	Nil	2,380,000	June 30th 1945	24,500	280,000	420,000
June 30th 1939	83,300	280,000	2,100,000	Dec. 31st 1945	14,700	Nil	420,000
Dec. 31st 1939	73,500	Nil	2,100,000	June 30th 1946	14,700	420,000	Nil
June 30th 1940	73,500	280,000	1,820,000	TOTAL	1,646,400	3,500,000	

民國二十三年上海市市政公債

本公債票面金額中國銀元伍仟元週息七厘期限十二年無記

名債票 N° C 0076

本債票爲上海市政府發行中國銀元叁百伍拾萬元公債票之一爲

發展及改善市中心區之用各該債票待遇相同市政府負同樣責任

定名爲民國二十三年上海市市政公債

五月十日發行並依照票面價值絕對擔保本公債還本付息並准以到期償

甲 本公債發行係依照上海市市長代表市政府於民國二十三年三月十日會同新豐洋行所訂之合約條件辦理合約條件撮要如下

乙 本公債經國民政府准許上海市政府依照合約條件所列條件

丙 上海市政府爲優先撥付還本付息基金在本公債基金管理委員會依

照規定撥付還本付息後逐撥國債基金管理委員會依

一 本公債還本付息按照票面金額週息七厘（半年付息一次）每年分六月三十日及十二月三十一日到期兩期付息第一期息票

二 本公債還本定期民國二十四年六月三十日舉行自中籤債票限期六年到期息票限期三年爲領款期逾期失效卽將該款解還市政府

三 照票面金額十足付款第一次還本定期民國二十四年六月三十日舉行自中籤還本票照規定期中籤債票按照規定期中籤債票按照規定期中籤債票按照規定中籤債票按照規定期中籤債票按照規定期中籤債票按照規定期中籤債票按照規定期中籤債票按照規定

本公債力脚踏車之牌照依上海市政府爲優先撥付還本付息牌照踏車之牌照收入本公債基金之賬各項收入汽車運貨汽車機器脚踏車人力脚踏車人

證明人新豐洋行 葛勃生

上海市市長 吳鐵城

本公債還本付息表

日期付息（元）還本（元）公債餘額（元）			
民國二十三年十二月三十一日	無	無	無
民國二十四年六月三十日	一二二，五○○	無	三，五○○，○○○
民國二十五年六月三十日	一一二，七○○	二八○，○○○	二，九四○，○○○
民國二十六年六月三十日	一○二，九○○	二八○，○○○	二，六六○，○○○
民國二十七年六月三十日	九三，一○○	二八○，○○○	二，三八○，○○○
民國二十八年六月三十日	八三，三○○	二八○，○○○	二，一○○，○○○
民國二十九年六月三十日	七三，五○○	二八○，○○○	一，五四○，○○○
民國三十年六月三十日	六三，七○○	二八○，○○○	一，五四○，○○○
民國三十一年六月三十日	五三，九○○	二八○，○○○	一，二六○，○○○
民國三十二年六月三十日	四四，一○○	二八○，○○○	九八○，○○○
民國三十三年六月三十日	三四，三○○	二八○，○○○	七○○，○○○
民國三十四年六月三十日	二四，五○○	二八○，○○○	四二○，○○○
民國三十五年六月三十日	一四，七○○	四二○，○○○	無
合 計	一，六四六，四○○	三，五○○，○○○	無

图 44－8　1934 年新丰洋行上海市市政公债 5000 银元背面

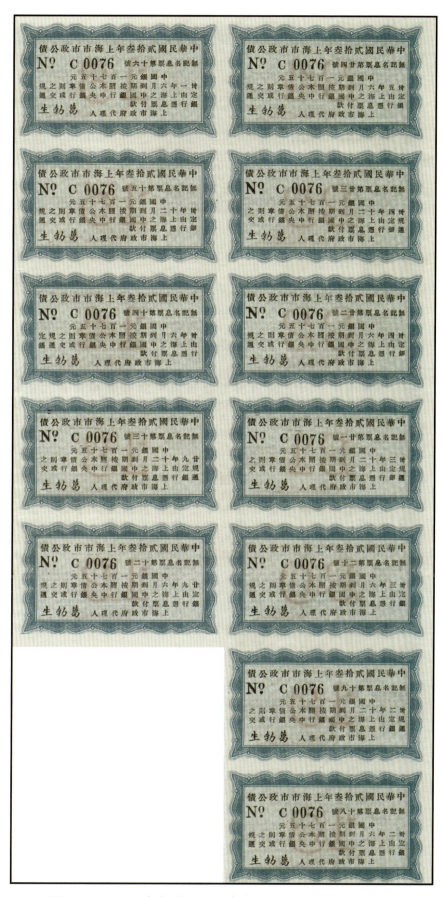

图 44 – 9　1934 年新丰洋行上海市市政公债 5000 银元息票

第
四
十
五
章

Chapter 45

租界债券

租界是中国晚清和民国时期殖民的特殊产物。租界的领土主权属于中国，但内部高度自治，一般由租借国成立市政管理机构——工部局（Municipal Council），承担市政、税务、警务、工务、交通、卫生、公用事业、教育、宣传等职能。1845 年，英国在上海建立了第一个租界，截至 1902 年奥匈帝国设立天津租界，中国前后共有 27 块租界[1]。1945 年抗日战争胜利后，国民政府宣布收回除了香港租界外的所有在华租界。

租界在成立之初，西方国家就引入了市政公债制度，并通过在华外资银行发行市政债券。由于租界的主权仍属于中国，还债资金主要也是租界居民缴纳的各项税费，民国政府在收回租界后也承认租界当局所发各项债券系地方债务并继续清偿，因此，租界公债无疑可以视为一种特殊的中国地方政府的对外公债。

在各个租界中，影响和规模排在前列的为上海公共租界、上海法租界和天津英租界，目前存世的租界债券实物也以这三个租界为主。

---

① 天下：《近代中国租界最多的城市：不是上海也不是北京》，我爱历史网，2022 年 2 月 3 日。

一、上海公共租界公债

上海公共租界是开辟最早、存在时间最长、面积最大、人口最多的租界。1845 年，中英签订《上海土地章程》，上海县城北部的一块约 830 亩土地被划给英方作为英商居留地，成为英租界的发端。1848 年，美租界在上海虹口地区成立。1863 年 9 月，上海英租界和美租界合并，成立公共租界（Shanghai International Settlement），统一由上海公共租界工部局（Shanghai Municipal Council）管理。1941 年 12 月 8 日珍珠港事件后，日军进驻公共租界，任职于工部局的英美人士陆续遭到解聘，但工部局继续运行到 1943 年。1943 年 1 月，英美两国与重庆的国民政府签订协议，放弃治外法权和在华的全部租界，至此上海公共租界从法理上宣告结束。同年 8 月，日本将其占领的公共租界移交汪伪政权，公共租界宣告终结。

在英租界成立之时，由租地的外国人推选 3 人组成"道路码头委员会"负责公共设施建设，便开始发行公债建设码头和下水道。工部局成立后，不断发行公债支持公共设施建设，并于 1874 年设立了偿债准备金。随着公共租界规模的不断扩大，市政建设支出也迅速增长，公债规模也日益膨胀。据统计，从 1892 ~ 1909 年的 18 年间，工部局有 16 年发行公债，其中绝大部分是电气公债[1]。1929 年，工部局电气处被出售给美商上海电力公司后，工部局电气公债发行结束。

1917 年 12 月，工部局财务委员会采纳偿还公债新办法，以发新还旧的方式清偿原有的债券。至 1942 年底，未偿清的公债只剩 1926 年、1934 年、1936 年、1937 年、1939 年、1940 年、1941 年和 1942 年八种[2]。

目前发现存世上海公共租界债券实物有以下几种。

（一）1906 年上海公共租界工部局 4 厘金镑借款债券

1906 年 3 月，为认购上海自来水公司新股，并重建外白渡桥，公共租界工部局决定委托汇丰银行在伦敦发行 5 万英镑债券，年息 4 厘，发行折扣 98 折，期限 20 年，每年 6 月 30 日和 12 月 31 日各付息一次，自 1911 年 6 月 30 日开始每年抽签还本[3]。

此项债券已于 1926 年全部兑付，目前仅发现一张注销的票样。据票面记载，此项债券仅有 100 英镑一种面值（见图 45 - 1），发行量 500 张，由英国伦敦华德路（Waterloo & Sons）公司印制。

---

① 潘国旗：《近代中国地方公债研究——以江浙沪为例》，浙江大学出版社 2009 年版，第 225 页。
② Report for the year 1942 and budget for the year 1943，Shanghai Municipal Council.
③ 资料来源：根据本章票面信息记载。

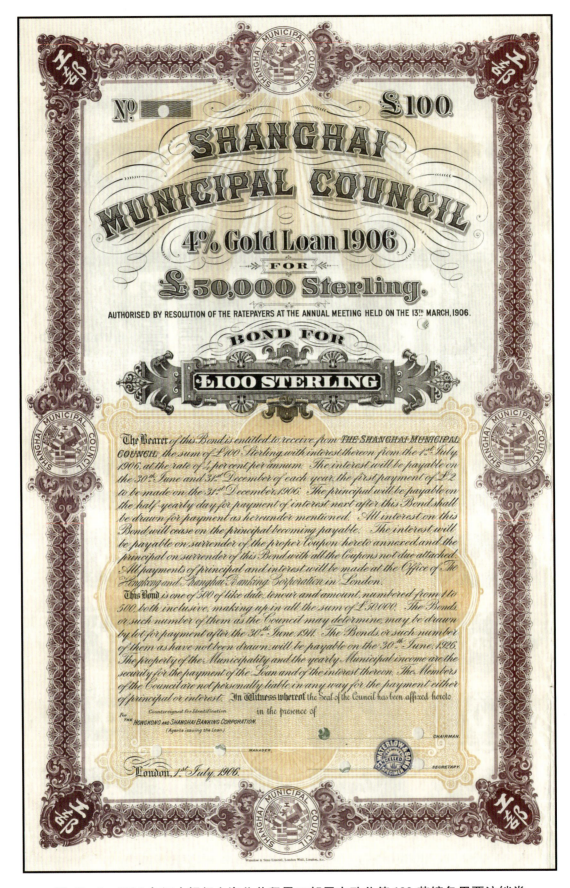

图 45 -1　1906 年汇丰银行上海公共租界工部局市政公债 100 英镑备用票注销券

（二）1913 年上海公共租界工部局 6 厘市政公债

1913 年 5 月，公共租界工部局发行了总额 1350000 上海规元市政公债，年息 6 厘，期限不低于 10 年，不超过 30 年，工部局保留在发行 10 年后赎回的权利，每年 6 月 30 日和 12 月 31 日各付息一次。[①]

此项债券应该在 1935 年前已经全部兑付。目前仅发现一张兑付后的注销票，面值 100 上海规元（见图 45 - 2）。

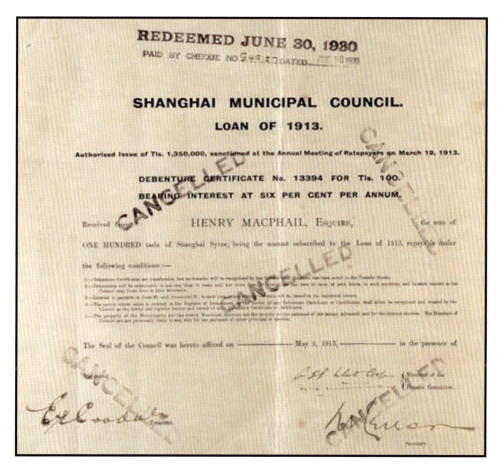

图 45 - 2　1913 年上海公共租界工部局市政公债 100 上海规元注销券

（三）未偿还的上海公共租界工部局市政公债（1926 年、1934 年、1936 年、1937 年、1939 年、1940 年、1941 年和 1942 年）

1943 年，公共租界移交汪伪政权时，尚未完成兑付的市政公债有 8 种（见表 45 - 1、图 45 - 3 ~ 图 45 - 11）。

---

① 资料来源：根据本章票面信息记载。

表 45 – 1　　尚未完成兑付的上海公共租界工部局市政公债（1942 年 12 月 31 日）

年份	币种	授权发行金额	实际发行金额	未兑付金额	票面利率（%）	发行折扣（%）	期限（年）	起始还款日期	到期日期
1926	上海规元	5000000	4800000	4800000	6	99	10 ~ 30	1936 年 12 月 31 日	1956 年 12 月 31 日
1934	银元	15500000	10404700	10404700	5	101. 682	10 ~ 30	1944 年 12 月 31 日	1964 年 12 月 31 日
1936	法币	12000000	7577400	7577400	5. 5	100. 67	10	不详	1946 年 12 月 31 日
1937	法币	12500000	9000000	9000000	5	99	10 ~ 30	1947 年 12 月 31 日	1967 年 12 月 31 日
1939	英镑		435000	427000	3. 5	100	10	发行后 6 个月	1949 年 9 月 30 日
1940	法币	16000000	16000000	12800000	6	95	1 ~ 10	发行后每年 6 月 30 日和 12 月 31 日抽签还本	1950 年 12 月 31 日
1941	法币	9000000	9000000	8100000	6	92. 5	1 ~ 10	发行后每年 6 月 30 日和 12 月 31 日抽签还本	1951 年 12 月 31 日
1942	伪中储券	12000000	5000000	5000000	6	92. 5	5 ~ 15	自 1948 年 12 月开始每年抽签还本	1957 年 12 月 31 日

资料来源：Report for the year 1942 and budget for the year 1943 – Shanghai Municipal Council, 135.

图 45 – 3　1926 年上海公共租界工部局市政公债 100 上海规元

图 45 - 4　1926 年上海公共租界工部局市政公债 500 上海规元

图 45 - 5　1926 年上海公共租界工部局市政公债 1000 上海规元

图 45 – 6　1934 年上海公共租界工部局市政公债 5000 银元

图 45 – 7　1934 年上海公共租界工部局市政公债 10000 银元

图 45 - 8　1937 年上海公共租界工部局市政公债 100 元法币

图 45 - 9　1937 年上海公共租界工部局市政公债 1000 元法币

图 45 - 10　1937 年上海公共租界工部局市政公债 5000 元法币

图 45 - 11　1940 年上海公共租界工部局市政公债 10000 元法币

根据汪伪政权"外交部长"褚民谊1943年6月30日与日本驻华大使谷正之签署的《关于实施收回上海公共租界之条款》和《了解事项》，汪伪政权继承公共租界工部局之全部资产和债务。但由于公共租界工部局市政公债持有人多为同盟国机构和个人，属于"敌产"，多数没有得到偿付。即便偿付，也是用汪伪政权的中储券①，债权人损失很大。抗日战争胜利后，国民政府将租界工部局所发债券视为地方公债，参照同类债务处理解决。但1949年3月，国民政府上海市政府以租界公债涉及国际纠纷为由，暂缓解决。②

在未兑付的上海公共租界工部局市政公债中，除1939年发行的英镑公债，目前其他债券都有实物存世，面值分为100、500、1000、5000和10000五种，各年份债券版式完全相同，均由英国伦敦华德路（Waterloo & Sons）公司印制。

此外，1926年之前的公共租界工部局市政公债也有少量注销券存世（见图45－12）。

图45－12　1922年上海公共租界工部局市政公债1000上海规元注销券

公共租界工部局市政公债债券没有息票，债券持有人自购买之日便须在工部局财务处登记姓

---

① 根据1942年11月23日的上海第6172号市政公告，中储券和法币的兑换率为1：2。
② 潘国旗：《近代中国地方公债研究——以江浙沪为例》，浙江大学出版社2009年版，第229页。

名、住址和债券信息，兑付本息需要在工部局财务处或指定银行登记，债券转让也需要向工部局财务处提交证明文件，并在债券背面填写受让人信息。因此，公共租界工部局市政公债已经成为一种实名债券，并有少量补换票存世（见图 45 – 13）。

图 45 – 13　1926 年上海公共租界工部局市政公债 100 上海规元补换票

二、上海法租界公债

上海法租界是 4 个在华法租界中开辟最早、面积最大、经济最繁荣的一个，也是上海公共租界之外唯一的外国租界。1849 年，法国公使敏体尼与上海道台麟桂签订协议，正式租地开辟法租界。1854 年，英法美公使签订《上海英法美租界租地章程》，统一上海的外国租界。但由于英法之间存在矛盾，1862 年，法国宣布成立自己的"公董局（Conseil d'administration municipale）"，法租界独立。1943 年 2 月 23 日，法国维希政府宣布放弃在华租界；7 月 30 日，汪伪政权收回上海法租界。1946 年 2 月，中法政府签订协议确认租界归还中国的事实。

法租界公董局董事会负责租界的财政事务。与公共租界不同，法租界公董局董事会的决议须经法国驻沪领事批准方能生效。1862 年，法租界公董局发行第一笔公债，金额为白银 5650 两，用于建造公董局大厦。此后，法租界公董局多次发行公债筹集资金。据统计，1891～1936 年，公董局先后发行过 19 次公债，除 1903 年一次是在法国发行外，其余均在上海发行①。表 45－2 所示的是 1911～1942 年法租界公董局发行公债情况。

表 45－2　　　　　　　　　　1911～1942 年法租界公董局发行公债一览

年份	发行金额（元，法币）	票面利率（%）	还本期限
1911	559440	6	从 1921 年起 20 年内偿清
1914	699300	5.5	从 1925 年起 20 年内偿清
1916	489510	5.5	从 1926 年起 20 年内偿清
1921	2797202	8	从 1931 年起 20 年内偿清
1923	1118881	6	从发行起 10～20 年内偿清
1924	1118881	7	从发行起 10～20 年内偿清
1925	2797202	6.5	从发行起 20～30 年内偿清
1926	1398601	6.5	从发行起 20～30 年内偿清
1930	2797202	6	从发行起 10～25 年内偿清
1931（第一次）	2097902	6	从发行起 10～25 年内偿清
1931（第二次）	2097902	6	从发行起 10～25 年内偿清
1933	2797202	6	从发行起 10～29 年内偿清
1934	5000000	5	1941～1963 年
1936ᵃ	2500000	6	1946 年 12 月 31 日
1942	5000000	6	1951～1957 年

注：潘国旗：《近代中国地方公债研究——以江浙沪为例》第 233 页。根据债券实物，法租界公董局 1931 年发行了两次公债，故注明。

1911～1933 年公债金额按照 1 元法币 = 0.715 上海规元换算成法币。

a 原表为 5.5，但近年发现的债券实物票面利率为 6%，故依实物修改。

以上公债在 1943 年法租界归还汪伪政权之时均未完全兑付。汪伪政权与法国维希政权签署的《交还上海法国专管租界实施细目条款》和附属的《了解事项》规定伪上海市政府接收法租界公董局全部资产的同时，也要承担公董局全部债务。因此，多数法租界公董局公债都用伪中储券进行偿还，存世的法租界公董局公债数量很少。

与公共租界工部局市政公债不同，法租界公董局公债的债券面值为可变面值，均为 100 上海规元或 100 元法币的整数倍（见图 45－14），发行机构在空白栏填写实际购买的金额（100 的整数倍）、实际债券编号和购买者姓名，购买者的信息也必须在法租界公董局登记。

① 潘国旗：《近代中国地方公债研究——以江浙沪为例》，浙江大学出版社 2009 年版，第 232～233 页。

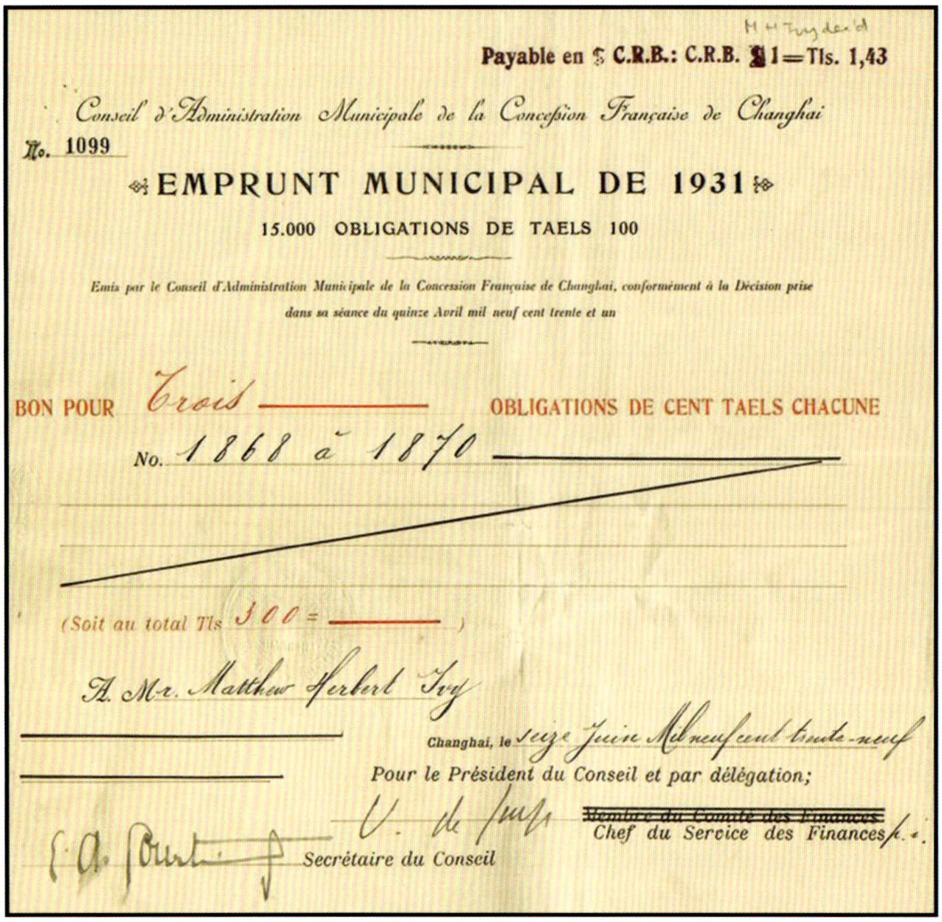

M H Ivy dec'd

Payable en $ C.R.B.: C.R.B. $1=Tls. 1,43

Conseil d'Administration Municipale de la Concession Française de Changhai

No. 1099

EMPRUNT MUNICIPAL DE 1931

15.000 OBLIGATIONS DE TAELS 100

Emis par le Conseil d'Administration Municipale de la Concession Française de Changhai, conformément à la Décision prise dans sa séance du quinze Avril mil neuf cent trente et un

BON POUR *Trois* OBLIGATIONS DE CENT TAELS CHACUNE

No. *1868 à 1870*

(Soit au total Tls *300=*)

A Mr. Matthew Herbert Ivy

Changhai, le *seize Juin Mil neuf cent trente-neuf*

Pour le Président du Conseil et par délégation;

~~Membre du Comité des Finances~~

Chef du Service des Finances

Secrétaire du Conseil

图 45－14　1931 年上海法租界公董局公债 300 上海规元

三、天津英租界公债

天津英租界是近代七个在华英租界之一，也是天津九国租界中设立最早、经济最繁荣的。1860 年 12 月，英国驻华公使卜鲁斯根据《中英北京条约》，照会直隶总督恒福，强令划出英租界。1902 年 10 月，英租界与美租界合并。1941 年 12 月 8 日，珍珠港事件爆发当日，日军进驻英租界。1942 年 2 月 18 日，日本宣布将天津英租界移交给汪伪政权。3 月 29 日，举行了移交仪式。1945 年抗日战争胜利后，国民政府宣布正式收回天津英租界。

天津英租界成立之初，由英国驻天津领事馆直接管辖。1862 年，天津英租界成立董事会，董事会下设执行机构——工部局。随着天津英租界的扩大，工部局开始发行公债筹集资金，并成立专门的债券保管团负责募集资金的保管、使用和偿付。根据 1932 年债券保管团的账目，当时尚未清偿完成的债券共有 12 笔，最早发行的债券为 1912 年“B”字借款，最晚的为 1926 年普通用途债券。[①] 表 45－3 为 1912 ~ 1926 年天津英租界公债发行情况。

① 1937 年天津英租界工部局报告。

表 45 - 3　　　　　　　　　　天津英租界公债发行情况（1912 ~ 1926 年）

借款名称	借款金额（天津行平化保银两）	利率（%）	起始还本日期	最后还本日期
1912 年 B 字借款	50000	6	1927 年 4 月 1 日	1946 年 10 月 1 日
1919 年消防设备借款	40000	7	1924 年 1 月 1 日	1933 年 1 月 1 日
1920 年工部局投资银行	（50000 银元）约 35000	7	1925 年 3 月 5 日	1939 年 3 月 5 日
1920 年电气事业借款	（360000 银元）约 252000	8	1930 年 3 月 1 日	1939 年 3 月 1 日
1921 年工部局投资银行	（81000 银元）约 56700	7	1926 年 3 月 5 日	1940 年 3 月 5 日
1921 年普通用途借款	300000	7	1931 年 6 月 1 日	1940 年 6 月 1 日
1922 年普通用途借款	40000	7	1933 年 6 月 30 日	1960 年 6 月 30 日
1923 年普通用途借款	313600	6	1933 年 5 月 1 日	1952 年 5 月 1 日
1923 年普通用途借款	（200000 银元）约 140000	7	1929 年 1 月 1 日	1933 年 12 月 31 日
1924 年普通用途借款	402500	7	1934 年 1 月 1 日	1953 年 1 月 1 日
1925 年普通用途借款	550000	7	1935 年 7 月 1 日	1954 年 7 月 1 日
1926 年普通用途借款	415000	7	1936 年 7 月 1 日	1956 年 6 月 30 日

注：1937 年天津英租界工部局报告。
资料来源：以上债券在 1937 年全部偿还，迄今未发现实物。

目前尚未清偿的天津英租界工部局公债有以下几种。

（一）1932 年普通用途借款一期债券（天津行平化保银 35[①] 万两）

1932 年 4 月 20 日，天津英租界选举人会议授权董事会发行债券天津行平化保银 100 万两，首期发行 35 万两，年息 6.5 厘，每年 1 月 1 日和 7 月 1 日各付息一次。债券自 1932 年 6 月 30 日起算，10 年后开始还本，最晚不超过发行之日后 25 年。债券由汇丰银行发行，发行折扣 98 折。[②]

目前发现的债券实物仅有 100 两一种面值（见图 45 - 15），由英国伦敦华德路（Waterloo & Sons）公司印制。

（二）1932 年普通用途借款二期债券（银元 96 万元）（1934 年发行）

1934 年 4 月 11 日，天津英租界选举人会议授权董事会根据 1932 年批准的天津行平化保银 100 万两债券发行额度，扣除首期发行的 35 万两，发行二期普通用途借款债券天津行平化保银 65 万两。由于 1933 年国民政府实行废两改元，二期额度约合银元 96 万元（1 两天津行平化保银 =

---

① 1933 年废两改元前天津市场通行的一种记账货币，并无实银。
② 资料来源：根据本章票面信息记载。

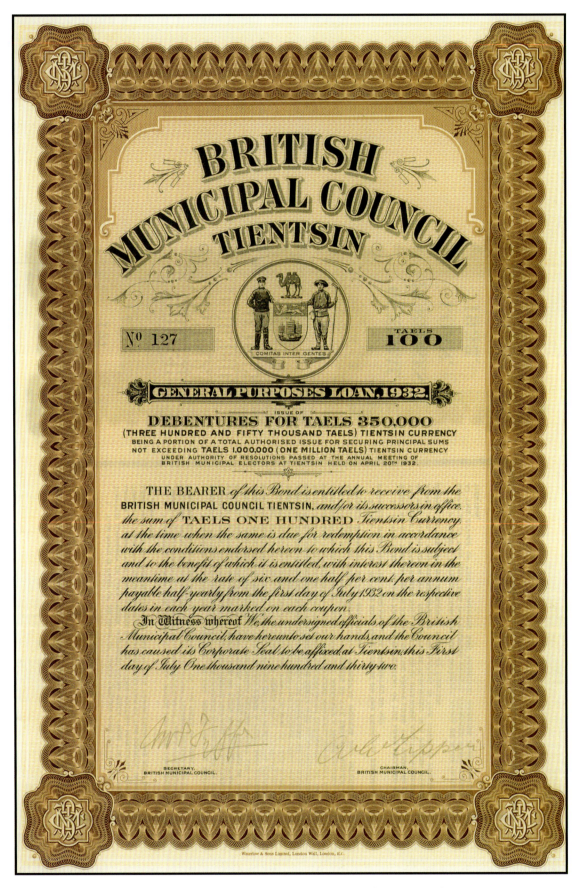

图 45 – 15　1932 年天津英租界工部局普通用途借款一期债券 100 两

1.4825 元银元）。年息 5.5 厘，每年 1 月 1 日和 7 月 1 日各付息一次。债券自 1932 年 6 月 30 日起算，10 年后开始还本，最晚不超过发行之日后 25 年。[①]

目前发现的债券实物有银元 100 元、500 元和 1000 元三种面值（见图 45−16～图 45−18），由英国伦敦华德路（Waterloo & Sons）公司印制。

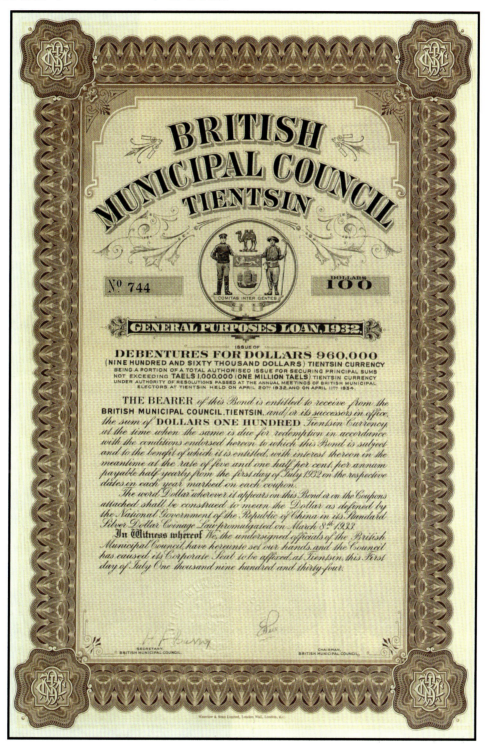

图 45−16 1932 年天津英租界工部局普通用途借款二期债券 100 银元

---

① 资料来源：根据本章票面信息记载。

图 45 –17　1932 年天津英租界工部局普通用途借款二期债券 500 银元

图 45 – 18　1932 年天津英租界工部局普通用途借款二期债券 1000 银元

（三）1937 年天津英租界工部局整理借款债券（法币 270 万元）

1936 年 12 月 9 日，天津英租界选举人召开会议，决定发行利率较低的新公债，赎回 1926 年以前发行的利率较高的公债。选举人会议授权董事会发行总额不超过法币 550 万元的新债券，其中 1937 年 7 月 1 日前发行 100 万元，1937 年 11 月 1 日发行 50 万元，1938 年 1 月 1 日发行 120 万元，共计法币 270 万元，统称"1937 年整理借款"。年息 6 厘，每年 1 月 1 日和 7 月 1 日各付息一次。债券自 1947 年 6 月 30 日每年开始抽签还本，一直到 1960 年 6 月 30 日还完。①

目前发现的债券实物有法币 100 元和 1000 元两种面值（见图 45 – 19 ~ 图 45 – 21），由英国伦敦华德路（Waterloo & Sons）公司印制。

图 45 – 19　1937 年天津英租界工部局整理借款债券 100 元法币

---

① 资料来源：根据本章票面信息记载。

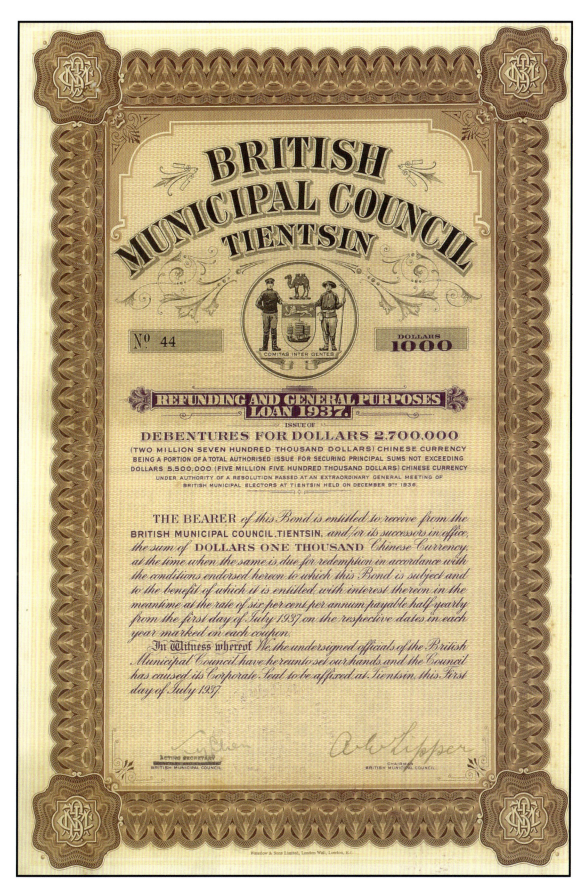

图 45 - 20 1937 年天津英租界工部局整理借款债券 1000 元法币

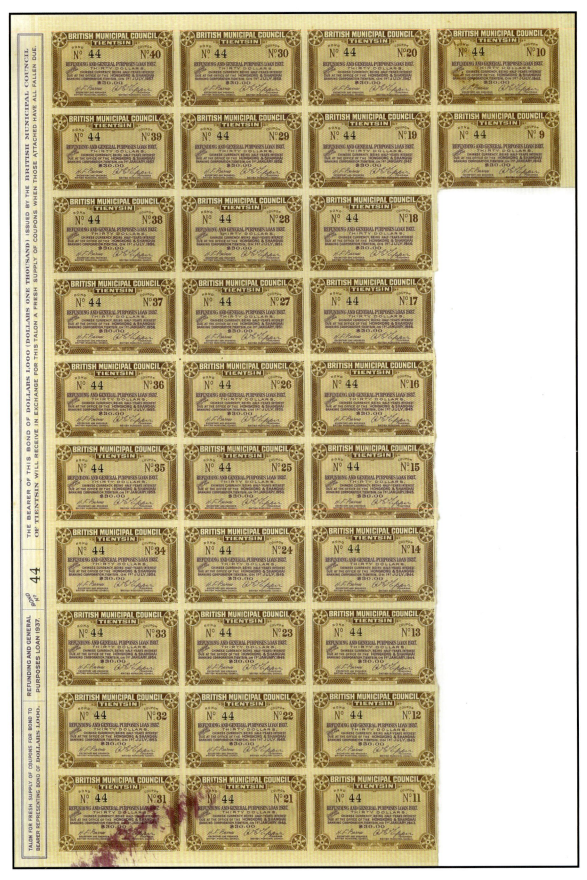

图 45 – 21　1937 年天津英租界工部局整理借款债券 1000 元法币息票

1940 年，随着英国、日本关系紧张形势加剧，天津英租界处境日趋困难。天津英租界董事会根据 1936 年选举人会议授权额度，准备追加发行法币 150 万元的债券，但已经没有银行愿意承销，最后工部局自己销售了法币 922500 元债券。这部分债券是记名债券，至今未发现实物。

1942 年日军占领天津英租界后，对上述债券进行登记，债券后方盖有日文"登録濟 極管區政務局"① 的蓝戳。上述各项天津英租界工部局债券存世量很少，很有可能多数被日军以"敌产"名义没收。

---

① 天津英租界当时由代号"极"的日军部队占领，被称作"极管区"，戳上的日文意为：在极管区政务局登记完成。

附 录

Appendix

附录一　债券收藏术语表

一、证券收藏（Scripophily）

证券收藏是指专门针对老股票和老债券的艺术收藏。实物股票和债券面值较高，在印刷工艺上采用了当时最先进的防伪技术，具有很高的艺术价值。同时，不少老股票和老债券也承载了相当多的历史信息，具有很高的历史价值。随着实物股票和债券的逐步消失，20 世纪 70 年代收藏界开始出现了专门的实物证券收藏，有了证券收藏（Scripophily）这一专业术语，并诞生了国际债券和股票收藏协会（International Bond & Share Society，IBSS）。中国对外债券是国际证券收藏界的重点品种，具有广泛的国际参与度。

二、不记名债券（Bearer bonds）

不记名债券是指债券票面上不记载持有人的信息，任何持有人都可以凭券领取利息和本金。优点是流动性好，转让不需要登记，缺点是持有人一旦丢失或损毁债券，很难证明其所有权。因此，部分不记名债券的发行方也会登记持有人信息，以备在特定情况下为持有人更换债券。中国晚清和民国发行的对外债券基本为不记名债券。由于债券面值通常比纸币大，且携带方便，不记名债券容易成为洗钱犯罪的工具。1982 年，美国颁布了《税收公平和财政责任法》（*Tax Equity and Fiscal Responsibility Act*），禁止政府和企业发行不记名债券。随后，世界多数国家也逐渐禁止或限制不记名债券的发行，不记名债券逐步由金融工具演变成收藏品。

三、国库券（Treasury Note）

国库券是指国债的一种，通常指期限在 10 年以内的国债。

四、息票（Coupon）

息票是指债券持有人向债券发行人领取利息的凭证，记载付息的时间、金额、期数和债券编号。利息支付后，息票会被收回或打孔注销。不记名债券通常会将多张息票合并，印制专门的息票页。

对于发生债务重组的债券，息票页分为两类，即原息票页（Original Coupons，OC）和新息票页（New Coupons，NC）。原息票页系指债券发行之初同时印制的原始息票页。新息票页系指债务重组后，根据新的条款印制的息票页。新息票页发行后，原息票页自动失效，丧失领取利息的权利。债券持有人要将原息票页交还受理银行，才能获得新息票页。因此，保留原息票页的债券存世量通常较少。

五、息票根（Talon）

长期债券还债周期很长。为避免在一张息票页印制过多的息票，有的债券会在息票页印制一张息票根，凭息票根可以领取某个时点之后的息票页。债务重组后的债券还款周期通常更长，息票根更为多见。

六、票样（Specimen）

票样是指新债券发行前分发给有关部门查验、备案和用作宣传的样品。票样已经是完整成品，但一般在上面加印或用孔组成"SPECIMEN"（英文：票样）字样，以区别于正式发行版本。少量票样没有"SPECIMEN"字样，而将编号设为多个 0，以示不能流通。

七、注销票（Cancelled）

债券由于兑付或其他原因丧失向发行人主张债权的效力，此类债券被称作注销票。标记注销一般有三种方法。第一种是在债券的正票和息票加盖注销章，如英文"CANCELLED"；第二种是在债券的正票和息票上打孔；第三种是在债券的正票和息票上剪脚。

八、备用票（Reserve Stock）和补换票（Duplicate）

不记名债券在发行的年代是一笔不菲的资产。为了弥补债券损毁对持有人造成财产损失，不记名债券发行在后期也引入了持有人登记制度，允许持有人在提供原债券损毁证明后，到经办银行换领新债券。因此，债券发行人在印制债券时必须加印一部分以备未来换领之用的空白券，这些空白券没有编号，被称为备用票。备用票数量一般占同债券发行数量的 0.3%~0.5%，最高不超过 1.5%[①]。

一旦债券持有人证明原债券丢失或损毁，经办银行会在备用票上加盖与原债券同样的编号，同时在备用票的正票和息票上加盖"Duplicate"或"Duplicata"（英文或法文"复制"），剪掉原债券已经兑付的息票后交给债券持有人，原债券即告失效。新债券被称为补换票（Duplicate）。个别情况下，有的经办银行会在原债券的编号前面加一个"0"作为补换票的编号，例如，1911 年东方汇理银行发行的湖广铁路债券。

理论上，备用票印制总量 = 补换票数量 + 现存备用票数量。

九、畸零券（SCRIP）

由于货币兑换或债务重组，债券发行金额会出现不能整除的零数或者新老债券不能按照整数兑换，需要印制特定的券种加以解决，此券种被称为畸零券。畸零券分为两种：一种是债券发行时补足零数的，这时畸零券通常只有一张，例如，1877 年西征借款公债，当时借款关平银 500 万两，合 1604276 英镑 10 便士，发行英镑债券，其中面值 100 英镑的 16042 张，面值 76 英镑 10 便士畸零券 1 张。另一种是债务重组时发行的畸零券，这时会根据债务重组条款，每张旧债券的持有人都会得到一定比例的新债券和畸零券。

十、临时凭证（Temporary Certificate/Provisional Certificate）

债务人往往资金需求急迫，而债券印刷需要很高的防伪工艺，耗时较长。经办银行在正式债券印制完成前，先发行一批临时凭证，锁定资金。正式债券发行后，临时凭证持有人必须在规定的时间，按照规定的程序，将临时凭证兑换成正式债券，临时凭证也随之失效。

十一、余利分配凭证/余利凭票（Net Profit Certificate）

债权人通常不享有公司净利润的分配权。但外国银行利用清政府不谙现代法律的弱点，从 1897 年中比卢汉铁路借款开始创设了余利分配制度，规定比利时铁路公司拥有卢汉铁路净利润二成的分配权，并沿用到沪宁、正太等多条铁路借款合同。在特定情况下，出借方会在发行债券时将余利分配权转让给债券投资人，债券投资人在购买债券的同时，也会获得余利分配凭证。

十二、债券募集说明书（Prospectus）

为了筹集资金，承销银行会编制募资说明书，包含募资金额、利率、期限、担保和资金用途等

---

① ［德国］高文：《中国对外债券 1865－1982》，Freiberg Druck，Hannover，West Germany 1983 年版，第 15 页。

信息，提供给潜在投资人或社会公众。

十三、印花（Stamp）

证券交易通常要缴纳印花税。中国对外债券由于是在海外发行，基本都盖有发行国家的印花税戳，成为其合法交易的证明。

十四、抽签还本（Bond Drawn）

债券的发行章程中通常规定在某个特定日期后，必须每年或每半年进行抽签，抽中的债券会提前归还本金后收回注销。对于债券收藏者而言，可以根据债券发行量和已经抽签还本的债券数量估算某种债券尚未赎回的理论数量。

附录二　高文中国外债编码

德国学者高文（Wilhelm Kuhlmann）在其 1983 年的专著《中国对外债券 1865 – 1982》中对中国对外债券进行了编码。这套编码系统包括对债券类型进行字母编码和债券品种进行数字编码两部分，成为目前中国外债收藏领域的公认编码体系。数字编码部分已在各章进行介绍，此处主要介绍字母编码部分。

1. CN（Cancelled）：注销票

2. RS（Reserve Stock）：备用票

3. DP（Duplicate）：副本票

4. SP（Specimen）：票样

5. TE（Temporary Certificate）：临时凭证

6. SCRIP（Scrip Certificate，Receipt）：畸零票/收据

7. MP（Misprint）：错票

8. OC（Original Coupons）：原息票

9. NC（New Coupons）：新息票

10. TPS（Tientsin – Pukow Railway Loan Scrip Certificates）：津浦铁路借款重组票据

附录三 外债发行机构和承销机构简介

1. 汇丰银行（The Hongkong and Shanghai Banking Corporation Limited）：香港黄埔船坞公司第一届主席托玛斯·萨瑟兰德（Thomas Sutherland）于1864年在香港发起成立。1865年4月，上海分行成立（见附图3－1）。1874年，汇丰银行发行了中国最早的对外借款公债——台湾海防借款公债。晚清至民国，汇丰银行是中国最大的外债发行和承销银行。目前，汇丰银行也是香港最大的注册银行，以及港币的三间发钞银行之一。

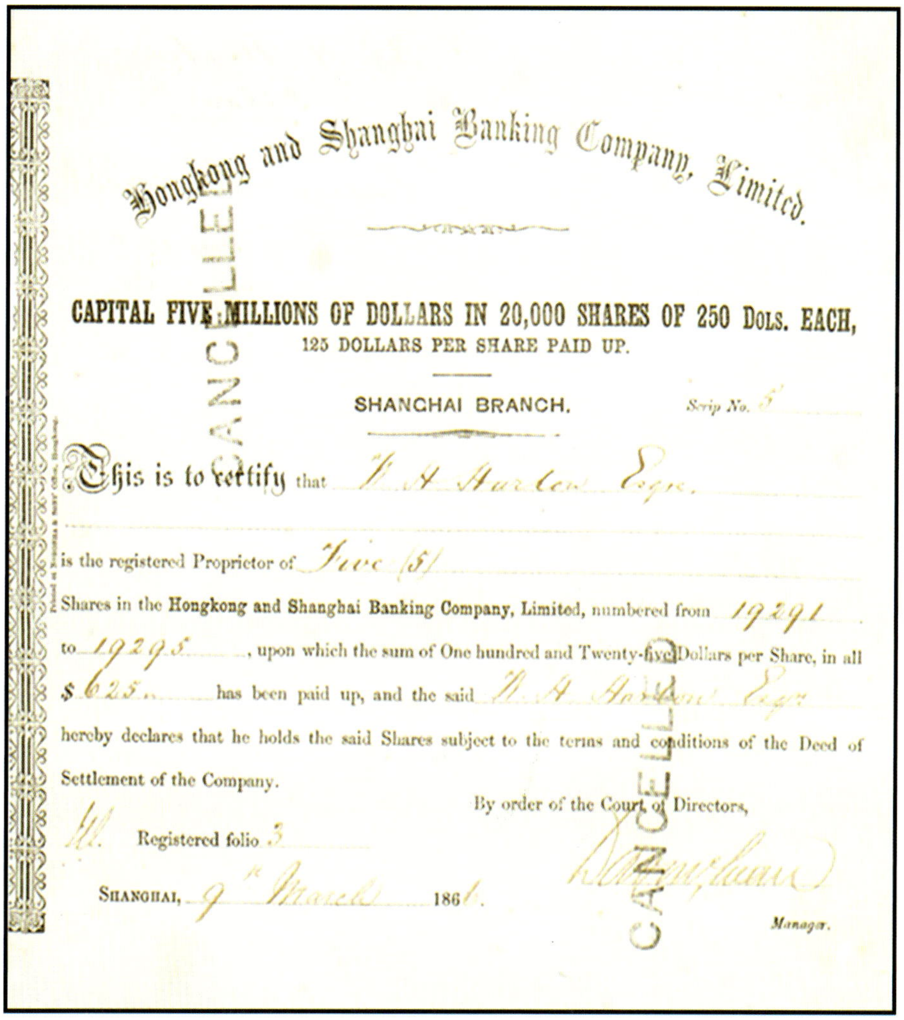
Hongkong and Shanghai Banking Company, Limited.

CAPITAL FIVE MILLIONS OF DOLLARS IN 20,000 SHARES OF 250 Dols. EACH,
125 DOLLARS PER SHARE PAID UP.

SHANGHAI BRANCH. Scrip No. 5

This is to certify that

is the registered Proprietor of Five (5)

Shares in the Hongkong and Shanghai Banking Company, Limited, numbered from 19291 to 19295, upon which the sum of One hundred and Twenty-five Dollars per Share, in all $625 has been paid up, and the said

hereby declares that he holds the said Shares subject to the terms and conditions of the Deed of Settlement of the Company.

By order of the Court of Directors,

Registered folio 3

Shanghai, 9th March 186

Manager.

CANCELLED

CANCELLED

附图3－1 1866年汇丰银行上海分行创始股

2. 瑞记洋行（Arnhold，Karberg & Co.）：1866 年 9 月，德籍犹太人老安霍尔特兄弟（Jacob Arnhold & P. Arnhold）和丹麦商人彼得·卡尔贝格（Peter Karberg）在中国广州合资设立了德商瑞记洋行。1867 年在香港设立了第一个分行。1881 年 1 月 1 日在上海设立分行。1917 年中国对德国宣战后，瑞记洋行在华资产被英国汇丰银行代管。1919 年在香港重新注册，改名为英商安利洋行（Arnhold Brothers & Co.，Ltd）重新开业。1926 年底，新沙逊洋行（E. D. Sassoon & Co.，Ltd）兼并了安利洋行。1935 年，小安霍尔特兄弟离开安利洋行，另组英商瑞记贸易股份有限公司（Arnhold Trading Co.，Ltd）。1949 年后洋行总部迁往中国香港，现为"安利集团"。瑞记洋行主要从事军火、五金以及土产进出口贸易，但也发起和参与了甲午战争和民国初年的中国政府对外借款。

3. 华俄道胜银行（Russo – Chinese Bank）：1895 年 12 月 10 日，四家法国银行（霍丁格尔银行、巴黎荷兰银行、里昂信贷银行、巴黎国家贴现银行）和一家俄国银行（圣彼得堡国际银行）投资 600 万卢布，在圣彼得堡创办华俄道胜银行（见附图 3 – 2）。其中俄国股份占 3/8，法国股份占 5/8，然而在银行第一届董事会 8 名成员中，法国占 3 名，俄国占 5 名，俄国排挤了法国，掌握了银

附图 3 – 2　1896 年华俄道胜银行创始股股票

行的实权。华俄道胜银行主持了东省铁路等多条铁路借款，也是善后大借款的五国银行团之一。1910 年，它与另一家俄法合资的银行——北方银行（Banque du Nord）合并，改称俄亚银行（Russo-Asiatic Bank）。十月革命爆发后，苏维埃政府将银行国有化。1918 年，以巴黎分行为新的总行所在地。1926 年，因参与外汇投机损失 500 万英镑宣布破产。

4. 德国国民银行（Nationalbank für Deutschland）：1881 年在德国柏林成立，为全资私人银行。在瑞记洋行撮合下，德国国民银行于 1895 年帮助清政府发行债券，筹措甲午战争军费。1920 年，德国国民银行与不来梅国民银行合并。

5. 德华银行（Deutsch – Asiatische Bank）：1889 年，德国外交部撮合以德意志银行为首的 13 家银团，在上海成立了德华银行（见附图 3 – 3）。"一战"前，德华银行参与了甲午战争赔款借款、津浦铁路、湖广铁路、善后大借款等主要中国政府对外借款。1917 年，中国政府对德国宣战，接管德华银行在华全部资产和机构。20 世纪 20 年代，德华银行重新来华发展，但其地位已经今非昔比。1945 年后，德华银行在华机构和资产被中国银行接收。1953 年，德意志银行在汉堡重建德华银行，1972 年德意志银行与 EBIC group 合办"欧亚银行"（Europäisch-Asiatische Bank），德华银行同时并入欧亚银行。EBIC group 后来退出。1986 年欧亚银行更名"德意志银行（亚洲）［Deutsche Bank（Asia）］"。1987 ~ 1988 年德意志银行（亚洲）并入德意志银行。

附图 3 – 3　1900 年德华银行股票

6. 比国合股公司（Société d'Études des Chemins de Fer en Chine）：为争夺京汉铁路的修筑权，1897 年 3 月，比利时兴业银行（Société Générale de Belgique）与巴黎荷兰银行（Banque de Paris et des Pays – Bas）达成协议，组建比国合股公司，法文直译为"中国铁路研究公司"。此后情况不详。

7. 东方汇理银行（Banque de l'Indochine）：东方汇理银行于 1875 年在法国巴黎成立。1888 年将业务扩展到中国，参与了京汉铁路、湖广铁路、善后大借款等多项中国政府对外借款（见附图 3 - 4）。1975 年与苏伊士银行（Banque de Suez）合并成为 Banque Indosuez，1996 年被法国农业信贷银行的前身（Caisse Nationale de Crédit Agricole，CNCA）收购。

附图 3 - 4　1965 年东方汇理银行股票

8. 横滨正金银行（Yokohama Specie Bank Ltd）：横滨正金银行于 1880 年在日本横滨成立，为半官方性质的外汇专业银行，受到日本政府的特殊优惠和保护。1893 年，在上海开始对华业务。此后，参与了邮传部借款、善后大借款等多项中国政府对外借款。1946 年，横滨正金银行被同盟国最高司令官总司令部命令解散，改组为东京银行。

9. 英国福公司（Pekin Syndicate Ltd.）：1897 年，意大利人罗沙第（Angelo Luzzati）在伦敦设立，得到罗斯柴尔德家族、意大利首相 Antonio Starrabba 儿子、李鸿章亲信马建忠的资助，甚至李鸿章本人也持有该公司的优先股。在中外权贵的大力协助下，福公司于 1898 年获得山西和河南两省 21000 平方英里土地的采矿权，并建造了河南第一条铁路道清铁路。义和团起义爆发后，福公司在华特殊利益受到越来越多的抵制，1915 年，福公司与河南最大的中资煤矿公司中原公司在焦作合并组成"福中总公司"，福公司占 51% 的股份。1925 年以后，由于河南连年战乱和煤矿工人罢工，福公司开始走下坡路。1933 年 6 月 1 日，中原公司和福公司代表签订《中原公司福公司合资经营煤矿业合同》，规定：中原公司和福公司独立存在，各行职权，但经营上实行合采合销。设董事五人，其中中原公司推选三人，福公司推选二人。董事长由中原公司董事中互选，总经理由中原公司向董事会推举。同时，中福两公司联合办事处（称为"中福公司"）在焦作正式成立，由中方占主导地位。1936 年成为中国第三大煤矿公司。抗战爆发后，福公司迁往四川，从事煤矿、钨砂、桐油等多种经营活动。中华人民共和国成立前夕，福公司前往武汉，1956 年被武汉市政府接收。除开展商业活动外，福公司于 1909 年创办了焦作路矿学堂，成为现在河南理工大学的前身（见附图 3 - 5）。

附图 3 - 5　1920 年福公司股票

10. 中英银公司（The British & Chinese Corporation Ltd.）：又称中英公司，由汇丰银行与怡和洋行于 1898 年联合组成的投资银行，主要经营在华铁路投资，总部设在伦敦。其铁路投资遍及关内外、沪宁、广九、沪杭甬、宁湘等主要铁路干线。其中，修建铁路的对外借款由汇丰银行控制，采购物料设备由怡和洋行控制。

11. 华中铁路公司（The Chinese Central Railways Ltd.）：1904 年，英国福公司与中英银公司共同出资组成华中铁路公司，铺设长江流域的铁道，资本金 10 万英镑。1905 年，法国和比利时的企业也入股华中铁路公司，但实际控制权仍在汇丰银行手中。华中铁路公司承担了津浦、浦信铁路的对外借款。

12. 比国铁路电车合股公司（Compagnie Générale de Chemins de fer et de Tramways en Chine）：又称比国银公司（Société Belge de Chemins de fer en Chine）。比国合股公司成功取得京汉铁路修筑权后，比利时人 Édouard Empain 决定效法，于 1897 年邀请法、俄、比等国主要银行，组建了中国研究联合会（Syndicat d'études en Chine）。1899 年，在比利时国王利奥波德二世和盛宣怀的支持下，清政府与尚未成立的比国铁路电车合股公司签订了汴洛铁路修筑合同。1900 年，比利时铁路电车合股公司正式成立，资本金 100 万法郎，埃姆佩恩（Empain）本人实际控制了公司超过 60% 的股份（见附图 3－6）。但为了不体现公司的国籍，公司法文直译为"在华铁路电车总公司"。公司承担了汴洛及其延长线——陇海铁路的对外借款。1913 年，以比国银公司（Société Belge de Chemins de fer en Chine）的名义承担了同成铁路的借款。1939 年启用"Compagnie Générale de Chemins de fer en Chine"为新名，华名或称"比国铁路公司"。

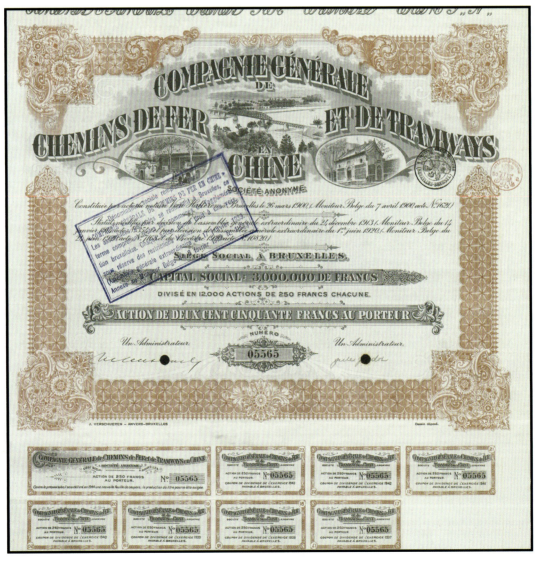

附图 3－6　1921 年比国铁路电车合股公司股票

13. 比国在华营业公司（Société Belge D'entreprises en Chine）：1922 年 3 月，比利时布鲁塞尔银行（Banque de Bruxelles）成立了子公司——比国在华营业公司，主要从事对华铁路设备贸易。1922 年 10 月，与北洋政府签订了《包宁铁路购料借款合同》。1926 年，该笔借款违约。1932 年，布鲁塞尔银行结束了该公司在华业务，该公司继续在欧洲运营。1979 年，该公司经过合并重组，更名在华铁路公司（Entreprises et Chemins de Fer en Chine）。

14. 华比银行（Banque Belge pour l'Étranger）：1902 年，由比利时通用银行设立，总部设在布鲁塞尔，原名 Banque Sino - Belge，曾为在华最大的外资银行之一，也曾是比利时海外银行系统中最重要的银行，在中东、东欧、伦敦和纽约等均设分行或附属银行。承办了比利时庚款借款美金公债。20 世纪 30 年代，中国地区的机构更名为 Banque Belge pour l'Étranger。1999 年，该行母公司被富通集团收购后，2000 年更名为华比富通银行（Fortis Bank Asia）。2003 年，中国工商银行（亚洲）宣布收购华比富通银行，2004 年 5 月 1 日，华比富通银行再易名为华比银行（英文商用名及法定名：Belgian Bank），但换上中国工商银行标志。2005 年 10 月 10 日，华比银行并入工银亚洲。

15. 美国合兴公司（American China Development Co.）：1895 年 12 月，由美国俄亥俄州前参议员 Calvin Brice 组建，股东包括 J.P 摩根银行、卡内基钢铁公司、花旗银行和大通银行，旨在获取中国的铁路修筑权和开矿权。1896 年，合兴公司与盛宣怀达成修建京汉铁路的初步协议，但最终输给了比利时公司。1898 年，合兴公司与中国驻美公使又达成了修建粤汉铁路的初步协议，并最终于 1900 年达成正式协议。1901 年 12 月，合兴公司因出现财务困难进行重组，比利时大东万国公司（Banque d'Outremer）成为股东，2 名比利时人成为公司董事，取得了公司的实际控制权。这违背了粤汉铁路协议关于美方不能将公司控制权转给其他国家的规定。清政府决定从合兴公司手中收回粤汉铁路的修筑权，1905 年，双方达成补偿协议。不久，合兴公司宣布解散。

16. J.P. 摩根公司（Messrs. J.P. Morgan and Co.）：J.P. 摩根公司由美国著名银行家约翰·摩根创建，其历史可以一直追溯到 1871 年创建的德雷克希尔 - 摩根公司（Drexel, Morgan & Co.）。后来组成的摩根财团成为美国最有实力的金融机构，参与了 1911 年湖广铁路借款。公司经过多次并购，成为摩根大通银行，是美国当今最大的银团之一。

17. 昆勒贝公司（Messrs Kuhn, Loeb & Co.）：1867 年，美国人 Abraham Kuhn 和 Solomon Loeb 创建的跨国投资银行，在 19 世纪末和 20 世纪初与 J.P. 摩根公司齐名，参与了 1911 年湖广铁路借款。"二战"以后衰落，1977 年与雷曼兄弟公司合并。

18. 第一纽约国民银行（The First National Bank of The City of New York）：1812 年，纽约城市银行（City Bank of New York）在纽约州注册成立。1865 年，加入美国国家银行体系，更名纽约国民银行（The National City Bank of New York）。1894 年，成为美国最大的银行。1901 年，在上海成立代表处，参与了 1911 年湖广铁路借款。1974 年，更名花旗集团（CitiCorp）。

19. 纽约花旗银行（National City Bank of New York）：见 18。

20. 克利斯浦公司（C. Burch，Crisp & Co.）：C. Burch. Crisp 是伦敦股票交易所的经纪商，1912 年从英国姜克生万国财政社（the Jackson International Financial Syndicate）代表白启禄

(E. F. Birchal) 手中接下向北洋政府提供 1000 万英镑贷款的权利，并组织渣打银行、英国外贸银行和劳埃德银行提供资金。

21. 雷泡银行（Banque de Reports, de Fonds Publics et de Dépôts）：1900 年，爱德华·迪思（Edouard Thys）在比利时安特卫普（当时译作"安华士"）建立，故又称"安华士银行"。也有根据创始人的姓氏译称"迪思银行"或"狄思银行"。1913 年，雷泡银行在布鲁塞尔设立分行，开始快速扩张，先后发起了北直隶借款、民国元年军需公债特种借款。1919 年，该行被比利时安特卫普银行（Banque d'Anvers）兼并。

22. 奥地利皇家特许土地银行（K. K. Priv. Österreichische Länderbank）：1880 年，法国金融机构 Union Generale 获得在维也纳创办一家独立金融机构的许可，最初总部在巴黎。1882 年 Union Generale 破产，奥地利皇家特许土地银行总部迁到维也纳。该银行承担了民国初年三次奥匈帝国借款。1991 年，合并成立奥地利银行。

23. 中法实业银行（Banque Industrielle de Chine）：为扩大对外融资渠道，1913 年，经中法两国政府协商，成立中法实业银行，总部设在法国巴黎。总股本 4500 万法郎，法方占 2/3，主要股东为东方汇理银行、北京福公司等，中方占 1/3，但股本金系北京福公司垫付。银行成立后，基本被法方所控制，承担了中法实业借款、钦渝铁路借款。"一战"以后，该行出现重大经营亏损，于 1921 年宣布停业。1925 年，经中法两国政府协商，以法国庚子赔款作为重组资金来源，将该行改组为中法工商银行（Banque franco-chinoise pour le commerce et l'industrie），于 1954 年撤出中国（见附图 3-7）。

24. 中法实业管理公司（SOCIÉTÉ FRANÇAISE DE GÉRANCE DE LA BANQUE INDUSTRIELLE DE CHINE, S. A., ）：1921 年，中法实业银行停业后，由于牵涉的债权人众多，中法双方就重组事宜展开密集磋商。1922 年 7 月，中法双方达成"中法实业银行复业协定"，约定将中法实业银行全部财产租给一家新组织——"中法实业管理公司"，租期以中法实业银行付清存户或将该行有关的各项诉案结清为限。该管理公司股东由法国各大银行和中国政府组成，股本金 1000 万法郎，中国政府认股 1/3。管理公司主要是代理中法实业银行执行银行业务，不承担中法实业银行之前的负债。经营期间，公司营业所得 95% 归中法实业银行，剩余 5% 为该公司的各项开支费用。1923 年 2 月，中法实业管理公司设立，此后发行了法国庚款美金公债。1925 年 7 月，中法实业管理公司并入中法工商银行。

25. 马可尼无线电报有限公司（Marconi Wireless Telegraph Company Ltd. ）：1896 年 6 月 2 日，意大利人古利莫·马可尼（Guglielmo Marconi）取得英国发明无线电的专利证。1897 年，马可尼在伦敦成立了"无线电报及电信有限公司"，后来改名为"马可尼无线电报有限公司"，英国第一家专门制造无线电器材的公司，并于 1922 年创建了著名的英国广播公司（BBC），曾获北洋政府授权发行马可尼公司借款国库券。1946 年，该公司被英国电气公司收购。1968 年，英国电气公司与 GEC 公司合并。GEC 于 1999 年改名为马可尼公司（Marconi plc）。

26. 费克斯公司（Vickers Ltd. ）：又译称"维克斯公司"。英国知名的机械和军火公司。1828 年建立，最初是一家钢铁铸造厂。后来逐渐多元化，扩张到造船、军火、航空等多个领域，曾获北洋政府授权发行费克斯借款国库券。1927 年，与知名军工企业阿姆斯特朗（Armstrong）公司合并，"二战"后被国有化。

附图 3 - 7　1913 年中法实业银行优先股股票

27. 芝加哥大陆商业银行（Chicago Continental & Commercial Trust & Savings Bank）：前身是美国信托储蓄银行（American Trust and Savings Bank），经过多次合并组成伊利诺伊大陆商业银行（Continental Illinois National Bank），该行在 1984 年曾发生美国当时最大一起银行危机，后并入美国银行。芝加哥大陆商业银行曾向北洋政府借款。

28. 华义银行（Sino – Italian Bank）：1920 年，中国和意大利设立的合资银行，总部设在天津。1924 年，中方股东退出，总部迁往上海。承办了史可达公司第二次借款公债。1943 年，意大利向盟国投降，华义银行被日军接管。1947 年，华义银行被迁往列支敦士登。

29. 荷兰银团（Nederlandsch Syndicaat voor China）：1919 年，荷兰治港公司（Néderlandsche Maatschappy voor Havenwerken）联合阿姆斯特丹当地银行成立的银行团，目标是在华发展工商业务，不久就发行了荷兰陇秦豫海铁路借款国库券。1940 年，更名荷兰实业出口银团（Nederlandsch Syndicaat voor Industrieelen Export）。

30. 中国建设银公司（The China Development Finance Corp.）：1934 年，由宋子文发起在上海设立，股本主要来自中国银行、交通银行、中央银行等商业银行，为中国最早的投资银行。承办了完成沪杭甬铁路借款、湘桂铁路南镇段借款等外债项目，1949 年关闭。

31. 美国太平洋拓业公司（Pacific Development Corp.）：1915 年，美国人 Edward Bruce 建立，主要目标是发展对华贸易和实业。承办了 1919 年中华民国两年六厘金币借款（见附图 3 – 8），后因中国政府违约破产。

附图 3 – 8　1921 年美国太平洋拓业公司股票

32. 法国在华铁路建设和运营公司（Société Française de Construction et d'Exploitation de Chemins de Fer en Chine）：1904 年成立于法国巴黎。该公司从华俄道胜银行受让了 1902 年正太铁路借款债权，在正太铁路运营中获利（见附图 3 – 9），此后参与了 1913 年同成铁路借款。

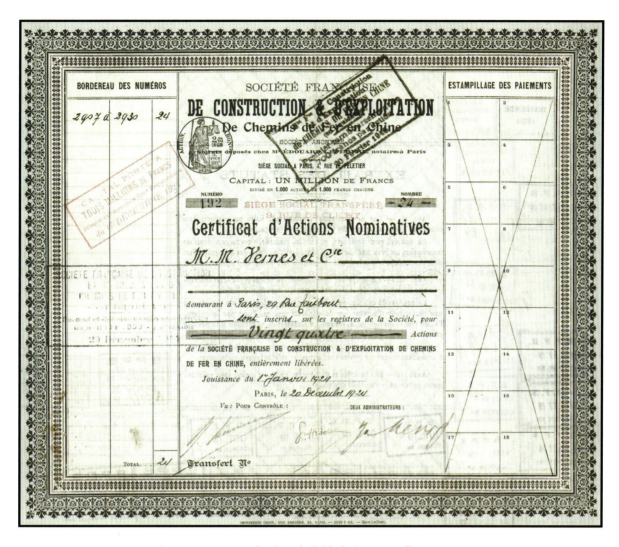

附图 3 – 9　1924 年法国在华铁路建设和运营公司股票

33. 麦加利银行（Chartered Bank of India，Australia and China）：又称印度新金山中国汇理银行。1853 年，苏格兰人詹姆斯·威尔逊获维多利亚女王的皇家特许状御准成立，并于 1858 年在加尔各答、孟买及上海成立分行。由于其上海分行首任经理为麦加利（John Mackellar），故长时期其在中国的银行被称为麦加利银行。1895 年，天津分行成立，是天津最大的一家外国银行，承办了 1926 年和 1935 年海河工程局借款等外债项目。1969 年 5 月，麦加利银行和标准银行（the Standard Bank of British South Africa）合并，成立（标准）渣打银行集团（Standard Chartered PLC），1975 年 10 月才正式以渣打银行集团的名义统一对外营业。

附录四　汇率对照表

单位货币含金量　单位：克							
年份	英镑	中国关平银（两）	美元	法国法郎	德国马克	日元	卢布
1877	7.32238	2.34942	1.50463	0.2903225	0.358425	1.61286	1.2
1897	7.32238	1.20011	1.50463	0.2903225	0.358425	0.75	0.77424
1901	7.32238	1.06698	1.50463	0.2903225	0.358425	0.75	0.77424
1913	7.32238	1.08915	1.50463	0.2903225	0.358425	0.75	0.77424
1927	7.32238	1.03961	1.50463	0.05911	0.358425	0.75	0.77353

国民政府法币汇率　单位：元		
年份	英镑	美元
1936	0.06	0.2975

附录五　中国对外公债一览表

序号	发行年度	英文编号	债券名称	发行机构或承销机构	发行总金额	借款期限(年)	票面利率(%)	币种	5	9	10	20	25	50	100	500	1000	2000	2500	5000	10000	12500	20000	25000	50000	100000	零零券	备注
1	1877	12	左宗棠西征第四次借款	汇丰银行	1,604,276	7	8	英镑							16042													
2	1877	13	左宗棠西征第四次借款	汇丰银行	又10便士	7	8	英镑																			1	尾零券面值为76英镑10便士
3	1885	30	福建海防借款	汇丰银行	1,000,000	10	7	英镑							10000													
4	1885	31	广东海防第四次借款	汇丰银行	505,000	10	7	英镑							5050													
5	1885	40	规越铁台借款	汇丰银行	750,000	10	6	英镑							7500													
6	1895	45	汇丰银行台银借款	汇丰银行	10,900,000	20	7	上海规平银								21800												
7	1895	48	瑞记洋行借款	德国国民银行	1,000,000	20	6	英镑						5000														
8	1895	48	瑞记洋行借款	德国国民银行		20	6	英镑							5000													
9	1895	48	瑞记洋行借款	德国国民银行		20	6	英镑								500												
10	1895	55	俄法借款	俄法银团	400,000,000	36	4	法郎								500000												
11	1895	56	俄法借款	俄法银团		36	4	法郎											55000								
12	1895	57	俄法借款	俄法银团		36	4	法郎													1000						
13	1896	60	英德借款	汇丰银行		36	5	英镑					10000														
14	1896	61	英德借款	德华银行		36	5	英镑					30000														
15	1896	62	英德借款	汇丰银行		36	5	英镑						20000													
16	1896	63	英德借款	德华银行	16,000,000	36	5	英镑						60000													
17	1896	64	英德借款	汇丰银行		36	5	英镑							60000												
18	1896	65	英德借款	德华银行		36	5	英镑							40000												
19	1896	66	英德借款	汇丰银行		36	5	英镑								1500											
20	1896	67	英德借款	德华银行		36	5	英镑								500											
21	1897	68	东省铁路借款	中东铁路公司		82	4	卢布							5000													
22	1897	68	东省铁路借款	中东铁路公司		82	4	卢布								5000												
23	1897	68	东省铁路借款	中东铁路公司	15,000,000	82	4	卢布									7000											
24	1897	68	东省铁路借款	中东铁路公司		82	4	卢布												1000							
25	1898	80	英德续借款	汇丰银行		45	4.5	英镑					1500														
26	1898	81	英德续借款	德华银行		45	4.5	英镑					28500														
27	1898	82	英德续借款	汇丰银行		45	4.5	英镑						1500													
28	1898	83	英德续借款	德华银行		45	4.5	英镑						58500													
29	1898	84	英德续借款	汇丰银行	16,000,000	45	4.5	英镑							66875												
30	1898	85	英德续借款	德华银行		45	4.5	英镑							43125												
31	1898	86	英德续借款	汇丰银行		45	4.5	英镑								2400											
32	1898	87	英德续借款	德华银行		45	4.5	英镑								100											
33	1899	90	关内外铁路借款	中英银公司	2,300,000	45	5	英镑							23000												
34	1899	91	户部印铁路借款	出国介理公司	112,500,000	30	5	法郎								225000											
35	1900	92	粤汉铁路借款	合兴公司	40,000,000	50	5	美元								10000											
36	1900	92	粤汉铁路借款	合兴公司		50	5	美元									35000										

续表

序号	发行年份	债券名称	英文编号	发行机构或承销机构	发行总金额	借款期限（年）	票面利率（%）	面种	5	9	10	20	25	50	100	500	1000	2000	2500	5000	10000	12500	20000	25000	50000	100000	阔零券	备注
37	1902	俄国库款抵押借款	无	俄国政府		39	4	马克								46000												
38	1902	俄国库款抵押借款	无	俄国政府	393,000,000	39	4	马克									110000											
39	1902	俄国库款抵押借款	无	俄国政府		39	4	马克										75000										
40	1902	俄国库款抵押借款	无	俄国政府		39	4	马克												22000								
41	1902	正太铁路借款	110	中俄道胜银行	40,000,000	30	5	法郎								80000												
42	1904	沪宁铁路第一期借款	115	中英银公司	2,250,000	50	5	英镑						22500													
43	1905	厂子借款"甯"借"宁"借款	131	汇丰银行	1,000,000	20	5	英镑							5000													
44	1905	厂子借款"甯"借"宁"借款	132	德华银行		20	5	英镑							5000													
45	1905	汴洛铁路第一期借款	140	比国铁路电车合股公司	25,000,000	30	5	法郎								50000												
46	1905	京汉铁路小借款	无	比国合股公司	12,500,000	15	5	法郎								25000												
47	1905	道清铁路第一期借款	145	中国政府	700,000	30	5	英镑							7000													
48	1906	道清铁路第二期借款	146	中国政府	100,000	30	5	英镑							1000													
49	1907	广九铁路借款	160	中英银公司	1,500,000	30	5	英镑							15000													
50	1907	汴洛铁路第二期借款	141	比国铁路电车合股公司	16,000,000	30	5	法郎								32000												
51	1907	沪宁铁路第二期借款	116	中英银公司	650,000	50	5	英镑							6500													
52	1908	津浦铁路借款（1908）	170	华中铁路公司	1,100,000	50	5	英镑							11100													
53	1908	津浦铁路借款（1908 & 1909）	172	德华银行		30	5	英镑				60000																
54	1908	津浦铁路借款（1908 & 1909）	173	德华银行	3,150,000	30	5	英镑							19500													
55	1909	京汉铁路赎路借款	180	汇丰银行		30	前15年5%后15年4.5%	英镑				5000																
56	1909	京汉铁路赎路借款	181	汇丰银行	5,000,000	30	5	英镑							24000													
57	1909	京汉铁路赎路借款	182	东方汇理银行		30	4.5	英镑				125000																
58	1909	津浦铁路借款（1909）	170A	华中铁路公司	740,000	30	5	英镑							7400													
59	1910	津浦铁路借款	200	华中铁路公司	1,110,000	30	5	英镑							11100													
60	1910	津浦铁路续借款	201	德华银行	1,800,000	30	5	英镑				49500																
61	1910	津浦铁路续借款	202	德华银行		30	5	英镑							9000													
62	1911	湖广铁路借款	210	横滨正金银行		25	5	日元							不详													
63	1911	湖广铁路借款	211	横滨正金银行	10,000,000	25	5	日元								不详												
64	1911	湖广铁路借款	212	横滨正金银行		25	5	日元									不详											
65	1911	湖广铁路借款	213	横滨正金银行		25	5	日元												不详								
66	1911	湖广铁路借款	230	汇丰银行		40	5	英镑				2500																
67	1911	湖广铁路借款	231	汇丰银行		40	5	英镑							14500													
68	1911	湖广铁路借款	232	东方汇理银行		40	5	英镑				37500																
69	1911	湖广铁路借款	233	东方汇理银行	6,000,000	40	5	英镑							7500													
70	1911	湖广铁路借款	234	德华银行		40	5	英镑				30000																
71	1911	湖广铁路借款	235	德华银行		40	5	英镑							9000													
72	1911	湖广铁路借款	236	美国银团		40	5	英镑				150																
73	1911	湖广铁路借款	237	美国银团		40	5	英镑							14970													
74	1912	陇记洋行第一次借款	247	陇记洋行	300,000	5	6	英镑									300											
75	1912	陇记洋行第二次借款	248	陇记洋行	450,000	10	6	英镑									450											
76	1912	呼兰制糖公司借款	269	德华银行	600,000	10	6	上海规平银									600											
77	1912	克利斯浦借款	270	克利斯浦公司	5,000,000	40	5	英镑				32500																
78	1912	克利斯浦借款	271	克利斯浦公司		40	5	英镑							26000													
79	1912	克利斯浦借款	272	克利斯浦公司		40	5	英镑								2000												
80	1912	克利斯浦借款	273	克利斯浦公司		40	5	英镑									750											

续表

序号	发行年份	债券名称	档案编号	发行机构或承销机构	发行总金额	借款期限(年)	票面利率(%)	币种	5	9	10	20	25	50	100	500	1000	2000	2500	5000	10000	12500	20000	25000	50000	100000	畸零券	备注
81	1913	比利时海参崴铁路借款	280	比利时铁路电车合股公司	4,000,000	40	5	英镑				116700																
82	1913	比利时海参崴铁路借款	281	比利时铁路电车合股公司		40	5	英镑				83300																
83	1913	瑞记洋行借款	285	瑞记洋行	300,000	5	6	英镑									300											
84	1913	北京津浦借款	290	比利时华比银行	500,000	40	5.5	英镑				25000																
85	1913	奥国第一次借款	310	奥国皇家特许土地银行	1,200,000	5	6	英镑						8000														
86	1913	奥国第一次借款	311	奥国皇家特许土地银行		5	6	英镑							3000													
87	1913	奥国第一次借款	312	奥国皇家特许土地银行		5	6	英镑								600												
88	1913	奥国第一次借款	313	奥国皇家特许土地银行		5	6	英镑									200											
89	1913	奥国第二次借款	314	奥国皇家特许土地银行	2,000,000	5	6	英镑						10000														
90	1913	奥国第二次借款	315	奥国皇家特许土地银行		5	6	英镑							4000													
91	1913	奥国第二次借款	316	奥国皇家特许土地银行		5	6	英镑								800												
92	1913	奥国第二次借款	317	奥国皇家特许土地银行		5	6	英镑									200											
93	1913	滇后大借款	300	汇丰银行	25,000,000	47	5	英镑				95834																
94	1913	滇后大借款	301	汇丰银行		47	5	英镑							55000													票面值为505法郎=20英镑
95	1913	滇后大借款	302	东方汇理银行		47	5	英镑				3708333																票面值为409卢布=20英镑
96	1913	滇后大借款	303	德华银行		47	5	英镑				120000																
97	1913	滇后大借款	304	德华银行		47	5	英镑							36000													票面值为2045卢布=100英镑
98	1913	滇后大借款	305	华俄道胜银行(俄罗斯)		47	5	英镑				138889																票面值为189.40卢布=20英镑;换下张替换
99	1913	滇后大借款	306	华俄道胜银行(俄罗斯)		47	5	英镑				138889																票面值为189.40卢布=20英镑,换下张
100	1913	滇后大借款	307	华俄道胜银行(比利时)		47	5	英镑				69444																票面值为189.40卢布=20英镑
101	1913	沪宁铁路第二期借款	117	中英银公司	150,000	10	6	英镑									150											
102	1913	阿成铁路债券临时付证	335 TF	比国公司和法国华生铁路建设和运营公司	1,500,000	40	5	英镑												300								
103	1914	民国元年军需公债特种国库券临时付证	261 TF	比利时德商银行	500,004	4	8	英镑		55556																		
104	1914	沪杭铁路赎路借款	338	中英银公司	375,000	20	6	英镑									375											
105	1914	中法实业借款	330	中法实业银行	100,000,000	50	5	法郎								200000												
106	1914	铁路整备款第一期国库券	无	中法实业银行	100,000,000	5	5	法郎								100000												
107	1914	铁路整备款第一期国库券	无	中法实业银行	100,000,000	5	5	法郎									25000											
108	1914	铁路整备款第一期国库券	无	中法实业银行		4	5	法郎											10000									
109	1914	民国三年军需公债5期特种国库券	无	中国政府	324,000	1	5	英镑		36000																		
110	1915	铁路整备款第二期国库券	无	中法实业银行	4,872,152	1	5	法郎																	90			
111	1915	铁路整备款第二期国库券	无	中法实业银行		1	5	法郎															18					
112	1915	铁路整备款第二期国库券	无	中法实业银行		1	5	法郎									12											
113	1915	铁路整备款第二期国库券	无	中法实业银行		1	5	法郎																			1	畸零券面值为152法郎
114	1916	铁路整备款第三期国库券	无	中法实业银行		1	7	法郎																		50		
115	1916	铁路整备款第三期国库券	无	中法实业银行	6,185,567	1	7	法郎																	23			
116	1916	铁路整备款第三期国库券	无	中法实业银行		1	7	法郎									35											
117	1916	芝加哥大陆商业银行款国库券	366	芝加哥大陆商业银行	5,000,000	3	6	美元									5000										1	畸零券面值为567法郎
118	1917	铁路整备款第四期国库券四期国库券A系列	无	中法实业银行	5,208,333.33	3	7	法郎																		52		
119	1917	铁路整备款第四期国库券四期国库券A系列	无	中法实业银行	5,208,333.33	3	7	法郎																			1	畸零券面值为8333.33法郎
120	1917	铁路整备款第四期国库券四期国库券B系列	无	中法实业银行	5,208,333.33	4	7	法郎																		52		
121	1917	铁路整备款第四期国库券四期国库券B系列	无	中法实业银行		4	7	法郎																			1	畸零券面值为8333.33法郎
122	1917	铁路整备特别国库券A系列	无	中法实业银行	5,625,000	5	7	法郎																		56		
123	1917	铁路整备特别国库券A系列	无	中法实业银行		5	7	法郎																1				
124	1917	铁路整备特别国库券A系列	无	中法实业银行		5	7	法郎																				

续表

序号	发行年份	债券名称	英文编号	发行机构或承销机构	发行总金额	债券期限(年)	票面利率(%)	币种	5	9	10	20	25	50	100	500	1000	2000	2500	5000	10000	12500	20000	25000	50000	100000	畸零券	备注
125	1917	铁谕铁路特别国库券 B 系列	无	中法实业银行	5,625,000	6	7	法郎																		56		
126	1917	铁谕铁路特别国库券 B 系列	无	中法实业银行		6	7	法郎					1															
127	1918	马可尼借款国库券	430	马可尼无线电债公司	600,000	10	8	英镑							1500													
128	1918	马可尼借款国库券	431	马可尼无线电债公司	600,000	10	8	英镑								500												
129	1918	马可尼借款国库券	432	马可尼无线电债公司		10	8	英镑									200											
130	1919	铁谕铁路特别国库券 C 系列	无	中法实业银行	2,150,000	5	5	法郎																		21		
131	1919	铁谕铁路特别国库券 C 系列	无	中法实业银行		5	5	法郎																1				
132	1919	铁谕铁路特别国库券 D 系列	无	中法实业银行	2,150,000	6	5	法郎																		21		
133	1919	铁谕铁路特别国库券 D 系列	无	中法实业银行		6	5	法郎																1				
134	1919	法国陇海铁路借款国库券	515	比国陇海铁路公司	20,000,000	5	7	法郎								40000												
135	1919	费克斯借款国库券	500	费克斯公司		10	8	英镑							9082													
136	1919	费克斯借款国库券	501	费克斯公司	1,803,200	10	8	英镑								750												
137	1919	费克斯借款国库券	502	费克斯公司		10	8	英镑									520											
138	1919	芝加哥大陆商业银行借款续展借款国库券	530	芝加哥大陆商业银行	5,500,000	2	6	美元									5500											
139	1920	比利时陇海铁路借款国库券第一期	550	比利时铁路电车合股公司	50,000,000	10	8	比利时法郎								100000												
140	1920	荷兰陇海铁路借款国库券第一期	560	荷兰银行团	16,667,000	10	8	荷兰盾									16667											
141	1921	比利时陇海铁路借款国库券第二期	600	比利时铁路电车合股公司	50,000,000	10	8	比利时法郎								100000												
142	1921	美国无线电信借款	无	美国合众电信公司	6,500,000	20	8	美元									6500											债券印制完成后未发行
143	1922	包宁铁路材料借款国库券	640	比利时营业公司	800,000	10	8	英镑				40000																
144	1923	比利时陇海铁路借款国库券第三期	650	比利时铁路电车合股公司	37,743,000	10	8	比利时法郎								75486												
145	1923	荷兰陇海铁路借款国库券第二期	660	荷兰银行团	14,084,000	10	8	荷兰盾									14084											
146	1925	法国陇海铁路数展国库券	680	法国陇海铁路电车合股公司	23,000,000	10	8	法郎								46000												
147	1925	法国陇海铁路数展国库券	680 SCRIP	比利时陇海铁路数展国库券公司	不详	10	8	法郎																			不详	畸零券面值为31.25法郎
148	1925	法国陇海铁路美金公债	670	中比实业管理公司	43,893,900	23	5	美元						877878														
149	1925	法国陇海铁路美金公债	670 SCRIP	中比实业管理公司	不详	23	5	美元																			不详	畸零券面值不足
150	1925	史可达公司第二次借款	700	华义银行	6,866,046英镑10先令10便士	10	8	英镑	3401																			
151	1925	史可达公司第二次借款	701	华义银行		10	8	英镑			4664																	
152	1925	史可达公司第二次借款	702	华义银行		10	8	英镑						6000														
153	1925	史可达公司第二次借款	703	华义银行		10	8	英镑							6030													
154	1925	史可达公司第二次借款	704	华义银行		10	8	英镑								2200												
155	1925	史可达公司第二次借款	705	华义银行		10	8	英镑									4800											
156	1928	比利时陇海铁路借款美金公债	750	华比银行	5,000,000	13	6	美元							50000													
157	1928	荷兰陇海铁路8附则债权第一种债权凭证	760A	中国陇海陇海铁路8附则债权荷兰债权人保护协会	不详	不详	不详	荷兰盾									不详										不详	
158	1928	荷兰陇海铁路8附则债权第一种债权凭证	无	中国陇海陇海铁路8附则债权荷兰债权人保护协会	不详	不详	不详	荷兰盾																			不详	可变面值，为1000，荷兰盾的整数倍(大于或等于2)倍

续表

序号	发行年份	债券名称	荷文编号	发行机构或承来销机构	发行总金额	偿款期限（年）	票面利率（%）	币种	5	9	10	20	25	50	100	500	1000	2000	2500	5000	10000	12500	20000	25000	50000	100000	零零券	备注
159	1928	荷兰陇秦豫海铁路国库券第二种债权先证	760B	中国陇秦豫海铁路第8期国库券荷兰债权人保护协会	不详	不详	不详	荷兰盾									不详											
160	1928	荷兰陇秦豫海铁路国库券第二种债权先证	无	中国陇秦豫海铁路第8期国库券荷兰债权人保护协会	不详	不详	不详	荷兰盾																				可变面值,为1000荷兰盾的整数(大于或等于2)倍
161	1934	英国大理英金现款公债	850	中央银行,中国银行,交通银行和汇丰银行	1,500,000	12.5	6	英镑						2000														
162	1934	英国大理英金现款公债	851	中央银行,中国银行,交通银行和汇丰银行	1,500,000	12.5	6	英镑							4000													
163	1934	英国大理英金现款公债	852	中央银行,中国银行,交通银行和汇丰银行		12.5	6	英镑									1000											
164	1936	完成沪杭甬铁路借款	900	中英银公司和中国建设银公司	1,100,000	25	6	英镑						6000														
165	1936	完成沪杭甬铁路借款	901	中英银公司和中国建设银公司		25	6	英镑							8000													
166	1937	比利时陇秦豫海铁路借款	282	比国铁路电车合营公司	580,380	最长45年到1941年4厘,不再上涨	由1.5厘逐年递增	英镑				29019																
167	1937	太平洋拓业公司借款整理公债	950	J.P摩根银行		17	由2厘逐年递增到1942年4厘,不再上涨	美元							不详													
168	1937	太平洋拓业公司借款整理公债	951	J.P摩根银行	4,900,000	17	由2厘逐年递增到1942年4厘,不再上涨	美元								不详												
169	1937	太平洋拓业公司借款整理公债	952	J.P摩根银行		17	由2厘逐年递增到1942年4厘,不再上涨	美元									不详											
170	1938	湘桂铁路南镇段借款金镑国库券	1015	中国建设银公司和法国银行团	144,000	15	7	英镑			14400																	

注：

1. 本表仅包含已发现实物债券的品种；

2. 除此直接债款公债外，其他地方政府外债不在表中；

3. 发行总金额系相同类债借款发行机构发行额度之和。

参 考 文 献

一、中文文献

1. 财政科学研究所、中国第二历史档案馆编：《民国外债档案史料》，中国档案出版社 1989 年版。

2. 戴学文：《算旧账：历数中国对外债券》，波多西工作室 2016 年版。

3. 海关总署《中外旧约章大全》编委会编：《中外旧约章大全》第 1 分卷、第 2 分卷，中国海关出版社 2004 年版、2007 年版。

4. 韩万银：《钦渝铁路垫款始末》，载于《中国收藏·钱币》2016 年总第 40 期。

5. 黄光域编著：《外国在华工商企业辞典》，四川人民出版社 1991 年版。

6. 李成新：《陇海铁路债务研究（1903－1937）》，安徽师范大学学位论文，2011 年。

7. 林丽雄：《"中美无线电台协定"纠纷始末》，载于《中山大学研究生学刊（社会科学版）》1999 年第 20 卷第 1 期、第 2 期。

8. 刘秉麟：《近代中国外债史稿》，武汉大学出版社 2007 年版。

9. 龙登高、龚宁、伊巍：《近代公益机构的融资模式创新——海河工程局的公债发行》，载于《近代史研究》2018 年第 1 期。

10. 马蔚云：《俄国对华政策的演变与中东铁路的修筑》，载于《俄罗斯学刊》第 3 卷第 14 期。

11. 潘国旗：《近代中国地方公债——以江浙沪为例》，浙江大学出版社 2009 年版。

12. 天津市档案馆编：《英租界档案》，南开大学出版社 2015 年版。

13. 王守谦：《煤炭与政治：晚清民国福公司矿案研究》，社会科学文献出版社 2009 年版。

14. 王致中：《中国铁路外债研究（1887－1912）》，经济科学出版社 2003 年版。

15. 吴福明：《话说近代上海市政债》，载于《金融时代》第 12 期。

16. 吴福明：《1929－1937 年上海发行市政公债始末》，载于《东方早报》，2014 年 7 月 8 日。

17. 徐义生编：《中国近代外债史统计资料（1853－1927）》，中华书局 1962 年版。

18. 薛世孝：《论英国福公司在中国的投资经营活动》，载于《河南理工大学学报（社会科学版）》第 6 卷第 2 期。

19. 张百霞：《中法实业银行始末述论》，河北师范大学学位论文，2004 年。

20. 张侃：《中国近代外债制度的本土化与国际化》，厦门大学出版社 2017 年版。

21. 张璐、张志云：《国际视野下的金法郎案——以英国外交部档案为中心》，载于《海关与经贸研究》2005 年第 39 卷第 2 期。

22. 张盛发：《列强在中国东北的争夺与中东铁路所有权的历史演变》，载于《俄罗斯中亚东欧研究》2007 年第 5 期。

23. 郑会欣:《中国建设银公司股份的演变》,载于《历史研究》1999 年第 3 期。

24. 中国人民银行总行参事室:《中国清代外债史资料(1853 – 1911)》,中国金融出版社 1991 年版。

25. 中国银行总管理处经济研究室编:《中国外债汇编》,学海出版社 1935 年版。

二、外文文献

1. John M. Thomson & M. D. Perry:China's Foreign Historic Bonds:A Collector's Compendium (2nd edition),George H. LaBarre Galleries, Inc. Web. , 2019.

2. Tobit Vandamme:Beyond Belgium:The business empire of Edouard Empain in the First Global Economy(1880 – 1914),Proefschrift voorgelegd tot het behalen van de graad van Doctor in de Geschiedenis,2019.

3. Wilhelm Kuhlmann:China's Foreign Debt,Freiberg Druck,1983.

跋　一

故纸千金书青史

（海光）

1999 年，一个偶然的机会陪同亲友闲逛深圳的邮币卡市场，看见一家摊位上展示着一红一绿两张外文债券，债券的正上方印有一张蒸汽火车的图案，十分精美。

我对火车旅行一直就有特殊的向往。小时候父亲曾把我带到铁路边，看着远方驶来火车由远而近，汽笛声中瞬间而过，再由近至远。父亲问我："你刚才感受到了时间吗?"这个印象极其深刻，一辆火车的驶过，让人觉悟到了过去、现在和未来。

问起这两张债券的由来，摊主有些神秘的说是国外回流的东西，并问："你知道大清朝是因为辛亥革命灭亡的吗?"我说知道，他又说："书本上读过辛亥革命是因为保路运动而触发的吧，"我说知道。他指这两张债券说："保路运动就是因为清朝政府在国外发行了这组湖广铁路公债，把原先由民间集资兴建的湖广铁路收归国有，从而引发了保路运动乃至爆发了辛亥革命，所以这组债券，也叫大清朝的关门债券。"

我仔细看了看，债券的下方盖有中国特色的九叠篆官印，边上有一个手写的签名：盛宣怀。盛宣怀故居位于常州市名人一条街——青果巷。我的祖辈周有光先生，故居也位于青果巷。周有光先生早年在新华银行及人民银行等金融机构工作，后来参加新中国文字工作改革，被称为"中国汉语拼音之父"。而盛宣怀则被誉为近代"中国实业之父""中国商业之父""中国高等教育之父"。有人总结盛宣怀创造了多项中国第一：第一个民用股份制企业轮船招商局；第一家中国电报总局；第一家银行中国通商银行；第一条铁路干线京汉铁路；第一个钢铁联合企业汉冶萍公司；第一所高等师范学堂南洋公学（交通大学）；第一所近代大学北洋大学堂（天津大学）；还创办了中国红十字会；等等。小时候就曾听周老数次提到过这位同乡，是清末时期著名的洋务派代表人物，买办、企业家、慈善家和政治家。

说起盛宣怀，摊主一拍手说道："对! 就是他，他发行的中国债券有十几个品种呢"。马上又从书柜里找出京汉铁路、沪宁铁路、河南道清铁路等几个品种的债券。这些债券都是面幅宽大、雕版印刷、图案精美，外文书写并带有中国特色的图腾印记，或龙或凤，或关楼或宝塔，盖有政府印章和许多清末民初耳熟能详的官员签名。债券币种有英镑、法郎、美元、马克、日元、卢布等。一些债券上的铁路名称在中学课堂里就听到过，但却没见过这些为兴建铁路而发行的债券实物!

一晃二十多年过去了，因为这次偶遇，因为一些不解之缘，对中国近代公债的兴趣及研究，一直保持至今。清末洋务运动的外债发行，确实是中国近代金融业的启蒙。当年国弱外强，列强争相在国外金融市场为中国铁路、军工、实业等发行外债。一是为了对地大物博但是技术生产力落后的中国市场做产能输出，二是通过关税等抵押发债手段，植入并垄断中国的经济运行命脉和社会发展。但是辛亥革命后，民国政府及民族资本家也学习发行债券集资发展社会经济、军事及实业，从而有效的抗争了列强的资本入侵。而先辈们没想到的是一百多年之后，中国反过来变成了全世界最大的产能输出国！无论贸易或基建领域都领先全世界。中国的金融机构现在也位列世界前列，人民币支付结算及金融产品越来越多地为世界各国所接纳。从这个角度讲，中国近代对外公债确实见证了中国近现代社会的发展背景及历程。

如果单从金融票证收藏爱好的角度讲，中国近代对外公债也是非常具有价值的。第一，它是全世界近代金融票证中，印刷制作及防伪技术最先进的，图案精美、色彩华丽。一百多年过去，许多债券还是复旧如新。第二，许多品种的外债都与中国近代历史的重大事件紧密关联。由于许多兑付完本息的债券都已销毁，偶尔遗漏兑付的债券实物往往数十年相隔才会现身，这些实物债券就是最直接的经济史料。

中国近代外债由于在境外发行，国内票证收藏市场流通量十分稀少。而其文献记载十分详细，相关学术机构也有研究论文。但绝大多数人都没有看过实物或图片。与许多经济领域或金融业的朋友专家接触后，一直觉得应该出版一本中国外债的实物图鉴书籍，向社会大众直观普及相关历史及知识。

因为相同的研究爱好，几年前在网上结识了齐剑辉先生。相见时聊起中国外债史，大感知音。后知晓剑辉决心著作，甚为感动！坚决支持。剑辉兄大学金融专业，长期在金融监管机构工作。通透中外金融史，英语流利。书将定稿出版之际，剑辉告知本书封面这张汇丰银行伦敦档案馆提供的1885年福建海防公债，是由两广总督张树声所发行，而张树声又是外祖父周有光先生的夫人张允和先生的曾祖！听闻此节，不觉哈哈大笑，此乃天意！有幸参与其中，是缘分也是心愿！

2023 年 6 月

跋　二

以史为鉴，为知兴替

（张明）

与近代中国外债收藏的缘分，也得从"湖广铁路借款债券"说起。绿色底纹，火车头，密密麻麻的外文，满汉文合璧的"邮传部印"，盛宣怀签名。初见其实物债票，便被这些元素深深吸引，不想自此一发而不可收，至今十余载。

"湖广铁路借款"是中国晚清至民国时期政府对外借款的一个缩影。围绕着这些外债所发生的故事，有其偶然性，更有必然性。

鸦片战争后，资本主义列强加速对华殖民扩张，中国沦落为半殖民地半封建社会，在政治和经济上逐步丧失独立自主地位。而清政府一方面需要支付巨额战争赔款，国库空虚；另一方面对内横征暴敛，致使社会矛盾加剧，频频举债筹措军费用以安内。与此同时，西方列强在完成工业革命后争相对华进行资本输出和商品倾销，中国民间工业遭受冲击，贸易逆差加剧，财政入不敷出。尽管先后有李鸿章、张之洞等官员主张"师夷之长技以制夷"，发起了"求强""求富"的洋务运动，大举兴办军用、民用工业和铁路基础设施。但碍于资金匮乏，多数实业计划或未得实施，或被迫以出让产权为代价被西方资本控制。

"保路运动"便在此背景下发生。正是《湖广铁路借款合同》的签订，点燃了"武昌起义"，开启了中国前所未有的社会变革。在中国近代史上，像这样的主权外债有近千笔，而每笔借款背后均蕴藏着一段历史，意义非凡。

除了这种历史厚重感，吸引收藏者的，还有它们巨大的篇幅、详尽的记载和版面设计。债票上不仅翔实记载了每一笔借款合同的条款和还本付息的安排，而且设计精美，印刷质量上乘。这些债券或存于银行，或流于民间，历经百年沧桑，至今依旧品相完备，鲜有霉变、氧化或虫蛀，不得不佩服百年前印刷用纸和工艺之精良。

印刷术源于中国，却盛于欧洲，些许有些惋惜。清朝闭关自守，以前朝印发纸币引致通胀之弊端为戒，两百余年坚持不用纸钞，致使印刷术发展停滞不前。直至列强入侵，西方纸币大量流入中国，清政府被迫学习引进西方先进印刷术。

与内债不同，外债作为中国对外发行的主权债务，代表国家尊严和国际形象，故对纸张的设计、刻板与印刷的要求远高于普通印刷品，甚至高于纸币和邮票。尽管清政府有意掌控印制，于1908年建立度支部印刷局[①]，民国时期也陆续有中华书局、大东书局等民间印刷厂成立，但当时精

---

① 民国更名为"财政部印刷局"，今"北京印钞有限公司"前身，中国第一家官办现代化印钞企业。

良印刷工艺仍主要由西方国家所掌握，大多外债印刷由洋商垄断。如 1907 年"广九铁路借款债券"、1911 年"湖广铁路借款债券"、1913 年"善后大借款债券"等英商借款债票，便是由英国华德路公司（Waterlow & Sons Limited）印制；1919 年"芝加哥大陆商业银行续展借款国库券"、1937 年"太平洋拓业公司借款重整债券"等美商借款债票，由美国钞票公司（American Bank Note Company）所印制；无论是纸张、防伪、油墨还是制版，均属当时一流水准，品质不输当下。

除了外债发行的背景和设计印刷，债票上的图饰和印章亦不乏历史印记。如 1885 年"中法战争借款债券"、1894 年"汇丰银行白银借款债券"以及 1895 年"瑞记洋行借款债券"等系谕旨批准发行，债票上尚印有龙纹。1900 年"粤汉铁路借款债券"因终点于武昌之渊源，选以洪山宝塔图作背景，此后美国钞票公司在受托印制 1920 年"芝加哥大陆商业银行借款国库券"、1937 年"太平洋拓业公司借款重整债券"以及湖北省银行开业纸钞时，均沿用洪山宝塔图案。又如 1908 年"英法京汉铁路赎路借款债券"印有完整的北京阜成门城楼图像，该图取自 1793 年英国马戛尔尼（George Macartney）访华使团成员、画家威廉·亚历山大（William Alexander）绘制画作；此画作也被后人屡次翻刻，成为西方人眼中北京城门的标准像；阜成门于 1953 年被拆除，其图像亦显弥足珍贵。1912 年"呼兰制糖公司借款国库券"和 1913 年的"善后大借款"加盖了首枚"中华民国之玺"，是外债中唯二盖此印章的债票；而后随着财政及债务管理体制的健全，债票发行逐渐归财政部统管并且盖章以"财政部印"所替代。

此外，债票上耳熟能详的历史人物签名，也极具时代特征。如"庚子五忠"之一的许景澄，在 1890～1896 年任驻俄国、德国、奥匈帝国、荷兰四国公使期间，经办和签署了"1895 年瑞记洋行借款债券""1895 年俄法借款债券""1896 年英德借款债券"三笔重要借款，并于 1897 年担任总理各国事务衙门（类比今外交部）大臣兼任中东铁路公司督办期间，主持了《中俄合办东省铁路公司合同章程》的签订。盛宣怀作为清末洋务重臣和中国铁路总公司督办，其签名出现在了粤汉铁路、正太铁路、沪宁铁路、道清铁路、陇海铁路、湖广铁路等多笔铁路外债的票面上。民国时期对外借款愈加规范，债票则多有时任财政部部长签名，如南京临时政府时期的陈锦涛，北京临时政府时期的熊希龄，北洋政府袁世凯时期的周学熙、梁士诒、周自齐，北洋皖系军阀时期的龚心湛、李思浩、梁启超，北洋奉系军阀时期的阎泽溥，国民政府时期的孔祥熙等等。

行笔至此，叹其精妙，不可名状。笔者每每翻阅自藏图册，沉浸半日，意犹未尽。

然而笔者集藏十年有余，仍有一事时感遗憾。中国近代外债收藏近年方才兴起，尚未普及，外加相关研究不成体系，收藏参考资料寥寥无几。探究个中缘由，可能源于债票长期流失海外，直至近十余年才陆续回流。相比邮票、纸币等收藏品，收藏群体仍为小众。所幸集藏过程中交识剑辉、海光两位挚友，常得以互通有无，裨补阙漏。剑辉兄更是潜心考据，愿以弘扬和普及中国近代实物外债文化之热忱来撰写著作，且收录全面，文载翔实，填补中文图鉴领域之空白。

如今终于盼得剑辉兄新书付梓，倍感欣喜。也愿借此文自勉，望我等后人铭记历史，勿忘国耻，以史为鉴，砥砺民族复兴之志。

2023 年 6 月